砥砺前行

——银行业改革 发展 监管

朱广德 著

东南大学出版社
SOUTHEAST UNIVERSITY PRESS
·南京·

图书在版编目（CIP）数据

砥砺前行：银行业改革 发展 监管／朱广德著.
—南京：东南大学出版社，2015.7
ISBN 978 - 7 - 5641 - 5897 - 2

Ⅰ.①砥… Ⅱ.①朱… Ⅲ.①银行业-银行改革-研
究-中国 ②银行业-经济发展-研究-中国 ③银行监管-
研究-中国 Ⅳ.①F832

中国版本图书馆 CIP 数据核字(2015)第 153101 号

砥砺前行——银行业改革 发展 监管

出版发行	东南大学出版社	
地　　址	南京市四牌楼 2 号	邮编:210096
出 版 人	江建中	
网　　址	http://www.seupress.com	
经　　销	全国各地新华书店	
印　　刷	江苏凤凰数码印务有限公司	
开　　本	700mm×1000mm 1/16	
印　　张	27.25	
字　　数	531 千	
版　　次	2015 年 7 月第 1 版	
印　　次	2015 年 7 月第 1 次印刷	
书　　号	ISBN 978 - 7 -5641 - 5897 -2	
定　　价	68.00 元	

本社图书若有印装质量问题,请直接与营销部联系。电话:025 - 83791830

序

　　我国银行业的改革发展如何与整体的经济的改革发展协调一致,监管工作至关重要。从理论上讲,监管工作的质量取决于能否从宏观上促进金融稳定、金融创新,提升我国银行业的国际竞争能力,在微观上能否推动产业创新,使得资源的配置达到高效、节约。然而,在实际的监管工作中遇到的问题远非一般理论所陈述的那么抽象化,是既复杂又具体的。怎么把具体复杂的问题解决好,需要深入的工作,也同样需要精深的研究。朱广德同志集二十多年来的研究成果和工作实践总结呈示在我们面前的大作《砥砺前行——银行业改革 发展 监管》充分展现出他思想深刻、视野开阔、工作深入、创新有为的特点。

　　作为一位资深的监管领导和不断探索的研究者,他的这部文集有如下几个特点:(一) 始终把握经济发展的脉搏,使银行业的监管工作循规律而为。随着我国的经济发展进入增速减缓、结构优化、创新驱动的新常态,银行业也面临着复杂多变的形势,作者充分认识到了这种形势可以使银行业的发展和转型得到较大的空间,于是提出保持定力、积极作为,科学定位、回归实体,立足根源、防控风险,改革创新、激发活力的基本原则,从而应对银行业的新常态,创新发展模式。在如何运用金融创新帮助中小企业解决资金缺口的问题上,作者认为,必须从组织、政策、监管、制度多方面促进,同时还要机制创新,才会使中小企业激发活力。(二) 深入贯彻以改革促发展的监管理念,把监管工作深刻要义充分显现。监管工作首先必须以刚性的规则为准,然而现实的经济活动充满了多样性和复杂性,如何以改革的理念把监管工作落实到具体的银行业乃至整个经济发展中,没有大胆的尝试、勇于担当的意识是不可能做到的。比如,文化产业是一个具有很强不确定性的产业,风险较大,支持这样的产业需要突破过去的较为僵化的融资体制。作者提出首先政府应在文化产业的发展中充当好角色,加强基础建设,创造良好的市场环境,将非充分竞争的和充分竞争的区别对待,采取政策优先扶持需要保护的产业,然后在此基础上建立灵活的融资途径,真正做到金融创新与经济发展、产业发展的有效结合。(三)坚持长效机制建设,避免短期行为。金融监管工作不能只顾眼前,必须要有长远眼光,短期行为往往带来极大的风险。作者在担任监管分局主要领导期间,在解决日常工作、处理突发问题的同时加强了长效机制的建设和维护,尤其可贵的是,不断从国外的先进经验中汲取有益的成分,提出了很有见地的监管改革建议:分业监管、监管局之间的合作、监管局与央行的协作等。(四)强烈的社会责任意识是监管工作的基础。银行的监管虽然体现的是对银行风险的控制,事实上是保持社会经济发展稳定有序的大局要求,如何化解风险,既需要技术措施,更需要社会责任意识。作者的不少篇幅用于解决地方"担保圈""假按揭""三角债"等问题正是这种社会责任感的充分体现。

总之,这是一本既有理论探讨成果,又有实践经验总结的佳作。作者饱满的热情、深邃的智慧、宽广的胸怀、强烈的责任感能够使我们看到一位长期工作在银行监管领域的专家型领导的拳拳之心和深厚学养。我本非银行专业出身,且对监管工作比较隔膜,但出于上述认识仍很高兴应作者之邀为这本著作作序,向读者郑重推荐。

许苏明
2015 年 5 月于东南大学九龙湖

目 录

第六篇
银行授信风险防控

第一篇

综合篇

适应新常态　迎接新挑战

——关于银行业如何应对经济金融发展"新常态"的思考

在 2014 年中央经济工作会议上,党中央审时度势做出了"经济发展进入新常态"的重大战略判断和科学阐述,并提出了主动适应经济发展新常态的总体要求。中国正逐渐告别以高增长、高投资、高出口、高污染、高耗能为特征的"旧常态",步入中高速、优结构、新动力、多挑战及"三期叠加"的新常态。在经济增长趋缓、发展方式转变、结构深度调整、发展动力转向的推动下,银行业的"新常态"特征及影响可能比实体领域更强烈、更复杂,随之而来的大量新情况、新问题,需要银行业直面挑战,加强研判,积极寻找适合"新常态"的解决之道。因此,认识新常态,适应新常态,引领新常态,不仅是当前和今后一个时期我国经济发展大逻辑,也将成为推动银行业发展和做好监管工作的基本前提和长期要求。

一、银行业发展"新常态"下面临的新挑战

过去十年间,中国经济的高速增长造就了银行业空前的辉煌,但随着经济增速换挡、结构调整优化、改革创新驱动,银行业以往追随式发展、外延式扩张、粗放式管理、同质化竞争已无法适应新形势的需要。在"改革创新深入推进、业务结构持续变化、风险防控日趋严峻、金融主体更为多元"的银行业发展"新常态"背景下,"高速增长趋缓、盈利模式转变、风险压力加大、竞争格局重塑"将成为当前银行业面临的主要挑战。

（一）高速增长趋缓

随着经济增长从超高速、高速向中高速的转变,商业银行主要依靠规模扩张实现业绩高速增长的发展模式已不可持续,增长方式和经营模式也将发生深刻变革。如常州地区,"十一五"以来,银行业资产负债规模呈逐年同步大幅增长趋势,各项存款、贷款连续多年保持近20%的增幅。但是进入2014年后,业务增速明显放缓,至11月末,存贷款仅分别比年初增长了4.16%、8.77%。增速下滑的原因,既与当前经济增长趋缓背景下,企业经营质态劣化、投融资意愿下降、实体经济有效信贷需求不足息息相关,也反映出金融服务于社会创新、产业升级以及生产消费的能力还不强。在宏观流动性充裕的同时,微观流动性却长期处于紧张状态,说明银行业对实体经济的渗透性在弱化;同时,强烈的趋利性导致大量的社会资金游离于实体经济,通过金融市场、民间融资"空转、套利"。此外,在增长方式上,随着市场化改革和多层次金融市场体系建设的推进完善,银行业传统存贷款业务格局已被打破,"全资产负债"管理的理念将进一步被强化,多元化、多渠道的资金运作、融资模式得到不断拓展创新,业务结构在银行体系内外、表内外、本外币以及期限、投向等方面将趋向于一种新平衡。因此,对银行而言,一味追求规模扩张、高增长已非当务之急,也非大势所趋,加快转型创新、调整结构,保持适度、合理的增长更贴合实际。

（二）盈利模式转变

受经济增速区间下移、金融脱媒、资金分流、利率市场化、同业竞争加剧、不良消化压力加大等多重因素冲击,银行业过去十多年"跑马圈地、高歌猛进,躺着也能赚钱"的时代已经结束,盈利增长面临日趋乏力的困境。如常州地区,银行业利润增长率从2010、2011年两位数增长,骤降到2012年的8.15%,并在2013年开始进入"负增长"阶段。"吃利差"的传统盈利空间逐步收窄,存贷款平均利差比上年同期下降了0.17个百分点,银行业盈利新增长点将更多向对外投资、中间业务等领域倾斜。银行正面临由"向规模、速度要效益"

转变为"通过创新求发展、通过管理降成本、通过提质增效益"的根本变革。

（三）风险压力加大

中国经济产业结构的调整，必将导致金融风险结构、投融资组合模式的根本性变化，风险演变形态、触发机理、传导路径等也将呈现出一些新特点、新变化。在当前结构调整阵痛期，银行业不可能"独善其身"。前期政策的遗留问题、当期政策的调整效应、未来政策的不确定性，最终均将集中反映在银行业经营风险上。随着经济下行，银行业不良贷款反弹压力加大，大额授信风险、担保圈风险数量增多，而产业结构的不合理与制造业的普遍不景气正导致信贷风险由少数企业扩大至上下游企业或关联产业，由产能过剩、敏感行业扩散至整个制造业，银行长期以来形成的"重抵押、重担保、重信用背书"，忽视第一还款来源的风险偏好、信贷文化及风险管理体制亟须调整。随着政府性债务管理新政出台、房地产市场持续低迷，融资平台、房地产行业等重点领域大量潜在或者被掩盖的风险也可能会加快激化、逐步暴露。此外，银行体系内外、表内外各类风险多点多发、相互传染的特征越来越明显，操作风险、流动性风险、市场风险、声誉风险、信息科技风险等领域日益增多、日趋复杂的不确定因素对银行加强全面风险管控形成新的考验。另外值得关注的是，社会信用机制不健全、法律保障机制不完善、改革创新机制不配套等问题正进一步加剧银行业风险，外部侵害、金融欺诈、逃废债等失信行为增多，银行发展环境趋于劣化，维权难度明显加大。

（四）竞争格局重塑

近几年，银行业在金融市场上"一枝独秀"的局面已被彻底打破，证券、货币、外汇、债券、票据等市场间相互渗透，合作愈加密集、关系日益复杂；互联网金融的"鲶鱼效应"不断加强，甚至可能成为进一步加快利率市场化进程的关键推手。银行长期以来支撑净利润增长的"存贷款"业务遭遇冲击，贷款规模增长乏力、存款加速流失已然成为制约银行业绩增长的一大隐忧，企业融资需求逐步绕道各类投行类、渠道类业务和直接融资,增量已接近甚至超过同期贷款增量;而来自负债端的下行压力同样有增无减,存款大量流向理财、信托、股市和"宝"类产品,常州40%的银行机构出现存款负增长。银行在存款市场主导作用的弱化,随之带来的是负债成本的拉高,在调整存款利率浮动上限至1.2倍后,常州辖内多家中小银行存款利率第一时间全线"一浮到顶",导致存款利率"不降反升"。此外,银行间竞争优势正重新布局,不同银行在业务增速、规模、业绩、资产质量等方面经营分化趋势愈加明显,以往"普涨"的格局被逐步打破。预期未来在利率市场化加速、金融市场主体多元化及存款偏离度考核、存款保险机制等监管规范多重作用下,继存款持续分流后,银行业发展优势将进一步遭遇多方挑战。金融业态创新、融资模式多元将可能带来整个"泛金融业"竞争格局的新变革,银行业"特色经营、内涵增长、创新发展、错位竞争"的现实要求已十分迫切。

二、银行业应对"新常态"的几点思考

转型发展将成为银行业"新常态"下的主旋律。各银行业金融机构亟须改变传统的"重规模轻效率、重速度轻质量、重业务轻管理"的粗放式经营方式,努力构建内涵式、全方位的智慧发展模式。

(一)保持定力,积极作为

一是不回避经济新常态和银行业新常态下出现的各类挑战、问题、矛盾。要逐步适应并运用"新常态、动态区间管理、微刺激"等新逻辑思考问题,切实加强形势研判和具体分析,认清经济金融发展新特征、新规律。二是要充分认识新常态的长期性、复杂性和特殊性,做好长期应对"三期叠加"效应的心理准备,既不能因经济下行、发展受阻而惊慌失措、方寸大乱,也不能因墨守成规、麻木不仁而仍停留在原有的粗放经营、随波逐流,要从临时性、短期性的"危机管理"思维向长远布局、长期应对、长效机制转变。三是要因势而变、因时而变,积极作为、主动作为。切实提高政策敏感性,调整合理预期,坚持问题导向,加快转变盈利模式、增长模式、业务模式、管理模式,以

新常态谋求新机遇,以改革创新进一步促动自身发展战略、定位、管理的新转变,实现可持续科学发展。

(二)科学定位,回归实体

在当前经济下行压力加大的严峻形势下,稳增长、调结构、转方式的任务十分艰巨,各种矛盾、问题复杂多变、错综交织。银行业发展不可避免风险,但不发展会带来更大的风险,需要切实提高管理的科学性、艺术性,充分体现管理的智慧,正面迎击各种困难矛盾"渡过难关"。要坚守服务实体经济的底线原则,坚持商业化运作的模式规律,因地而异、因行而异,紧紧围绕"有利于增加经济总量、有利于提升增长动力"这两个"有利于"目标,"真存实贷、保本固贷、转化优贷、区别对待",努力挖掘有效信贷需求,培育新的信贷增长点,积极向上争取政策和规模,创新多元化融资模式,千方百计"扩大总量、盘活存量、用好增量",加大对实体经济的支持力度,用增量信贷投入来确保存量信贷资金的安全,以信贷投向、结构的调整促进经济结构的优化,逐步形成经济金融的良性循环,在不断发展壮大中谋求机遇、化解风险,力争保持可持续长久发展动能,做到"调速不减势"。要进一步深化服务实体经济内涵,多角度看待企业金融服务需求,做好多样化融资渠道、减费增值、高效服务等一系列配套工作,全方位支持不同类型、不同层次的实体企业。

(三)立足根源,防控风险

防范风险是银行业永恒的主题,要从"管控风险"向"经营风险"转变,既不能漠视风险盲目乐观,也不能夸大风险畏首畏尾,更不能无视教训重蹈覆辙。各银行业金融机构要立足长远,深刻反思粗放发展模式下钢贸行业、产能过剩行业及担保圈、过度授信、多头授信等带来的一系列风险教训,推动风险管理切实向"前瞻性预防、有效性识别、系统化防控、精细化管理、联动式防御、整体式推进"转变,既要高度重视行业集群、资金链、担保链、融资平台、流动性等可能影响系统性、区域性安全的重点风险领域,也要密切关注案防内控、信访舆情、信息科技、业务创新及金融市场变动等领域可能触发风险的趋势性、苗头性问题及敏感因素,立足于问题根源,全方位提升银行的风险管理水平,促使银行风险管控的理念、技术进一步适应新形势、新要求的变化。重点做好:一是重塑科学的信贷文化,从源头防控信用风险的蔓延。对增量贷款,要高度重视第一还款来源的审查,弱化对担保的过度依赖,防止担保圈"前清后溢";对存量贷款,要实施内部梳理、有序进退、大圈化小,有效控制或降低授信客户之间担保关系复杂度。同时,要结合大额授信风险、担保圈风险化解等,继续有序、灵活推进联合授信机制,加强同业合作和信息共享,在支持企业正常合理资金需求的同时,有效缓释资金链风险,防范多头授信、过度授信。二是有效落实大额授信风险预警报告和处置协调机制,做到早发现、早预警、早预案、早处置。要推进政府明确实质性帮扶举措并加强对风险企业经营管理的监督或接管,强化借款人在大额授信风险协调处置中的第一责任。各债权行要转变理念,抱团取暖、联动维权,根据借款人诚信度、救助前景等实行科学评判、分类施策,防止逃废债行为发生。三是重点做好平台公司贷款清理甄别和风险防控。认真研究新政新规、准确把握精神实质,既要平衡好防风险与稳增长的关系,又要坚持短期应对和长效机制相结合;既要加强与平台公司和地方政府协调,落实存量贷款甄别、协商和谈判工作,最大限度进行确权,又要综合运用多种方式做好"后平台时期"各种新情况、新问题、新风险的监测、应对,防止出现重大违约、逃废债等。四是切实防范风险跨界传染。密切关注各类外部风险可能对银行体系的影响,筑牢与民间融资、影子银行、市场风险间"防火墙",规范与融资性担保机构合作。五是加强资产质量管控。不断完善信贷考核、导向机制,适当加大风险容忍度,用好、用足不良资产处置新政策,及时、真实反映资产质量,加大清收、转化、打包、核销力度,及时消化不良包袱,防止"高利润、高不良";同时,在处置中要注意防范可能出现的道德风险,夯实信贷管理基础。六是始终保持案防高压态势。开展案防工作监管评价,落实问题整改,强化制度执行力,完善案防长效机制,增强案防内生动力;扎实深入开展案件高发领域、岗位、环节的风险检查,员工行为排查和内审督查,加强问责力度。七是防范地方法人机构风险。不断建立健全资本充足、资产安全、负债稳定和表外业务规范等方面的综合风险管理机制。完善包含票据、买入返售等在内的授信集中度风险"全口径"监测；提早应对存款保险制度、理财业务新规等可能带来的流动性风险、声誉风险隐患；货币、证券市场参与活跃度较高机构要有效健全市场风险监测和控制水平。

（四）改革创新，激发活力

银行业改革创新要有特色、有活力，更要有持续性。必须坚持改革创新导向，在去杠杆化、去泡沫和回归实体中保持自身健康发展，要积极研究应对利率市场化，汇率自由化，资本市场多层次，金融市场多主体，金融业态多元化及地方债务、存款保险等体制机制变革带来的深远影响，通过创新管理方式、创新金融产品、创新服务模式，创新服务架构，实现定位科学、特色鲜明、内控健全、运营安全、服务功能完备、发展活力旺盛的目标，使自身更具综合竞争力。一是要实现差异化发展战略和市场定位，更好契合地方经济社会发展、转型升级及广大金融消费者实际需求，使金融服务及时对接新需求、新技术、新业态、新模式，提供差异化、特色化、个性化金融服务，避免同质化恶性竞争。二是坚持创新服务于实体领域。要加大对战略性新兴产业、现代服务业、小微、"三农"、科技、教育、文化、节能环保、民生、消费等领域的金融创新力度，从授信审批、风险控制、利润核算、产品定价、激励考核、综合管理等方面深化金融服务，积极争取特色行、试点行政策，提升品牌化产品建设，深化银政企合作，加强多板块、多条线联动。三是加强金融服务体系创新。要加快内部组织架构改革创新、服务渠道创新、业务产品创新的步伐。要从微观贷款管理向"泛资产"配置转变，从提供单一产品向综合化金融服务转变，从注重单点作业向搭建多功能、一体化平台转变。要加强并规范多市场、多主体、多载体业务合作；坚持发展普惠金融、特色金融，推动"村村通"工程、直销银行、电子银行、智能网点、电商平台金融等服务创新。对改革创新要建立后评价机制，及时规范运作，完善风险防范机制。四是推动完善金融创新的配套机制。要通过完善政策引领激励机制、风险补偿分担机制、法律保障机制、抵质押担保增信机制、公共信息共享机制、社会诚信体系建设等,化解创新瓶颈,丰富创新载体,改善创新环境,激发创新活力。在支农、支小及扶持科技、文化企业等重点领域、薄弱领域,监管部门要适度提高对创新业务风险的容忍度,提升银行创新积极性。(本文发表于《现代金融》《江苏银行业》《常州日报》)

服务实体经济：银行业重任在肩　关键在行

　　"十二五"期间，是常州加快经济转型、提升发展水平的机遇期，也是常州能否缩短与先进地区差距，巩固和提升苏南"第一方阵"地位的关键期。抢抓机遇期、决胜关键期，离不开金融的强大支撑，更离不开现代金融核心——银行业这一坚强后盾。在当前外部环境复杂多变、经济下行压力加大的情况下，对于常州这样以制造业产业为立市之本的城市，坚持金融服务实体经济的本质要求，加快构建现代银行体系，优化金融生态环境，促进银行业与实体经济形成相互依存、相互促进、互动双赢的良好局面，显得尤为重要、尤为迫切、尤为关键。

一、因势利导，为推进地方经济平稳增长提供强力支撑

　　实体经济是金融发展的根基，金融服务发端于实体经济，服务于实体经济，银行业必须充分认识到实体经济的基础性作用。如果银行脱离实体经济自我循环和发展，必然本末倒置、不可持续。因此，促进经济金融良性互动和融合共赢，不仅是做大做强实体经济的必然要求，也是银行寻求自身长远发展的必经之路。常州银监分局着力加强政策指引和窗口指导，督促辖区银行业金融机构全面贯彻落实国家调控政策，坚持科学发展观，充分发挥了金融在实体经济发展和产业转型升级中的导向作用。

（一）加强引导对接，激发银行参与地方经济建设的动力和积极性

2012年，为有效落实常州市政银企恳谈会签约项目，常州银监分局建立了政银企对接项目落实情况月度监测制度，并适时组织召开政银企项目对接落实情况座谈会，深入了解项目对接过程中的措施、成效、障碍与建议；同时，加强后续推动，督促各签约银行按照信贷规模优先、授信审批优先、信贷政策优惠的原则，加快审批和放款进程，对推荐项目（企业）及时跟踪进展情况、加强辅导。至2012年末，剔除不具备条件和不需要资金的企业、项目，全市政银企对接建设发展项目授信率约70%，授信余额311.05亿元，贷款余额167.04亿元，后两者分别比年初增长44.78%和77.06%。2013年上半年，结合辖内经济金融运行形势变化，常州银监分局先后向银行业金融机构发出《关于进一步加强银行业支持经济平稳快速增长的意见》《关于当前支持地方经济发展和加强风险防控的意见》等指导性文件，要求银行业金融机构做到不搞"一刀切"、不盲目收贷，按照"盘活存量、用好增量，优化金融资源配置"要求，切实加大对实体经济的信贷投入，帮扶企业渡过经营难关。上半年，全辖银行业完成2013年金融服务工程各项序时目标任务，实现"时间过半、任务过半"；成功组建常溧高速公路18.5亿元等多笔银团贷款，帮助武进花博会等多个重点项目、龙头企业化解融资难题。至6月末，全辖银行业各项贷款余额达4 307.64亿元，比年初增加290.33亿元，增长7.23%。

（二）出台专门措施，落实市委市政府"四个西进"战略

一是政策率先"西进"。制定《关于改善金融服务　加大信贷投入　促进金坛、溧阳加快发展的指导意见》，对银行业"西进"提出了5方面共15条具体意见，重点在银行机构设立和信贷投放方面对金坛、溧阳予以政策倾斜。二是机构集中"西进"。上半年，在两辖市设立银行分支机构6家，其中在溧阳中关村设立科技支行1家，另有2家支行已通过初审正在上报审批。设立自助银行8家，独立ATM机具7台。三是资金加速"西进"。截至6月末，金坛、溧阳两市存

贷款增速均远超全市平均水平。四是创新支持"西进"。各银行陆续将存货质押贷款、海外并购贷款、信用微贷、商铺摊位质押贷款、互助基金担保贷款等新型融资方式引入两辖市,贴身支持小微企业、乡镇、农场和商圈融资需求,累计投放超 10 亿元;满足两辖市重点建设项目资金需求累计超过 40 亿元。

(三)调整战略定位,全力支持地方经济转型升级

一方面,紧跟辖区产业发展导向,引导银行业为战略性新兴产业、现代农业、现代服务业提供配套支持。据对 16 家银行抽样统计,上半年多个战略性新兴产业在银行授信余额大幅攀升,其中,新能源汽车增幅 29%,新材料业增幅 25%,高端装备制造业增幅 5.7%,新一代信息技术和软件业增幅 4.1%,生物技术和新医药业增幅 3.8%,而新能源业(太阳能为主)由于光伏行业受到国际贸易摩擦严重影响,银行相应调整支持战略,上半年,成功组建亿晶光电光伏 21.88 亿元银团贷款,帮助企业渡过资金难关。另一方面,培育科技金融,为科技创新型企业发展提供良好金融环境。2012 年至今,已新设 5 家科技支行,由市、区财政配套科技风险补偿基金共计 1.5 亿元。其中,2012 年成立的 4 家科技支行已累计向 178 户科技企业发放贷款 15.62 亿元,贷款余额 8.2 亿元,比年初增加 0.95 亿元,增长 13.06%,贷款余额同比增加 3.05 亿元,增长 59.21%,贷款质量整体良好,不良贷款率为 0.34%。

二、搭桥铺路,积极推进小微企业金融服务创新试点遍地开花

中小企业历来是常州经济的主体力量,是常州经济活力的重要体现。面广量大、资源丰富的小微企业更是常州区域经济一直引以为傲的亮点、特色之一,但随着近两年经济步入下行通道,大批小微企业生存压力加大。因此,引导银行服务好小微企业,提高小微企业贷款可获得性、拓宽小微企业金融服务覆盖面,是使这一占到全市企业总数 90% 以上的群体重新焕发活力的催化剂。常州银监分局紧紧抓住以改善中小企业金融服务为主要内容的金融改革创新试点这

一契机,始终将全力推进小微企业金融服务工作作为重中之重,着力满足企业发展合理融资需求,扶持企业共渡难关。至 2013 年 6 月末,辖内小微贷款余额 1 321.6 亿元,比年初增 138 亿元,增幅约为 11.7%,高于同期各项贷款平均增幅 4.4 个百分点。

(一) 抓政策驱动,强化引导推进

紧密结合地区实际,每年制定年度小微企业金融服务工作意见,及时贯彻银监会、江苏银监局小微企业金融服务最新精神和要求,加强具体指导与推动。如 2012 年,以"十项强化"为抓手在全辖银行业中深入开展"2012 常州小微企业金融服务强化年活动";2013 年,提出了加快小微企业金融服务差异化监管政策落地、积极推进专项试点创新等方面工作要求。同时,不断优化考核评价,及时修订完善小微企业金融服务工作考核评价办法;在日常监管工作中,加强对银行小微企业金融服务的督促指导,把小微企业金融服务纳入年度监管意见反馈,并作为监管评级及市场准入参考因素。

(二) 抓重点带动,强化落实推进

自 2010 年起,常州银监分局推动辖区小微企业金融服务全面完成"一十百千"重点工程,即辖区设立小企业专营机构的银行小企业贷款占比提高 1 个百分点,设立专营机构的银行达到 10 家,小微企业专职信贷管理人员达到 100 人,专职客户经理达到 1 000 人。辖区中资商业银行均设立了小微企业金融服务专营机构,小微企业专业支行、特色支行或设立专营部门的一级支行已超过 50 家。

(三) 抓部门联动,强化合力推进

近两年,常州银监分局与市经信委、司法局联合举行"加快常州民营(中小)企业转型巡回服务活动";与组织部等联合举办海归创业人才融资服务活动;与科技局联合发文推动科技金融,与中小企业局加强沟通,积极推动融资性担保行业规范整顿工作;与工商局联合市私营个体经济协会、银行业协会于 2010 年起开展的"伴您成长、助您壮大"小微企业融资服务活动已连续开展 4 年,形成了独特的常州模式。常州银监分局还推动辖区银行机构与产权交易所合作,创新和发展非上市中小企业股权质押融资,组织银行机构与地方各级工会组织、妇女组织、团组织开展合作,支持失业人员、妇女、青年等不同领域的自主创业。

(四)抓宣传推动,强化持续推进

常州银监分局通过每年在《常州日报》推出小企业金融服务专版,组织媒体推介银行小企业金融服务,印发数万册贴合小企业融资需求的实用服务手册,使更多小微企业及时了解到了相关政策、服务和产品,取得良好效果。2013 年 5 月份,联合全辖银行机构开展"小微企业主题宣传服务月"活动,举办专场宣传 65 次,银企对接会 66 次,走访小微企业和个体工商户 13 855 户,达成融资意向 14 亿元;6 月份,在全市组织金融服务公益宣传季,以专家讲座、行长访谈、现场展会、政风热线等方式,为中小企业搭建了一个高效的金融服务平台,缓解银企之间信息传递渠道不畅,增加了银企双方交流互动。

(五)抓创新促动,强化深入推进

鼓励产品创新,推动品牌产品建设,2012 年评选出辖区小微企业金融服务"十大创新产品""十大特色产品""十大品牌产品"。辖区银行机构不断深化与物流、单证流、贸易流等相衔接的融资产品创新。如中信银行、交通银行、建设银行、华夏银行常州分行等较早推出专利权质押贷款、资贷通、电子商务融资等产品;农业银行、中国银行常州分行等较先推出小企业保单融资、应付账款融资业务;建行常州分行推出"助保贷";民生银行常州支行与多个专业市场、商会等联合成立城市商业合作社,打造新型小微企业金融服务模式;江南农村商业银行针对农民经纪人、专业合作社等特定人群开发了农民经纪人贷款和专业合作社贷款,推出工程机械设备贷款,与创投公司合作推出投贷联动产品,与担保公司合作推出播映权质押贷款;华夏银行常州分行紧紧抓住第八届中国花卉博览会在常州举办的契机,协调解决工商局登记、物流监管以及保险公司农业保险等,率先创新设计大园林的大树质押贷款模式。辖区授信户数达千户级的小微企业品牌化产品已达 4 个,百户级以上的小微企业品牌化产品有十多个。

三、筑巢引凤,逐步形成完善的区域性银行业服务体系

完善的银行服务体系,能为地方经济发展带来更广阔的融资渠道、更全面的服务功能、更丰富的金融资源及更高效的市场环境。壮大优化银行组织体系,提升银行业综合实力,集聚整合金融资源,增强金融市场发展活力,是地方经济稳定增长的关键,也是推动实体经济发展的不竭源泉和坚强后盾。

(一)"引进来"成效显著

在常州银监分局积极争取和多方协调下,自 2005 年起,常州地区已成功引进设立 1 家外资银行、8 家全国性股份制商业银行和 1 家城市商业银行分支机构,推动合并重组全国第一家地市级农村商业银行——江南农村商业银行,新设 4 家村镇银行和 1 家信用卡中心。目前,常州辖内银行业金融机构已增至 25 家,其中:政策性银行(农发行)1 家,工、农、中、建、交国有大型银行 5 家,中信、华夏、招商、浦发、兴业、民生、光大、广发、平安等股份制银行 9 家,江苏银行、南京银行等城市商业银行 2 家,外资银行(首都银行)1 家,邮政储蓄银行 1 家,农商行 1 家,金坛、溧阳、新北、武进村镇银行 4 家,信用卡中心 1 家。

(二)"走出去"步伐加快

近两年,积极鼓励有一定实力的地方法人机构实施"走出去"战略,加强对外合作,拓宽发展渠道。近两年,江南农商行先后在上海、大丰发起设立村镇银行,2013 年开始着手在苏中和苏北地区设立异地支行。

(三)"普惠化"全面提升

积极支持和引导各家银行机构延伸服务网络,优化网点布局,提

升服务功能。近三年,新设支行级分支机构达 40 多家,其中科技支行 5 家。全辖银行营业网点总数已达 927 家,自助银行 884 家,ATM 等存取款设备 2 395 个。上半年,10 家商业银行分理处升格为支行,商业银行支行占比已达 84%,其服务功能更为全面,服务质量更为高效。江南农商行 3 万个"商务通"和"便民通"服务点实现社区、自然村全覆盖。

四、标本兼治,为辖区经济金融稳健发展和融合共赢保驾护航

自 2012 年以来,在经济下行压力加大的大背景下,企业经营管理不善、盲目高风险投资、资金运作不合规、民间借贷盛行及银行授信管理粗放、银担合作不规范等潜在风险随着经济涨潮退去而逐渐"水落石出"。常州地区企业经营质态出现下滑趋势,担保链、资金链断裂风险时有发生,行业性、企业集群性风险日渐突出,给地方经济稳步增长和银行业稳健运行带来一系列负面影响和很大压力。良好的金融生态环境是一个地区、一个城市经济发展的基石,要促进经济金融平稳运行和良性互动,坚持防范区域性与系统性金融风险是根本。为防止风险的进一步发生和蔓延,常州银监分局在前瞻性防控信用风险方面作了大胆探索和尝试,着力推动银行业树立更为科学、理性的经营发展理念,完善和改进传统信贷管理和风险管控模式,逐步建立健全"主动防御、积极防御、事前防御"的风险控制体系和"尊重规律、区别对待"的风险分担、风险缓释、依法处置的化解机制,做到既能有效控制和化解风险,又能支持实体经济合理资金需求和帮扶企业渡过难关。

(一)探索推动"担保圈"摸底绘圈、破圈解链试点

针对辖内企业资金链、担保链断裂风险频发的严峻形势,为有效预防企业连环担保诱发集群风险,组织各银行收集、整理、分析全辖银行法人客户 2.7 万条保证类融资基础数据,在理清各"担保圈"内"链—圈—网"复杂关系后,逐圈绘制示意图,并确定风险等级,进行分类管理。目前,已有效识别辖内企业"担保圈"992 个,对第一批

41 户"担保圈"制定"破圈解链"风险化解方案,对第二批 50 个"担保圈"的风险化解方案也已在部署推进中。

(二)率先在江苏省内开展企业授信总额联合管理机制试点

针对企业多头重复授信及银行擅自抽贷导致企业资金运转困难等问题,通过搭建银行同业合作平台,组织银行签订企业授信总额联合管理框架协议,重点针对融资总量亿元以上、关联关系复杂、企业融资渠道多头、盲目过度投资、对外担保数额超负荷的企业加强授信联合管理,实现银行间信息充分共享,行动同进共退,风险防控关口前移。上半年,经全面筛排,已确定目标企业 21 家,合计贷款金额 82 亿元;现已有 3 户企业、合计授信 43.18 亿元正式纳入企业授信总额联合管理机制进行全面监测和持续管理。

(三)创新开展规范银担合作机制试点

针对融资性担保机构发展不规范、银担合作风险突出问题,联合融资担保机构主管部门和各银行业金融机构共同研究担保信息共享管理、担保卡管理、保证金、资本金管理、杠杆率合并限额管理、牵头行管理等创新措施,有效促进银担健康规范合作。目前,融资性担保机构牵头管理行和工作网络已经确立,以"担保卡"为载体,将对银担合作业务规范运行和融资性担保公司健康发展创造有利条件。

(四)引导银行业弹性综合处置风险债权

在当前经济运行实际情况下,银行"一刀切"的收贷、惜贷和简单化的风险处置只会让更多实体企业"猝死",从而引发风险的快速蔓延和银行资产质量的急剧恶化。常州银监分局审时度势,引导银行业金融机构立足大局、放眼长远,以时间换空间,与企业共渡难关。一方面,要求对于符合一定帮扶条件的风险企业做到"雪中送炭""减费让利"。对于属于实体经济、仍有经营发展前景的风险企业,及时做好授信审批,确保到期贷款正常转贷。同时,增加利率下浮弹性,不得搭售其他中间业务产品,不额外增加企业负担,有效降低信贷企业的融资成本。另一方面,要求银行业金融机构"抱团取暖""区别对待"。对于多头融资的风险企业,加强银行间沟通,减少信息不对称,在现有抵押担保不变的前提下纳入授信联合管理,实现信息共享、风险共担。对于主动承担连带责任的担保企业,适度增加信贷规模,延长还款期限,确保担保企业正常运转,实现风险事件的平稳处置。上半年,全辖银行业金融机构信贷资产质量得到较好控制,不良贷款率仍控制在低于全省平均的较低水平。

五、责有攸归,改善金融服务水平和规范经营行为

针对近年来社会关注的银行服务质量问题,常州银监分局通过在全辖银行业中开展文明规范服务示范单位评选、民主评议政风行风、"政风热线"等活动,联合银行业金融机构建立健全客户投诉机制和舆情监测机制,积极引导和推动辖区银行业金融机构自觉增强社会责任感和使命感,科学配置服务资源,全面提升服务效率,不断提高员工素质。同时,加强银行业金融知识宣传普及,组织开展送金融知识下乡,进社区、进学校,增进社会公众对金融知识的了解,提高防范和抵御非法集资、短信诈骗等风险的意识和能力,使社会公众对银行服务质量和服务水平的满意度、认同感得到不断提升。

2012 年以来,在银监会统一部署下,针对银行业金融机构业务收费和附加条件等不规范经营问题,按照"明确政策规章、推动公开透明、引入社会监督"的基本思路,在银行业系统全面部署开展整治不规范经营活动,明确了信贷业务不准以贷转存、不准存贷挂钩、不准以贷收费、不准浮利分费、不准借贷搭售、不准一浮到顶(上浮过高)、不准转嫁成本等"七不准"禁止性规定,提出了服务收费项目、服务质价、效用功能和优惠政策"四公开"原则,突出了"以贷转存、存贷挂钩""乱浮利率、一浮到顶""以贷收费、浮利分费""转嫁成本、增加负担""违规收费、擅自提价""强制捆绑、不当搭售""高息揽存、借道收息""套餐服务蒙骗客户"等八项整治重点。通过银行业金融机构集中开展自查自纠和监管部门外部督查及社会监督,辖区银行"七不准、四公开"得到有效落实,绩效考核、风险导向、内部

督查等机制更趋科学完善。2012年,全辖银行业金融机构共清退不合理收费合计0.86亿元,收费项目总数减少28%,一定程度上缓解了融资难、融资贵问题。(本文发表于《江苏国际金融》《常州日报》)

服务小微企业：银行业责无旁贷　重在落实

当前我国正处于全面深化改革、加快经济转型的关键时期,小微企业作为国民经济发展的生力军,发挥着极为重要的作用。多年来,常州银监分局在银监会、江苏银监局的正确领导下,在常州市委市政府的关心下,在市相关部门及各辖市(区)的大力支持下,组织全市各银行业金融机构积极参与、大力推进小微企业金融服务。经过从无到有、先点后面、由表及里的不懈努力,常州银行业小微企业金融服务星星之火渐成燎原之势,为推动地方经济稳定增长、产业升级、扩大就业、促进创新、改善民生做出了重要贡献。

一、强化"四轮驱动"监管引领

(一)强化政策驱动

多年来,常州银监分局始终坚持紧密结合地区实际,制定年度小微企业金融服务贯彻落实工作意见,加强具体指导与推动。如2008年围绕小微企业"送、减、控、创"出台"服务企业关爱有加、支持企业克难求进"12条;2012年以"十项强化"为抓手,深入开展"小微企业金融服务强化年活动";《2013年常州辖区银行业金融机构小微企业金融服务工作意见》重点在于落地差异化监管政策、积极推进专项试点创新等10个方面。还多次专门邀请政策制定直接参与者现场解读国家、银监会小微企业新政,推动有关政策及时有效转化为基层银行业实际行动。

（二）强化组织推动

分局在 2006 年建立辖内小微企业金融服务工作联系机制后,在 2007 年率先成立小企业金融服务改革创新试点工作领导小组及办公室,加强日常推动指导。多年来,分局每年举办多次小微企业金融服务推进、洽谈、对接活动,促进银企合作。2012 年以来,分局连续 2 年分别集中 1 个月时间,组织全市银行业开展"小微企业金融服务宣传月活动",共计举办专场宣传 133 次,银企对接会 121 场,走访小微企业和个体工商户 21 418 户,达成融资意向 63.93 亿元;还通过先进银行、科技支行媒体访谈、金融产品集市、政风热线报道等方式,为小微企业搭建高效的金融服务桥梁,畅通银企信息交流、增进银企双方互动。

（三）强化监管促动

银行小微企业金融服务与高管履职评价、年度监管评级、机构市场准入等日常监管相挂钩,突出监管正向激励。近三年,金坛、溧阳县域级支行增加 8 家,乡镇支行增加 20 多家,对延伸小微企业金融服务发挥了重要作用。自 2008 年以来,分局连续 4 年对全市银行业金融机构年度小微企业金融服务开展全面考核评价,江南农村商业银行、华夏银行常州分行、中国银行常州分行、建设银行常州分行、交通银行常州分行、民生银行常州支行、江苏银行常州分行、工商银行常州分行、农业银行常州分行、邮储银行常州分行等 10 家银行曾获得全市小微企业金融服务先进单位称号。2012 年、2013 年分局还连续两年评选出全市小微企业金融服务"十大品牌产品""十大创新产品""十大特色产品"等,鼓励产品创新,推动品牌建设。

（四）强化多方联动

多年来,分局与市经信委、司法局联合举行"加快常州民营(中小)企业转型巡回服务活动",与组织部等联合举办海归创业人才融资服务活动,与科技局联合发文推动科技金融,配合市经信委完善担保体系、规范银担合作,积极参与市中小企业发展信息服务平台建设,配合市财政局推动成立金融不良资产交易市场,与市房管局、人行共同规范房地产抵押估价市场管理,创新和发展非上市中小企业股权质押融资,推动银行与各级工会组织、妇女组织、团组织合作支持失业人员、妇女、青年等自主创业。2010 年起,分局已连续 4 年与市工商局联合私营个体经济协会、银行业协会开展"伴您成长、助您壮大"小微企业融资服务活动,形成独特的银企对接常州模式。

二、夯实"六项机制"筑牢基础

(一)专门的风险定价机制

常州银行业金融机构一是考虑小微企业成长性特点,对于"精、专、特、新"的高成长性科技创新企业、"小巨人"企业,给予利率优惠;二是考虑小微企业软信用特点,把小微企业主、主要股东信用等非财务因素考虑到风险定价之中,弥补抵质押信用不足;三是考虑小微企业差别大特点,在扩大小微企业贷款利率范围的基础上,给予信贷人员相对较大的自由裁量权,提高风险定价能力;四是考虑小微企业变化快特点,深化"一户一价、一笔一价",提高小微企业风险定价调整频率;五是考虑小微企业融资期限短特点,变按月计息为按实际资金占用天数计息,减轻小微企业融资负担。

(二)专门的高效审批机制

一是人员嵌入式。即信贷审批部门向小微企业专营机构派驻专门的审批人,提高审批效率,如建设银行常州分行、中信银行常州分行等。二是人员前移式。即信贷审批人员到经营支行办理小企业信贷审批业务,如华夏银行常州分行对县域支行实施专审派驻,对同城支行建立专审联系行制度。三是权限下放式。即将限额内的小企业审批权限转授支行,如江苏银行常州分行对部分县域支行有一定金额的转授权,由支行自行审批。四是信贷工厂式。即对小微企业贷款实行系统自动审批,按照流水线作业方式实行批量操作,包括中国银行常州分行、江南农商行等。五是绿色通道式。即对部分急需融资的小微企业,设立绿色审批通道,提高优质服务,加快审批效率,如交通银行常州分行。

（三）专门的单独核算机制

一是单列信贷规模,专项使用。2012 年大部分银行小微企业贷款规模已由上级行单列下达,2013 年全市银行业小微企业单列信贷计划规模占目前增量的 70% 以上。二是单独会计科目,专项核算。由财务会计部门对小微企业每笔贷款业务独立核算成本和利润,包括建设银行常州分行、交通银行常州分行等,民生银行常州支行还定期将绩效核算到小微企业信贷人员个人。三是单独财务预算,专项支出。对小微企业绩效费用与营销费用进行单独财务预算,专门使用、专门管理,如光大银行常州支行、中信银行常州分行等。

（四）专门的激励约束机制

一是调整绩效薪酬重点,弱化存款考核。有的银行将各支行、客户经理绩效薪酬仅与小企业客户数、贷款金额挂钩。二是实施增量专项奖励,加大正向激励。有的银行设立小微企业拓展专项奖,实行客户数与贷款双重叠加考核,按新拓展小微企业户数和新增贷款比例进行奖励。三是提高不良容忍度,适应风险实际。今年针对信贷风险上升现状,常州银行业金融机构小微企业不良贷款容忍度纷纷提高,有的已可以高于大中型企业 2 个百分点以上。四是强化尽职免责落实,消除后顾之忧。有的银行进一步细化尽职免责细则,侧重于对支行、团队、个人绩效分类考核、责任合理分担,消除"恐贷""惧贷"情绪。

（五）专门的团队建设机制

在深化岗位分工、加强岗位培训等带动下,全市小微企业金融服务团队日益壮大。2010 年小微企业金融服务顺利实现"一十百千"目标,即小企业贷款占比提高 1 个百分点,设立专营机构的银行达到 10 家,小微企业专职信贷管理人数达到 100 人,专职客户经理达到 1 000 人。目前,包括年内新引进的平安银行和南京银行,全市 18 家中资商业银行中,均设立了小微企业金融服务专营机构。2013 年初全市小微企业金融服务专职信贷管理人数为 190 人,专职客户经理为 1 215 人,专职人员共计达到 1 415 人,另外还有 1 000 余名兼职人员,专兼职人数约占全市银行业从业人员总人数的六分之一。

(六)专门的风险控制机制

针对小微企业特点,各银行业金融机构普遍建立专门的风险评估、风险调查、风险预警、风险通报、风险处置机制。江南农商行用"阳光贷"方式对风险流程公开,同时全面实施贷后检查新模式,在一级支行设专职贷后检查岗,独立行使贷后检查职能。中国银行常州分行加强流程风险管理,充分发挥情景分析专职岗位的风险预警作用。建设银行常州分行实施分行、支行交叉走访机制,提高风险识别效率。光大银行常州支行时刻注意收集和整理系统及地区内违约客户信息,及时通报,防范风险。民生银行常州支行建立适应小微企业业务特点的呆账核销"绿色"通道,促进小微企业贷款不良率稳中趋降。2013 年 10 月末,全市小微企业不良贷款率为 2.17%,虽比年初上升 0.72 个百分点,仍保持低于全省水平。

三、践行"五类转变"深化服务

一是动力从外部推动向内生驱动转变。在符合条件的小微企业贷款风险权重打 75 折,小微企业贷款不良率可以高出各项贷款不良率 2 个百分点以内,小微企业贷款达到一定要求的银行可以享受市场准入优惠政策等一系列差异化监管政策激励下,银行小微企业金融服务正加快从"要我服务"的外部推动型向"我要服务"的内生驱动型转变。我市越来越多的商业银行,特别是股份制商业银行更加主动地加入服务小微企业主力军,如招商银行常州分行 2011 年底起重点聚焦"两小"金融服务,中信银行常州分行 2012 年将小企业专营机构提升为一级部门,浦发银行常州支行、光大银行常州支行 2013 年也在积极加快转型,加强小微企业金融服务。

二是准入从刚性门槛向柔性门槛转变。银行业金融机构不断调整优化和降低小微企业信贷准入门槛,创新拓展担保方式,注重非财务信息等软信息在信用评估中的作用。针对小微企业信息不对称的特点,更加注重企业主个人经验、信用及家庭情况等"软信息",利用地缘、人缘、亲缘信息,创新"三品"(人品、产品、押品)、"三表"(电表、水表、海关报表)等信用评审模式,放宽小微企业准入门槛。同时,银行普遍要求审查员与客户经理平行作业,做到调查、审查同步,既明显缩短授信流程时间,更能够充分了解企业主真实经营和信用情况,避免盲目将小微企业拒之门外。

三是营销从单体营销向批量营销转变。辖内银行重点采取三类"1 到 N"批量组合营销模式,解决小企业分散、单户营销成本高问题。一是"1 + N"供应链模式。即对大型企业客户的若干个配套小企业进行营销。如工商银行、交通银行常州分行等较早注重通过与核心企业集团签约,为供应链属小企业提供融资服务。二是"1 = N"第三方平台模式,即与商会、企业集团、社团等达成协议,为其小微企业成员、子公司提供信贷服务,如中国银行常州分行与徽商协会合作,华夏银行常州分行的"政府采购贷"、江南农商行的"村官贷款"。三是"1 × N"集群模式。即注重针对专业市场,企业集群整体营销,把对单个商户、企业与市场、集群内的其他商户、企业通过某种形式联结起来。目前辖内银行已充分利用这种模式服务到全市近百个小微企业集群区,并从多户联保模式发展到有限责任的互助基金式。

四是内容从单纯融资向综合服务转变。根据小微企业生命周期不同发展阶段的金融需求特点,量身打造集融资、现金管理、结算、理财、网银支付、资金归集、咨询等降低成本、提高客户资金收益为一体的综合性金融服务,全程支持小微企业发展壮大。越来越多的银行更加注重公私联动、全面服务,如中信银行常州分行创新开展的流水贷、信用贷、渠道保理等更多把融资与经营服务结合起来,华夏银行常州分行为"龙舟客户"小微企业提供免费代账、报表审计、法律咨询服务,加强小企业条线和个人条线联动开发、联动服务,成立多个"小企业客户经理 + 个人客户经理"团队提升结算、理财综合金融服务能力,还受到广大农村地区种养户的热情欢迎。

五是服务从银行中心向客户中心转变。一是服务网点更加贴近客户,向园区、市场、企业集群区聚集,小微企业贷款发起网点日益增加,全市小微企业专业支行、特色支行等已达50余家。二是服务意识更加贴近客户。针对小微企业客户金融知识缺乏等问题,不少银行通过"扫街"式营销、延长网点服务时间等形式,提高金融服务的可获得性。三是服务方式更加贴近客户,针对小微企业转贷难、转贷贵问题,创新还款方式,对符合条件的贷款到期时不用还款,即可直接办理到期日延长,既节省业务办理时间,也节约资金成本,如华夏银行常州分行的"年审制"、江苏银行常州分行的"转期贷"等。四是价值创造更加贴近客户。银行由针对小微企业发展某一阶段的服务,转为其整个生命周期的"链式"服务,真正为客户经营需要考虑,引导企业规范经营,帮助企业控制经营风险,满足合理融资需求,稳步支持具备潜力的小微企业不断发展壮大。

四、力争"五个创先"彰显成效

一是先行试点创先。全市已有10家银行是其总行、省行系统内小微企业金融服务试点行、先行行。其中工行常州分行是总行系统内代理中小企业融资租赁业务试点行;中国银行武进支行是总行首批微金融贷款试点机构;建行常州分行是总行小微企业重点发展行和总行产品创新直通车试点行;交行常州分行是"江苏省分行科技金融创新实验基地";华夏银行常州分行是总行授予全国系统内仅有的两家小企业特色分行之一;浦发银行常州支行是南京分行系统内小微企业授信业务重点发展支行;民生银行常州支行是系统内小微企业互助基金试点行;光大银行常州支行被总行认定为首批小企业业务试点行;广发银行常州分行是其总行小企业"103工程"首批试点行之一;江苏银行常州分行是总行系统开展小微企业集合银团贷款的试点机构。

二是金融产品创先。近年常州银行业紧紧围绕担保方式、贷款额度、还款方式、还款期限等,加大产品创新,努力克服银行"抵押为本"和小微企业"缺乏抵押",银行"先还后贷"和小微企业"以拆还贷"矛盾。工商银行常州分行早在2006年创新动产质押监管贷款。中信银行常州分行2007年率先开展知识产权质押贷款。建设银行常州分行2009年开办小微企业电子商务融资,2012年推出"助保贷",设立风险补偿资金池,之后这一模式又被多家银行跟进推广。交通银行常州分行2011年推出文创贷,信用贷款支持文化创意小微企业。华夏银行常州分行紧紧抓住花博会契机,协调解决工商局登记、中物流监管以及保险公司农业保险等,2012年率先创新设计大树质押贷款模式。民生银行常州支行2012年初开始与专业市场等联合成立城市商业合作社模式,今年又组织成立小微企业金融服务促进会,打造新型服务模式。江南农商行2011年推出农民经纪人贷款和专业合作社贷款,还与担保公司合作创新播映权质押贷款。至今年10月末,辖区授信户数达千户级的小微企业品牌化产品达5个,百户级以上的小微企业品牌化产品有12个。

三是科技金融创先。根据江苏银监局《关于设立科技支行的指导意见》有关精神,2012年常州银监分局牵头拟定《常州市关于支持银行科技支行建设发展的意见》,明确科技支行设立运营条件,加强科技支行配套政策服务,共同为金融支持科技创新企业培育良好发展环境。当年4家科技支行先后设立,2013年江南农商行溧阳中关村科技支行设立,使全市科技支行达到5家。至今年三季度末,5家科技支行已累计向166户科技企业贷款19.41亿元,贷款余额为10.52亿元,比年初增加2.27亿元,增长27.44%。同时,科技支行还对全市银行业科技企业信贷支持发挥了较好的带动作用,江苏银行常州分行"科技之星"、华夏银行常州分行为"武进英才"启动的"智力贷"项目,南京银行常州分行在小企业金融部专设科技金融团队,都对支持科技创新企业加快发展发挥了重要作用。

四是减费让利创先。2012年,分局主动把小微企业金融服务与不规范经营整治行动结合起来专项部署。2013年10月,分局专门组织开展国务院、银监会新政落实情况专项督查,重点规范小微企业金融服务收费行为。全市银行在小微企业贷款业务中已严格执行"七不准、四公开"要求,70%以上的银行对小微企业贷款除利息外,未收取任何其他费用。全市涌现出文创贷、智力贷、"科技之星"、科技贷、青年创业贷、润农贷等一批小微企业低利率优惠信贷产品。江苏银行常州分行累计为140余户科技型小微企业以基准利率发放

3亿元"科技之星"贷款。江南农商行"八大特色产品"累计减费让利4 200余万元,涉及1 266户,贷款近15亿元。

五是业务发展创先。全市银行业金融机构小微企业贷款连续多年实现"两个不低于"目标。2013年10月末,全市小微企业贷款余额达1 565.21亿元,比年初增加155.29亿元,同比多增5.7亿元,增长11.01%,高于各项贷款增速0.75个百分点,占各项贷款比例达35.34%,增速、占比均高于全省水平。华夏银常州分行2012年在总行系统内小企业贷款客户增量排名第一,小企业贷款增量排名第二;建设银行常州分行2012年是其总行小企业业务先进集体;民生银行常州支行小微金融业务综合考评连续多年在南京分行系统内名列前茅;江苏银行常州分行、邮储银行常州市分行等也多次获得上级行嘉奖。近年江南农商行、中国银行常州分行等先后共计4次获得"江苏省小微企业金融服务先进单位称号",江南农村商业银行、华夏银行常州分行分别被银监会评为"2012年度小微企业金融服务表现突出的银行"和"2012年度小微企业金融服务表现突出的银行团队",江南农商行还被中国银行业协会评为2013年中国银行业微型创业奖。(本文发表于《常州日报》)

第二篇

银行业公司治理

完善我国商业银行公司治理的思考

摘要：良好的公司治理是商业银行稳健发展的基础。目前我国大部分商业银行已引进国外的公司治理制度，建立了"三会一层"的公司治理框架。但就我国商业银行公司治理的实践而言，在一定程度上还存在"形似而神不至"的问题，需要深入分析存在问题的原因，并据此采取相应的措施来提高我国商业银行的公司治理水平。

近年来，随着工、中、建、交等四家大型银行先后进行股份制改造并在境内外上市，我国商业银行的公司治理水平有了很大提高：大部分商业银行引进国外的公司治理制度，建立包括股东大会、董事会、监事会和高级管理层在内的组织架构，完善股东大会、董事会和监事会的议事程序和表决规则，银行运作更加规范，内部监督有所加强，透明度不断提高。但就我国商业银行公司治理的实践而言，在一定程度上还存在"形似而神不至"的问题，仍有一些缺陷和问题阻碍公司治理的正常运转，尚待采取措施进一步完善。

一、我国商业银行公司治理不完善的主要表现形式

（一）股东行为不规范，所有者缺位和越位现象较为突出

一是存在所有者缺位现象。部分国有股的股东代表责任意识淡薄，对银行事务的参与程度低，没有切实履行股东在公司治理中应尽的责任。一些银行的国有企业股东在选派股东代表时随意性较大，甚至临时选派，以致股东代表在不了解银行经营的情况下，在股东大

会上随意表态,造成股东实质性"缺位"。调查显示,一些商业银行从未发生过股东向股东大会提出书面提案或向董事会、监事会提出质询的情况。

二是存在所有者越位现象。一些银行的大股东控制股权董事,要求股权董事按自己的意愿进行决策,过度干预商业银行经营管理,以大股东的决定代替董事会的决策机制。如在股东干预下,某银行发放大量关联贷款,2006 年末达到 42.38 亿元;某银行董事会会议审议《关于调整董事长股权投资审批权限的议案》时,股东单位领导事先知悉后,授意股权董事反对此项议案,并向董事长发信息要求撤下此议案。

(二)董事会运作不规范,履职不到位,董事履职的专业性有待进一步提高

一是董事会受控股股东干预。国际上银行公司治理的一般原则是,银行董事会必须在公司章程和股东大会授权范围内,独立承担公司决策职责;股东不得直接或间接干预公司的自主经营和管理;外部董事和独立董事占 2/3 左右,发挥制衡作用。与之对照,我国商业银行董事会独立性仍显不足,董事会人员构成上以股权董事为主,约占 2/3,而独立董事仅占 1/3,以股权董事为主体的董事会更多地体现了控股股东的利益诉求,控股股东与董事会及由它派出的董事之间的关系亟待进一步理顺。

二是董事会履职不到位。目前我国很多商业银行董事会基本上是通过听取行长工作报告的形式来对银行的重大事项进行审议,很少直接进行决策,在很大程度上董事会成为一种议事机构,未真正行使决定银行的经营方针和战略决策的职能。董事会在银行的风险管理、关联交易控制、重大资产处置等方面也没有充分发挥作用。如某银行董事会未对 2007 年国家出台的重大宏观调控政策和银监会提出的合理控制贷款增速、调整信贷结构的要求进行专题研究部署,致使上半年新增人民币贷款已超过了上年全年总量;某银行董事会没有确定该行在市场风险管理方面的偏好类型,同时也未明确可以承受的市场风险水平、可从事的业务品种、相关的风险限额等,没有履

行董事会对银行市场风险进行决策、管理和监督的责任。有的银行虽然也成立了提名、薪酬、审计等专门委员会，但是履职明显不到位。如有的行虽然成立了战略委员会，但不能给董事会和股东大会提供切实可行的银行的发展规划和明确的市场定位，所谓的战略规划都是千篇一律。

三是董事会内部的股权、执行和独立三类董事的定位与作用也存在较多的争议。

股权董事的定位存在偏差。首先，股权董事自身履职独立性不够，往往过度关注股东利益。在控股股东提名多名董事成员的情况下，股权董事过多地代表了大股东单位的利益，而不是真正代表银行利益，常常表现为股权董事集体以一个声音在董事会上进行表态或决策，典型案例就是股权董事在审核、批准关联交易时经常丧失独立性。其次，有些股权董事的专业性有待提高，部分银行的股权董事管得过细，一定程度上造成董事会过多介入具体经营事项，其作用向执行董事演变。如部分银行董事会在股权董事的主导下，时常召集业务部门汇报具体的事务，对非常具体的经营管理问题发表意见。此外，股权董事稳定性差。由于股权董事在董事会成员中所占比重较大，换届之后，多名股权董事同时退出，一定程度上影响了银行公司治理效果。

执行董事的作用存在争议。一是执行董事在董事会中很少发表意见，主要是对其他人员提出的问题进行解释和回应。由于我国大部分商业银行中党委会与董事会两套决策体系并行存在，对人事安排和重大经营事项如新设机构、重大投资、发展战略等往往是由党委会先进行研究，然后再提交董事会表决，造成了党委会凌驾于董事会之上的局面。部分银行党委会召开次数明显多于董事会，存在党委会代替董事会行使决策职能的现象。执行董事作为党委委员，党委会已统一思想，在董事会上就不能再表达其他意见。另外，执行董事是商业银行的内部人员，拥有信息优势，很多议案本身就是由其提出的。二是执行董事有免责倾向，存在将已授权高管层的事项提交董事会讨论的问题。如某银行对于在授权范围内的投资债券评级下调后如何处理的问题，占用董事会大量时间讨论处理方案，直至有人对

完善我国商业银行公司治理的思考

该问题是否该由董事会审议提出异议，才发现并非董事会职责。

独立董事的专业性有待进一步提高。与英美公司治理良好的商业银行比较，我国大多数商业银行的独立董事人数偏少，仅限于满足最低监管要求，个别银行甚至未到最低要求，成为"花瓶董事""人情董事"，无法正常发挥作用。部分独立董事对存款人权益保护问题认识不够，责任心不强，体现为部分商业银行在章程中描述独立董事职责时，未提及存款人等利益相关者的权益保护问题，甚至个别独立董事认为保护存款人的权益仅是银行监管部门的职责，而不是银行董事的职责。多数商业银行的独立董事除参加董事会和专业委员会外，对商业银行相关部门和分支机构的调研不够，对银行业务、管理、风险等各方面情况缺乏必要、持续的了解，"董事不懂事"。外籍独立董事作用发挥有限，主要是传播银行管理的理念，介绍西方发达国家银行的主要经验和做法，但较少考虑我国的国情，提出的建议操作性不强，难以组织实施。另外，目前我国大多数银行对独立董事履职尽责尚未形成一套有效的后评价机制，少数银行建立了后评价机制，但实际工作也流于形式。

（三）高管层运作不规范，"官""商"定位不够清晰，职能设置"叠床架屋"

目前的现状是，绝大部分商业银行的行长和副行长都是由组织部门提名的，既是"高管"又是"高官"，其职权来源于组织部门，董事会只是在形式上具有聘用和解聘的权力。这种制度安排使高管层存在一定的官商角色冲突，作为官员，要对组织部门负责；作为高管，要对董事会负责。在银行实际运营中，行长和副行长更倾向于向其任免人负责，把行政职务的升降放在第一位，对银行的创新、经营业绩和竞争力的提升缺乏积极性，董事会和监事会对其进行监督客观上也存在一定难度。

在高级管理层职能设置上，存在重叠现象，表现为：我国部分商业银行高管层序列包括副行长和业务总监（或总裁），业务总监按业务条线协助对应副行长工作。副行长和业务总监并立导致职能重叠、委托代理和报告路径延长。如某银行设立批发业务总监、零售业务总监、投资理财业务总监,总监负责管理相应的业务板块,并向分管副行长报告工作,而分管副行长也只负责某一个板块,演变为一位副行长只管理一位业务总监。

(四)监督主体的监督制衡作用弱化

一是监事会履职不到位。目前大部分商业银行监事会的工作主要是对各项财务报表以及会计事务所的审计报告进行审核,未充分行使监督职权,远远达不到履行对董事会和高管层监督的责任。如某银行的监事未能有效履行对董事会的监督作用,对各专门委员会在风险管理、绩效考核,特别是关联交易审批等方面是否尽职没有制定专门的方案,也没有开展评估。

二是董事会特别是独立董事对高管层的监督不到位。绝大部分商业银行的独立董事仅仅起到了咨询顾问的作用,并未发挥制衡监督的作用。部分商业银行董事会未建立对高管层系统的评价体系,未切实履行对高管层的监督职责。如某银行董事会并未建立对高管层的考核评价体系,也没有定期收集高管人员的履职报告。

(五)激励与约束机制不够健全,"天价薪酬"与薪酬不公并存

目前,我国商业银行在激励机制方面存在的问题主要表现在以下几个方面:

一是激励约束机制不够完善。主要表现为对董事、监事和高管层的激励约束机制缺乏动态管理;对高管人员缺乏制度性分享经营成果的长期激励措施;激励依据不完善;未根据董事、监事和高管层的不同工作性质制定董事、监事和高管层的不同考核标准,对其实行类似的激励方法。

二是激励形式比较单一。商业银行激励机制主要包括职务晋升、薪酬、各种福利以及精神激励,但工资机制比较僵化,长期薪酬激励机制在法律和政策方面基本是空白,在激励机制创新方面缺乏相应的政策与法律保障。

三是天价薪酬与薪酬不公问题突出。从目前来看,一方面,银行

高管的薪酬由公司股东大会和董事会决定,只要是董事会和股东会批准了高管的薪酬就可以实行。高管人员自己决定薪酬,容易以国外金融机构市场化的薪酬水平为参照,没有注意到我国金融企业人力资源管理尚未完全市场化的客观情况,"天价薪酬"引发广泛争议。另一方面,薪酬不公平体现在两个方面:首先,高管层的薪酬与银行的经营水平相脱节,甚至经营越差的银行其高管的收入反而更高。根据银行年报等渠道掌握的材料发现,由汇金公司参股的一些国有商业银行中,确实出现了高管薪酬与经营业绩脱钩的现象。其次,有的银行高管与员工的薪酬差距拉大,而且高管的收入增幅远远大于员工的收入增幅。

(六) 执行力和控制力不强

我国商业银行内部大量存在摆脱所有者或上级机构控制和经营管理人员谋求自身利益的现象,银行内部的道德风险累积严重,执行力明显不强。部分银行在具体落实政策、制度、规章、规定、流程的时候,线条比较粗,内控要点抓得不准。各种制度、措施从总行到分支机构传递过程中,层层打折扣,管理信息衰减效应明显。部分基层机构缺乏主动负责的精神,敷衍应付,对上级行的要求只是消极贯彻执行,满足于应付上级行检查,存在走过场、应付交差的现象。部分银行在执行政策、制度时,上有政策,下有对策,导致刚性的执行要求被软化、弱化,难以形成有效的治理氛围和环境。特别是在分支行层面,内部人控制更严重,除了行级领导班子外,几乎没有其他制衡力量存在,往往是管理层大权独揽。近年在基层行发生的一些违规案件,许多是涉及管理层的"窝案"。

(七) 信息披露不充分

我国上市银行能够按照要求对相关经营信息进行披露,但公司治理信息披露存在明显的不足,最为明显地表现在措辞的形式化和模糊化。对公司治理和内部控制信息的描述,流于原则性的陈述,没有深入剖析银行公司治理内部存在的深层次问题,许多银行的陈述高度雷同,多数措辞与公司治理规范用语基本相同。如披露"独立董事能够勤勉尽职,认真参加董事会会议并发挥积极作用"。对公司治理实际状况与原则要求之间差异的解释说明很不充分,对内部控制完整性、合理性和有效性的说明不够深入,部分银行对董事、监事、高管人员薪酬等情况的披露没有具体到人。另外还存在披露不及时的问题,对重大事项披露的主动性不强,往往是延期披露或被迫披露。除上市银行外,其他银行披露信息的内容、方式还不够规范,向社会披露信息的范围也较窄,一般存款人和利益相关人基本看不到银行的年报;信息披露报喜不报忧,对财务指标的揭示、资本结构和资产结构分析和对各类风险管理状况、年度重大事项等信息披露还很不充分,甚至存在不真实的信息。

二、我国商业银行公司治理不完善的原因分析

(一)"三会一层"职责边界不清晰,影响了公司治理主体的正常运作

我国公司治理借鉴英美和德日两种模式,公司治理架构较为复杂,还存在党委会与公司治理主体的关系问题,很容易出现不同治理主体之间职责边界不清的问题。目前我国商业银行以股东大会、董事会和监事会为代表的机构主体和以董事长、监事长、行长为代表的个人主体都存在职责边界有待进一步明晰的问题。银行董事会和高管层在经营管理方面、董事会和监事会在监督高管方面、独立董事和监事会的职能定位和具体履职方面、董事履职与大股东诉求等方面的职责边界不够清晰。如董事会职能在银行章程里都规定得比较原则,银行董事会和高管层职责边界不够清晰,存在为免责将已授权高管层的事项提交董事会讨论的问题,董事会甚至可能会被架空陷入空洞化而成为"会议董事会";或者股权董事管理得过细,一定程度上造成董事会过多介入具体经营事项,过度干预银行日常经营,陷入事务化而成为"经营董事会"。监事会与独立董事实质都承担公司内部的监督角色,目前我国对于监事会与独立董事的职能划分上还未明确,部分职能存在重叠,可能发生角色的重复和冲突。党委会在银行人事选聘、重大经营决策中发挥着重要的作用,但党委会与董事

会、行长办公会的职权划分上不清晰,与此相联系的党委书记、董事长、行长在很多银行都存在职责不清的现象,个别银行甚至董事长和行长由一人兼任。

(二)尚未建立市场化选聘高管人员的机制,独立董事和监事的独立性不足

由于我国大部分商业银行是国有控股的,组织部门往往把商业银行当成安排干部的地方,造成了官商两栖的局面,在一定程度上滞留了银行高管人员的官本位思想,容易催生高管人员的非商业化行为。目前国有控股银行的董事长、行长和监事人选在很大程度上由组织部门决定,还没有和具体的、可操作的经营管理目标、利润目标联系起来,缺乏一套比较完善的考核指标体系,股东大会选举只是流于形式。由于商业银行的董事长、行长和副行长都是由组织部门直接任命,董事长和行长彼此同级,董事会聘任和解聘行长、副行长的职权实际不到位,董事会只是在形式上具有聘用和解聘高管层的权力。因此,行长事实上并不对董事会负责,董事会很难对其经营行为进行约束,董事会制衡机制失效。某些银行也出现了困扰监管部门的银行高管人员事实上由组织部门先任命后审批的问题。

从独立董事、监事遴选机制看,独立董事、监事的提名、聘任也不完全由股东代表大会选举产生,多数只是形式上的选举,实际上是由大股东直接提名,变相成为大股东股权董事的延伸和大股东利益的代言人,难以保证在银行利益与大股东利益发生冲突时,仍能坚持以银行利益为重。我国商业银行董事会中独立董事比例过低,如工商银行、中国银行、建设银行、交通银行董事会中独立董事的比例分别为26.67%、25.00%、35.29%、38.89%,还没有达到英美国家商业银行董事会中独立董事超过半数的比例,削弱了独立董事的影响力。

另外,目前我国商业银行独立董事和监事的薪酬由所任职银行发放。如某银行为股东代表监事提供报酬,包括工资、奖金、退休金计划、住房公积金计划等,职工代表监事、独立董事和外部监事按其职责领取津贴,职工监事还在该行领取工资。独立董事和监事的利益受制于董事会和管理层,在一定程度上影响了其独立性。

（三）董事和监事的专业性不够,履职能力不足

商业银行的经营和管理具有较强的专业性,我国大部分商业银行的股权董事、独立董事和监事是由离职的官员、知名学者充当,部门银行的监事之前担任党务、纪检、工会方面的职务。他们并非商业银行管理方面的专业人士,没有商业银行从业经历,缺乏商业银行经营管理的专业经验和技能,很难有能力参与商业银行的经营管理。如某银行 10 名非执行董事中有 6 名无银行从业经历,无银行从业经历的非执行董事占 60%;某银行 11 名非执行董事有 7 名无银行从业经历,无银行从业经历的非执行董事占 63.64%,这也影响了董事会决策的科学性,削弱了董事会和监事会的监督制衡作用,极易出现董事不"懂事"、监事不"监视"的现象。部分董事没有尽到勤勉义务,有的董事经常不参加董事会会议,一些董事则委托银行的高级管理层成员代为出席,大多数董事对银行的调研不够。虽然大多数银行都对董事会议案资料的提交时间做出了明确要求,但在实际执行中,部分商业银行存在未按规定时限提交议案的现象,往往是在董事会会议召开前很短时间内董事才获得决策所需信息,严重影响董事会议议决事项的质量。

（四）管理链条过长,上下脱节,执行力建设不到位

与国际大银行不同,我国商业银行特别是大型银行组织体系庞大,分支机构众多,目前五家大型银行各层次的机构共有近 7.5 万个。机构管理层次复杂,组织层级一般在 5 个以上,按照"总行——一级分行——二级分行——支行——分理处——储蓄所"的设置和管理模式,属典型的金字塔管理结构。机构重叠且链条明显过长,管理层次过多,战线拉得过长,与总行的管理、控制能力和水平明显不相适应,造成决策权力层次过多、责任界限不清,延缓了信息传递速度,降低了信息质量,容易造成决策延误和失误,导致经营管理效率和质量低下。

完善我国商业银行公司治理的思考

（五）法律法规不完善

一是对信息披露内容的规定比较原则。《商业银行信息披露办法》中很多内容是引用了企业会计准则的内容，但对各类风险和风险管理、内部控制等有商业银行特色的披露内容要求不够具体，给各家银行自由裁量的空间较大，使不同商业银行披露的信息不具有可比性。二是不同法规的要求不一致。如《商业银行信息披露暂行办法》规定商业银行应当于每个会计年度终了后的 4 个月内披露年度报告，而《商业银行法》规定商业银行应当于每一会计年度终了 3 个月内，公布其上一年度的经营业绩和审计报告；《国有商业银行公司治理及相关监管指引》要求董事会应设立薪酬与提名委员会、审计（稽核）委员会，而《股份制商业银行公司治理指引》要求监事会应当设立提名委员会、审计委员会。三是缺乏独立董事的具体规定。《公司法》未明确规定独立董事的权利和义务，《股份制商业银行独立董事和外部监事制度指引》仅对股份制商业银行独立董事的任职资格及产生办法做了相应的规定，但不够具体，也缺乏应有的强制性和约束力。

三、政策建议

（一）规范银行股东单位和董事行为，股权董事要注意平衡股东和银行的利益，独立董事应切实维护存款人和其他利益相关者的权益

商业银行股东特别是控股股东应进一步建立行为规范，切实按照法律、法规和银行章程规定的决策程序，依法履行相应的职责，在合法合规的前提下正确行使权利。控股股东可以向股权董事提出工作建议，但应充分尊重控股商业银行的公司治理运行机制，尊重董事的独立专业判断和对所服务商业银行的尽责义务。此外，控股股东单位不能借派出董事便利，获得信息优先权，以免与中小股东产生利益冲突。

股权董事要增强决策的独立性，应适当平衡所代表股东单位和

商业银行的利益,处理好局部利益与整体利益、短期利益与长期利益的关系。在做决策时除履行委托代理关系、立足所代表股东单位的利益外,还应把保持商业银行的持续竞争力作为决策的标准,忠实履行对商业银行的诚信和看管责任。独立董事作为小股东和社会公众利益代表,应珍惜自身的职业声誉,在商业银行公司治理中发挥"公平与良知"的重要作用,能动地行使独立职责,切实维护存款人和其他利益相关者的权益,起到有效制衡股权董事和执行董事的作用。

(二)在坚持党管干部的原则下,清晰界定"三会一层"职责边界

清晰的职责边界是确保商业银行各治理主体独立运作、有效制衡的基础。一是发挥银行党委会的政治领导作用。明确党委会负责的具体事项,厘清党委会和董事会的关系。商业银行党委会要按照《党章》的要求,充分发挥政治领导作用,贯彻执行党中央的路线、方针、政策,通过在商业银行各级管理人员中的党员去表达和执行党的意图。支持银行董事会、监事会和高管层依法履行职责,支持银行按照现代企业公司治理要求运作,监督董事会、监事会及高管层中的党员干部。二是商业银行要以章程或议事规则的形式对股东大会、董事会、监事会和高管层的职责做出明确的规定,对董事长和行长的具体职责要有明确的划分,职责相互之间应当不重叠、不交叉,董事长与行长应分设。应合理制定董事会对高管层的授权,董事会要抓大事、议大事、决大事,避免插手日常经营管理事务,高管层根据授权情况履行向董事会报告义务。董事长应在章程规定的权限内履行职责,不得超越章程规定干预行长的经营管理活动;行长作为高级管理层的核心人物,有权依照法律、法规、章程和董事会的授权组织开展经营管理活动。三是理清独立董事和监事会的监督职责。独立董事主要对诸如资产分配、对外投资、购并、资本充足、银行发展战略等重大决策执行情况的监督、制衡,更侧重于事前和事中的监督;监事会监督职责重心则应放在检查银行财务,监督董事会规范运作、遵守信息披露原则,监督董事、高级管理层行为合法性等方面上,更侧重于事中和事后的监督。

完善我国商业银行公司治理的思考

（三）改进独立董事选拔制度,建立独立董事备选人才库,并市场化选择银行高管人员

独立董事有效发挥作用的核心是"独立性",独立董事保持独立性的关键是选拔机制的独立性。银行监管部门要出台相关法规,详细规定商业银行独立董事的任职资格和专业知识要求,建立商业银行独立董事备选人才库,凡是符合规定标准和条件的人员可向银行监管部门申请银行独立董事资格。申请人应详细提供其工作经历和经验、专业知识及其他相关知识。监管部门将申请人提供的信息,有选择地将某些信息公开,接受公众的监督,并不定期地对某些信息进行调查核实。根据申请人提供的资料,监管部门筛选出独立董事候选人,并进行任职资格测试,将测试合格人员纳入独立董事备选人才库。商业银行股东大会要根据本行的实际情况,在备选人才库选择合适的独立董事。

要彻底取消商业银行高管层的行政级别,改变商业银行高管层人员特别是行长、副行长由组织部门选拔的方式,废除官商一体的体制,建立能上能下的高管选拔机制,将聘任高管权力归还董事会,使高级管理人员真正成为对董事会负责的管理人员。董事会要拓宽选择高管层的渠道,完善选择的方式,按照市场化原则选拔高管人员,让称职的银行家出任相应的职务。引导高管人员摒弃官本位思想,理顺董事会和高管层、董事长和行长的关系,便于董事会、监事会对高管层实施有效监督,充分发挥公司治理主体间的制衡作用。

（四）健全激励约束机制,完善薪酬支付机制

一是要建立对董事、监事、高管的履职评价体系。区分董事、监事、高管层的不同工作性质,制定不同的绩效考核标准。薪酬应与商业银行的盈利情况、实力提升情况、为股东带来的回报挂钩。改变薪酬的构成,适度增加与长期绩效挂钩的薪酬比例。将激励机制与银行的长期发展联系起来,必要时可实行期权激励制。二是建立问责制度,清晰界定董事、监事和高管人员的履职要求,明确规定董事、监事和高管人员违反法律、法规或不尽职的处罚措施和处罚程序。对商业银行董事会、监事会和高管层要在科学考评的基础上,实行严格问责。三是高管薪酬要与高管承担的责任相对应,具体体现在三个方面:法律责任,高管人员如果没有尽到义务要承担相应的法律责任;职业责任,高薪人士一旦没有与自己的高薪相匹配的业绩,职业生涯应受到影响;经济责任,高管人员若没有完成考核目标,要承担相应的经济责任。四是要完善公司的内部治理,建立独立的、能够代表相关各方利益的薪酬委员会,要有制衡的力量,有工会代表员工的利益,要求员工收入增速与高管的收入增速保持一定的比例。

(五)有效开展公司治理评价,督促商业银行提高公司治理水平

由于经营管理的特殊性,如高负债的资本结构、合约的高度不透明、债权人高度分散、信息的高度不对称等,商业银行无法像一般工商企业那样,依靠自身的公司治理机制来确保正常的运营。在此情形下,商业银行需要监管部门来弥补其治理机制的内在缺陷。纵观世界各国的银行业实践不难发现,它们在强调建立健全银行内部治理机制的同时,普遍实行银行监管制度来弥补银行治理的缺陷。有效的银行监管通过微观规制监控银行的经营活动,有助于合理控制银行机构从事高风险的业务活动,可以减少银行股东以及经理层对债权人合法权益的损害。我国监管部门也应借鉴发达国家的成功监管经验,参与商业银行的公司治理,建立完善公司治理评价机制,对商业银行的公司治理状况进行监管评价,督促商业银行规范运作、提升公司治理水平。

(六)加快流程银行改革,强化执行力建设

我国商业银行要按照机构扁平化、业务垂直化的原则推进管理架构改革,全面改造内部业务流程。一是建立清晰的管理层级和报告关系,因事设岗,充分研究副行长和业务总监职能重叠可能带来的报告路线延长和决策低效问题,必要时取消副行长设置。二是逐步加强业务条线的管理能力,实现由"部门银行"向"流程银行"的转变,建立相互制约的经营管理体制,适当削弱商业银行基层机构负责

人特别是"一把手"权利,减轻管理信息严重衰减的现象。强化集中控制,依靠制度化手段提升执行力、提升经营战略决策的执行效应,防范和控制各种风险,解决基层机构内部人控制严重的问题。

(七)建立完善银行公司治理法规

加强金融法制建设,完善有关的法律制度,要根据当前出现的新情况适时修改有关金融法律法规,制定商业银行公司治理的基本原则、标准和操作细则等,作为规范商业银行公司治理结构的指南。一是尽快出台统一的《商业银行公司治理指引》,明确包括董事会和监事会的设立、职能、独立性、法律责任,规范股东大会、董事会和监事会的决策规则和程序,规定董事会中要有半数以上的独立董事等。二是修改完善《商业银行信息披露办法》,消除跟《商业银行法》及其他法规不一致的地方,增强披露办法的操作性,进一步规范信息披露的格式、内容、深度和广度,对各类风险、公司治理、风险管理、内部控制及合规性等有银行特色的内容要作更详细、明确的规定,减少商业银行的自由裁量权,使不同商业银行信息披露内容具有可比性。三是修改《公司法》,建立累积投票制、独立提名制、独立董事任专门委员会负责人等与独立董事相配套的制度,赋予独立董事信息知情权和监督权,充分行使对董事会和高管层的监督职责。(本文发表于《现代金融》《江苏国际金融》)

大型银行绩效考核体系比较分析

完善绩效考核体系,转变考核方式和考核内容,是商业银行落实科学发展观、转变发展方式的首要任务。总体来看,近几年各大型银行随着股改完成和成功上市,绩效考核明显进步,各基层机构也通过不断调整考核方式,推进考核创新,取得了一些积极成效,但由于受各自总行考核指导思想和经营理念的影响,绩效考核中还存在一些突出问题。近日,江苏银监局对辖内大型银行绩效考核体系进行了深入全面的调查和分析。

一、激励相容的绩效考核体系初步建立

随着大型商业银行股份制改造完成和公司治理结构的完善,各国有商业银行基本都建立起了一套以经营业绩、风险管理、可持续发展能力等为主要内容,条线考核和分支行考核为主要手段的绩效考核体系。总体上看,绩效考核体系体现了总行的发展战略和阶段性任务目标,有效激励了各分支行及其员工行为。

(一)绩效管理理念不断改进

一是目标导向明确,指挥棒效用显现。各大型银行以价值最大化为目标,从追逐规模的经营模式开始向重视风险与利润、质量与效益相平衡的模式转变,引入风险调整后的效益指标并逐步提高其权重。目前工商银行、农业银行、中国银行和建设银行已引入经济增加值、人均经济增加值、经济资本回报率等指标,初步构建了以风险调

整后的效益指标为核心的绩效考核体系,强化经济资本对风险资产总量的约束和资本回报对经营管理的要求。中国银行除成本收入比等个别指标外,其他效益类指标均由 EVA、RAROC 构成,不再设置传统的经营利润、人均利润等指标。

二是指标趋向多元,资源配置不断优化。各大型银行逐步完善以预算为先导、以考评为核心、以资源优化配置为目标的体系。突出以价值创造能力为重点,完善发展类指标考核维度,通过对客户数量增长、高端客户占比的考核引导树立以客户为基础的考核理念;引入渠道分流考核理念,加强对客户分流的引导,缓解柜面业务压力;提高自助设备使用效率,充分发挥网银、自助服务等渠道资源优势。坚持定量定性相结合,考核员工学习与成长,实施服务质量考核,将得分折入绩效考评中。同时,树立资源性考核理念,通过对经济资本限额考核,体现经济资本的刚性约束。

三是部分指标初步体现周期性考核要求。"调结构"是近年以来商业银行经营管理的重点,通过考核推动结构优化和潜在风险化解是重要抓手。交通银行在 2010 年绩效考核办法中增设结构调整指标,强调"有保有压",增加风险缓释措施执行情况(抵质押占比)指标;2010—2011 年资产质量考核侧重潜在风险的控制化解,新增存量监察名单清收化解率、正常关注类贷款减退等指标。

(二) 绩效考评体系不断完善

一是绩效管理逐步健全。除综合经营绩效考核外,各行还建立其他考评办法作为补充,主要包括两方面:(1) 等级行考核。如农业银行、中国银行和建设银行通过对辖属机构实施等级行分组分类考核,侧重于对经营机构综合经营能力的评价,指标设定相对突出长期发展要求。(2) 专业条线或业务板块考核。各机构还建立了公司、零售、内控等专业条线(板块)考核体系,各有侧重,与综合经营绩效考核构成相对完整和全面的评价管理体系。

二是全面评价指标逐步建立。目前除建设银行的 KPI 分行考核不涉及内控指标外,其他各机构经营绩效考核体系均涵盖了经济效益、风险内控、业务发展等方面的内容。其中,业务发展指标不断细分,市场竞争、客户、渠道、产品、可持续发展、协调发展等均纳入考核范围,业务结构调整、产品定价等也逐步成为考核内容。此外,各机构还加大了内控制度、合规文化建设力度,设置了案件事故、违规违纪、内控建设和外部评价等考核内容。

三是考核指标取数趋于科学。部分大型银行绩效考核时,开始改进时点考核指标,逐步由单一考核期末增量向网均折效和日均增长方面转变,采取日均指标测算和计分。通过对某分支机构非现场监管信息系统数据分析,绩效考核中所有定量指标改为日均值后,存贷款日均数与报告日时点数差异不大,有效减少了"冲时点"现象。

四是先进工具逐渐引入。中国银行按照平衡计分卡原理建立矩阵式绩效管理体系,在传统的效益、发展和质量指标基础上,增加工作进程类、员工学习与成长类指标,如流程优化、产品创新、运营控制、企业文化建设、IT 系统支持、人力资源优化等指标均在五家大型银行绩效考核中独有。

(三)考核创新有所体现

江苏各大型银行省分行在落实其总行绩效考核要求同时,还注意结合本行特点,改进和创新考核方式。农业银行江苏省分行在其总行办法基础上,考核中将经济资本分配由以往单一的依据信用风险分配向依据信用风险、操作风险共同分配转变,并进一步扩大操作风险经济资本调整系数,促进其辖属机构加强操作风险管理、规范运营。中国银行江苏省分行承接其总行考核指标时,细化效益、质量指标内容,简化战略业务发展和客户类指标,增加"经济资本占用预算"和"人力资本投资回报率"指标;强调授信结构优化,增加"公司授信风险可控资产占比增加"和"客户主动退出"指标;简化了战略业务发展指标,客户基础类指标缩减为 3 项指标。交通银行江苏省分行在潜在和现实风险控制指标中增加"个人不良贷款控制率"指标,在内部管理指标中增加"外部监管机构评价情况"考核。

二、存在的主要问题及突出表现

（一）战略不够清晰长远，考核指标体系波动大

金融危机后，国家实行适度宽松的货币政策，大型银行讲规模、抢份额、重扩张轻管理等粗放式非审慎行为抬头，绩效考核体系的重心随之变化，未能体现长远清晰一致的战略目标和可持续发展。2008年至2011年，各家大型银行总行绩效考核主要有以下几方面调整变化：一是业务发展指标日益受到重视，市场竞争类指标占比不断提升，突出反映在市场份额考核权重不断加大；二是随着股改完成、不良资产剥离，不良贷款持续下降，资产质量考核指标占比逐渐削减；三是内控评估有所重视，指标权重整体看有所提升，但占比不高且不够平衡，个别银行甚至有所下降。

（二）目标测算不够科学，经营计划过于激进

目前，一些银行对分支机构绩效考核采取目标达成率为原则的绩效考核方式，将经营目标量化，逐级分解下达各项指标应达到的目标计划，考核其目标完成情况并计分。事实上，持续保持业务高速增长或不断扩张市场份额都需要相应的市场和产品来支撑。从各行考核目标测算和计划制订的情况看，效益和业务经营目标并没有完全以市场实际为基础，考核过于注重目标，过多强化增长率和市场份额，以分数论英雄，不考虑市场变化情况，预算编制往往超出实际，造成各级指标越分越细、计划越分越大、任务越分越难的层层加码态势，在大投放大发展的同时，也埋下了风险隐患。

一是对中间业务收入考核权重不断加大。近年来，各大型银行总行不断加大中间业务收入增长考核，如2010年下达江苏各省分行较上年增幅基本在40%以上。基层机构为完成任务，将收取财务顾问费作为提高业务综合收益和中间业务收入"一石二鸟"的方法，以"理财咨询费"甚至"排队费"等名目向贷款客户捆绑收取财务顾问费，出现对按揭客户个人收取"信息咨询承担费"或办理按揭业务时要求开发商缴纳2%—3%理财咨询费才放款现象，这种捆绑收费民

愤极大,银行形象大打折扣,不利于长远发展。

二是导致存款大战愈演愈烈,高息揽储、压单压票现象时有发生。各行仍然奉行"存款立行",各行存款在业务考核中权重最大,尤其在当前信贷规模紧张的情况下,做大存款规模,就能从总行获得额外的信贷额度,因而同业间存款争夺战近乎"白热化"。一方面,部分基层机构采取存款返现、返券、送礼等手段吸收存款,手段低级且重复;另一方面,银行机构月底压单压票现象有所抬头。如某大型银行部分机构为完成上级行下达的存款指标任务,对手续齐全的大额取现或转账业务,以人员不在、系统故障、空白凭证用完等各种理由搪塞客户,拒绝为客户办理大额取现和转账业务,影响客户资金正常使用,同业间矛盾不断激化,破坏了市场竞争秩序。

三是贷记卡、网银业务增量考核造成无效客户激增。信用卡、网银业务也是部分大型银行要求"爆炸式增长"的业务,考核方式简单粗放,往往以发卡量、网银新增客户数作为考核依据。一方面,有的银行柜面不细分、筛选客户,即极力劝说客户办理信用卡,开通网银账户,相当部分客户缺乏相应的金融知识和风险意识,卡盗刷、网银诈骗等事件时有发生;另一方面,无效客户激增,睡眠卡、不动户比例较高,浪费银行资源。

(三)考核指标过多,内容不够全面科学

一是考核指标过多过细。部分银行考核指标设定过多过细体系繁杂,基本考核已达六十多项,到市分行下达时已派生到九十多项,如加上各专业条线考核,指标就更多。结果只是看重总分,基层机构往往选择高分数的发展类指标实行重点突破,而对内控等分数相对不高的项目不够重视,造成考核指标虽多但整体完成率不高。在一些机构,重业绩轻合规,对内外部检查问题整改不够重视,导致问题重复发生率居高不下。

二是经风险调整的效益指标尚未成为考核主线。目前,还有机构尚未引入经风险调整的效益指标,部分已引入此类指标的机构中,EVA 和 RAROC 占效益类指标权重也只有 45.7% 和 15% ,占整个绩效考核权重更低,传统利润如经营利润、人均利润、拨备后利润等仍

是考核主体指标,风险—收益匹配的原则没有得到很好体现。

三是风险类指标权重偏低。据统计,五家大型银行风险类指标(含经风险调整的效益指标)权重分别为33.4%、29.04%、37.12%、12%和27.49%,与银监会风险类指标占比应达到50%的要求还存在较大差距,且大多数机构未设置经济资本占用等资源控制类指标和风险暴露、拨备计提等风险性指标,同时,合规、内控考核方面也相对简单,不仅权重低,而且重在结果约束,对过程约束不足,即评分时往往以是否发生案件事故、是否受到监管通报或处罚为准绳,而内外部检查发现问题及整改情况没有充分纳入考核,被考核机构内控得分往往高度趋同,指标约束意义不大。

(四)重市场份额和利润增长,对市场容量和规模的变化情况考量不够

从一些机构考核内容上看,以市场份额为代表的时点规模考核依然是考核主线,业务发展考核指标一般都在50%左右,最高的达70%,其中市场竞争类指标占比基本在20%以上,部分机构甚至高达40%以上,且逐年递增。市场占有率普遍成为各行绩效考核的重中之重,对分支机构实行市场份额"双重约束",不仅要份额提升,还要位次前移,个别大型银行不仅在大型银行内考核市场份额,甚至将当地股份制银行、城市商业银行也都纳入总份额考虑,随着机构不断增多,维持或者扩大市场份额日益困难,因抢夺市场份额造成的不公平竞争行为也日渐突出。考核内容表现出明显的同质化竞争倾向,具体指标安排上依然体现明显的追求规模、速度和市场份额扩张的发展模式,发展方式亟待转变。

(五)反馈改进机制缺失,审慎和精细的银行文化尚未形成

除个别机构外,各银行现有绩效考核都缺少人力资源类和员工发展类考核指标,不能从员工发展角度采取相应的措施提高员工素质,不能将被考核机构整体绩效与员工个人绩效有机结合起来。一方面,考核中忽视员工的参与。大部分基层员工对考核目标制订、指标计分和结果运用知之甚少,只关注自身能获得多少奖金、是否能够

晋升等,对考核的目的、作用缺乏认同感。另一方面,目前绩效考核过程中主要是自上而下的单线系统。下级机构被动接受上级行考核方式和评价结果,缺乏绩效辅导和反馈环节,基层机构对考核办法的改进和优化建议无从传递。

在现行考核管理模式下,前台部门按本部门本条线绩效完成情况兑现奖金,中后台部门按全行绩效完成情况获取平均绩效奖金,其绩效考核奖金分配与机构总体绩效水平挂钩。在计划完成率的高压线下,内控原则容易服从整体经营压力。在绩效考核的指挥棒下,中后台工作人员风险控制的制约能力有限,内控管理底线有所放松,一定程度上增大了银行的经营风险。

晋升提拔向营销人员倾斜不利于各专业人员的成长与发展。银行绩效考核的激励途径不仅体现在奖金分配上,还体现在职位升迁方面。业绩优秀的一线营销人员被提拔机会远远大于其他条线的工作人员。但从我局高管人员"三考"情况看,部分从客户经理岗位提拔的基层网点负责人厚度不够、后续发展能力不强,对问题处理、工作推进的把握有欠缺,机构内控管理也存在不足。银行发展需要会计、科技、法律和合规等各种专业人才的支撑,这些专业人才在唯业绩论的升迁机制中难以实现自身的职业抱负,工作积极性一定程度上被挫伤,给整体运营合力带来负面影响。

(六)时点与长远周期性结合不够,短期激励有余,长期约束不足

目前,大型银行绩效考核结果直接跟绩效工资与费用兑现等挂钩,还用以评价被考核机构管理层"能干"与否,决定高管的任职与升迁。一旦考核结果优异,则管理层薪酬、职业生涯等都有良好回报,短期内激励效果显著;而绩效完成不佳的机构高管人员则面临扣发绩效工资甚至"末位淘汰"。同时,考核评价周期短,风险周期覆盖不足。目前,大型银行绩效考核周期均为1年,考核中很少评估周期风险,当中长期资产风险事件发生时,银行对已跳槽、已退休或已升迁的责任人员缺乏制约手段,权责期限不匹配造成激励与约束相互割裂,也间接鼓励了经营者的短期行为和中长期风险偏好,产生了

一些明知不可为而为之的行为,使基层行服务与管理相对滞后,经营行为扭曲,易产生风险隐患和诱发违规犯罪行为。

三、几点建议

(一)进一步提升绩效管理理念

考评理念在很大程度上决定着一个银行的经营理念、管理模式和发展道路。绩效考评要按照效益性、激励性、连续性的原则,应坚持以 EVA 和 RAROC 为考核主导,进一步提高考核权重,并降低或取消规模和市场占比等粗放式管理指标,引导经营行树立有效发展理念。

(二)进一步完善绩效管理体制

一是注意绩效管理在各个环节之间协调,避免过于强调绩效考核,忽略绩效辅导与改进提升,增加上下级行间互动交流,建立考核行与被考核行间的沟通与交流机制。二是加强经营战略思想的传导,通过考核手段引导各级行树立正确的经营理念,摒弃"跑马圈地""规模为王"等狭隘的经营战略,逐步由向规模要效益转型为向管理要效益。

(三)进一步优化绩效考评体系

一是削减市场份额考核占比。过度重视市场占有率考核,容易造成抢客户、争市场、拼份额等问题,应减少此类指标权重,将考核重点回归到风险调整后的效益类指标上来。二是提高风险类指标权重,增设风险暴露、拨备计提等风险性指标,风险内控类指标权重应逐步提升至监管要求的 50% 以上的水平。三是优化内控指标考核方式,内控考评既要重结果又要重过程,引导各行将内控考核贯穿于业务经营的过程与环节中,实现考核内容由案件、事故问责向违规、失职问责延伸,杜绝屡查屡犯问题再次发生。

(四)进一步改进绩效预算编制方案

一是精减绝对量考核指标数量,从源头上改变指标越分越多、计划越分越大、任务越分越难的层层加压态势。二是加强历史数据积累,科学进行测算,确定合理的业务增长水平,杜绝不计成本拼市场、不择手段争排名等恶性竞争现象。三是加强波动性监测,从考核导向上引导经营行树立稳健经营、依法合规的经营理念。

（五）进一步完善绩效管理机制

重视内部监督机制作用,有效发挥监管导向作用,加强对绩效考核结果的跟踪,强化约束纠偏机制。一方面,在审计稽核、风险评级中重视对绩效考核机制的分析和评价,建立科学的绩效管理体系;另一方面,在审计稽核中将绩效管理机制作为内部管理监管的重要内容;督促严格执行财务会计等各项规章制度;完善业务费用管理和监控制度,抑制盲目规模扩张和非理性竞争行为。

（六）建立与业务风险期限相匹配的约束机制

在现有绩效考核体系的基础上,建立与业务风险期限相匹配的约束机制,主要是引入适应可持续发展要求的薪酬体制,如薪酬期权、延期支付等,减少被考核对象的短期行为,促使经营行为与银行战略目标保持一致。同时,经营管理行为的合规状况应纳入机构管理层和一般员工绩效考核之中,审慎合规经营应该与员工职业生涯规划挂钩,推动合规文化建设不断走向深化。（本文发表于江苏银监局《大型银行绩效考核体系研究报告》）

商业银行绩效考核体系研究

摘要：近年来,商业银行都十分重视绩效考核体系建设,逐步形成了以经济资本、经济增加值等为核心内容的考核体系,但绩效考核体系还存在风险和收益未完全匹配、短期激励与长期激励不协调、考核的全面性与科学性仍需提高、员工参与度仍要加强等缺陷。因此,要进一步完善绩效考核机制,制定科学全面合理的指标体系,建立绩效考核体系的外部监管机制。

绩效考核体系是决定商业银行核心竞争力的关键因素之一。近年来,商业银行都十分重视绩效考核体系的建设,竞相引进国际先进银行的考核理念,逐步淡化了规模考核,形成了以经济资本、经济增加值等为核心内容的考核体系。但与西方发达国家的商业银行相比,由于历史原因和传统管理体制的惯性,我国银行业在绩效考核体系方面还处于明显的竞争劣势。而随着对外资银行业务的全面开放,我国银行业将面对激烈的竞争。在这种背景下,研究商业银行绩效考核体系,具有很强的理论和现实意义。本文介绍了商业银行绩效考核体系的变迁,阐述了我国商业银行绩效考核体系的主要内容,在此基础上重点评价商业银行绩效考核体系实施的效果,着重指出其存在的缺陷和不足,并据此提出相关的政策建议。

一、商业银行绩效考核体系的变迁

商业银行绩效考核起源于西方,大致经历了三个阶段。第一阶段处于20世纪70年代以前,在严格管制下和出于成本效益及负债管理需要,以资产收益率、贷款收益率、投资报酬率为主要的评价指标。第二阶段处于 20 世纪 70 年代至 90 年代,随着管制的逐步放松、银行竞争的加剧以及国际监管法则《巴塞尔协议》的出台,为了适应外部监管需要,逐步发展出包括投资回报率、利差率、不良资产率、流动比率在内的内部绩效评价体系。第三阶段处于 20 世纪 90 年代以后,随着经济金融全球化、国际银行业大规模兼并重组、新的金融产品涌现及信息技术的广泛应用等,同时《新巴塞尔协议》出台客观上要求商业银行内部评级法和系统工具要运用到业务流程中,这一切都促使商业银行绩效考核在目标设置、指标设计、考核方法选择等方面发生了深刻变化。

目前,西方商业银行广泛将平衡计分卡、经济资本、经济增加值、风险调整资本收益率等思想或方法引入到绩效考核中。如运用平衡计分卡思想建立全面的绩效评价体系,根据战略发展需要随时跟踪和优化作业流程、产品及客户结构;通过比较资本成本,动态反映银行分支机构的绩效。

二、我国商业银行绩效考核体系的主要内容及特点

(一) 以经济增加值为核心的考核体系初步建立

目前,商业银行普遍引入经济资本管理的概念,建立以经济增加值(EVA)为核心的绩效考核体系,强化经济资本对风险资产总量的约束和资本回报对经营管理的要求。运用经济增加值进行绩效考核,充分体现资本的价值,关注存在的风险,更加重视降低成本及经济资本占用。如建行建立以经济增加值为核心的关键业绩指标(KPI)体系,坚持以价值指标为主进行考核。工行引入模拟经济增加值单项排名指标,全面实施以经济增加值为核心的绩效考核制度和费用分配制度。中行采用经风险调整的经济资本回报率指标综合考核盈利能力和风险管理能力,使风险和收益直接挂钩,体现了业务发展和风险管理的有机统一。

（二）普遍引入内控合规类指标

商业银行纷纷加大了内控制度、合规文化的建设力度,注重对主要业务环节和整个业务流程的控制。普遍引入了内控合规类考核指标,引导各级机构严格按照股份制改革和法律法规的要求,合规操作、稳健经营。如中行引入了年内发生、发现的各类案件、事故、违规违纪、内控建设等考核指标,采用关键事件法,实行倒扣分制,对于发生案件、事故等的分支机构,上级行根据涉及的金额和造成的后果酌情扣分。

（三）考核结果作为业务授权和资源分配的核心依据

商业银行都比较注重绩效考核结果的运用,充分发挥绩效考核的"指挥棒""助推器"作用。将绩效考评结果作为资源配置和内部奖惩的主要依据,如把绩效考核结果与经营奖励、费用分配、固定资产投资、机构等级管理、经营权限直接挂钩。这种以绩效考核结果作为资源配置依据的方式充分调动了分支机构的积极性和主动性。

（四）日益重视非财务指标特别是内控合规类指标

商业银行逐步改变了单纯采用财务指标考核的办法,重视非财务因素在银行经营管理中的作用,体现对分支机构的科学指导。例如中行运用平衡计分卡原理,把一些非财务因素纳入了绩效考核体系,使考核指标涵盖财务、客户、工作进程和员工学习与成长四个维度的内容,建立起以质量、风险、效益为重点的"核心业绩指标"。

三、我国商业银行绩效考核体系实施的效果与评价

（一）有效传导了上级行的发展战略

绝大多数商业银行制定了总体战略规划或业务发展战略纲要,将零售业务和中间业务作为战略转型的重点。充分发挥绩效考核的政策导向作用,把战略规划的内容引入绩效考核体系,有效传导董事

会、高管层和上级行的发展意图,使基层行在"指挥棒"的指导下能深入贯彻落实上级行的发展战略和要求。如中行江苏省分行于2007年初对绩效考核内容作了较大调整,增加了经济资本指标和零售业务收入指标,中间业务收入增长率指标的权重由5%增加为7%;各二级分行对下属行的考核中也引入了省分行的绩效考核导向。通过绩效考核指标的调整,有效落实了战略发展规划的内容。

(二)引导基层行加快经营机制和增长方式的转变

股改前,商业银行普遍把市场占有率、业务增长率作为绩效考核的主要内容;股改后,各股改行逐步淡化规模指标,普遍引入经济资本和经济增加值指标,促使各级分支机构更加注重结构优化和降低成本,引导基层行加快经营观念和经营机制的转变。根据业务或地区资产组合的风险大小配置经济资本,科学确定资本成本和风险调整后的资本回报。正确处理好规模扩张与质量效益、业务发展与合规经营的关系,按照统筹速度、质量、效益与风险管理的要求,促进业务的良性发展。通过引入经济资本和经济资本回报率指标,充分发挥绩效考核体系在资源配置中的导向作用,强化资本约束资产发展的理念,平衡风险和收益的关系,优化信贷和财务资源配置。

(三)营造了良好的合规经营文化氛围

通过设立合规性指标,促进各级分支机构经营管理责任的落实,对违法违规行为实行扣分等制约措施,增加经营单位和员工违规的机会成本,规范从业人员行为,落实"内控优先"和"合规经营"的理念,较好地增强了商业银行员工依法合规经营的自觉性,初步形成了依法合规经营的文化氛围。如中行引入内控与合规类扣分指标,对考核年度内发生、发现的案件、事故、违规等要视具体情况扣分,使全行上下在很大程度上改变了以往存在的重经营、轻合规现象,更好地处理了合规与经营的关系。

(四)员工的积极性得到一定程度的提高

商业银行普遍通过绩效考核甄别部门、机构和员工的绩效,据此对机构和个人进行排名,排名靠前的员工给予奖励,列后的员工相应地扣减奖励。通过奖优罚劣、奖勤罚懒,发挥绩效考核体系的激励约束作用,有利于调动员工的主动性,提升服务质量。特别是,中行运用"平衡计分卡",设立员工学习与成长维度的指标,引导全行加强员工的全面开发,关注员工的职业生涯发展,大力提高员工整体素质,将个人发展和单位、部门绩效有机地融合在一起,极大地激发了员工的积极性,塑造了良好的企业文化。

四、我国商业银行绩效考核体系存在的主要缺陷和不足

(一) 风险和收益平衡的理念尚未完全体现

新的绩效考核体系虽已全面实施,但部分银行传统考核体系在一定程度上仍然发挥主要作用,还存在"速度情结"与"规模冲动",仍过度追求资产增长和规模扩张,将片面追求市场份额作为经营目标。

1. 个别行片面强调规模类指标

如农行的绩效考核体系中规模类指标权重最高,具体有新增本外币存款市场份额、新增外币存款量、卡存款总量、国际结算总量等指标。

2. 某些行还过度强调市场份额类的考核标准

突出表现为在绩效考核体系外,各业务条线还正式或非正式地下达市场份额类考核指标,在实际操作中制定了专门的内部费用分配方案,将费用分配与存、贷款等份额类指标直接挂钩。基层机构为完成任务必然忽视成本和风险,过度追求规模扩张,极易发生变相抬高存款利率或降低贷款利率和中间业务手续费等现象,扭曲正常的经营行为,导致银行业恶性无序竞争。

3. 还存在重经营业绩轻内控管理的倾向

表现为绩效考核体系指标中效益类、发展类指标权重过高,内控合规管理方面只是设置了扣分指标,视具体情况酌情扣分,并且一般还有扣分上限,在一定程度上弱化了绩效考核指标在加强内控、合规机制建设等方面的导向作用。

（二）短期激励过度与长期激励不足并存

近几年,商业银行不断完善绩效考核体系,绩效考核的指标设置日趋合理。但其设置的效益指标更多考核的是当期经营成果,导致商业银行基层行特别重视短期的盈利表现,而忽视长期盈利能力的积累。考核结果的运用相对孤立、片面,对员工过于注重短期激励、忽视长期激励,只是简单地将考核结果与被考核行的年度经营费用和员工工资奖金报酬收入直接挂钩,激励手段变成了单纯的收入奖励和费用增拨,约束手段变成单纯的奖金和费用扣减。为最大限度地获取与短期效益挂钩的收入,基层银行的管理层必然产生积极扩张资产、负债规模等一系列短期经营行为。如为完成业务规模指标,虚增存款、盲目发卡;为完成效益指标,大量贷款集中于房地产、基础设施等领域;因过于强调"即期创利",目前商业银行的贷款投放明显集中于上半年,尤其是第一季度。

与短期激励过度形成对比的是长期激励不足。除物质报酬外,与员工长远利益、个人发展相关的激励方式较少,不能有效提高员工的专业技能,难以培养员工的忠诚度,导致经营人才的不正常流动,一些有社会关系、客户资源的高管人员和信贷客户经理在领取即期报酬后频繁跳槽。

（三）绩效考核的全面性与科学性仍需提高

商业银行经营目标的实现,其关键驱动因素在于具有内在逻辑结构的因果关系链:员工管理目标(促使人才队伍的形成、稳定并提高人才素质)—实现内部运营目标(加快创新,强化内控及风险管理)—实现客户目标(取得客户对服务的满意和认可)—实现财务目标(各项业务稳步增长及资产质量的改善)。因此,完整的绩效考核指标应该包括上述关系链各方的财务指标、内部运营指标、客户指标和员工发展指标,通过四方面指标之间的相互驱动实现银行绩效的持续改进和四方面指标的良性循环。目前大部分商业银行现有的考核指标内容仅包括了以效益、发展和质量为主的三大类财务指标,没有建立起包括其他三方面的绩效综合考核指标,而财务指标只能从财务角度而不能从客户角度反映对商业银行服务质量、服务创新的满意度;只能反映商业银行经营最终结果,不能反映其内部运营过程和活动,也不能从员工发展角度采取对应的措施提高员工素质,不能将基层行的整体绩效、部门绩效和员工个人绩效有机结合起来。

(四)考核中员工参与度仍要加强

员工是考核机制的对象和载体,员工对考核指标的理解和认同直接影响到绩效考核的有效性。商业银行整个绩效考核办法中,存在的共同问题就是普遍忽视员工的参与。在考核目标的制定方面,事先往往没有自上而下地广泛征求意见,造成大部分基层员工对现行考核办法的目的和作用知之甚少,简单认为绩效考核仅仅是工资、奖金和职务晋升的依据。这导致了普通员工对绩效考核办法缺乏认同感,甚至对绩效考核采取消极应付的态度,难以调动员工的工作积极性和主动性。绩效考核过程缺乏绩效辅导和反馈环节,管理层对员工的辅导几乎没有;考核结果公布后,仅执行"机械式"的奖惩、提薪或升迁措施。员工只能看到眼前的物质利益,但无法了解工作中存在的不足和缺陷,难以有的放矢地改进工作技能,提高工作水平。这种只进行考核而不分析影响员工绩效原因的考核办法,使绩效考核失去了激励、奖惩与培训的重要功能,无法提高银行的长远绩效和员工的工作能力,甚至在某种程度上可能挫伤员工的工作主动性和职业归属感。

五、改进我国商业银行绩效考核体系的建议

(一)进一步完善绩效考核机制

1. 强化绩效考核的基础性工作

在设计和建设业务管理综合系统时,应同时考虑建立完善的信息管理系统,制定科学的内部定价方法和资金内部转移成本分析,为衡量和评价员工工作绩效水平提供准确的依据。充分利用信息系统收集考核的基础信息,对员工的平时成绩随时记录,对关键事件进行文字记载,确保绩效考核有理有据。

2. 加强绩效管理的组织建设

商业银行基层行绩效考核小组或考评委员会的成员除行领导、相关管理部门负责人外,还应吸纳被考核机构部分员工。考核办法要在广泛征求各方意见、并经各级员工充分讨论的基础上颁布实施,要保证考核过程的民主性和科学性,提高考核工作的透明度,增强考核结果的认可度。

3. 重视绩效考核的全过程管理

考核过程强调与员工持续不断的沟通,增强员工对绩效考核的理解与认同。考核过程中应及时监控考核机制对被考核对象经营行为的影响,切实帮助员工找出实际工作中存在的问题。针对考核结果和存在的问题,有针对性地开展教育培训,为员工规划职业生涯,帮助员工不断改进工作技能、提高工作素质、强化核心技能、提升业务工作水平。加强对绩效考核结果的跟踪,通过多种方式认真听取被考核者的反馈意见、建议和疑问,发现发生偏离既定目标情形时,要及时分析原因,调整指标设置,改进考核办法。

(二)建立科学全面合理的指标体系

1. 增加非财务考核指标

充分借鉴平衡记分卡原理,丰富考核指标的内容,使考核指标涵盖财务指标、客户指标、内部运营指标、员工发展指标等多方面内容,实现财务与非财务指标间的平衡,短期目标与长期目标间的平衡,经营业绩与内控业绩间的平衡。

2. 弱化市场份额类考核指标

银行业产品的同质经营,必然造成同质竞争。突出表现在营销中的贷款垒大户、存款争大户、中间业务争相压价等,这些都与市场份额类考核指标考评高度相关。因此,要弱化市场份额类考核指标,特别是必须禁止业务条线在正式的绩效考核体系之外再下达一些市场份额类的考核指标。

3. 要加大资产质量和内控合规考核的力度

商业银行要研究成熟市场经济国家的公司治理模式,把资产质量和内控合规考核列入基本考核内容,适当增加分值和权重,切实建立提高资产质量的长效机制,使违规违章者付出一定代价,把操作风险消灭在萌芽状态。

4. 纠正过度的短期激励

为解决经营行为短期化的痼疾,可在条件成熟的情况下,引入一些长期激励办法,如适时引入国外商业银行实行的奖金延后支付、股票期权、员工持股等激励办法。

(三)建立绩效考核体系的外部监管机制

1. 建议尽快出台"商业银行绩效考核指引"

对商业银行绩效考核的理念、思路等提出指导性意见,对如何完善绩效考核体系、制定绩效考核办法等提出原则性要求。

2. 注重发挥监管的评价管理功能

监管部门应将商业银行绩效考核体系建设作为监管的重要内容之一,充分结合非现场监管和现场检查中掌握的情况和问题,督促商业银行完善绩效管理体系,并对绩效管理的办法制定、组织实施、效果评估、奖惩落实实行全过程动态监管。从对经营行为的导向角度,寻找管理体系的制度缺陷,提出改进绩效管理方法、指标设计及体系建设等建议。(本文发表于《深圳金融》《湖北师范学院学报》)

关于大型银行绩效考核体系的初步分析

摘要： 绩效考核体系是决定商业银行核心竞争力的关键因素之一。本文对江苏辖内大型银行绩效考核体系的主要内容、特色、实施效果以及存在不足等方面进行了分析，供参考。

一、绩效考核体系的主要内容

（一）财务指标为基础，经济增加值为核心

各行的考核指标都包括发展（各类存款、贷款、中间业务、国际结算、信用卡增量等），效益（经营利润、总资产利润率、人均利润、成本收入比、经济资本回报率、经济增加值等），质量（不良资产率、不良资产清收率、正常关注贷款迁移率等）等三大类指标。各行普遍强调经营效益和战略发展，在整个指标占比中效益和发展类指标权重比较高。

各股改银行普遍建立以经济增加值（EVA）为核心的绩效考核体系，强化经济资本对风险资产总量的约束和资本回报对经营管理的要求。运用经济增加值进行绩效考核，充分体现资本的价值，关注存在的风险，更加重视降低成本及经济资本占用。如建行建立了以经济增加值为核心的关键业绩指标（KPI）体系，工行引入模拟经济增加值单项排名指标，中行采用经风险调整的经济资本回报率指标等。

（二）日益重视非财务指标特别是内控合规类指标

各行逐步改变单纯采用财务指标考核的办法，重视非财务因素在银行经营管理中的作用，体现对分支机构的科学指导。例如中行运用平衡计分卡（BSC）原理，把一些非财务因素纳入绩效考核体系，使考核指标涵盖财务、客户、工作进程和员工学习与成长四个维度的内容，建立起以质量、风险、效益为重点的"核心业绩指标"。

各大型银行加大了内控制度、合规文化的建设力度，注重对主要业务环节和整个业务流程的控制。如中行引入了年内发生、发现的各类案件、事故、违规违纪等考核指标，采用关键事件法，实行倒扣分制。

（三）在等级行分类基础上实行相对指标考核

各大型银行结合辖内不同地区经济金融环境等情况，确立不同的等级行。对同一等级行，按照综合得分高低排序确定相对位置，据此分配经营奖励和费用，充分发挥绩效考核的"指挥棒""助推器"作用。如建行具体选取经济增加值、经济资本回报率、资产损失率、成本收入比率、生息资产平均余额等五个指标作为等级行评定指标，依据财务效益、资产质量、管理流程和业务规模等方面的考核结果综合确定各二级分行的等级。农行江苏省分行根据经营效益、资产质量、经营效率、市场竞争力和基础管理五个方面指标的综合得分，按市分行和县级支行两个序列分别确定等级行。这种以绩效考核结果作为资源配置依据的方式充分调动了分支机构的积极性和主动性。

二、存在的主要缺陷和不足

（一）风险和收益平衡的理念尚未完全体现

新的绩效考核体系虽已全面实施，但个别行传统考核在一定程度上仍然发挥主要作用，还普遍存在"速度情结"与"规模冲动"。一是个别行片面强调规模类指标。如农行的绩效考核体系中规模类指标权重最高，达35%，具体有新增本外币存款市场份额、新增外币存款量、卡存款总量、国际结算总量等指标。二是某些行还过度强调市场份额类的考核标准。突出表现为在绩效考核体系外,各业务条线还正式或非正式地下达市场份额类考核指标,在实际操作中制定了专门的内部费用分配方案,将费用分配与存、贷款等份额类指标直接挂钩。三是一定程度上还存在重经营业绩轻内控管理的倾向。表现为绩效考核体系指标中效益类、发展类指标权重过高,内控合规管理方面只是设置了扣分指标,并且一般还有扣分上限,在一定程度上弱化了绩效考核指标在加强内控、合规机制建设等方面的导向作用。

(二)短期激励与长期激励的矛盾仍需统筹考虑

大型银行不断完善绩效考核体系设置的效益指标更多考核的是当期经营成果,导致各大型银行基层行特别重视短期的盈利表现,而忽视长期盈利能力的积累。与员工长远利益、个人发展相关的激励方式较少,不能有效提高员工的专业技能,难以培养员工的忠诚度,导致经营人才的不正常流动,一些有社会关系、客户资源的高管人员和信贷客户经理在领取即期报酬后频繁跳槽。

考核结果的运用相对孤立、片面,激励手段变成了单纯的收入奖励和费用增拨,约束手段变成单纯的奖金和费用扣减。为最大限度地获取与短期效益挂钩的收入,基层银行的管理层必然产生积极扩张资产、负债规模等一系列短期经营行为。如因过于强调"即期创利",目前商业银行的贷款投放明显集中于上半年、尤其是第一季度。

(三)绩效考核的全面性与科学性仍需提高

除中行外,目前各大型商业银行现有的考核指标内容仅包括了以效益、发展和质量为主的三大类财务指标,没有建立起包括内部运营指标、客户指标和员工发展指标等三方面的绩效综合考核指标,而财务指标只能从财务角度而不能从客户角度反映对商业银行服务质量、服务创新的满意度;只能反映商业银行经营最终结果,不能反映其内部运营过程和活动,也不能从员工发展角度采取对应的措施提高员工素质,不能将基层行的整体绩效、部门绩效和员工个人绩效有机结合起来。

（四）考核中员工参与度仍要加强

各大型银行的绩效考核办法中，有一个共同问题就是普遍忽视员工的参与。在考核目标的制定方面，事先往往没有自上而下地广泛征求意见，造成大部分基层员工对现行考核办法的目的和作用知之甚少，缺乏认同感；绩效考核过程缺乏绩效辅导和反馈环节，管理层对员工的辅导几乎没有；考核结果公布后，仅执行"机械式"的奖惩、提薪或升迁措施。

三、改进建议

（一）进一步完善绩效考核机制

一是强化绩效考核的基础性工作。在设计和建设业务管理综合系统时，应同时考虑建立完善的信息管理系统，制定科学的内部定价方法和资金内部转移成本分析，为衡量和评价员工工作绩效水平提供准确的依据。充分利用信息系统收集考核的基础信息，对员工的平时成绩随时记录，对关键事件进行文字记载，确保绩效考核有理有据。

二是加强绩效管理的组织建设。大型商业银行基层行绩效考核小组应吸纳被考核机构部分员工，考核办法要广泛征求各方意见，提高考核工作的透明度，增强考核结果的认可度。

三是重视绩效考核的全过程管理。考核过程中应及时监控考核机制对被考核对象经营行为的影响，切实帮助员工找出实际工作中存在的问题，有针对性地开展教育培训。加强对绩效考核结果的跟踪，发现发生偏离既定目标情形时，要及时分析原因，调整指标设置，改进考核办法。

四是完善约束纠偏机制。建立自上而下和自下而上的双线约束机制，扩大被考核对象的受约束面，强化对违法违规行为的查处力度。

（二）建立科学全面合理的指标体系

一是充分借鉴平衡记分卡原理。丰富考核指标的内容,使考核指标涵盖财务指标、客户指标、内部运营指标、员工发展指标等多方面内容,实现财务、非财务指标间的平衡,短期目标与长期目标间的平衡,经营业绩与内控业绩的平衡。

二是弱化市场份额类考核指标。特别是必须禁止业务条线在正式的绩效考核体系之外再下达一些市场份额类的考核指标。

三是要加大资产质量和内控合规考核的力度。大型银行要研究成熟市场经济国家的公司治理模式,把资产质量和内控合规考核列入基本考核内容,适当增加分值和权重。

四是引入一些长期激励办法,纠正过度的短期激励。可在条件成熟的情况下,适时引入国外商业银行实行的奖金延后支付、股票期权、员工持股等激励办法。

（三）建立绩效考核体系的外部监管机制

一是建议尽快出台"商业银行绩效考核指引"。对商业银行绩效考核的理念、思路等提出指导性意见,对如何完善绩效考核体系、制定绩效考核办法等提出原则性要求。

二是注重发挥监管的评价管理功能。监管部门应将大型银行绩效考核体系建设作为监管的重要内容之一,充分结合非现场监管和现场检查中掌握的情况和问题,督促商业银行完善绩效管理体系,并对绩效管理的办法制定、组织实施、效果评估、奖惩落实实行全过程动态监管。从对经营行为的导向角度,寻找管理体系的制度缺陷,提出改进绩效管理方法、指标设计及体系建设等方面的建议。（本文发表于 2007 年江苏银监局《简报》）

对当前银行信贷文化"偏轨"的反思

信贷文化是银行在信贷经营活动中形成,并被信贷从业者普遍认可、共同遵守的价值理念、团体意识、行为规范和思维模式。健康的信贷文化,对促进银行信贷管理、提高信贷质量、创新信贷产品、防范信贷风险、提高经营效益具有十分重要的意义。但监管实践发现,当前银行业信贷文化建设已严重偏离正常轨道,重塑健康、科学的信贷文化刻不容缓。

一、信贷文化偏轨的表现

(一)信贷考核"非理性化",根源性引导出现偏差

大部分银行的绩效考核与现行监管导向存在着明显差异。银行尤其是中小商业银行普遍存在"规模求大、份额求高、速度求快"情结,对信贷人员的考核过分强调业务增长和市场份额等排名,过分强调薪酬分配及费用核定等硬性指标,非风险类指标在整个考核指标体系中占绝对权重。考核"指挥棒"下,信贷人员对大客户趋之若鹜,热衷于贷大贷长,嫌贫爱富,对强势客户不惜牺牲定价能力,而对小企业客户却存在不同程度信贷歧视;部分银行为营销客户而放松准入标准,多头过度授信、违规放贷、隐瞒不良资产、掩饰风险等短期行为日益增多,而一些信贷业务严重"走样"、银行从业人员频繁流动或充当资金掮客等问题,也无不与激进、非理性的绩效评价体系有着直接关系。

（二）信贷业务"投行化"，监管套利手段隐蔽多样

目前，出于绕开信贷规模及投向限制、规避授信集中度限额、降低风险资产占用等多重目的，银行想方设法在信贷业务中引入"过桥"或者"通道"机构，将信贷业务"包装"成投行业务，将信贷资产"转化"为同业资产，其中大部分业务实属"变相放贷"。如部分银行承销的一些中短期票据、私募债、结构性融资等投行产品，或余额包销，或约定企业到期不能偿付就由银行配套授信，或由银行承诺风险兜底，银行仍然承担实质性风险。又如部分银行通过信托受益权、受托定向投资等形式，将自身投资的金融资产和信贷资产等表内资产包装成理财产品出售给同业，互相购买、互相持有，共同变相调节监管指标。银行信贷资产在借助"通道"转化为非标资产后，虽然其实质仍为信贷类业务，但银行贷前、贷中和贷后管理的规范性以及审慎性已经远不及表内贷款，且不受贷款投向约束，加之资金流向的监控职责不清晰以及不同地域和领域的监管联动不畅，导致资金来源与流向的监督出现盲区，资金挪用风险巨大。

（三）风险缓释"典当化"，过度依赖担保措施

借款人第一还款来源（现金流）是银行发放信贷的首要依据，也是银行信贷有别于典当行融资的基本特征。但在实际操作中，许多银行机构和信贷人员不注重对第一还款来源的审查，几乎放弃对客户现金流的全面评估，发放贷款时主要依靠担保缓释风险。在当前信贷风险频发的形势下，抵押文化、典当文化的泛滥已经对银行业造成了明显的损害，抵押资产变现困难，担保人代偿能力不足，导致不良贷款处置效果不佳，而互保、联保和关联担保则进一步加剧风险的传染。

（四）信贷管理"粗放化"，风险管理疏忽缺位

目前，商业银行在贷款"三查"方面基本已经制订了涵盖各环节的制度规范，但在实际操作中，部分信贷人员还不能严格执行各项制度，主要表现在：在贷款受理环节，基本不辨别融资需求的真实性，受

理不需要贷款的客户,"贷款月底发放、月初归还"现象频发,部分信贷人员对客户变造资料放任默许,更有甚者帮助客户伪造资料和规避制度。在贷款调查环节,对客户非财务因素关注不够,对关联关系的判断重形式、轻实质,过度依赖担保措施。在贷款审批环节,风险管理人员、审批人员缺乏独立的风险意识,跟着业务条线、支行行长跑,随意降低客户准入标准,甚至支持调查人员撰写虚假调查报告。在贷款发放环节,授意客户多次转账规避受托支付,将财务报表、贸易合同搜集作为尽职免责的形式要件。在贷后检查环节,对借款人持续监控的意愿不强,以资金流向跟踪困难为由放任客户违规挪用,忽视贷后检查在风险预警和早期化解方面的作用,贷后检查报告流于形式。

(五)产品设计"草率化",产品整合功能退化

监管实践发现,目前银行个别信贷产品设计不够完善、设计略显草率,对创新风险往往抱有侥幸心理。一方面,产品定位与市场需求、风险脱节。如部分信贷产品额度设计过低或过高,难以满足或远超客户需求;部分银行创新出"联保"担保方式时,未能充分考虑行业高度集群性对担保能力的影响及经济下行期风险倍数放大的风险,致使联保贷款常常"联而不保"。另一方面,信贷流程设计有内在缺陷。部分产品信贷资金不能实现封闭循环,资金监控不到位,致使挪用严重。一些产品将本应是银行履行的职责下放至第三方,如"1 + N"供应链融资,产品设计过度依赖核心企业的实力、推荐和担保,将贷前调查、贷后管理权下放至核心企业。

二、对信贷文化合理回归的几点建议

(一)完善绩效考核机制,强化源头治理

银行应有效落实《绩效考评监管指引》的各项要求,建立起风险与效益相结合、过程与结果相统一的绩效考评体系,从源头上杜绝各类违规冲动。建立信贷人员专项考评机制,把信贷合规情况与个人薪酬、职级变动等挂钩。

（二）重视企业资信考察，回归信贷本质

银行应重点关注客户还款意愿和第一还款来源，减少对抵质押品等第二还款来源的依赖。杜绝凭借"卖方市场"违背企业真实意愿在企业间"拉郎配"担保行为；审慎接受担保金额较大的担保主体和政府平台客户担保，从总额、单户金额等方面设定担保警戒线。

（三）强化监督检查，确保业务依法合规

银行应充分发挥业务条线管理和内审稽核的作用，定期组织开展信贷操作风险和道德风险排查，及时化解风险隐患。银行监管部门应加强对违规放贷问题的监督检查，对风险突出、问题严重的银行和人员依法采取监管措施。

（四）加强教育管理，培育良好的信贷合规文化

银行应有组织、有计划地开展信贷人员岗位规范和业务流程教育，让员工熟知工作流程、业务规范以及违规操作应承担的责任，不断强化员工合规操作意识和遵纪守法观念，培育"全员操作合规、全程运行合规、全过程管理合规"的信贷合规文化。（本文发表于《金融纵横》《江苏银行业》）

第三篇

银行业改革创新

国有商业银行基层行改革推进情况的调查与思考

根据党的十六大深化金融体制改革的要求,2003 年底党中央、国务院决定对国有商业银行进行股份制改造,总体目标是通过改革管理体制、完善治理结构、转换经营机制、提高经营绩效,将国有商业银行逐步建设成为资本充足、内控严密、运营安全、服务和效益良好、具有国际竞争力的现代化股份制商业银行。从总行层面上看,这次改革主要通过财务重组、引进战略投资者、IPO 走向资本市场的"三部曲",将产权的单一化彻底转变为产权的多元化和规范化,使商业银行的股东和利益相关者对管理者的约束以及资本对银行经营行为的约束等大为增强,建立比较完善、运作规范的公司治理机制。目前,各股改行财务重组和引进战略投资者已顺利完成,建行、交行、中行成功实现上市。但国有商业银行改革是一个渐进的过程,各项内部改革措施在众多的基层机构向纵深推进和贯彻落实的情况,以及如何避免改革过程中存在的上热下冷等现象,决定着改革的基础是否牢固、公司治理机制是否得到真正完善,也在较大程度上决定了改革的成败。因此,有必要对国有商业银行基层行改革进展、推进、落实等情况进行深入的调查和反思。

一、国有商业银行基层行改革推进情况

(一)人力资源改革取得阶段性成果

深化干部选拔和任用机制,逐步淡化行政级别,实行聘期目标管

理,改变了过去行政任命干部的方式,废除了干部任用的终身制,突破了传统人事管理制度对经营管理的束缚,在职位设置上以现代企业的市场化运作为导向,根据不同岗位和人员特点,构建新型的管理体系,建立了经营管理、专业技术和经办操作三大序列,对三个序列员工都制定了相应的管理办法和配套细则,形成了体系完整的员工管理制度;同时,在内部职能部门设置上,改原来行政色彩较浓的处、科为贴近市场的管理部或业务营销部;积极推进薪酬制度改革,拉开收入差距,努力构建即期和远期激励有机结合的薪酬激励机制。

(二) 风险管理体制改革稳步推进

改革中各行都从不同角度提出了全面风险管理理念,努力形成能覆盖各种风险的全面风险管理体系,将分散于不同部门、不同业务的风险纳入统一的风险管理体系,并针对每一类风险特征采取相应的管理流程和管理办法。着力构建省级分行垂直式风险管理报告体制,实施风险管理部门负责人资格认定制度,如建行明确信用风险、市场风险和操作风险等统一归口风险管理部门管理,并在一级分行设立风险总监(总行派出),二级分行设风险主管,县级支行设风险经理,实行纵向报告为主、横向报告为辅的双向报告线路,建立相对独立的风险管理组织架构。强化风险管理政策、制度标准、风险监控和信贷审批的集中统一管理,实行专职审批人制度,授信业务集中审批,如中行审批权限全部集中到一级分行和总行,在辖内设立三个直属一级分行的授信审批中心,建行也将部分授信审批权限上收,一级分行设立两个审批中心。资产风险分类与客户评级集中认定,有的行已全部上收到一级分行认定,有的行部分权限上收。完善了风险管理模式,如中行调整了组织结构,整合了风险管理流程,成立授信执行部,独立进行放款审核,落实贷款条件,并参与贷后管理和监控;在贷前建立客户营销部门的风险识别责任制度,逐步完善尽责审查、集体评审和问责审批"三位一体"的授信决策机制。建行建立和实施客户经理与风险经理平行作业制度,风险经理介入贷前、贷中、贷后全流程,从不同视角同时对贷款项目进行调查分析,与客户经理既相互协作,又各有分工侧重,实行"四只眼睛"共同看风险,使风险控制关口前移,从源头上控制风险。工行不良资产剥离后,原主要负责不良资产清收的资产风险管理处的职能向汇总全行各种风险转变,其实质性的风险管理体制改革还在酝酿中。

(三)内部控制机制改革步伐加快

进一步健全内部控制体系是本次改革的一项重要内容,各行都不同程度加强了业务操作的制度化、规范化和程序化管理;在一级分行设立独立或并行的合规部门,设置了比较清晰的内部运营组织架构和决策议事机构;积极探索内控方式,不断创新内控管理手段,努力建立对各项业务活动全方位覆盖、全过程监控的内控体系;注重强化组织控制,通过加强内控组织体系建设,初步实现了对各项业务经营管理活动过程的管理和监控。建行通过风险管理基础平台工程建设,系统梳理了全行的规章制度,全面排查了经营管理活动中的风险点,对各项业务制定了有针对性的内控政策和风险控制方案,基本形成了包括内控手册、程序文件和作业指导书在内的338份体系文件,并在各场所配置了场所文件,全辖文件化内控体系基本建立,并力图推进文件化内控体系从项目状态向日常运行状态转变。

江苏工行在一级分行及辖属市、县行成立了内控管理委员会,成为内部控制管理的决策机构,并对基层行开展了内控管理上等级活动,促进了辖内分支机构内控体系的完善。不少机构从不同层面和角度强化内控管理,如盐城分行从体制和机制改革入手,组织成立了三个内控分中心,前移内控监督,并对内控体制重新进行定位,拟定了一系列内部管理办法;徐州分行构建新的"大内控"管理体系,采取在市行设置资产、负债和核算内控管理主管;支行派驻内控管理主任、总会计、检查辅导员,网点派驻营业经理,并在支行设立综合管理部,将内部管理和业务经营分离。

江苏中行积极整合内控资源,加强内控组织建设和制度建设,提升内控管理的技术水平。该分行于2005年6月成立了内部控制委员会,履行全行内部控制工作的最终决策和协调职能,在省分行法律与合规部设立了内部控制管理团队,省分行各部门和南京地区直属支行设立了兼职内控合规员,省行部分部门还成立了部门内的内控工作领导机构,加强部门以及业务条线的内控工作的领导协调和规划管理。结合人力资源改革的进程,各二级分行都成立了内控委员会,由监察部门履行分行及辖内的内部控制牵头协调管理职能,由监察经理岗位或内控管理岗位实施具体的内部控制管理工作,基层经营性分支机构设立兼职内控合规员,初步形成以内控委员会为核心、内控管理部门和内控合规员为主体的内控组织体系框架。内控技术上,实现了南京地区金库的远程联网及南京地区网点远程联网监控。

(四) 组织结构体系不断优化

1. 积极推行机构扁平化改革

近年来各行陆续探索机构扁平化管理。扁平化模式基本上是纵向上减少管理层次,横向上扩大二级分行管理幅度,取消原城区支行对下辖营业网点的管理职能和支持保障职能,二级分行直接负责城区所有营业网点的行政管理、业务管理和支持保障服务工作。有的行还将城区支行的信贷业务发起职能上收到分行,进一步扩大二级分行管理幅度,如江苏中行强化省分行的全辖区域业务和管理中心地位,以分行所在城市为单位,将风险管理、授信审批、会计结算、计划财务、事后监督、出纳管理、国际结算、资金清算、金库及守押管理、信用卡、资金及票据等业务集中到分行,城区支行、县支行、分理处等营业机构网点则成为分行的远程终端和营销窗口,突出其营销和服务功能,强化分行本部的管理和控制职能。

江苏建行撤销了省分行营业部,相关职能并入省分行,成立南京地区经营管理委员会和南京地区营业管理部,为南京地区分支机构统一提供后勤保障、安全保卫、事后稽核等支持服务;还对南京城区支行进行整合,设置 10 个综合型城区支行,并比照二级分行模式进行管理,让其负责所辖网点的直接管理。

交通银行积极推行矩阵式扁平化管理,纵向实行的是总行—省分行(直属分行)—支行三级管理模式,横向分成市场和内部服务两大模块,其中内部服务模块(中、后台)主要是为市场模块提供服务和战略参谋。

江苏工行 2006 年全面推进二级分行扁平化改革,拟于 2007 年全辖完成扁平化改革工作。

2. 积极探索业务垂直化管理

工行原部分审计业务已实行了垂直化、区域化管理,中行目前正在实施监察稽核体制的垂直化改革。

建行正在积极推进业务单元制(SBU)试点工作,拟逐步实现经营管理模式由传统的总分行制为主向业务单元制为主的转变,目前在审计业务上初步实现了垂直化管理,建总行于2005年上半年将原江苏省分行总审计室改由其直接管理,更名为江苏总审计室,2006年上半年,江苏总审计室又合并到原建总行驻南京的区域审计部门——南京审计分部,其职能由原南京审计分部的区域审计职能转变为对江苏省进行审计。

江苏建行目前已初步形成了对风险条线负责人的垂直管理,一级分行由总行派出风险总监,二级分行由省分行派出风险主管,县级支行派驻风险经理,实行纵向报告为主、横向报告为辅的双向报告线路,除风险管理负责人由上级委派外,风险管理部门的人员仍由当地分(支)行管理,为风险管理垂直化奠定了良好的基础。

(五)业务流程整合有序进行

伴随着组织机构扁平化、业务管理垂直化,各家银行同步推进业务流程和管理流程整合,强化业务经营的前、中、后台分离。

集中后台操作平台,力图建立集中化、规范化、程序化的业务处理格局。组建运营管理部门,将柜面非适时性交易分离到后台集中处理,运营管理部门内设立若干中心,负责营业性系统业务运行,后台业务集中处理、集中核算,金库日常操作、集中稽核以及会计档案集中管理。这样,一方面释放了营业网点营销和服务功能,另一方面实现了风险的集中监控,如江苏中行在运营部设立了事后监督中心、现金运营中心等,江苏建行在营运管理部内设运行中心、核算中心等,江苏工行建立会计业务处理中心等。江苏中行和江苏建行还成立了消费信贷中心或个人贷款中心,将消费信贷或个人贷款业务中后台集中化处理。

树立以客户为中心的经营理念,简化柜面业务操作手续,提高柜面操作效率,满足客户即时服务的需要,如工行对综合化网点实行标准化管理,合理组织客户流向,简化柜面业务操作手续,加大结算方式向电子化方向转变的力度,推广电子登记簿、自制凭证系统,建立网点前台业务管理终端。

充实前台营销力量,增强其内部协调与决策能力,如江苏中行发挥省分行公司业务部在全省营销的龙头作用,规定对辖内新的公司客户的授信业务,必须经公司业务部统一准入批准,在所在城市设立营销分中心,其主要负责中小企业客户授信业务和对公其他业务的营销与客户关系维护;组建了资金业务部,整合资金业务营销渠道;组建了电子银行部,加强电子银行产品的营销力度。再如江苏建行突出对战略重点客户的营销与管理,增设了集团客户部、高端客户部,单设了电子银行部。

(六) 科学的绩效考核体系逐步形成

引入经济资本管理的概念,运用经济增加值(EVA)进行绩效考核,更加注重结构优化、降低成本及经济资本占用,普遍加大效益类、结构类和效率类指标考核权重,逐步淡化规模指标,鼓励发展不占用经济资本的中间业务及个人信贷业务;引入资产质量与风险管理考核因素,从片面追求信贷资产规模扩张、市场份额增加向提高质量、增加效益、提高效率转变。将战略规划的内容导入考核体系,力图通过经营绩效考核这一“指挥棒”,发挥综合经营计划的政策导向和激励约束作用,促进各级分支行经营管理责任的落实。

建行最早建立以经济增加值为核心的关键业绩指标(KPI)考核体系,坚持以价值指标为主,纵向上,对二级分支行行领导实行年薪制考核,将一把手行长和分管行长年薪收入与KPI指标挂钩;横向上,主要是结合KPI指标考核及综合评分,对部门实行分类考评并与部门负责人收入挂钩。中行运用平衡计分卡原理,从财务、客户、工作进程和员工学习与成长四个维度实现对部门和分支行的考核,建立起以质量、风险、效益为重点的“核心业绩指标”,增加了对ROA、RAROC、EVA、成本收入比、人均利润等财务指标的考核。工行引入模拟经济增加值单项排名指标,改变以经营利润为主的绩效考评模式,全面实施以经济增加值为核心的绩效考核制度和费用分配制度,促使各级行更加注重结构优化和降低成本及经济资本占用。

(七) 管理信息系统不断完善

树立以客户为中心、后台服务前台的经营理念,努力构建先进的信息科技平台。上线客户关系管理系统,实现基层行个人客户关系营销向公共关系营销转变,不断提升基层行客户关系管理能力。

以管理信息系统的改造带动业务流程的整合,如江苏建行今年上线了"对公信贷流程系统"(CLPM系统),该系统对对公信贷业务流程进行梳理与再造,实现授信调查、授信审批、授信放款、贷后监控等对公业务流程和客户管理、集团客户管理、台账管理等信息管理的全流程电子化操作。

通过技术手段的改革为管理模式的创新搭建平台,提升服务功能,如江苏中行在总行"IT蓝图"未实施到位的情况下,自行开发了"公司客户风险管理系统",系统主要功能有客户信息管理、授信总账、担保管理、总量及额度管理、集团客户管理等;"授信发放在线审核系统"已在省分行授信执行部、镇江分行进行试投产,该系统的全面推广,将实现全辖县级支行的授信发放审核权限全部上收到二级分行。

实现数据大集中,以更好地支持各项业务的发展,如工行在全国首家建立了一套适应自身扁平化改革需求的账户级数据仓库系统,初步满足了各级经营管理的需要,成为该行创新营销模式和管理方法的基础平台。

二、基层行改革中存在的主要困难和问题

(一) 基层员工的观念和素质尚难以适应改革的要求

员工思想观念滞后,与股份制改造的前瞻性不相适应,不能较快适应身份的转变、管理机制的转变、经营理念的转变等一系列变化,传统的思维方式和行为习惯还在一定程度上影响着新体系的效能发挥。员工业务素质与股份制改造的要求不相适应,股改对员工素质

提出了更高要求,但目前基层行人才资源结构不合理,专业人才少,专业技能不高,尚未达到和适应股份制银行对员工结构和素质的要求,如扁平化使网点经营职能得到提升,储蓄所提升为能够办理银行各项业务的综合营业机构,但员工还不能较快适应新岗位的需要,同时,扁平化扩大管理幅度,业务集中到分行或支行办理,但分行或支行的管理能力没有达到相应的要求,制约了业务的发展。又如有的行临柜业务人员年龄老化、人员断层,形成中层管理人员年龄低于临柜人员、行长低于中层管理人员的状况。员工心理预期与股份制改造的目的性还不相适应。

(二)薪酬改革导致新的不平衡,带来潜在的不稳定因素

薪酬改革使员工收入差距拉大,一般员工工作压力增加而收入没有相应提高,有的行一般员工多年收入没有增加,有的还下降,收入分配向高管人员、向上级行倾斜的趋势明显,呈倒金字塔形,对员工思想产生了较大冲击,使基层员工的积极性受挫,对改革的满意度不高,对改革前景信心不足。

由于改革沿用上级行的统一模板,与基层行实际存在一定的差异,使岗位设置、岗位职责的界定、职位的编制管理存在一定的不合理性,部分职位的薪酬等级与实际价值还存在不匹配的地方,部分职位的薪酬结构和管理模式还存在激励不足的情况,员工思想起伏较大,导致薪酬改革打破原有的不平衡的同时带来了新的不平衡,有的行甚至出现了集体上访事件,带来了一些潜在的不稳定因素。

(三)一些业务流程的整合带来某种程度上效率的损失

中后台集中后,一些业务办理的效率相反降低了,如区域集中授信审批,使业务从发起到审批的环节多、流程长,且由于上级行在业务流程中的人员设置不配套,易降低效率;另外,评审人员对各地的市场及授信企业信息、特别是非财务的软信息掌握得不如当地分支机构,不贴近当地市场,敏感性不足,判断易存在偏差。

又如各行业务管理垂直化改革的突破口都是内部审计部门,但实现所有部门的垂直化,即实现业务单元制要经历一个较长的时期;

而在这个时期中,基层行一方面要在经营管理中起主要作用,另一方面内部监控系统尚未完善,容易出现内审"缺位"。

(四)传统考核仍发挥主要作用,考核体系尚未根本转变

目前各行都已引入经济资本管理理念,但传统的考核仍然发挥主要作用,各行还普遍存在"速度情结"与"规模冲动",过重追求资产增长和规模扩张,仍将片面追求市场份额这一商业银行初期粗放经营模式作为经营目标;尚未真正建立起全新的、有效引导基层行在风险与收益中平衡发展、提高经营效率的、将短期目标与长期经营发展目标相结合的绩效考核机制。

(五)风险管理基础薄弱,防控风险的内生机制尚未建立

一是各行财务重组后,历史包袱有所减轻,但不良贷款的下降主要是在国家注资支持下进行大规模剥离、核销的结果,而非依靠自身力量所取得,个别行存在不良贷款边剥离、边反弹的现象。二是尚未形成对风险进行抵补的合理的定价机制,风险定价能力差,随着国家逐步放开利率管制,商业银行分支机构面临着越来越多的利率风险,但各行对价格管理的重要性尚未引起足够的重视,缺乏经过专业培训的专职价格管理人员,历史数据积累和信息系统建设严重滞后,难以生成合理的定价参数,产品的同质性、竞争的低层次性导致成本观念淡薄,价格的随意性大,尚未能在兼顾市场竞争的同时,有效平衡协调风险和收益。三是内控仍然较为薄弱,一些分支机构有法不依、有章不循,违规、违法、犯罪案件时有发生,存在着比较严重的操作风险。

二、继续推进基层行改革的思考和建议

(一)国有商业银行改革是长期、渐进、持续的过程

改革存在不平衡性,无论是各家行的改革推进程度,还是各地区的推进程度都不一,中行、建行改革起步早,各项内部改革措施推进较快,省中行作为总行的改革样板行,在全国率先推进各项改革,为

总行全面推开改革提供了经验,也暴露了改革中的问题,省建行力图积极稳妥地推进改革,省工行实质性的改革尚未展开;各家银行省行本部及南京地区各项改革措施推进较为深入,二级分行推进较慢且进展不一。

转变员工思想观念、提高员工素质是改革的基础,但要实现带着旧体制烙印的观念的真正转变,将是一个长期的过程。

改革的各项制度设计本身需要在实践中检验,不断地总结经验,有的制度设计先天不足,有的制度设计不符合区域特点,实践中发现问题后需要不断调整、完善,以推动下一步改革,各项改革措施的推出都是在不断总结经验的基础上持续地进行。

经营模式和增长方式将在各项改革措施的落实、调整、完善中,在员工转变思想观念、逐步提高素质中,渐进地发生变化。

(二)加强对基层行改革的指导,全面提高基层员工素质

各行应将改革的总体方案、措施、目标、要求层层传递到分支机构,加强对基层员工改革目的、意义和必要性、重要性的宣传、教育,帮助基层员工提高对改革的认知度,消除不必要的神秘感和畏惧感,激发员工参与改革的积极性;同时加强对基层机构改革的督促指导,促进上下联动,提高基层机构的参与度,改进单纯由上而下推动改革的做法,也使改革更加符合基层实际。

针对各类不同的人员,开展有针对性的素质培训,坚持重点培训与全员培训,专业培训与综合培训,转型适应培训与岗位资格培训相结合,分层次、分专业、分产品深入开展培训,着力提升员工岗位胜任能力,并科学规划员工职业生涯,实行员工动态管理,提高管理效率。

(三)建立公司治理改革的后评价机制,不断深化改革

1. 重新梳理不平衡的薪酬结构,完善激励约束机制

要树立以人为本的理念,改变对基层员工约束有余、激励不足的状况,特别是要建立起基层员工收入与本行效益、个人岗位、业绩相适应的正常增长机制,并适当向基层机构和一线员工倾斜,让改革和发展的成果惠及全体员工。要合理设计薪酬差距和档次,加强正面

引导,健全正向长效激励机制,提高薪酬分配的透明度,强化员工对本行的归属感和对改革的认同感。

2. 动态调整流程整合,探索集中而又灵活的业务处理流程

对现有流程进行全面分析和评价,建立动态调整机制,不断完善相关制度和流程,同时要建立沟通顺畅的流程反馈机制和规范的流程管理程序,提高流程管理水平。特别要处理好权限集中与适度授权的关系。权限集中便于分行统一调配经营资源,增强整体合力,获得规模效益,提高集约化经营水平,对分支机构适度授权可有效控制操作风险,强化专业职能,充分调动积极性,提高专业化经营水平,要在构建流程银行的过程中,探索符合国情的、集中而又灵活的业务处理流程。

3. 进一步科学设置考核指标,完善绩效考核体系

进一步树立以资本约束风险资产增长的经营理念,突出经风险调整后收益和经济增加值为主导的经营绩效考核体系,考核指标要统筹兼顾规模、效益和风险,科学合理设置各项业务发展的经济资本系数,将业务的扩张与经济资本的增加相匹配。注重短期效益与长期发展的平衡,改善资产质量结构和可持续发展相匹配,通过科学的绩效考核引导分支机构实现由外延扩展型向价值型过渡。(本文发表于《南京财经大学学报》)

利率市场化改革相关因素分析及政策建议

一、引言

利率市场化是指利率的决定权交给市场,由市场主体自主决定利率的过程。在利率市场化条件下,如果市场竞争充分,则任何单一的经济主体都不可能成为利率的单方面制定者,而只能是利率的接受者。

美国学者麦金农和肖认为:"人为压低利率,强制性地规定存款和放款利率最高限,利率就不能准确反映资金供求关系和资金短缺特征,社会资金就不能得到最有效的利用"。为此,他提出了"金融深化论",认为一国的金融体制与该国的经济发展之间存在互相制约、互相刺激的关系,国家如果放弃对金融市场的过分干预,那么一个活跃和健全的金融市场就能引导资金流向高效益的部门和地区,资金就能得到最有效的利用,为此,应取消对利率的人为限制,使利率能真实反映社会资金的供求状况,这样,既能使金融体系本身得以扩展,也能推动经济的持续增长。

20 世纪 80 年代以后,一些西方国家和新兴市场国家先后废除了利率管制,实行利率市场化,从此利率市场化浪潮席卷全球。迄今为止,几乎所有的工业化国家和大部分的发展中国家都实现了利率市场化。利率市场化改革确实使许多国家从中获益,金融效率得到提高,资金分配得到一定程度的优化,整个经济、金融系统得到改善。

在我国,利率作为资金的价格,是市场经济中未攻克的最后一块价格堡垒。随着市场经济进程的加快,利率亦将在市场经济中发挥更大的作用,被提到更为重要的位置。利率市场化的根本目的就是要建立一个以中央银行基准利率为基础,货币市场利率为中介,主要由市场的资金供求决定的市场利率体系。

二、利率市场化内涵及其相关因素

(一) 利率市场化至少应该包括如下内容

1. 金融交易主体享有利率决定权

金融活动不外乎是资金盈余部门和赤字部门之间进行的资金交易活动。金融交易主体应该有权对其资金交易的规模、价格、偿还期限、担保方式等具体条款进行讨价还价,讨价还价的方式可能是面谈、招标,也可能是资金供求双方在不同客户或者服务提供商之间反复权衡和选择。

2. 利率的数量结构、期限结构和风险结构应由市场自发选择

同任何商品交易一样,金融交易同样存在批发与零售的价格差别;与其不同的是,资金交易的价格还应该存在期限差别和风险差别。利率计划当局既无必要也无可能对利率的数量结构、期限结构和风险结构进行科学准确的测算。相反,金融交易的双方应该有权就某一项交易的具体数量(或称规模)、期限、风险及其具体利率水平达成协议,从而为整个金融市场合成一个具有代表性的利率数量结构、期限结构和风险结构。

3. 同业拆借利率或短期国债利率将成为市场利率的基本指针

显然,从微观层面上看,市场利率比计划利率档次更多,结构更为复杂,市场利率水平只能根据一种或几种市场交易量大、为金融交易主体所普遍接受的利率来确定。根据其他国家的经验,同业拆借利率或者长期国债利率是市场上交易量最大、信息披露最充分从而也是最有代表性的市场利率,它们将成为制定其他一切利率水平的基本标准,也是衡量市场利率水平涨跌的基本依据。

4. 政府(或中央银行)享有间接影响金融资产利率的权力

利率市场化并不是主张放弃政府的金融调控,正如市场经济并不排斥政府的宏观调控一样。但在利率市场化条件下,政府(或中央银行)对金融的调控只能依靠间接手段,例如通过公开市场操作影响资金供求格局,从而间接影响利率水平;或者通过调整基准利率影响商业银行资金成本,从而改变市场利率水平。在金融调控机制局部失灵的情况下,可对商业银行及其他金融机构的金融行为进行适当方式和程度的窗口指导,但这种手段不宜用得过多,以免干扰了金融市场本身的运行秩序。

在上述的内容当中,商业银行对存贷款的定价权是利率市场化也是金融市场化的核心内容。这是因为价格是市场经济的灵魂;普通商业的价格机制影响的只是一个市场的局部均衡,而金融市场作为最重要的生产要素市场,其价格机制将会影响到整个社会的资源配置效率。从微观层面看,商业银行作为经营货币信用业务的特殊企业,定价权是其基本的权利。没有定价权的企业,其经营成效是其自身所无法控制的外生变量,改善经营也就无从谈起;对商业银行而言,其利率风险管理技术就成为无本之木,更重要的是,计划利率将始终是国有银行缺乏效率的客观理由。而从金融调控的角度看,随着经济周期由计划周期向市场周期转变,商业银行作为货币政策传导的最重要主体之一,其行为具有越来越强的不可控性,只有在利率市场化的前提下实施有效的间接金融调控,才能增强商业银行对基础货币调控的敏感度,对基准利率的敏感度,从而改善宏观金融调控效果。

(二) 利率市场化的相关因素分析

1. 金融市场的发展,金融体制的完善是进行利率改革的基础

利率是资金的价格,其高低变化反映资金市场的供求,没有一个发达健全的金融市场就不可能存在一个价格形成的市场机制,利率市场化也就不可能真正地实现。我国的金融市场产生于 20 世纪 80 年代初,经过二十几年的发展,初步形成了以同业拆借为主的短期资金市场和以各种有价证券发行和交易为主的长期资金市场。尽管我

国金融市场发展态势良好,但毕竟还处于初级阶段,相比西方发达国家以及新兴市场国家的金融市场,我国金融市场还存在许多问题,在没有解决这些问题之前,是不应该也不可能实现利率市场化的。总体而言,我国的资金市场还未形成全国统一的、规范的市场,货币市场发展相对滞后,表现在各子市场均处于起步阶段;资本市场的问题也比较突出,市场的效率和管理、经济主体的行为、市场的规模等都有待于进一步的规范和提高。此外,货币市场与资本市场又相对分割,这些都不利于利率市场化的推行。

2. 商业银行规范经营和公平竞争是利率市场化的关键

在一国的金融体系中,商业银行处于金融主体的地位。从国外利率市场化国家的实践来看,商业银行的市场行为起着关键的作用。利率市场化意味着资金的价格将随市场的供求而变动,而这种价格的确定及变动与商业银行的经营存在密切的关系。如何通过资产负债的管理、业务经营的创新,在利率风险增大的情况下获取最大的利润,这是在利率市场化的过程中商业银行必须面临的问题。当前,我国正积极推进银行的商业化经营,实行了资产负债比例管理和风险管理,推行多元化经营,业务不断创新,逐步向自主经营、自负盈亏、自我发展、自担风险的现代商业银行转变。但由于各种因素的影响,我国银行业面临的形势比较严峻,主要表现在资产质量下降,不良债权增多,银行的利润率普遍下滑,有的亏损还相当严重,市场风险也不断增大,这将严重影响利率市场化的进程。

3. 稳定的宏观经济环境是放开利率管制,实行利率市场化的基本前提

在通货膨胀严重存在的情况下,一旦放开处于极低水平甚至实际值为负的利率管制,必然会出现利率的大幅度攀升,其风险是显而易见的。而稳定的宏观经济环境,有利于规范市场主体的经济行为,保持市场利率平稳,降低波动幅度,为利率市场化塑造良好的宏观氛围,避免市场主体的经济行为可能发生错位,激发各种不稳定因素,对利率市场化产生负面影响。

三、利率市场化改革可能带来的金融风险分析

我国利率市场化改革的初步实践,给企业和银行在一定程度上带来了活力,但有识之士也开始冷静思考利率市场化给银行带来的风险隐患。就各国实践来看,利率市场化的进程并非一帆风顺,尤其是在发展中国家,利率市场化进程中,金融体系常常发生动荡,有的甚至演变为金融危机,严重威胁着一国的金融安全。

首先,银行业过度竞争的风险。

我国的银行业尚没有充足的市场竞争经验,利率市场化后,在存款方面可能出现高息竞争,存款利率提高,成本增加,如果商业银行仍然以数量扩张为目标,单纯追求存款数量,没有树立起效益立行的观念,这种恶性竞争会导致银行业经营成本大幅增加,带来经营困难。在贷款方面,可能出现竞相降低利率,以吸引大客户,导致经营收入下降。银行业过度竞争,最后可能会导致银行倒闭。从国际经验来看,就有一些国家在利率市场化后出现了银行倒闭的情况,如美国利率市场化中遇到的最严重的问题就是银行倒闭数量的增加,初期倒闭的银行为每年两位数,后来达到每年三位数,最高一年达到250家。这种伴随利率市场化出现的存款利率趋涨、贷款利率趋降,银行存贷利差缩水的现象,对于70%以上收入来自利差的我国商业银行而言,可能会是个致命的打击。

其次,利率风险。

利率风险是指在一定资产负债期限结构下,由于利率的波动,致使银行的财务状况面临的风险,包括利率变动对银行资产、负债及表外金融工具的经济价值及对银行收益的影响。利率市场化将提高利率波动的频率和幅度,并使利率的期限结构更复杂,从而影响商业银行收益和净现金流现值以及市场价值。这主要表现在两个方面:一是利率变动使资产或负债的市场价值发生变化,导致收益不确定,在这种情况下,利率的变动直接影响资产或负债的市场价值;二是利率变动使资产或负债产生的净利息收入或支出发生变化,从而使收益或成本不确定。在这种情况下,资产的价格、负债的成本不再固定,

利息收支的不确定以及确定的利息收支相对于不确定的市场利率使收益或成本不确定。如对浮动利率的资产来说,若到期日利率上升,则收入增加,若利率下降,则收入下降;对固定利率的资产来说,尽管利息的收支是确定的,但利率的变动也可能带来损失,如债权银行按预期利率锁定利息收入,但将来市场利率有可能高于原先确定的利率,使实际利息收入减少,对于债务银行来说,如果市场利率低于原先确定的利率,会使实际债务增加。

再次,潜在的信用风险。

在利率市场化过程中,如果缺少相应的风险控制措施,银行一味追求短期收益,放开利率将导致贷款利率上升,出现信贷市场的逆向选择和道德风险。金融市场存在信息不对称现象,银行相对于借款企业,处于信息弱势的地位,不能完全监督借款人的行为,借款企业获得贷款后有可能从事高风险的项目,利率提高后,必然刺激借款人追求收益高于银行利率水平的高风险投资,同时挤出正常利率水平的合格贷款需求者,产生逆向选择。逆向选择使信贷市场贷款项目质量的整体水平下降,并进而提高未来违约的信用风险,产生贷款人的道德风险。

四、我国实施利率市场化改革进程回顾

《2002年中国货币政策执行报告》中公布了我国利率市场化改革的总体思路:先外币、后本币;先贷款、后存款;先长期、大额,后短期、小额。

实践中,我国的利率市场化也与其他改革一样,采取了渐进的方式。从时间表上看:1996年6月,放开了银行间同业拆借市场利率;1997年6月,放开了银行间债券市场债券回购和现券交易利率;1998年对利率制度改革步伐加快,实行了再贴现利率由中央银行根据货币市场利率独立确定的制度,放开了政策性银行发行金融债券的利率,全面放开了银行间债券市场债券发行利率,将金融机构对小企业的贷款利率浮动幅度由10%扩大到20%,农村信用社的贷款利率最高上浮幅度由40%扩大到50%;1999年9月,成功地实现了国

债在银行间债券市场利率招标发行,1999 年 10 月对保险公司大额定期存款实行协议利率,对保险公司 3 000 万元以上、5 年以上大额定期存款,实行保险公司与商业银行双方协商利率的办法,这是首次对大额、长期存款进行利率市场化改革的尝试,1999 年允许县以下金融机构贷款利率最高可上浮 30% ,将对小企业贷款利率的最高可上浮 30% 的规定扩大到所有中型企业;2000 年 9 月 21 日实行外汇利率管理体制改革,放开了外币贷款利率,300 万美元以上的大额外币存款利率由金融机构与客户协商确定;2002 年扩大农村信用社利率改革试点范围,选取浙江省瑞安市信用联社和苍南县信用社,黑龙江省的甘南县信用联社,吉林省的通榆县信用社和洮南市洮府信用社,福建省的连江县信用社和泉州市的泉港区信用社,内蒙古自治区的扎兰屯市信用联社等 8 家单位,进行利率市场化改革试点,其下辖的农村信用社存款利率在法定利率的基础上可上浮 30% ,贷款利率可上浮 100% ;2003 年在 2002 年改革试点的基础上,全国每个省选取两个县进行试点,进一步铺开了利率试点的范围。

五、我国利率市场化改革的政策建议

(一) 坚持正利率原则和渐进性原则,稳步推进改革进程

实现正利率是利率改革的一个重要原则。这既是别国利率改革的经验,也是资金保值增值的内在要求。在西方研究中,实行正利率政策成为大多数经济学家的共识,金融发展理论认为负利率是发展中国家金融抑制的原因和重要表现形式。利率市场化改革"牵一发而动全身",是一项复杂的系统工程,因此只能坚持渐进式原则,减少改革震荡。以建立以中央银行利率为基础,以货币市场利率为中介,由市场供求决定金融机构存贷款利率水平的市场利率体系和形成机制为目标,按照先外币后本币、先贷款后存款、先农村后城市、先大额后小额的步骤,稳步推进利率市场化。

(二) 加快货币市场发展,促进市场化利率信号的形成

市场化的利率信号质量,取决于货币市场的规模、运行的规范程

度和效率、对经济运行的影响力和覆盖面等。当前的利率改革，首先应大力推进货币市场的发展和统一，使得货币市场上形成的利率信号能够准确地反映市场资金的供求状况，为整个利率改革的推进形成一个可靠的基准性利率。

货币市场发展滞后和市场分割影响了货币市场上的利率信号的可靠性。具体来说，在货币市场的各个子市场中，拆借市场的发展最为迅速，但是相对于我国货币资金运动的实现规模而言依然是偏小的。国债市场的规模随着财政赤字居高不下而得到较大的发展，但是与宏观当局从事公开市场操作的要求相比，无论是深度、广度还是结构方面均存在明显的差距。票据市场、大额可转让存单市场基本上处于幼稚发展阶段，对资金运行的影响力十分有限，同时，我国货币市场交易的规范化存在许多缺陷，如信用观念的缺乏导致票据等金融工具的使用遇到多种障碍，金融市场发展的滞后导致证券化程度低下、流通性不足、流通规模有限。如拆借市场采取借款立据的形式进行款项交割，借据无法转让和流通，交易工具结构单一，既不利于短期性的资金融通和头寸调剂，也不利于各个子市场之间形成紧密的互动关系，不能满足宏观当局进行宏观金融调控操作的要求。

货币市场子市场的严重分割，使得货币市场形成的利率信号失真。拆借市场和国债回购市场作为形成市场化利率的主要货币市场子市场，存在着严重分割，形成的利率水平存在明显的差异。因此，要重点推进拆借市场和票据市场的发展，一方面，将拆借市场发展作为利率形成市场化的突破口，央行的基准利率逐步由目前的再贷款利率转变为拆借市场利率。发挥拆借市场的利率在整个金融市场的利率结构中的导向性作用。另一方面，推进区域性票据市场的发展，在此基础上逐步放开贴现率。目前的利率管理体制是，一方面同业拆借利率和国债回购利率已经基本放开，另一方面作为货币市场重要组成部分的贴现市场依然实行严格管理，即银行贴现率不与银行贷款利率挂钩，而由中央银行确定再贴现率，贴现率在再贴现率的基础上加点，加点幅度由中央银行确定。这一政策在客观上形成了货币市场的人为分割，阻滞了统一的市场化利率的形成。在一定意义上说，票据市场上的利率市场化已经成为瓶颈，放开票据市场上的贴现率将成为利率市场化的一个突破口。

（三）放开利率管制，形成三位一体的市场利率体系

根据市场利率及时调整贷款利率，进一步扩大贷款利率的浮动范围，在此基础上，中央银行逐步放开对整个贷款利率的严格管制，转而只根据市场利率确定一年期贷款的利率。随着拆借市场利率形成机制的不断完善，中央银行可根据货币市场利率频繁地调整贷款利率，使贷款利率高于货币市场利率。在具体的政策操作中，要进一步扩大商业银行的贷款利率浮动权，保持商业银行对利率变动的敏感性，促使商业银行建立以市场为导向的利率定价机制，及时将中央银行的利率政策意图传递到市场上去，并通过其贷款行为将宏观经济运行状况的变化反映到利率中来。在此基础上，中央银行根据货币市场利率确定一年期贷款的基准利率，其他期限的利率水平由商业银行自主测算。同时，根据市场利率的波动状况和资金供求状况，动态调整中央银行再贷款利率，使其成为货币市场的主导利率指标。逐步降低并取消准备金的利率，促使商业银行积极参与货币市场交易和国债交易，推动中央银行再贷款利率、货币市场利率、国债二级市场利率，形成一个比较完善的银行间市场利率体系。

（四）推进商业银行改革进程，提高对利率的敏感度

利率市场化以商业银行的真正商业化经营为前提，利率市场化赋予银行按照每笔信贷的金额、发放对象、期限等因素来确定借款人的筹资成本等权利，这要求银行在经营管理中能够按照风险和收益的权衡来确定存贷款的利率水平，形成风险约束和利润激励机制。风险约束使商业银行不会一味地追求利润最大化而过度参与高风险项目以获得高贷款收益，不会也可以不理会来自各方面的信贷决策干扰。因此，在推进利率市场化改革的同时，必须进一步加大我国商业银行体制的改革，按照建立现代金融企业制度的要求，建立明晰的产权结构，以及与之相适应的法人治理结构，使商业银行真正成为符合"四自"和"三性"的现代银行。

（五）强化金融监管，保证利率市场化的顺利推进

1. 实行监管重点的转变

我国现阶段的银行监管还停留在单纯的合规性监管上，监管的重点在于对金融机构的审批和业务经营的合规上。这种静态的、浅层次的监管在商业银行市场化加快的情况下，已经越来越显出局限性，特别在利率市场化过程中，银行之间的激烈竞争以及利率风险的出现，使银行利差收窄、盈利空间缩小，银行业的风险逐步凸现，银行监管的重点应从传统的合规性监管切实转向风险性监管上来。《新巴塞尔协议》也对金融风险的监管十分重视，强调在核心资本监管原则的基础上，从定量的角度加大对风险的评价。具体说就是分析评价商业银行自身的控险能力、化险能力、排险能力，对商业银行内控制度的健全性、系统的安全性等作出一个综合的评价，指出其存在的风险隐患和管理漏洞，并责令其组织实施和改正。

2. 监管方式、监管手段的更新

利率市场化后，银行的存款成本不再固定，贷款收益也具有不确定性，资产风险在存款成本的约束下，将充分地凸现出来，如果未加以及时监管，会带来银行的经营失败。对此，监管部门应建立风险预警模型，重在发现、预警、评估和控制风险，而非仅仅是对风险损失的最后补救，变传统的事后检查为事前预防。监管部门与商业银行间利用计算机网络技术，建成风险监管分析系统，对商业银行的资本充足率、坏账准备，各项存贷款的利率、期限及其结构进行系统性分析、动态性监测。持续监测资本充足性，要求资本不足的商业银行补充资本。利率市场化后，商业银行的风险增加了，监管也要向市场化方向转变，坚持多元化管理，具体来说，应采用内外结合型的监管模式。长期以来，我国金融业自律监管和自律意识较差，且监管信息存在着严重的不对称性，所以偏重于外部监管；但从世界金融监管的趋势看，越来越多的国家倾向于内外结合型的监管模式，其有利于在监管者与被监管者之间的双向互动，既体现了平等的地位，也加强了金融监管和金融机构经营创新之间的相互促进关系。随着我国利率市场化改革的加快，利率立法的脚步也应跟进，这同时也体现了监管手段

从一般行政监管向健全法制、实行法制监管的转变。目前我国对利率的管理性规章有《人民币利率管理规定》，利率市场化后，必然要对此规章进行修订，使之成为金融监管的法律基础，而且为了使金融监管更程序化、标准化、有针对性和可操作性，还需要制定与此相配套的专业性条例，以及具体的监管办法、规定和实施细则。

3. 加强对商业银行中间业务的监管

利率市场化后，商业银行利差收窄，利差对盈利的贡献降低，中间业务变得越来越重要。从国外的经验看，利率市场化的过程，就是商业银行中间业务不断加强的过程，国外银行中间业务占收入的比重普遍在30%—60%。而我国商业银行中间业务起步晚，实际经营范围窄、品种少、业务规模小、收入水平低，中间业务占收入的比重还不到10%。传统对中间业务的看法是，中间业务风险小，并没有引起监管者的足够重视，在商业银行大力发展中间业务的必然趋势下，对中间业务的监管应提到重要的位置上。目前，已出台《商业银行中间业务暂行规定》，以后一方面应根据利率市场化进程、商业银行经营管理的成熟度，鼓励商业银行进行金融创新，开发金融衍生业务、代理证券业务、投资基金托管、信息咨询、财务顾问等投资银行业务；另一方面应加强对中间业务品种的研究，如加强对一些金融衍生产品如远期利率协议，利率期货和期权，互换和互换期权，利率上限、下限和双限期权等的研究，不断提高监管水平，加强监管。

4. 加强对商业银行内部控制的监管

巴塞尔委员会1997年9月通过的《利率风险管理原则》规定，商业银行稳健利率管理的基本原则包含以下四个方面内容：董事会和高级管理层要对利率风险实行妥善监控；制定适当的风险管理政策和程序；建立科学的风险计量和监测系统；完善内部控制制度并接受独立的外部审计。利率市场化后，监管机构应要求各商业银行按照《巴塞尔协议》的要求建立起严密的利率风险内部控制制度，这一内控制度应包括建立利率风险计量系统，以评估与银行资产、负债和表外业务头寸相关联的所有重大的利率风险；利率风险控制模型，以动态监测利率的变化及其对盈利的影响；指定某一资产负债管理部门承担利率风险管理职责，以从制度上保证对利率风险的日常监控，现阶段,我国各商业银行都建立起了风险管理部门,可考虑由此部门承担利率风险管理职责。在风险计量方法上,国际上银行的做法主要是采用VAR(Value at Risk)即在险价值法,该方法能较好地衡量利率风险有可能给银行带来的损失。(本文发表于《重庆金融》《深圳金融》《企业技术进步》《金融理论与教学》《金融理论与实践》)

对大型银行信贷支持低碳经济的调查

银监会刘明康主席在 2009 年金融论坛上指出,银行机构要成为低碳理念推广的践行者和低碳经济的创新者。江苏大型银行认真贯彻落实刘主席指示,在推进产业结构调整、实现经济结构由高碳向低碳转型的过程中,充分利用我省发展低碳产业的规模优势、技术优势和产业优势,借鉴国内外先进经验,探索出适合江苏的绿色信贷之路。对此,江苏银监局对辖内大型银行发展低碳金融、支持低碳经济的情况进行了专题调研。

一、基本情况

2009 年至 2011 年 3 月末,辖内大型银行共支持低碳领域的重点项目 817 个,贷款金额 1 146.23 亿元,其他授信金额 160.41 亿元。从贷款投向看,支持环保重点工程项目 190 个,金额 351.1 亿元,占比 30.63%;支持技术创新、技术改造项目 384 个,金额 426.02 亿元,占比 37.17%;支持新能源开发或利用项目 198 个,金额 365.6 亿元,占比 31.9%。

辖内大型银行通过对低碳经济的信贷支持,取得了较好的经济效益和良好的社会效益。首先,支持了江苏省节能减排的实现和低碳环保产业的发展,促进了产业结构的优化升级,改善了环境状况;其次,在信贷支持低碳产业的过程中取得了良好的经济和社会效益,提高了大型银行在当地的认知度和认同感,树立了良好的企业形象,获得了一批优质客户资源和良好的业务收入;再次,通过对低碳企业的有效信贷支持,促进了企业的发展,推动了企业的技术改造进程,为企业做大做强提供了有力支持。

二、主要做法

(一)积极倡导"绿色信贷"理念

江苏辖内大型银行按照总行的相关要求逐步强化"绿色信贷"理念。"绿色信贷"是以贯彻落实科学发展观和国家宏观调控政策为背景,旨在促进经济金融健康可持续发展,同时调整和优化信贷结构,有效防范和化解信贷风险。如江苏农行推行"绿色信贷"投放理念,在《年度信贷政策指引》中明确:"优先支持生态环境建设项目和循环经济发展,加大环境友好型产业和节能减排项目的信贷投放力度"。为深入贯彻这一信贷政策,该分行开通了"绿色通道",简化信贷审批手续,提升服务层次,缩短运作流程,创新授信及担保方式,优先安排信贷规模,确保该类贷款运作简便、投放及时。

(二)积极支持低碳经济融资需求

对国家确定的十大节能重点工程、水污染治理工程、燃煤电厂二氧化硫治理、资源综合利用项目、节能减排技术产业化示范及推广等项目及时跟踪评估,认真分析这些领域的发展特点和风险,根据项目的实际进展和融资计划,提高审批效率,积极给予信贷支持。如江苏交行从授信审批机制上,向低碳领域的贷款倾斜,增加低碳信贷的投放,建立低碳信贷的长期扶持机制;在信贷客户的选择上,逐渐由单纯的信用评级选择向信用评级选择与环保评价选择并重转变。通过借助信用评级和企业投资环保评价,重点识别和挖掘成长性高、环保执行力强的优质企业,将它们培育成为支撑其未来发展的核心客户。

(三)严格退出"两高一剩"行业

辖内大型银行逐步加大了对"两高一剩"行业的信贷调整和减退力度,优化信贷结构。对于低碳经济等相关鼓励进入类行业进行差别化设置,对重要优质客户加大营销服务和信贷投放力度。2009年至

2011年3月末,五大行累计压缩或退出"两高一剩"企业672户、贷款125.08亿元、其他授信16.84亿元。如江苏交行对单个机组30万千瓦以下热电企业的授信政策以减退为主,因该类企业以煤为主要原料,对环境有较大影响;徐州沛县坑口环保热电有限公司属于其总行信贷投向减退类的"小火电"企业,故分行主动提高利率,最后实现信贷减退1 500万元。

(四)建立环评"一票否决制"

严格市场准入,对环保政策实行"一票否决制",在新建项目贷款评估、审查、审批过程中重点审查是否符合国家产业政策和市场准入标准,是否通过有权部门审批核准或备案,是否通过用地预审、环境影响评价,是否符合区域整体规划和污染排放指标要求。对违反国家产业政策和环保政策,可能对环境造成重大不利影响的项目一律予以否决。2009年至2011年3月末,五大行"环保一票否决"的项目有28个、贷款8.08亿元。如江苏建行规定,在贷款发放之前,申请贷款的企业和项目不仅要通过土地批复和环境评价,还要通过区域规划和治污方案,对所有环评不合格的企业均实行"一票否决",而在环评中处于绿色等级的企业,则优先得到信贷支持。

(五)系统支持保障

一是在系统中增加环保信息标识,作为客户准入及退出的依据。如江苏交行在信贷管理信息系统中专设了"客户环保基本信息""环保标识分类"等栏目,对环保违规客户进行红色或黄色标识,并录入环境违法事实、受到的处罚措施及整改情况等。二是增加系统模块,及时监测限制性行业的信贷投入。如江苏农行在信贷风险预警系统中设置了对"两高一剩"行业新增贷款预警指标,同时对于"两高一剩"行业每年制订压缩、退出计划,在名单确定后录入信贷风险预警系统的"潜在风险客户退出模块"逐月进行监测,一旦发现对列入压缩、退出的客户新增信用,将严格追究当事人责任。

(六)创新信贷模式

一是设立科技银行以支持科技型小企业信贷需求。如江苏农行从 2010 年开始实施科技银行战略,探索科技型小企业的信贷支持方式和风险分担模式,制定了《科技型小企业信贷管理的实施意见》,加大对低碳经济领域科技型小企业的信贷支持力度。二是采用多种授信模式,满足不同客户的资金需求。近几年来,江苏辖内大型银行推出了仓单质押、应收账款质押、假远期国内信用证及代付业务等业务品种,有效地满足低碳经济融资需求。

三、存在的问题、困难及制约因素

(一)低碳行业作为新兴产业面临较大风险

一是当前新能源产业还处在产业发展的初期阶段,从全球范围看,存在行业标准和技术不成熟的问题,即使现在采用了最新的装备和工艺,也可能会被迅速淘汰,与产业的持续巨大投入相比,其有效产出存在较大的不确定性。二是目前我国政府更多的是从宏观政策层面来明确支持低碳经济的发展,但行业的细分和管理仍不具体。低碳领域包含众多行业,大都具有较强的专业性,商业银行对行业、技术和前景等因素不够了解,而且作为新兴行业,成熟度不足、市场前景不明朗,风险相对较高。

(二)低碳行业的融资担保难问题较为突出

低碳经济企业从产业层次看,大部分为第三产业,制造业中的企业规模也相对较小。从经营特点上看,总体上是重智力、轻资产,在银行融资过程中大多无法提供有效资产抵质押。目前专业担保公司也由于这类企业风险相对较大,无法提供有效反担保而较少参与,因此低碳经济主体在银行融资中仍存在较为突出的担保瓶颈。

(三)低碳行业的金融产品和服务不足

目前,辖内大型银行对低碳领域的企业资金需求主要以信贷投放方式为主,金融创新产品匮乏,金融服务单一。银行对低碳经济的支持也过分集中于"低碳信贷",债券、租赁、股权等融资方式在支持低碳、节能减排和淘汰落后产能方面的作用非常有限。相比欧美银行在直接投融资、银行贷款、碳指标交易、碳期权期货等方面的多点开花,国内尚缺乏成熟的碳交易制度、碳交易场所和碳交易平台,以及相应的金融配套产品。

(四)对低碳行业的政策支持与产业结构调整目标不配套

一是在支持产业结构调整由高碳向低碳转型方面,目前尚欠缺有效的风险补偿、担保和税收减免等综合配套政策,往往会导致转型企业的经营成本大幅度上升、盈利能力下降。二是激励约束机制有待进一步完善。低碳经济受产业成熟度不足、市场前景不明朗等因素影响,总体上仍属高风险信贷领域。由于商业银行的损失补偿机制不健全、贷款损失责任追究机制刚性等因素,银行介入的积极性仍不太高。

(五)信息共享沟通机制不健全

一是地方环保部门的信息披露不充分。虽然人民银行与国家环保总局达成了有关环境执法信息进入央行征信系统的协议,但地方环保部门提供的环保信息并不完整,商业银行无法进行持续跟踪和监测。商业银行要全面掌握企业的环保信息,信息搜集成本高,且获取的信息存在一定滞后性。二是缺乏与地方发展改革部门、工业和信息化等部门的沟通机制。商业银行没有渠道取得相关参考信息,如存在重大违法违规行为、节能减排问题和安全隐患的企业(项目)名单,企业节能降耗考核情况,关停企业信息,环保政策法规;相关行业的能耗指标、污染指标、节能指标等相关标准以及行业参考数据等信息,使得商业银行无法及时对政策风险、信贷风险进行识别并采取应对措施。

四、深入推进信贷支持低碳经济的建议

(一)培育良好的市场环境

一是国家相关部门应及时出台低碳经济发展的相关规划、执行标准和扶持政策。首先,研究制订低碳经济发展的规划,指导地方政府执行;其次,制定低碳项目发展的行业标准,出台风险控制方案、操

作流程和市场参与机制；再次，建立相关低碳经济发展的补偿措施，对于企业技改减少碳排放量带来的损失给予相应补偿。二是地方政府要充分认识良好的金融生态环境对地方经济发展的重要作用。充分发挥政府及其职能部门作用，引领社会各方面形成合力，做好辖区金融生态建设的制度安排，为银行提供良好的金融环境，提高银行支持低碳经济发展的信心。

（二）建立信贷支持的长效机制

一是制定有针对性的信贷政策，增加"低碳信贷"的投放。督促商业银行将信贷结构调整与国家低碳产业发展相结合，提高新能源、节能减排和智能电网等产业贷款比重，加快培植未来的优质客户群和利润增长点，支持低碳产业和技术企业做大做强。二是加强对低碳行业的信贷风险防范。督促商业银行高度关注低碳产业所具有的内外风险，科学评估投资回报率，合理确定贷款价格，审慎授信。要逐步建立和完善信贷风险预警控制体系，提高自身的贷款定价能力和风险识别能力，关注行业发展动向，准确把握市场供求关系和产业变化趋势，实现贷款科学决策。

（三）创新金融产品和服务

商业银行除了传统的信贷支持以外，还应大力开拓多元化的融资渠道和融资方式。低碳经济作为商业银行涉入的新业务领域，信贷支持是最传统和最主要的业务方式，对促进低碳领域的推广和发展起到了举足轻重的推动作用，但产品创新才是提供不竭动力的根本源泉。要坚持促进经济转型和防风险并重的原则，通过银团贷款、利率优惠等方式为低碳经济发展提供信贷服务，积极寻求商业机会，开展低碳经济金融服务创新，量身定制开发适合转型企业的金融服务产品，拓宽抵质押物范围，积极探索知识产权、碳交易收入质押，加强和改进银证、银保合作，为低碳企业提供信贷、结算、咨询等全方位的优质、配套服务。

（四）建立健全相关配套政策和激励机制

一是完善财税等配套扶持政策。建议有关部门尽快完善"低碳"经济发展的财税等配套扶持政策,如实行风险补偿机制、增加风险担保、推行税收减免等,打消企业转型顾虑,增强企业转型过程中的抗风险能力。二是进一步完善商业银行支持"低碳经济"及节能减排的激励约束机制,如实施差别化信贷规模管理,对于绿色环保、节能减排项目的信贷投放,适当放松信贷规模控制等。三是加大责任追究力度。对产业结构调整目录中的淘汰类项目,以及在环境影响评价审批、节能评估审查等方面不符合国家相关规定的项目,人民银行及银监部门要出台相关政策,坚决禁止新增任何形式的信贷支持。必须严格要求各商业银行按照"谁审批、谁负责"的原则,对于违规发放的贷款,必须依法追究相关机构和人员的责任,加快信贷退出步伐。四是建立各方协作分担机制。如探索与创投机构合作,通过信托理财方式,满足低碳融资需求;探索与政府风险补偿基金、科技担保公司、科技保险公司的合作,分散低碳融资风险。

(五)搭建信息交流平台,为商业银行信贷决策提供参考

一是建立信息通报制度,实现部门联合与信息共享。建议加强与发改委、工信部、环保局等相关政府职能部门的信息沟通和政策协调,及时披露相关信息,使商业银行能够尽早识别政策风险、信贷风险并采取应对措施。二是进一步加强商业银行与政府有关部门特别是当地环保部门的沟通合作,逐步建立起环保信息日常沟通机制。通过定期信息沟通、互访等形式及时从环保部门了解环保政策的要求和标准,了解企业环保违法信息,积极配合环保部门制止、纠正、制裁企业的环保违法行为,逐步形成信贷和环保协调配合、防范信贷风险和支持低碳经济工作相互促进的良好工作机制。(本文发表于《金融纵横·财经》《江苏国际金融》)

积极推进联合授信机制
前瞻防控信用风险隐患

——常州在全省先行试点授信总额联合管理机制成效初显

企业授信总额联合管理机制作为加强企业集群风险管控的重要措施,在省银监局的关心指导下,经过一段时间的推进,已取得阶段性的成效。对遏制向企业过度授信、多头授信、盲目授信等引发的不当授信,有了一定程度的缓解,特别是对相互担保和相互拖欠严重的企业,加强与地方政府、企业、银行的联动,争取多方支持,稳妥化解风险;对因市场变化等原因出现暂时周转困难但有市场、有前景的行业和企业,指导银行业机构客观分析、有效化解、防止资金链断裂诱发的风险具有一定的指导意义。

一、工作推进措施

(一) 因地制宜,细化方案

为确保试点推进效率,常州银监分局在充分学习江苏银监局相关指导意见的基础上,及时制定了贯彻执行的具体意见,并赴工行等多家银行开展专题调研,充分听取银行机构对实施授信总额联合管理机制的意见和建议,就执行中涉及的授信总额联合管理与现有银团贷款、信贷模式、风险处置等方面的协调管理以及合作框架和合同文本等进行充分讨论,并不断予以完善。分局还结合辖区实际,在充分发挥银行业协会作用的基础上,强化了监管部门的政策引导和目标考核,增加了企业加入和退出授信总额联合管理机制的渠道,并完善了风险恶化企业的应对措施。

（二）全面筛选，锁定目标

为避免对正常授信企业的影响和对已暴露授信风险企业处置过程中的干预，分局按照"重要性"原则，将授信总额联合管理机制试点目标企业确定为授信银行在 5 家（含）以上、表内外敞口授信总额 1 亿元（含）以上，存在关联关系复杂的集团型客户，以及企业融资渠道不明、盲目过度投资、对外担保数额巨大的企业。在积极组织辖内所有银行认真开展符合条件的企业名单排查、报送基础上，经核对、筛选，已会同 23 家银行（包含 3 家异地银行）签订了近 30 户、金额合计超 100 亿元的企业授信总额联合管理框架协议，有效缓解了常州市盛洲铜业有限公司、江苏卓润重工机械有限公司等一批企业的资金链断裂风险。后续数十户企业的授信总额联合管理机制也将于 2014 年春节前后启动组建。

（三）搭建平台，重点推进

在确定目标企业后，分局及时确定了牵头行并通过召开协调会等方式为银、政、企搭建沟通平台，争取政府的支持协调、银行的积极参与和企业负责人的认可配合。至 2013 年末，分局已成功对常州亿晶光电科技有限公司、江苏联凯农业装备集团有限公司等数个重点企业实施了授信总额联合管理。尤其是在常州亿晶光电科技有限公司案例中，针对企业因投资扩建项目和产品价格倒挂而导致现金流吃紧，但产业链完整、光电转换率高、市场稳定，且企业投资关系简单等实际情况，加强牵头引领作用，督导银行机构在自身前中后台意见统一和行间意见达成共识的基础上，成功组建授信总额联合管理机制，稳定信贷资金支持，保证企业持续经营。在银行信贷的有力支持下，该公司上半年顺利完成欧洲市场去库存，实现扭亏为盈，目前在手订单 400 兆瓦（MW）左右，生产已安排到 2014 年 1 月份，全年销售达 650 兆瓦（MW），同比增长 30%。

（四）评估总结，不断完善

一是专门召开授信总额联合管理机制推进会，通报表彰了工行常州分行的工作措施和成效,并明确将各行推进授信总额联合管理机制的工作情况纳入年度金融目标考核,发挥好"彰先策后"的引导作用。二是针对授信总额联合管理机制实际执行情况,及时组织银行机构进行初步评估和意见反馈,跟踪了解企业负责人、参与行及其上级行在授信总额联合管理机制具体实施中遇到的具体问题,对已试点企业如何进一步完善联合管理提出意见和建议等,并就机制的规范化、流程化、标准化等内容进行深入思考,夯实长效化建设基础。

二、主要工作成效及进展

自 2013 年 5 月份在全省率先试点企业授信总额联合管理机制以来,经多方共同努力,目前已完成近 30 户企业、超 100 亿元授信的联合管理框架协议签订工作,机制日趋成熟,效率明显提升。

(一) 风险处置成效明显改观

授信总额联合管理机制改变了银行机构以往"单打独斗"的风险处置理念,将"银企""银银""银政"有效整合在一起,实现了抱团取暖、同进共退的良好运营机制,有效控制了资金链、担保圈风险的蔓延。如在常州市新华石油化工储运集团有限公司担保圈风险处置案例中,其担保企业江苏联凯农业装备集团有限公司仍在生产经营,产品有市场且符合国家产业政策,仅仅是由于外部担保风险导致暂时性资金周转困难,产能不能得到有效释放。为阻断债务风险进一步蔓延扩散,分局引导银行机构积极组建授信总额联合管理机制,切实加大信贷支持力度,帮助企业集中精力抓产销而不用忙于应付融资问题,有效渡过了经营困境,为实体经济发展和社会金融稳定做出了积极贡献。

(二) 操作专业程度明显提高

随着成功案例的增多,牵头行、参与行以及授信企业各自的职责进一步得到明确,授信总额联合管理机制的运作流程更为规范、顺畅,组建效能不断提高,从最初的试点企业前后磨合近半年时间才成功组建,逐步缩短至现在的 2 至 3 周左右就能基本完成框架协议的签订。如分局从 2013 年 5 月开始组建第一个江苏联凯农业装备集团有限公司授信总额联合管理机制,至 11 月才组建成功,前后花费近半年时间;而近期组建的江苏兆阳能源科技有限公司授信总额联合管理机制,仅用了不到 3 周时间。

(三)目标覆盖范围明显扩大

随着授信总额联合管理机制的深入推进和不断完善,银企合作得到进一步加强,准入"门槛"也由初期的硬性规定"授信银行在 5 家以上、敞口授信总额 1 亿元以上"逐渐过渡到"授信银行 3 家左右、敞口授信 5 000 万左右",已签订符合上述条件的协议 6 份,占全部协议的 20%,更具操作性和现实意义。

(四)银企参与意识明显增强

已有好几户资金链趋紧的生产企业自愿提出参与授信总额联合管理机制,以期通过贷款条件不变、信贷规模不减、抵押担保不削弱的方式,渡过经营困境。如常州艾斯派尔电气科技有限公司自身经营发展情况良好,但由于主动承担了担保代偿责任却导致个别银行调整授信政策,银行之间相互猜忌心理加剧,为此企业主主动到监管部门和银行沟通情况,要求协调指定牵头银行对其授信总额采取联合管理模式,妥善解决融资问题。同时,基层银行在协调化解授信企业资金链风险过程中,为保障信贷资金的安全运行,使得信用风险可视、可防、可控,也不断自愿提出实施授信总额联合管理,实现信息共享、步调一致。

三、存在的主要困难和问题

(一)机制作用的发挥仍需进一步加强

从银行机构对已组建联合授信试点企业的风险评估反馈情况分析,风险状况在短期内难以明显改观,且受制于地方经济发展的宏观环境及企业突发状况的个体因素影响,容易导致机制失效。如在处置龙源港机集团资金链风险时,就在地方政府和银行机构积极协调组建授信总额联合管理机制期间,法人代表突然逃逸,造成组建工作中断,巨额授信形成不良。

(二)机制约束的范围仍需进一步拓展

从授信总额联合管理机制工作开展情况分析,机制暂时只能在属地发挥作用,而对于异地银行以及小贷公司、民间借贷等非银行债权人缺乏约束。如果对拟组建企业的情况掌握不透,资金渠道了解不明,就贸然采取联合授信的方式,对银行机构自身资金风险控制反而不利。如常州世鑫化工有限公司资金链风险问题,该公司财务制度非常混乱,无法提供清晰的财务报表,且企业及法人代表个人民间借贷金额无从考证,银行机构无从判断企业真实的资产负债情况,致使银企之间难以达成一致意见,授信总额联合管理机制无法推进。

(三)机制效能的挖掘仍需进一步深化

从授信总额联合管理机制已组建情况分析,主要还是采取维持存量授信规模不变、抵押担保条件不降的方式在银行内部实现抱团取暖、同进共退;但要在更高层面助推企业合理扩张的流动资金增量需求还较难实现,如现有制度设计无重大突破,会影响机制潜在效能的进一步发挥。

四、后续推进建议

(一)客观分析,重点推进

要进一步发挥监管引领作用,督导银行机构客观分析,审慎评判,对符合国家产业政策、产品有市场优势仅仅是暂时资金周转困难的企业,积极通过授信总额联合管理机制扶持实体经济发展,既支持企业正常合理的生产、周转资金需求,又有效防止过度授信带来的资金挪用风险,提高社会对银行的满意度,提升银行的社会声誉和信任度,真正为地方经济发展发挥作用。

（二）区别对待,灵活推进

在当前经济金融形势没有明显好转的阶段,授信总额联合管理机制是化解大额授信风险和破解企业相互担保的重要手段。要在更大范围内予以推广,就必须紧密结合各地经济金融发展实际,赋予基层机构更大的自主权,尤其是针对拟组建企业要区别对待,只要是有需求的、能组建的就督导银行机构积极推进,以利于机制作用的充分发挥。

（三）提升层次,广泛推进

针对跨区域集团客户授信风险快速反弹的形势,对于符合组建条件的跨区域集团客户,建议由省局总体指导,指定牵头分局,协调相关属地分局,组建更广范围、更大规模的跨地区集团客户授信总额联合管理机制,推动机制在更高的层次发挥作用。(本文发表于《江苏信息摘报》,江苏省《信息简报》,常州市《快报》,江苏银监局《监管调研》)

常州银行业尝试"整体式"银团新模式破解资金链、担保链风险难题

　　近两年来,随着企业资金链、担保链风险频发,银行业信贷资产质量向下迁移的压力不断加大。分析其原因,除了经济增速放缓、市场环境恶化、经营成本上升等客观因素外,更有银行经营理念粗放、无序竞争下放低授信准入标准、多头授信、过度授信、重复授信、疏于贷后管理及一些银行"无序"抽贷等主观因素。为有效解决上述问题,常州部分银行创新银团合作新模式,以"加强同业合作、合理企业授信、封闭管理资金、统一进退步调"为原则,尝试组建包揽企业生产经营产生的所有合理资金需求的"整体式"银团贷款,为有效防范资金链、担保链信用风险探索出一条新途径。据不完全统计,至2012年末,常州辖内银行业金融机构已对21个目标客户开展"整体式"银团授信试点,融资总额达22.7亿元。

一、"整体式"银团贷款的主要做法

　　第一步:确立战略合作机制。由一家牵头行精心选取若干家在业务和管理优势上与自身具有较强互补性的本地银行,通过签订全面合作协议的形式,确定双方的战略合作关系,明确双方对接的团队,建立定期沟通的机制。

　　第二步:选取适合目标客户。按照必要性和可行性标准,由牵头行及其合作银行共同筛选出一批双方均有融资且加总余额占比相对较高(至少50%以上)的优质企业客户,在共同分析客户情况并达成

一致后,再与客户沟通,根据客户的实际需求,合理增加授信,以银团贷款方式置换企业在他行贷款。

第三步:实施有效封闭管理。牵头行及其合作银行共同与目标客户签订协议,明确在协议有效期内,企业因生产经营产生的所有合理资金需求,共同以银团贷款方式满足,贷款资金使用和偿贷资金回笼均在银团贷款模式下实施统一封闭监管。资金监管方可根据银团贷款份额具体协商确定。

第四步:实行成员统一进退。若企业发生突发的经营变化,牵头行及其合作银行将共同分析企业状况,并判断是否有存续的可能。当各方一致认为确有必要退出时,则共同排出统一的、具体的退出计划,从而有效控制局面,降低损失率。

二、组建"整体式"银团贷款的积极意义

从目前实践情况看,"整体式"银团贷款新模式给银企双方均带来了切实的好处。

(一)企业方

一是有利于缓解借款企业融资难、融资贵问题。借款企业只需要与银团牵头行进行联络和沟通,省却了东奔西走与多家银行沟通、谈判的麻烦和成本。二是有利于满足企业全方位融资需求。以往传统银团贷款主要针对项目贷款,而"整体式"银团贷款可涵盖企业因生产经营产生的所有合理资金需求,能以不同业务组合方案帮助企业一揽子解决融资问题。三是有利于降低企业组建银团贷款门槛。由于"整体式"银团贷款不再受限于大企业、大项目、大资金的要求,有意愿的企业可以主动与银行协商"整体式"银团合作,其适用范围和覆盖面将比传统银团贷款更广。

(二)银行方

一是有利于突破银行现有信贷管理瓶颈。由于分散融资,目前一家借款企业往往占用多家银行客户经理资源,导致银行客户经理

人均管户几十甚至上百个,能力、经验、精力不足问题十分突出,难以做深做细信贷管理。而整体式银团贷款模式由指定代理行或专门团队负责贷款"三查"、定期发布客户贷后管理信息,一旦推广可最大程度集成银行整体人力资源,提高工作效率,避免银行内部道德风险,增加银行贷后监控能力和专业化程度。二是有利于对客户原有债务进行结构优化和调整。将企业所有授信归集于整体式银团贷款后,在企业出现风险苗头时,能有效避免个别银行"闻风"抽贷导致资金链、担保链断裂,彻底解除企业分散融资不易协调风险。三是有利于完善贷款资金流动的跟踪监控,通过封闭管理企业信贷资金和回笼资金,可阻断企业利用多头开户和银行多头授信、分散管理的漏洞将信贷资金流入股市、期市、金市、楼市等投资市场的渠道,避免了"以钱炒钱"的危险行为和由此产生的一系列不良后果,增加对实体经济的资金投入。四是有利于银行同业间深化战略合作。面对愈加激烈的市场竞争,"整体式"银团可提高银行与优质企业的谈判地位,预防银行间恶性竞争和降低授信标准,促进优化贷款结构、丰富业务种类。

三、相关政策建议

(一)摸清风险底数

建议对大量中小企业授信客户表内外授信情况进行梳理,对在5家以上银行有授信、担保关系复杂的企业建立整体式银团贷款项目池,为进一步试点"整体式"银团新模式打下基础。

(二)成熟运作机制

要研究形成一套更为完备、成熟的整体式银团贷款运作机制,深入研究如何合理测算确定企业资金需求、现金流和偿债能力,为推广"整体式"银团模式创造条件。

(三)加强引导协调

充分发挥银行业协会在银团贷款组建方面的引领和协调作用,

牵头确定银团主办行，推动组建一批企业有意愿、银行有意向的"整体式"银团贷款，妥善做好存量授信整合和增量授信管理工作，遏制当前形势下银行资产质量劣变趋势。(本文发表于江苏银监局《监管调研》)

文化产业融资金融创新路径及政策建议

目前,常州市共有文化企业超6 000家,其中规模以上企业超2 000家,主要涉及动漫、游戏、主题公园、影视等产业,全市文化产业实现增加值逾百亿。为支持文化产业发展,交行常州分行创建了文化特色支行,通过金融创新向43户文化企业办理授信融资达3.65亿元,有效破解文化产业融资难题,取得了明显的社会成效。

一、当前文化产业融资中的主要障碍

(一)文化产业自身存在缺陷

一是文化产业经营风险大。文化产业向消费者提供的无形产品来自于文化创意人的创作灵感,能否被市场所接受需要基于经营者对社会反应的预判。二是文化产品价值评估难。文化企业无形资产比重大,所具备的优质资源如创意、作品和人才等,目前尚缺乏有效的价值评估体系和资产交易市场,其市场价值往往得不到外部认可,外部融资能力受损。三是文化企业经营机制弱。多数文化企业普遍存在期限短、规模小,主营业务单一,抗风险能力低,财务体系不规范,经营透明度低等问题,导致信用评级不高。

(二)现有融资机制较为僵硬

一是银行融资机制较为单一。目前,商业银行主要办理有形资产的抵押贷款,信用贷款占比非常小,且无法对文化企业的各类项目潜力实施有效甄别和评判,将绝大多数中小文化企业排除在外。二是国内上市融资指标缺乏弹性。文化企业多属微型企业,达不到主板上市的财务及公众持股要求等硬指标。同时,中小板中"无形资产不高于净资产20%"的上市条件以及创业板中严格的财务利润门槛也阻挡了中小文化企业融资的机会。三是基金融资风险偏好较低。非财政资金主导的基金和其他形式的金融支持一样,只偏爱"不差钱"的文化企业。而地方政府主导的风险补偿资金由于规模有限,无法满足众多中小文化企业的融资需求。

二、交行常州分行创新文化产业融资路径的主要做法

(一) 经营机制体现"六专"特点

一是设立专营机构,成立文化产业特色支行。二是组织专业团队,由特色支行授信工作人员及分行专职审查人员共同上门考察企业,做出综合评价。三是开发专属产品,根据文化企业的经营特点提供"文创贷"信贷品种。四是配套专项规模,设立"文创贷"专项规模保障文化企业需求。五是建立专门流程,提供快捷简便的流程加快审批速度。六是实施专项考核,对"文创贷"项目进行专项考核,提高不良容忍度。

(二) 风控机制呈现"四维"全方位管理

一是严格客户甄别机制。由地方党委宣传部先期通过专家团队审核并推荐优质企业和项目,从源头上降低信贷资金风险。二是建立风险补偿基金。与地方政府建立合作关系并签订风险补偿协议,形成风险损失部分地方财政和银行机构按照8:2的比例共同承担。三是建立信息预警机制。地方党委宣传部、文广新局、中小企业局日将掌握到的文化企业经营信息及时向银行机构反馈。四是深化银政沟通机制。定期与市委宣传部进行会谈,充分掌握政府牵头的文化项目进展情况。

(三) 遴选客户考察"四要素"核心竞争力

一是产品市场价值。如某文化传播公司在所拥有的成熟动漫形

象的基础上开发系列网游产品衍生项目,因动漫品牌价值得到了银行的认可和融资。二是核心人物资历。如某梳篦公司创办人为常州梳篦四大传承人之一,曾为常州梳篦的首席设计师,企业核心人物的艺术素养成为获得流动资金贷款的关键。三是下游企业地位。随着常州嬉戏谷的声名鹊起,带动了旅游服务、园艺制作等一批下游企业的兴起,这些中小文化企业依托合作方稳固的收入来源也得到了资金扶持。四是自然资源垄断。如某国有独资旅游发展公司享有自然景色开发权,在银行资金的支持下建成了集生态、游憩、休闲、度假、高档居住于一体的新城,取得了良好的社会效益和经济效益。

(四)金融服务方案体现出"三分"个性化特色

一是针对经营规模较大、发展成熟的文化企业,在传统信贷业务的基础上加强投行业务,帮助企业进一步做大做强,该支行以信用方式对某动漫公司授信 200 万后,撬动了本已陷入谈判僵局的 800 万风投资金,形成了融资杠杆效应。二是针对中小型文化企业进一步创新担保方式,该支行正与政府产权处衔接,将为某展览行业领军型企业开辟专利权质押新融资途径。三是针对一些发展良好,且无信贷需求的文化企业,提供企业理财、现金管理等一系列银行综合服务,业务规模已达 600 万元。

三、政策建议

(一)政府部门应加强基础建设,为文化企业提供良好的市场环境

一是将区别对待文化企业,公益性文化企业采取由政府部门资金注入等直接扶持政策,而商业性文化企业可采取税收减免等间接扶持政策。二是科学评判文化行业的市场趋向,既防止文化性突出曲高和寡而被市场淘汰,又防止商业性突出渐失文化价值却侵占政策优惠资源。三是建立并完善无形资产交易市场,使文化企业拥有的文化品牌具备价值实现功能,能够进一步激励文化企业的经营创新,并从金融市场上顺利取得融资。

文化产业融资金融创新路径及政策建议

（二）金融机构应加强金融创新，为文化企业提供多样化融资途径

一是鼓励银行大力开发知识产权质押贷款、收费权质押等信贷产品，并针对文化企业特性提供个性化融资服务。二是充分借鉴外部评级报告，根据文化企业的特点建立完善内外部评级相结合的评级体系。三是努力构建文化产业融资担保体系，引入保险或担保公司为文化企业融资提供担保，有效降低银行融资风险。（本文发表于常州银监分局《金融监管信息》）

发达地区银行业支持新型城镇化建设的思考和建议

一、基本情况

常州是一个城镇化水平相对较高的城市,在 2013 年 3 月 12 日公布的全国城市城镇化质量排名中,常州位列地级以上城市的第 13 位,地级市的第 7 位;在江苏省内排名第 3,仅次于苏州、南京。目前,常州辖内共有 37 个镇,近两年随着城镇化建设的推进,"小村并大村""大村拆迁进城上楼"的趋势明显,农村地区的基础设施建设发展步伐加快,许多乡镇都形成了各自的经济产业带,为新型城镇化建设提速提供了很好的经济土壤。

银行业在支持新型城镇化建设方面也纷纷采取相关措施。如工行江苏省分行确定武进区作为城镇化贷款试点地区,并与武进区率先签订了合作协议。农行江苏省分行为此专门出台了加强农村城镇化金融服务意见。建行总行制定了城镇化建设贷款管理办法,为土地综合整治、新城区建设、旧城镇改造等新型城镇化建设项目融资开辟了信贷审批通道。民生银行总行也制订了城乡一体化融资规划,面向苏南地区重点支持县域与中小城镇建设。辖区银行机构虽然正在积极准备开展新型城镇化融资试点、推进,但均存在上级行信贷政策在常州存在如何接地气的问题。常州地方如何开展新型城镇化建设,新型城镇化建设的主体、新型城镇化项目规划等,都有待明确。

二、城镇化建设对银行业的影响

（一）市场机制的作用尚未发挥

在推进城镇化进程中,地方政府始终处于主导地位。但就常州而言,县域经济不发达一直是块短板,如金坛、溧阳多项经济指标近几年逐年下滑,经济总量已落后于靖江、如皋等原欠发达地区,地方财政资金偏紧。面对城镇化新增的巨量公共投入,地方政府的可用财力增长能力是相对有限的。地方政府应对财政收支缺口较为普遍的做法是通过平台贷款融资,或者发行城投债等,但不管通过何种方式举债,若没有体制方面的变革,地方政府的收支水平不会有明显改善,负债水平也不会发生太大变化。如果一味强调地方政府主导下推进农村城镇化,地方政府的财政收支缺口将进一步扩大,并直接影响其偿债能力。

（二）金融支持的政策环境不佳

目前,部分城镇多为吃饭财政,其被动局面短期内难以根本改变,对征地拆迁、基础设施建设等的资金投入较为短缺,亟须银行的信贷支持。但根据现有政策要求,银行机构不能对政府部门贷款,政府融资平台贷款被严格控制,加之宏观调控下房地产行业被列入"慎入"行业,导致很多乡镇政府只能借道当地经营情况较好的企业向银行融资,政府"借名"贷款具有一定普遍性。另外,当前农村中小金融机构平台贷款余额控制要求"只降不升",很难发挥出地方法人机构对城镇公共基础设施的信贷支持作用。如江南农商行一季度末平台贷款22户,合计18.48亿元,只占其全部贷款的2.59%,如果继续压降的话,平台占比将进一步下降,与其作为地方法人支持地方经济发展的重要地位不相符。

（三）农村资金外流严重

虽然近几年,常州辖区以平均每年10家左右的速度引导有条件的银行向县域农村地区增设银行分支机构,但设在县及县级以下的网点大多贷款权限较小,业务品种及其覆盖面也相对不足,其吸收的部分农村闲置资金被层层上存,相当数量的农村资金被非农化,难以满足支持当地发展的需求。另外,基于网点迁址政策的调整,同区域网点迁址不再需要监管部门审批,银行网点更趋向于向新居民聚集区、产业园区迁移,农村地区可能会进一步面临金融服务"空心化"趋势。

(四)银行资金流入的渠道受阻

一是收紧了固定资产投资项目贷款资金。近几年,中央强化了宏观紧缩政策,先后出台了暂停土地审批、清理开发区、暂停固定资产投资项目审批并清理在建项目等措施,银行收紧了对县域社会经济的信贷支持力度。二是严格新增贷款审批。为落实国务院宏观调控政策,各商业银行强化了新增贷款的审批手续,许多银行项目贷款均上收至省行甚至总行,使城镇化建设融资难度加大、速度放缓。

三、银行业支持新型城镇化发展的建议

对于银行业而言,城镇化在地域上一头连着城镇、一头连着农村,在产业上一头连着工业和服务业、一头连着农业,在促进经济发展上一头连着投资、一头连着消费,既是金融支持经济结构调整的重点和引擎,也是银行业实现自身转型发展所仰仗的动力,给银行业发展带来新一轮的机遇和挑战。

(一)树立科学的发展观,实现经济金融良性互动运行

银行业支持城镇化建设,不应是大包大揽、不加选择,相反,要按照"政府主导、政策支持、产业支撑、市场运作"的原则,择优选择项目,通过信贷导向、以市场化方式推动城镇化发展。

(二)认清机遇和挑战,坚持"政府引导、市场主导"原则

一方面,在推进城镇化进程中,政府部门应研究制定具体的实施方案,加强政策指导和全面协调。目前,常州市已提出了加快推进金

坛、溧阳地区发展和产业、科技、项目、基础设施四个"西进"的战略部署,并于 2 月底开始启动新型城镇化发展规划研究起草工作,将给银行未来信贷支持指明方向。另一方面,城镇化除了政府引导协调,更需要有活力的微观经济主体的支撑。十八大报告强调要实现"工业化和城镇化良性互动",因此可以预见,战略性新兴产业、工业园区、国内产业梯度转移以及技术创新等领域的金融需求会明显增加,将出现成长型企业更多、产业转移集聚加速等新特点,势必要求银行创造更多适合新型城镇化经济发展的新产品、新服务。此外,全新内涵的城镇化,除了投资结构升级之外,消费升级也是值得银行业期待和关注的。

(三) 积极参与和探索创新,有选择地加大对城镇化建设的信贷投入

城镇化意味着大量基础设施建设,这些项目除了政府的财政支持外,金融机构的贷款支持必不可少,同时城镇化也意味着农村生产方式的转变,农业向集约化和规模化发展,工业经济的发展将吸纳更多农村剩余劳动力进城,而与城镇化息息相关的服务业的发展,则主要依靠民营和个体创业,这也将衍生大量小额信贷的需求。银行业应密切关注并积极参与城镇化建设,加强与地方政府部门的联系,积极寻找新的利润增长点,通过运作一些有长远收益的公益性项目和城乡建设项目,特别是一些劳动密集型的项目,在支持地方社会经济发展的同时促进自身效益的提高。同时,应加大监管力度,保证信贷资金运作的安全性。

(四) 加强探索创新和因地制宜,进一步拓宽投融资渠道

建议一是允许民间资本进入农村金融业,形成农村金融服务供给多元化的格局。可以考虑发展和培育私营性、股份制非存款型金融机构,允许投资者以自有资金在城镇化基础设施建设中投资和通过银行开展委托贷款业务,并加强民间资本运作的监测。二是进一步体现地方法人机构在城镇化建设中的重要作用。对地方法人机构信贷支持城镇化建设的,可以适当放宽如平台贷款占比等监管控制

指标,增加一些政策弹性,使农村资金更好回流服务于农村地区。三是规范城镇化建设投融资主体。建议以辖市(区)为单位,各明确一家城镇化投融资建设主体,完善公司治理,规范运作,强化现金流全覆盖和抵质押担保,通过组建项目公司等方式参与乡镇级具体城镇化项目建设。同时,银行对其组建银团或实行联合授信管理机制,并加强对其融资行为的监测。(本文发表于常州银监分局《金融监管信息》)

第四篇

不良资产处置管理

贷款质量五级分类实施的难点与对策

摘要：贷款五级分类法是以借款人的最终偿还能力来确定贷款风险，是以风险为基础的贷款分类方法。文章全面分析了由于我国现代企业制度建立和国有商业银行市场化等一系列改革尚未完全到位，以及与五级分类有关的制度准备还不充分，导致全面推行五级分类法存在的难点，并给出了实施五级分类的对策及建议。

一、贷款质量五级分类的特征分析

实施贷款质量五级分类制度，首先要认识和把握分类办法本身的科学性和复杂性。商业银行根据审慎原则和风险管理的需要，对信贷资产质量按内在风险的大小，将其划分为正常、关注、次级、可疑、损失五类，与传统的按贷款期限管理的四级分类方法相比，五级分类方法具有以下特点：

（一）贷款五级分类的特点

1. 依据标准的多维性

用五级分类方法评价贷款质量的标准是多维的而不是单一的。这些标准大致可归结为借款人偿还贷款本息的情况；借款人的财务状况，包括盈利能力、营运能力、偿债能力、现金流量及其变化趋势；借款目的及其运用方向；信贷风险及其控制；信用支持系统；借款人的信用状况尤其是还款意愿等加以综合分析和考虑。五级分类方法的特性决定了分类结果认定的综合性。在对每笔贷款进行分类和管理的实践中,不能单一地看待借款人的某一指标或数据,而应该对上述因素进行全面、系统、综合性的分析,从而确定比较科学的分类结果。

2. 适用范围的广泛性

从广义上说,五级分类方法不仅适用于银行的贷款,几乎适用于所有的信贷资产,包括商业性贷款、透支、应收利息与有价证券投资等,同时,也适用于表外项目,包括信用证、担保以及有约束力的贷款承诺。但是,需要强调的是,由于各类资产的性质不同,在实际操作中,不能不加区别地对所有资产采取同样的贷款分类标准。

3. 分类结果的动态性

传统的"一逾两呆"分类方法具有滞后性,按照这种分类方法,只要贷款未到期就属于正常贷款。其实有些贷款特别是中长期贷款,在贷款未到期时借款人可能已经丧失了还款能力。而贷款五级分类方法建立在动态监测的基础上,分类结果不是一成不变的,随着借款人有关情况的变化其分类结果也必然发生相应的变化。例如,借款人的资产状况与构成、所有者权益与构成、偿债能力、盈利能力、营运能力、现金流量、担保状况等因素发生了变化,都会影响银行对借款人还款可能性的判断,即使贷款尚未到期,但银行从审慎经营和风险管理的角度出发,会对贷款的分类结果重新评定,并会采取有针对性的防范措施。

4. 操作上的主观性

贷款风险分类方法具有很强的实践性,在很大程度上取决于商业银行的信贷人员和中央银行监管人员的知识、经验、认知能力、对情况的熟悉程度和综合判断能力,同时,在市场经济条件下,宏观经济环境和微观经济基础的不断变化和瞬息万变,导致贷款偿还的因素千差万变,对贷款构成风险的因素也就不断发生,因此,在实际操作中,很难将分类的方法公式化、程序化,带有很大的主观性。

5. 管理和监控过程的整体性和长期性

以风险管理为基础的贷款质量五级分类方法涵盖了贷款从发放到账面最终消失的整个生命周期。无论贷款是否逾期,商业银行的经营者和中央银行的监管者都要连续进行监控,具有较强的预警作用。

长期以来,商业银行的贷后管理由于缺乏制度上的硬约束,操作起来比较随意,如一笔贷款质量明显较差,但由于从自身利益的过分考虑,通过展期、借新还旧等方法将其列为正常,掩盖了真实的资产质量。而五级分类的实施,有效地将贷后管理制度化,一笔贷款从发放之日起,就要根据借款人的经营情况、财务状况、信用支持等方面的情况进行连续监控,动态地将其划分到相应的档次,采取相应的措施,从而有效地加强了银行的贷款管理,减少不良贷款的发生。

(二) 贷款五级分类的两个重要分水岭

1. 关注与次级——贷款不良与否的界定

关注类贷款的划分,要抓住其"潜在缺陷"这一内在特征。就理论上而言,银行是通过承担风险而获取收益的,这就决定了任何贷款都有一定的内在风险,只有当贷款的内在风险增大到一定程度,产生了潜在的缺陷,才能划分为关注类,它是银行资产质量管理的早期预警信号,以帮助我们发现与预测现有问题及其发展趋势,从而判断贷款按期足额偿还的可能程度。次级类贷款的划分,要抓住"明显缺陷"这一内在特征,借款人的还款能力出现了明显问题,其正常经营收入已不能足额还款,即借款人的当前净值、还款能力或抵押品不能充分保证贷款的偿还,即使执行担保,也可能会造成一定损失。从"潜在缺陷"到"明显缺陷",贷款的风险和质量是一个从量变到质变的变化过程,也是区别银行贷款质量是优良还是不良的重要的分水岭。在实际操作中,应切实注意两者的本质特征,在科学分析和判断的基础上认真把握。

2. 可疑与损失——损失程度的界定

可疑类贷款的划分,要充分考虑到"有严重缺陷"这一重要特征,即借款人不能足额偿还贷款,即使执行担保,仍有较大损失,但损失程度仍不能最终确定。而损失类贷款是在采取所有可能的措施和一切必要的法律程序之后,本息仍然无法收回,或只能收回极少部分。其特征是"收回无望,几乎全部发生损失"。在具体的操作中,可疑和损失类贷款的区分非常重要,它是衡量银行贷款是否损失及其损失程度的一个重要界限。

二、贷款质量五级分类实施的难点

贷款质量五级分类法是以借款人的最终偿还能力来确定贷款风险,是以风险为基础的贷款分类方法。但是,在具体实践中,由于我国现代企业制度建立和国有商业银行市场化等一系列改革尚未完全到位,以及与五级分类有关的制度准备还不充分,决定了全面推行贷款五级分类方法存在一些现实困难,必须在实践中探讨适合我国国情的五级分类方法。

(一) 制度准备不够充分,使分类工作在操作上有一定难度

调查中发现,在五级分类实际操作中,由于制度规定不明确,以及实际情况的复杂性,各行在以下几个方面掌握的尺度差异较大。

1. 借新还旧贷款分类难

在四级分类中,人民银行对贷款借新还旧标准的认定做了专门规定,即在"借款人生产经营活动正常,能按时支付利息;重新办理贷款手续;贷款抵押担保有效;属于周转贷款"四项条件同时满足的情况下,借新还旧贷款为正常贷款,否则为不良贷款。而在五级分类中,借新还旧仅仅是贷款发放过程中的操作环节,要以借款企业经营情况和财务状况等作为标准来对借新还旧类贷款进行分类和认定,这类贷款绝大多数应划入不良贷款。大量借新还旧类贷款的完全暴露将会使四五级分类的差异进一步扩大,完全暴露贷款风险在目前情况下仍有困难,有必要在五级分类中对借新还旧类贷款的分类认定进行具体细化,以便于操作。

人民银行《贷款风险分类指导原则》对重组类贷款的定义为,由于借款人财务状况恶化,或借款到期后无力还款,经借款人申请并与银行协商,获银行同意对原借款合同条款作出调整的贷款。该原则规定凡属重组贷款,最高仅可划入次级类,重组后再逾期或借款人仍然无力归还贷款的应划入可疑类。而我们最近在盐城大丰调研时,发现重组贷款中仍有一些特殊情况,规定所有重组贷款最高仅可划

入次级有欠妥当。大丰市一外贸企业由于企业改制问题与其主管部门发生纠纷,致使生产经营处于真空状态,效益一落千丈,其贷款陆续逾期,2002年5月该企业改制逐步到位,生产经营趋于正常,银行对该笔贷款进行了重组,使债权得到落实。虽然该笔贷款为重组贷款,但按照企业目前的实际情况,该行将这笔贷款列为关注类。有些重组类贷款在重组后状况并未继续恶化,或者企业已向好的方面转化,要将重组类贷款全部划入不良则过于笼统,以此判断五级分类结果不够准确。

2. 抵押贷款分类难

一般来说,在商业银行五级分类不良贷款结构中,次级与损失的比重较小,可疑类贷款的比重较大。由于各行操作人员执行标准不一,制度也不够细化,在抵押贷款中抵押物价值占贷款余额20%至90%之间的贷款都反映在可疑类,而没有在分类上对这些抵押贷款再进行细化,将抵押贷款损失不大的放入次级类,而将抵押贷款绝大部分损失的放入损失类。这一方面使不良贷款结构出现两头小、中间大的不合理状态,另一方面也使得贷款的风险未真正揭示和反映出来。

3. 按信贷资产全口径分类难

五级分类的范围应该包括所有的信贷资产,包括商业性贷款、消费者贷款、透支、应收利息与有价证券投资等。贷款五级分类方法也适用于表外项目,包括信用证、担保以及具有约束力的贷款承诺。但是由于各类资产的性质不同,在对银行的资产进行风险评估和判断时,不能不加区别地对所有资产都使用同样的贷款分类标准。例如,对商业性贷款分类要完全使用五级分类法,对于消费者信贷和住房按揭贷款,由于借款人没有财务报表,并且分别监控的成本较高,因此主要根据逾期的时间长短和以往逾期的次数对这类贷款分类。而对于整个银行非生息资产、表外资产以及抵债资产进行分类,有助于全面反映资产质量,有效防止表外资产表内不良化倾向,但是目前尚缺乏对表外资产进行分类的切实可行的操作标准,在具体实践中对表外资产进行分类有一定难度。同时,各行对信贷资产分类的口径还不一致,在行与行之间结果缺乏可比性。

（二）企业行为不规范,信息传递不畅,使五级分类制度的推行步履维艰

规范的企业行为是五级分类运作的重要条件。目前,我国尚有部分企业尚未改制,部分改制企业改得也不彻底,不少企业信用意识淡薄,信息传递不畅通,这些都影响五级分类实施的效果。

1. 企业财务报表真实性问题

贷款风险分类中的财务报表分析,是银行对借款人财务报表中有关数据资料所进行的确认、比较、研究和分析,以此掌握借款人的财务状况,分析借款人的偿债能力,预测借款人的未来发展趋势,因此贷款五级分类的准确性主要依赖于企业财务报表真实性。而现实情况是一部分经济效益好的企业,为了少交税,报表反映的经营效益往往低于实际利益;而部分经营效益差、资产结果不合理、负债率高的企业,为了顺利取得银行的信贷支持,有意将报表效益加以夸大;有的企业甚至通过假报表搞假破产,以逃废银行债务;有些企业报表不全。由于这些企业财务管理混乱和信息的严重不对称,导致银行对企业第一还款来源能力的判断严重失真。

2. 现金流量表的问题

正确地评估借款人的还款能力是商业银行资产质量管理的一项重要内容。借款人的还款能力是一个综合概念,包括借款人的现金流量、财务状况、影响还款能力的非财务因素等。对贷款进行分类时,要以评估借款人的还款能力作为核心,对借款人现金流量表分析成为对贷款进行科学分类的一项重要内容。我们最近在盐城市调研中发现,能提供现金流量表的企业不超过30%,大部分企业没有能力提供现金流量表,即使按银行的要求提供了现金流量表但其真实性也值得怀疑。这使得银行在日常贷款分类时要重新统计和计算企业的现金流量。这项工作不仅非常繁琐,而且工作量相当大。

（三）银行现行呆账准备金管理适应五级分类有一定难度

呆账准备金政策是完善的信贷管理体制的一项重要内容,按资产风险的大小计提和评估呆账准备金是贷款分类的目标之一,是对

贷款内在损失弥补程度充足性的反映。国际上比较审慎的商业银行一般提取三种准备金：一是按照贷款余额的一定比例提取的普通呆账准备金，这和我国商业银行现行按照贷款余额的一定比例提取的贷款呆账准备金是相同的；二是根据贷款分类的结果计提的专项准备金；三是按照贷款组合的不同类别，如国别、行业等，提取一定比例的特别准备金。按照五级分类法要求，首先对贷款进行分类，并对所有贷款按照一个统一的比例提取一般准备金，然后对非正常类贷款按风险大小分别提取专项呆账准备金，即关注类 2%、次级类 25%、可疑类 50%、损失类 100%。我国目前只按上年末贷款余额的 1% 提取呆账准备金，而不提取专项准备金，商业银行现阶段的呆账准备金管理适应五级分类还有难度，这就使实施五级分类揭示贷款真实价值失去一定的实际意义。

（四）人民银行对贷款五级分类的监管难以到位

贷款五级分类是建立在信贷人员对企业财务状况、现金流量、信用以及非财务因素的综合分析基础上的，受个人综合素质、认知和判断能力等因素的影响，不同的信贷人员对同一笔贷款有可能有不同的清分认定结果，而人民银行目前尚未制定出与贷款五级分类相适应的信贷管理指导原则，缺乏对商业银行贷款质量的考核指标体系，这就很难对清分认定结果进行权威的科学评价。另一方面，目前人民银行的金融监管人员严重不足，不可能对商业银行贷款五级分类的过程进行全面检查和监督，也不可能对每笔贷款的分类准确性进行评价，这就决定了人民银行对贷款五级分类的结果监管一时难于到位。

（五）信贷人员素质参差不齐

五级分类要求商业银行的信贷人员必须具备较强的风险意识，掌握经济、金融、法律知识，具有较强的综合、分析、调研、判断能力。而以上所必需的知识和能力只能在实践中反复地、经常地运用才能熟练掌握，但由于商业银行一些不合理的考核办法，信贷人员主要精力放在放贷、收贷、收息上，加之五级分类才开始实施，内部培训工作还没有很好地进行,在一定程度上也影响了贷款五级分类工作的顺利开展。

三、贷款质量五级分类实施的对策及建议

(一) 改进不良贷款考核方式

长期以来,在贷款质量的分类上一直延续采用的是按贷款到期是否归还为主要标准的期限分类方法,这种方法的优点是易于掌握且操作简便。贷款四级分类实施多年,积累了大量的不良贷款历史数据,这些数据有连续性和可比性的特点,便于不良贷款考核目标的制定和对不良资产变动趋势的分析判断。人民银行正是在对历年国有商业银行不良贷款比率进行科学分析比较的基础上,提出了国有商业银行不良贷款率每年下降 2 个百分点的考核目标,从实际的执行情况看这个目标应该是可行的。如果现在单纯只采用五级分类方法,就会带来许多问题:一是由于没有历史数据的积累分析,失去了参照系,对不良贷款下降的考核指标难以确定,二是即使制定了考核指标,是否符合实际、是否可行也难以把握。当然,制定五级分类的考核目标可以推动五级分类工作的开展,提高五级结果的准确性,更能准确反映贷款的风险状况。因此,在未来的三至五年内,四级、五级分类两种分类方法应并行,这样既有利于商业银行降低不良贷款率,完成不良贷款率下降的目标,也有利于为五级分类法的完全实施积累经验,打好基础。

(二) 在实施五级分类过程中,相关的会计制度要配套,会计科目要进行统一调整

五级分类的全面实施尤其需要贷款损失准备金制度的配套。长期以来,我国商业银行特别是国有商业银行贷款损失准备金提取不足,造成呆账贷款核销不及时,形成了沉重的历史包袱。当前,国有商业银行在贷款损失准备金提取的会计制度方面还存有不配套的地方,如仍不能按五级分类结果充分提取准备金等,这些不配套的会计

制度亟待改变。另外,贷款会计科目也要做必要的调整,如会计科目仍按"一逾两呆"分类法设置,分为正常贷款科目、逾期贷款科目、呆滞贷款科目和呆账贷款科目,五级分类结果在会计报表中不能体现,不能发挥会计核算的监督作用,贷款损失准备金科目等都需做出调整。

(三) 加大降低不良资产的力度

加大降低不良资产的力度,注意相关政策措施的衔接,为商业银行压降工作创造良好的政策条件。国有商业银行贷款损失准备金的提取,可以采取分步走的方式:第一步,可以允许商业银行对当年新发生的损失类贷款提取 100% 的准备金并予以核销,这样可以不再增加新包袱;第二步,在核销当年新发生损失类贷款后仍有能力的条件下,可以对以前年度的损失类贷款尽可能多地提取准备金并核销;第三步,在消化了损失类贷款后,再全面提取各项专项准备金。通过三步走,可以兼顾解决国有商业银行的现实困难和未来发展,加大商业银行的核销力度,减轻不良贷款的历史包袱,逐步提高资本充足率,实现商业银行的稳健经营。

(四) 重点监测五级分类在商业银行信贷管理中的作用

贷款五级分类一方面可以揭示贷款的风险程度,更重要的是可以促进商业银行提高信贷管理水平。要实现这个目的,人民银行在风险分类监管中要注意以下几个方面:

1. 对五级分类基础工作的监管,重点关注对贷款分类中非财务因素的分析是否到位

尤其要分析评价借款人的品德、行业风险、经营风险、管理风险、借款人信用、银行信贷管理工作等,通过对从银行信贷档案资料获取非财务因素信息的多少和准确性,也可以对银行信贷档案管理水平的高低做出客观的评价。

2. 重点监测商业银行贷款损失准备金提取的充足程度

由于历史原因,国有商业银行不良资产较多,损失较大,现阶段还没有能力做好各项准备。但作为以风险管理为基础的贷款质量五

级分类工作的一项重要内容,商业银行应该也必须实行审慎的会计政策和经营方式,增强抵御风险的能力,从而切实提高核心竞争力。因此,在日常监管实践中,人民银行要加大对商业银行贷款损失准备金充足程度的监测和考核力度,鼓励和督促商业银行积极创造条件,按照五级分类的要求,结合自身的财力等条件,逐步提足各项准备金。

3. 把四、五级贷款分类结果的差异也作为监管指标,统一考核

在目前贷款分类施行双轨制的条件下,人民银行应该把四、五级贷款分类结果的差异也作为监管指标,通过横向比较和纵向比较等方法对两种分类结果的差异进行综合分析,找出形成差异的具体原因,在掌握真实可靠的信息后,采取相应的监管措施。

(五)要重视制度规范的可行性、可操作性

要结合中国的实际,在五级分类过程中对一些贷款给出恰当的分类。如对于借新还旧在五级分类中的界定,由于借新还旧贷款大部分是国有企业贷款,从历史的角度看,国有企业国拨资本金改为银行贷款后,资产负债率较高,一直依靠国有商业银行信贷资金的支持,企业根本无力在短期内偿还全部贷款本金。对于这一类贷款,只要企业生产经营正常,利息能按期支付,产品成长性好,内部管理比较规范,就可以将此类贷款划为正常或关注类。

要进一步完善各项制度规定。《贷款通则》实施以来,对商业银行加强信贷管理起到了很好的促进作用。但是,《贷款通则》中关于贷款的分类等一些条款已不适应五级分类的需要,要尽快修改。人民银行要督促各商业银行根据《贷款分类指导原则》的规定,进一步细化标准,除对各类贷款给出定性的特征外,还应对贷款的损失程度的计算方法、损失程度的比例等予以明确规定,真正做到指导基层行操作,减少主观随意性。(本文发表于《现代金融研究》)

处置商业银行抵贷资产问题的现实思考

一、引言

由于主客观多方面原因,我国商业银行积聚了大量的不良资产,已成为银行经营与发展的沉重负担,也严重威胁着银行体系和国家的经济安全。近几年,随着产权制度改革的深入和银行经营风险防范机制的不断完善,商业银行以物抵贷业务迅速增加,已成为清收、压降不良资产的主要手段之一。监控和盘活银行不良资产尤其是抵贷资产,不仅直接关系到银行的经济效益、竞争能力和自我发展,而且影响到经济的正常运行和金融风险的防范。为加强对商业银行不良资产的有效监管,最近我们对抵贷资产问题进行了调查研究。

二、抵贷资产处置的现状及存在问题

(一)抵贷资产的抵贷价格与市场价格相差悬殊,导致银行损失严重

债权银行在资产保全中采取以物抵贷方式时,通常都处于较为被动的境地,要么是债务人经营已极为困难,无力或无法以货币方式偿还贷款,银行如果不接受以物抵贷,则有可能完全无法收回债权;要么是人民法院以民事裁定书方式将这些非货币资产裁定给债权银行以抵偿债务,如果债权银行不接受,则按现行法规,这些资产将重新归债务人所有,使债权银行一无所获,因此债权银行只有被动接受

以物抵贷方式。

1. 法院裁定的以物抵贷往往是法院独家操作,而法院确定抵贷金额的依据是评估价,评估公司由法院直接委托,评估中不征求债权银行的意见,加上评估工作欠规范,于是就出现了高估现象,高估的结果是法院完成办案指标,债务人消债,评估公司多拿评估费,债权银行名义上足额受偿,实际上承受了资产评估价值与实际市场价值差额的损失。

2. 企业面临改制或倒闭,众多债权人闻风而至,先下手为强。企业乘机抬高有限资产的抵贷价格,摆出"你不要,有人要"的架势,虚高的抵贷价造成了很大的缩水率。

3. 有些企业虽在经营,但债务巨大,现金还款无望,与其协议抵贷,他就漫天要价,你不要就算,反正他死猪不怕开水烫。某公司欠银行结算垫款 1 823 万美元,几年来没有现金还款。银行拿其六部汽车抵贷,1993 年挂牌的凌志轿车他们竟开价 150 万元,比新车还贵。经过讨价还价,六部车抵 179 万元,在旧车交易市场上这些车最多也就值 60 万元。

(二) 受市场环境和政策条件等主客观因素制约,抵贷资产处置变现困难

1. 抵贷财产受自身条件限制,不符合市场要求,抵贷物资社会接受能力差。由于抵贷企业大都缺乏现金偿债能力,资不抵贷,甚至濒临破产或倒闭,其可供选择的抵贷财产微乎其微,银行选择抵贷财产的自主性受到很大限制,被迫接受一些本身变现能力较差的资产。专用设备因用途狭窄,是抵贷财产变现的难中之难;通用设备虽然具有广泛的适用性,但受本身质量的限制和市场需求不足,在变现过程中也存在困难;房产和地产虽然在理论上存在增值的可能性,但受地域的限制和目前经济环境的影响,也缺乏活跃的变现能力。据调查,目前的抵贷物资大多数是逐步淘汰或质量有瑕疵的产品,如服装、鞋帽以次充好,机器设备已经报废或接近报废年限等。加上现在市场商品过剩,款式色彩面料大大变化,抵贷物资想卖出,只有降低价格,卖了能得到钱,不卖就烂在仓库里。某商业银行从某外贸公司抵来

的女裤,抵贷价每条 50 元。第一年,客户给 7 元一条被拒绝;第二年,客户给 5 元一条,舍不得卖,现在是第三年,客户只肯给 3 元一条,只能咬牙送去拍卖,损失可谓惨重。

2. 由于抵贷价格与市场价相差悬殊,在变现时必然会产生损失,有损失就要核销,核销要冲减银行利润,损失太大,无法承受,影响了银行处置抵贷资产的积极性。

3. 抵贷财产缺乏畅通的变现渠道。由于目前国内有些地区二手物资处置市场还极不成熟,物资的流动性极差,没有一个全国性的处置市场,同时中介市场也欠规范,也在客观上增加了抵贷财产变现的难度。

4. 抵贷资产缺乏完备的产权证照或独立的转让条件。如有些抵贷的厂房,其土地性质是集体土地,因集体土地无土地使用权证,无法办理过户,不具备变现的条件,导致厂房无法变现处置,放在那里不但要花费维修和看管费用,而且还要承受房产的无形损耗而带来的损失,时间拖得越久,这种损失就越大。再如抵贷物资为附着在房产上的保龄球道、中央空调,但这些物品一旦拆离房产,其价值就会大打折扣,单独变现也很困难。

5. 处置变现损失"窟窿"难填、出账难度大。按财政部有关规定抵贷资产处置损失部分应从当年营业外支出科目中列支,直接影响了当期损益。由于处置变现损失过大,各商业银行由于大量不良资产的存在本来就亏损严重,财务上根本无法消化。对以资抵贷处理普遍持矛盾心理:不处理损失愈来愈大,对上级行无法交代;处理了由此带来的财务负担,将极大影响上级行对自己经营业绩的考核。基层行处置抵贷资产百般小心、如履薄冰,在上级行政策明朗前,宁愿听任抵贷资产躺在账上慢慢"溶化",也不愿主动去处理,将其变成死账。

6. 银行处置抵贷资产的业务范围受到局限。一是出租、出售受税票限制。在资产出租时面临的最大问题是处置的官方票据如何取得,因为在处置资产时下游客户均索要正式票据实行税费抵扣,而事实上银行无法开出税务发票,要开必须交 17.45% 的营业税,这对处置资产造成较大影响。二是抵贷资产自主经营受到限制。商业银行面对厂房、设备、汽车、房地产等种类繁多的抵贷资产,如果不去经营和管理,将会变成"废品一堆""空楼一座""荒地几亩",损失会更加严重。直接经营又与金融机构不准办实体的政策相违背。

(三) 抵贷资产的交易税费过高,限制了产权变更、转让

银行在正常经营活动中,已按责权发生制交纳了营业税和所得税。接受抵贷资产最终目的是处置变现收回贷款本息,这本身不是也不能视作一般经营交易活动。但在实施过程中,有关部门将以物抵贷视同一般的商品交易行为,对抵贷财产的接收、处置双向重复征收税费多达17种。据测算,如不算土地出让金,各种税费约占变现收入的20%以上,使银行不堪重负,也人为加大了银行处置抵贷资产成本。对此,早在1999年12月四大国有商业银行总行就向财政部上交《关于抵贷资产收取和处置中税费减免、损失处理问题的请示》,呼吁减免税费,但一直未有答复。各种税费给银行造成巨大负担。

根据各国有商业银行总行的有关规定,收取房产、土地、车辆、关键设备等抵贷财产时,必须及时办理相关的产权证书或登记过户手续。由于多数企业有关资料管理混乱或者企业已名存实亡,使得权证不齐,银行要办理过户手续必须通过有关部门从头补齐,不仅手续繁琐,还要交纳各种税费,既要花费大量人力物力,还要垫付巨额费用。另外,有关部门把银行处理抵贷房地产当成开发商建房售房,各种费用一起上,竞相往高标准上靠,甚至把债务人将房产抵给银行视作一次销售过程,再把银行变现给别人又当成一次销售过程,如此重复征税收费,最后到银行手上已所剩无几。

收取抵贷房地产时,银行作为交易受让方,需缴纳以下税费:

1. 向土地管理部门缴纳:如果抵贷土地属划拨土地,按国家政策必须缴纳土地出让金后才能转让,按评估机构评估的土地出让金缴纳。

2. 向契税所缴纳:按房地产抵贷价的4%缴纳契税。

3. 向房产局缴纳:

(1) 房屋交易手续费。非住宅类每平方米10元(由交易双方各

承担50%)。(2)房屋产权登记费。(3)房产测绘费(二手房及其他非交易房)。每平方米3.5元。(4)若抵贷房产是商品房,必须缴纳2%的住房维修基金。

处置后,还要办理房地产过户,这时银行作为交易的转让方,须按成交价缴纳5%的营业税、0.005%的印花税,以营业税为税基,交纳7%的城市维护建设税、3%的教育费附加、1%的教育地方附加费,转让价超过评估价的部分需缴纳6%的土地增值税。

南京某有限公司下属的四家单位共欠银行贷款3 527万元,为解决债务清偿问题,1998年8月,以四处房地产抵偿银行贷款3 262万元。其中一处房产面积1 224 m^2,以4 700元/m^2抵偿银行贷款575万元。仅该处房地产在收取和处置过程中,共发生各种税费107.35万元,包括缴纳的建设用地地籍勘丈费0.28万元、土地出让金56.42万元、用途变更费0.14万元、房地产契税23万元、土地出让契税2.26万元、房地产交易费1.28万元,向地税局纳税23.96万元。该处房产变现得款428万元,扣除以上税费,实际得款320.65万元,税费率约高达25%。

(四)银行办理以物抵贷缺乏专业人员,日常管理难度较大

以物抵贷是一项技术要求很高的工作,用于抵偿银行债务的非货币资产有的是厂房,有的是机器设备,有的是商住楼或商业用房,每一种资产不管是从接收或处置都要进行技术性极高的价值评估,以便准确地确定其价值高低。这项工作要求有较高的专业技术水平的人员来进行。但银行工作人员没有受过这方面的专业知识培训,面对名目繁多、种类复杂的各种抵贷资产,资产保全人员无能为力,无法进行卓有成效的资产保全工作。

由于绝大多数的抵贷财产都是实物财产,并且很难在短时期内变现;且因实物财产种类繁多、分布地域广泛,给管理工作带来很多困难。首先,需要投入大量人力从事保管工作,有些地处偏远的财产,还要雇人保管。其次,有些专用设备若闲置不用,增加了保管的难度,并随时间的推移逐渐报废。再次,实物财产在保管过程中还要交纳如保险费、维修费等各种费用,又给银行增加财务负担。有些抵

贷房产虽说经法院裁定给了银行,但原债务人找出种种理由拒绝搬走,甚至还非法出租谋取利益,这些人往往都有些招数,轻易动他不得。地方政府为保一方平安,得过且过。这样一来,银行拿到的仅是一纸裁决书,房产的操纵和处置权并不在自己手里。

三、加快处置抵贷资产的政策建设

采取多种资产处置手段,加快资产处置步伐,提高资产处置效率。要在认真总结和完善现有处置手段的基础上,进一步加大对打包处置、招标拍卖、重组并购、商业性债转股、资产证券化、利用外资等资产处置手段的研究、推广和应用力度,积极依靠业务创新来提高资产处置手段的效率和效益。特别是要进一步加强采取公开化、市场化的方式处置不良资产,增强处置不良资产工作的透明度,努力避免因道德风险造成国有资产流失。

(一)突破"留着物资不担风险"的误区,敢于变现、规范变现

以物资抵贷过程中存在很多问题,原因也是多方面的,有企业经营不善的原因,有社会环境差、法制不健全、执法不严的原因,还有中介机构不规范的原因;从银行内部来看,粗放经营,许多管理办法不适合市场规律,特别是抵贷资产处置认识上的误区,也造成了抵贷资产处置缩水率高。

由于抵贷金额与变现金额差距太大,出于要效益、怕亏损、要成绩的心理,出于怕担风险、怕追究责任的心理,某些行包括行长在内的一部分同志都存在着"留着物资不担风险"认识误区。针对这一情况,应在开会、培训等各种场合,利用调研、交流等各种机会,不断向大家宣传,抵贷物资不能放,放下去就是垃圾一堆;缩水率高是全国现象,不是个别地区,可以理解,害怕处置暴露损失而延缓资产处置只会给银行带来更大的损失;现在是市场经济,想卖好价钱市场不一定答应,只有敢于负责、快速变现,方可提高变现率。同时要求规范变现工作,制订一系列规定,采取一系列措施来制约和保护从业人

员。首先要一身正气,不贪不占;其次是设财务人员监督把关,账务处理有根有据;再者是各个环节手续齐全规范,保管的档案能反映变现的全过程,以备后查。目前,某商业银行总行抵贷资产处置管理办法已经出台。这个办法,不仅规范了资产的处置工作,而且明确了变现损失的责任认定原则,为下一步放开手脚,加速处置步伐提供了有力的保障。

(二)采取多种方式,多管齐下加速处置抵贷资产

1. 租赁

目前,我国商业银行的租赁业务几乎空白,国外的经验表明,银行开办租赁业务可以充分发挥资金和成本的优势。要允许商业银行内部成立租赁业务部,对行情看涨暂不宜或暂无法出售的房产、机器设备实行租赁经营,待市场行情回暖后再行处置。这样不仅可以降低资产管理的成本,获取租金收入;而且可较大程度地保全资产。

2. 自用

一些抵贷资产经上级行批准后可以转为自用资产。

3. 拍卖

拍卖是处置抵贷资产回收现金的最快捷的方法,拍卖具有公平、公开、公正、透明等特点。目前国内拍卖行业除北京、上海两大城市外,其他城市拍卖从业人员的业务素质总体水平不高,缺乏对拍品及其市场的调研能力。在拍卖技巧方面,缺少运作,过分地靠压低价格吸引竞买者,实质上这种行为已对拍卖市场造成不良影响。就抵贷资产拍卖而言,由于抵贷资产大多不具有唯一性,参加竞买的人一般都带有捡便宜的心理,再加上手续费和税费因素,抵贷资产的拍卖成交价接近市场价格已属不易。为了做好抵贷资产的拍卖工作,应注意以下三点:

(1)选好拍卖行。拍卖行因历史背景不同,拍卖师的经历不同,对不同拍品的拍卖能力也不相同,选择好拍卖行是拍卖能否成功的关键。对大标的资产如房产等的拍卖,应引进竞争机制,采取招标方式选择拍卖行。首先选择几家信誉好、业绩佳、服务上乘、客户多、实力强的拍卖行,召开招标会,将需要拍卖物品的情况进行介绍,提供

必要的资料,给出一定期限,要求这些拍卖行拿出投标书,包括客户来源、客户的心理价位、预计的拍卖成交价、佣金比例等。其次经过议标,选定一家拍卖行,与其签订委托拍卖协议,给定 3 个月期限。如果拍卖行能在委托期间,以高于定出的底价拍掉物品,皆大欢喜;否则,再进行二次招标。有时也应根据具体情况,选择两家拍卖行,让它们联合拍卖,扩大参加竞拍的客户来源。对不同的拍品,应有针对性地选择不同的拍卖行,发挥不同拍卖行的特长;另外,加强与拍卖行之间的沟通,在拍卖过程中我们主动协助拍卖行介绍资产的历史情况,查找相关资料,办理有关手续,尊重拍卖行业的运作规律,调动拍卖行的主动性,争取最佳收益,将损失尽可能降至最低。

(2)对佣金比例采取浮动制,降低拍卖费用,调动拍卖行积极性。拍卖公司正常的佣金收取标准是 3% 至 5%,通过招标选择拍卖公司,一方面可以降低拍卖费用。根据标的大小采取灵活收费办法,标的大的,佣金收取标准相对较低,标的小的佣金收取比例相对高些。另外对佣金比例可以采取浮动制,如大标的房产,佣金比例底价定在 1.5%。这样能够大大调动拍卖行的积极性。

(3)选择适当拍卖时机。各种商品均有其特定的市场规律,只有按市场规律办事,抓住机遇,才能达到预期目的。拍卖时机的选择直接关系到拍卖的成败。不同的物资应选择不同的季节进行拍卖。

4. 并购重组

以不良资产重组为契机,推动经济结构调整和企业组织结构升级。

近年来,西方国家和经济转轨国家在处置银行不良资产时,大量使用了通过债务重组推动存量资产重新配置,并最终实现经济结构调整的市场化方法。我国现有的不良资产和抵贷资产中,相当部分是计划经济时期配置不当的资源,不少企业生产设施齐全、自然资源丰富,具有潜在的增长特性,我国政府应允许商业银行通过并购重组的形式将现有不良资产资源在国内外同行业内分配,以便来盘活不良资产。

一是债权银行通过积极参与企业改制,将抵贷资产交由经规范改制后的新企业承担。如某机械厂被银行收产抵贷 1 000 万元,一台资企业欲购买该企业厂房,但资金上又有缺口,银行与台资企业协商,将机械厂1 000万元呆滞贷款置换到台资企业作为购厂款,既帮助这一台资企业解决了资金缺口,又转化了银行的抵贷资产。

二是对新办企业,银行以"抵贷的厂房、设备资产"作为贷款投入。

三是在现有优质贷客户中寻找需厂房设备的企业。

四是与利用外资结合起来。我国仅四大商业银行剥离和未剥离不良资产高达3.2万亿元,仅靠国内资金来购买和消化这些不良资产是远远不够的。国有经济本身历史包袱重、改革压力大,无力消化不良资产;民营经济虽然有较大的发展,但整体实力还不够强大,购买力有限;从近年来资产管理公司不良资产国际招标的实际效果看,外资对介入我国的不良资产处置颇感兴趣。要采取资产打包出售、招标拍卖、股权转让、协议并购等多种形式,鼓励各国投资者进入中国不良资产处置市场。

五是与吸收民营资本结合起来。我国可利用的民间资本总量高达十多万亿元,是处置不良资产的重要资金来源。民营企业迫切希望通过并购,绕过政策限制,获得一些行业准入,实现规模扩张。在资产处置中要创造宽松的政策环境,让私营企业和民营企业家参与。

5. 商业性出售给资产公司

我国资产管理公司要想转变成真正意义上的投资银行,搞商业化经营,就必须有选择地商业性收购国有商业银行的不良资产。商业银行以公平价格出售自己不良资产中的抵贷资产,资产管理公司以销定收,以市场价格和能够销售的数量决定收购价格和数量。这样做的好处是可以利用资产公司的优惠政策,减少银行在处置资产过程中各种不必要的费用,可以增加银行资产的流动性,资产公司也可获得一定收益,真正达到"双赢"。

6. 不良资产证券化

资产证券化是指原始权益人将缺乏流动性但能够产生可预见稳定资金流量的资产集中起来组成资产池,将其变成可以在金融市场出售和流通的证券,据以融通资金的过程。我国商业银行可以将包括抵贷资产在内的不良资产和流动性较差的信贷资产出售给专门的融资公司,再由融资公司以这些资产作为抵押,通过证券市场发行资产抵押债券,收回的资金作为商业银行出售不良资产收入,可用于发放其他贷款或投资其他资产,这样可以大大改善银行的资产组合,增强商业银行资产的流动性。

7. 不断开拓探索外资参与中国不良资产特别是抵贷资产处置的新途径,努力拓展不良资产处置国际市场

目前,我国对外资参与处置资产的政策正在逐步明确,在认真总结国际招标经验的基础上,积极与国际上著名的投资银行和国内外战略投资者进行合作,进一步探索外资参与中国不良资产处置的途径和手段,采取包括合资、合作、托管等多种方式,向国际市场转让不良资产,不断拓宽不良资产处置的市场范围和渠道,减轻国内市场处置不良资产变现的压力,提高处置资产的效率和效益。

(三)加强与政府有关部门的沟通,取得理解和支持,给予抵贷资产处置优惠政策

在抵贷资产过户及处置过程中,经常会遇到抵贷资产原来拖欠税费的问题,在正常情况下,不但要补缴税款,还要缴纳大量的罚款,部分抵贷资产处置变现值不足以抵偿税款和罚款,使得部分抵贷资产无法处置变现。因此,在抵贷资产过户及处置过程中应加强与政府各有关部门沟通,尽力争取理解与支持;另外,在产权过户核定应纳税额时,尽量以银行委托的评估机构出具的评估价而不是以抵贷金额作为缴纳税款的基数,减少税费支出,提高变现率。再者,对一些法院裁定的抵贷房产,或协议以物抵贷,短期内可以变现,可以采取暂不过户而直接变现的办法,不仅可以省去两重交费,还可以节省两重过户花费的大量精力和时间。对接受、登记和处置等环节实行减免税费优惠政策,在税费收取上要真正体现一个"抵"字,切实减轻商业银行的财务负担。

建议对尚未办理产权变更登记的抵贷资产,可凭借贷双方"以资抵贷协议"或法院判决、裁定书到土管、房产、车管等部门办理产权备案登记手续,使银行取得事实上的资产处置权。税务、土管、房产管理和车辆管理等部门只能按有关规定收取工本费。银行在处置

抵贷资产变现时,应凭"以资抵贷协议"或法院裁定书和买卖协议到有关部门办理产权转让手续、将产权过户给买方。

(四)强化对资产处置公开、公正和效率性的监督,防范道德风险

为防范道德风险,人民银行、财政部必须加强对资产处置透明度的监管,监督资产处置方式的适用性、资产定价的准确性、处置程序的合规性和费用合理性,防止和避免"暗箱操作"和"人情交易"。同时,新闻部门要及时跟踪介入,将资产处置告之于众,减少不必要的外界非议和有影响力人物在资产处置中的干扰,切实防范各种道德风险。

以物抵贷工作是一项充满风险的工作,各商业银行要制订严格的制度进行制约,规范操作,要求资产保全人员既要有开拓精神,又要严格自律。另一方面,加强对资产保全人员的职业道德教育,要求其恪尽职守,既要勇于探索、大胆创新,也要胆大心细、多想办法。

四、结论

抵贷资产是商业银行不良资产的重要组成部分,形成原因较为复杂,国家有关部门必须给予相关配套政策,尽快采取多种手段、多管齐下加速处置,消化商业银行的历史包袱,让其轻装上阵,适应加入 WTO 后国际金融市场的竞争。(本文发表于《深圳金融》《国有资产管理》《现代商业银行》《现代商业银行导刊》)

我国不良贷款治理问题思考

东南亚金融风波,对我国金融业的重要启示是要高度关注不良贷款问题,重视不良贷款的治理。信贷资产质量低下,不良贷款率居高不下等问题严重阻碍了商业银行现代企业制度改革的进程。近年来,我国银行业加大了不良贷款的治理力度,不良贷款余额和比例都在一定程度上有所下降。但从实际执行的情况看,商业银行在处理途径选择、化解目标确定、压降手段运用、治理效果评价等方面都还存在着一些不容忽视的问题,有必要进行深入的思考。

问题一:目前不良贷款的治理途径是从内部考虑的,采用收回、核销、稀释等方法,但不良贷款形成有一个众所周知的原因,有相当一部分是体制性因素,是改革过程中的成本,仅靠银行的微观行为是很难彻底解决问题的。加之银行现代企业制度尚在建立与完善之中,出现许多急功近利的现象,在治理上有明显的短期行为,留下了风险隐患。要重新审视银行治理不良贷款的途径,就要对不良贷款治理进行系统性的研究,增加治理途径的灵活性,加强与地方政府的协调。

银行治理不良贷款过程中出现了一些扭曲现象。一是近期目标选择有很大的随意性。从去年各商业银行制定的治理不良贷款的目标看,有些行压降不良贷款的目标还是较高的,如建行的目标为10%,是基于 2001 年底不良贷款率18%的前提下制定的目标。商业银行为了自己的信誉和生存发展,都要在不良贷款率上做文章。去年上半年,各金融机构都公布了不良贷款率下降和不良贷款额下降情况,但都没有公布不良贷款率究竟是多少,值得深思。二是在治理过程中玩"数字游戏",基层商业银行屡屡有钻空子的现象。2001年,商业银行资产中出现大量的抵贷资产,去年出现大量的周转贷款,这些贷款有相当部分是采取了一些技术措施,勉强合乎现行规定,更大程度上是合乎上级行的要求。出现了所谓的盘活、重组贷款等现象,使一部分贷款由不良贷款变成了正常贷款。三是对目前治理积累的风险缺乏充分估计。在重效率的口号下,目前商业银行治理不良贷款出现了一些数字游戏,即在乎不良贷款率下降多少,但贷款的质量是否明显提高缺乏估计,最明显的就是不良贷款率下降后,银行以存量资产计算现金流量并没有明显增加,还要依靠增量存款来保持流动性,这也是商业银行保持大量存差的原因之一。贷款周转速度下降,势必要增加较多流动性较高的资产,以满足营运调度和兑付高峰的需要。这种治标不治本的做法影响了不良贷款的真实性,也难以判断不良贷款的实际治理效果,产生较大的负面影响。重新研究治理不良贷款的对策,一是要对治理不良贷款进行系统性研究。研究目前不良贷款治理与商业银行经营内外部诸要素之间的相关性,研究各种要素对治理不良贷款的贡献率,研究各种治理途径可能出现的现象,可能实现的目标,可能出现的正面与负面影响。用理论模型论证,用数据说话,将存在的问题建立函数关系进行模拟运算,从而找到科学的治理方法。二是要区别对待,针对不同的地区,治理途径要有差异性和可行性。商业银行要根据不同地区的经济特点,确定不同的治理途径与步骤,在新增贷款权限的设置上要有灵活性,不能动辄把某些地区作为信贷放弃地区。三是要加强与地方政府的合作,争取地方政府的支持与帮助。目前个别地区出现了政府不干预银行信贷投放,也不管银行不良贷款的治理等现象。这不符合中国的国情,在建设社会主义市场经济的进程中,地方政府对企业的影响还是较大的,银行处理不良贷款应该也必须紧紧依靠地方政府,协调解决处置过程的问题。对不守信用的逃废债户、赖债户要重拳出击。

问题二:不良贷款率指标从其性质分析,应该具有可控性与可测性,但由于不良贷款复杂的成因,不良贷款率又变成不可测、不可控的指标。因此,制定相关的不良贷款压降中介目标,先行治理压降不良贷款的环境,提高商业银行自身抗风险的能力和盈利能力,待条件成熟时,再彻底治理不良贷款可以说是水到渠成。

目前,人民银行提出的是不良贷款率目标,商业银行提出的是每年双降目标,但对于到一定的年限不良贷款率究竟是多少尚没有量的规定。在目标的制定上,人民银行提出了到2005年底国有商业银行不良贷款率降至15%的目标要求。但总目标提出后,人民银行无法对各商业银行具体目标进行分解,商业银行由于不良贷款率基数高低不等的差异,没有明确的实现措施,也没有详细的实现目标的计划。目前治理不良贷款的唯一亮点就是每年不良贷款率下降多少,不良贷款净下降多少,但对于如何下降的,则比较笼统。如果把近几年商业银行连续公布的数据进行累计计算,不难发现这其中的"猫腻"。最近部分权威人士提出国有商业银行要与外资银行平等竞争,较为适合的目标不良贷款率在5%之下。从目标分析,决策层与理论界的论述是有差距的,而且还很大。这些都说明,商业银行治理不良贷款目标制定之难。现阶段不妨从抗风险的角度出发,把不良贷款率当作最终目标。我国银行业有很强的特殊性,那就是银行以国家的信誉作担保,国有商业银行的股东是国家,如果国家较为稳定,银行业不会倒闭。对待国有商业银行不良贷款处理问题上,可以有别于股份制商业银行,更有别于西方国家银行。对于因政策性因素产生的不良后果还得用政策性手段进行化解,从这方面说,把处理不良贷款率居高不下作为最终目标有一定的可行性。银行围绕治理不良贷款的最终目标,制定可行性强的操作目标,充分发挥基层银行的积极性,逐步降低信贷风险,为不良贷款率居高不下问题的最后解决创造条件。一是贷款周转速度指标。在该指标下,只要贷款周转速度加快,做到勤放勤收。基层行能经常到企业了解情况,尽管从期限管理上看贷款处于不良状态,但基层行能加强信贷资产的动态管理、监测和风险控制。二是盈利指标。商业银行抓盈利目标,在安全性前提下根据效益最大化的原则确定贷款的投放,同时注重开辟新的盈利渠道,增加盈利增长点,从根本上消化历史财务包袱,提高核心竞争力。三是信贷资产重组指标。对于设备利用率较低的企业,银行要利用抵押权,收回债权资产进行处理,或督促企业相关部门进行重组,在风险得到控制的情况下,给予相应的启动贷款,力促不良贷款的转化与收回。四是风险控制指标。建立科学的风险评价体系,健全信贷内控机制,完善操作程序,减少系统的信贷风险。

问题三:"赢了官司赔了钱"是金融诉讼中常见的现象,抵贷资产"低值高估",企业破产"高值低估"屡见不鲜,银行治理不良贷款却使自身的利益受到损害。这些现象可以说极具中国的特色,也说明银行处理不良贷款手段的单调和无奈。

目前,银行在处理不良贷款时基本上"单打一",出现了"赢了官司赔了钱",出现了个别地方政府支持假改制、真逃债,也出现了行政法规对银行处理不良贷款缺乏充足支持等怪现象。这些问题严重制约了不良贷款的处置,滋长了部分企业借改制、重组、破产等逃废银行债务的行为。目前,银行处理不良贷款的责任与能力不匹配,在不良贷款的形成过程中,既有政府干预因素,又有体制改革因素,还有经济转型因素,商业银行信贷经营管理体制不完善仅是其中一个因素。诸多因素共同形成的庞大的存量不良贷款,全部由银行承担责任,显然不太公平。银行在处理不良贷款时,除在加强风险控制,加大清收力度,提高盈利水平和核销能力外,在经济上需要资金支持,在行政上需要政策支持,在法律上更需要权威支持。法律部门要严厉打击逃废债行为,防止"多米诺骨牌效应"现象的蔓延。政府要出台相应的政策法规,严禁变相阻挠金融部门处理抵贷资产,追究搞垮企业的主要负责人的责任,严禁在破产评估与抵债评估中,低估与高估的行为。对在评估过程中参与舞弊的中介机构,要追究中介机构的法律责任,并作出相应的经济赔偿。

商业银行在信贷经营管理上,出现"眉毛胡子一把抓"的现象。在新增贷款中,要求不良率在2%以下,有的甚至于要求当年新增贷款不良率为零。基层商业银行从风险的角度考虑,把贷款过多投向大型基础设施项目,对中小企业和县域经济投入限制较多,结果造成存量贷款中的中小企业贷款、县域经济贷款质量恶化。增量贷款地区、企业和行业的过度集中,也在一定程度上积累了大量的风险。部分商业银行已品尝到放弃县域经济和中小企业贷款投放的苦果。目前一些商业银行总、分行虽然还有信贷集中的潜力,但一旦信贷集中潜力消失,这些行就会陷入较为尴尬的境地。因此,商业银行应更新贷款理念,加强贷款营销和管理,大力支持中小企业、民营企业和个体工商户的发展,只要有市场、有效益、信用好,就要增加有效投入。对原有的不良贷款,在有较大安全性的前提下,发放部分增量贷款,配合存量周转,促进贷款转化,从根本上减少贷款风险。对增量贷款的考核不应该只考核不良率,而应从内控是否完善,手续是否合规,风险是否得到有效控制,有没有向正常贷款转化等方面进行综合考虑。

问题四:急功近利的短期行为,为长期治理不良贷款留下隐患。重新审视近期的治理效果,纠正一些过激现象,建立新的不良贷款治理评价体系。

应当说,目前不良贷款的治理的效果尚不太明显。虽然从近期的报表分析,贷款质量上升了,但积累了大量的潜在的不良贷款,也就是说商业银行在取得效益的同时,也积累了大量的风险。这些风险的存在,对商业银行的可持续发展产生较大的影响。一旦风险积累超出商业银行的承受能力,国家势必要重新拿出巨资来支持商业银行重组、改造。虽然商业银行不良贷款率下降面临巨大的压力,但是如果以积累风险为代价,那么从长期来看,可能是得不偿失的。因此,应从可持续发展的角度出发,审视商业银行治理不良贷款的效果。商业银行不良贷款的治理应更侧重于一个长期目标,首选应当是不良贷款风险的控制,作为治理不良贷款的着力点。无论是行政的、法律的、经济的手段都着重于风险的防范与控制。国家首先要颁布相关的法律法规,净化银行信贷经营的环境,从制度上控制银行的风险;法律部门应加强金融法制建设,制定相应的法制框架,从法律上控制风险,建立健全信用体系;运用经济手段,让企业充实资本金。企业资本金不足是银行产生巨额不良贷款的根源之一,企业资本金不足或与资产不匹配,迫使企业进行融资作为周转资金。因此,应对资本金不足或不实的企业应采取有效措施及时补充和完善。加大地方政府的责任,对原有的不良贷款,地方政府要负责协调好各方面的关系,确保项目贷款风险最低化,并把这项工作列入考核信用环境是否优化的重要内容。银行要按照《巴塞尔协议》的要求补充资本金,国家应允许发行由银行购买的长期国债,充实银行资本金,政府在预算中每年安排回购一部分解决银行资本金不足的问题。银行内部经营管理机制应进行现代金融企业制度的改造,加速银行市场化建设的步伐,如进行机构的盈亏平衡点分析,通过一定的核算,亏损的网点要坚决撤销。每家银行要有自己的经营特色,建立长期、中期、短期的经营目标,主要以控制风险为主,辅以盈利为目标。在贷款投放方面,要支持县域经济和中小企业的发展,支持农村经济的发展。制定长远的融资计划、信用工具的开发计划、市场拓展计划,而不是眼睛盯着巨额不良贷款,而应在盈利能力上下工夫,允许存在巨大不良贷款的银行多提准备金。在银行未上市之前,鼓励银行在证券市场发行长期债券,改变负债结构,实现负债利率局部市场化。(本文发表于《重庆金融》《金融纵横》,收录于《中国改革创新与科学发展文献》)

我国不良贷款治理问题思考

关注不良贷款"双降"背后的资产质量问题

非现场监测数据显示,近三年来辖内大型银行不良贷款余额和比率持续"双降",如图 1 所示。对此,我们结合辖内大型银行监管实际,对账面反映的低信用风险状况进行了客观辨证分析,提出了当前形势下加强银行信用风险监管的对策建议。

一、不良贷款状况

自 2008 年以来,辖内五家大型银行不良贷款持续"双降"。截至 2011 年 9 月末,辖内大型银行不良贷款余额为 175.91 亿元,比 2008 年年末减少 83.61 亿元;不良贷款率为 0.68%,比 2008 年年末下降 1.06 个百分点。其中:农行作为最后一家进行股份制改造的大型银行,对大部分不良贷款实施"打包剥离",资产质量显著改善,2011 年 9 月末不良贷款率为 0.9%,比 2008 年末下降 1.82 个百分点。

五家大型银行不良贷款率均低于1%,从数据上看,远优于国际先进银行2%至5%的不良贷款率水平。不良贷款"双降",一方面得益于在国际经济金融形势错综复杂的情况下,国内经济运行平稳向好,得益于银行自身深化改革和经营管理水平提升,得益于监管部门的科学监管和合理引导;但另一方面,2009 年至 2010 年贷款投放急剧增加对不良贷款率的稀释效应也相当显著。按照因素分析法,2011 年 9 月末,贷款余额较 2008 年年末激增 11 095.72 亿元,增幅为 74.36%,造成不良贷款率下降 0.74 个百分点,贡献率为

67.92%;而不良贷款余额减少造成不良贷款率下降 0.32 个百分点,贡献率为 32.08%。

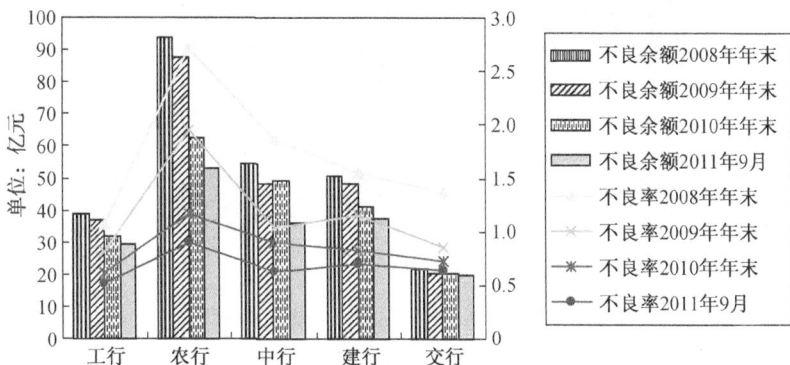

图1　辖内大型银行信贷资产质量变化趋势图

二、需关注的几个问题

尽管近年来不良贷款"双降",资产质量得到持续改善,但应当清醒地认识到,不良贷款"双降"并不等同于信用风险得到根本缓释,应全面客观地分析和评价信贷资产质量和潜在风险状况。

(一) 从时点及流量数据看,信贷资产质量呈劣变趋势

1. 时点数据显示贷款分类结构有所恶化

一是不良贷款中,次级类贷款占比不断下降,可疑类和损失类贷款占比则基本保持连年上升的态势,如图 2 所示。不良贷款质态劣化对清收处置形成较大压力。近两年,辖内工行、交行不良贷款周转率指标大幅降低,佐证了不良贷款平均处置周期拉长的不利态势。二是关注类贷款余额增加。如图 3 所示,2009 年年末以来,部分机构关注类贷款余额有所增加。截至 2011 年 9 月末,辖内大型银行关注类贷款余额 807.94 亿元,比 2009 年年末增加 43.21 亿元。其中,中行关注类贷款余额比 2009 年末翻番,关注贷款比例也上升了 1.41 个百分点。按照核心定义,关注类贷款是指借款人虽目前有能力偿还贷款本息,但存在一些可能对偿还产生不利因素的贷款。关注类贷款抬头预示着潜在信用风险增加。

100%
90%
80%
70%
60%
50%
40%
30%
20%
10%
0

2008年末　2009年末　2010年末　2011年9月

□ 损失类
■ 可疑类
▨ 次级类

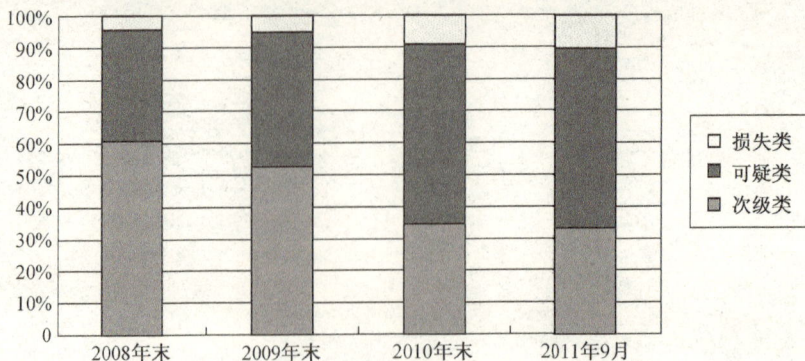

图2　辖内大型银行不良贷款结构变化图

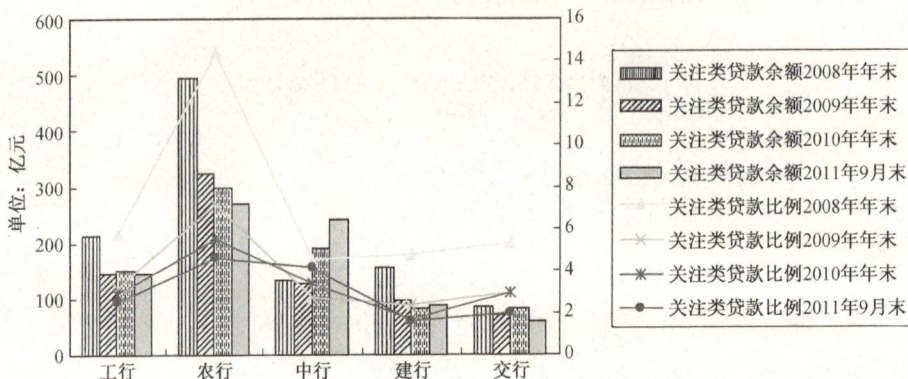

600　　　　　　　　16
500　　　　　　　　14
400　　　　　　　　12
单位：亿元　　　　10
300　　　　　　　　8
200　　　　　　　　6
100　　　　　　　　4
　　　　　　　　　 2
0　　　　　　　　　0

工行　农行　中行　建行　交行

▨ 关注类贷款余额2008年年末
▧ 关注类贷款余额2009年年末
▨ 关注类贷款余额2010年年末
□ 关注类贷款余额2011年9月末
△ 关注类贷款比例2008年年末
✕ 关注类贷款比例2009年年末
✳ 关注类贷款比例2010年年末
● 关注类贷款比例2011年9月末

图3　辖内大型银行关注类贷款变化情况

2. 流量数据显示信贷资产质量净向下迁徙

贷款质量迁徙金额和比率能反映某一时段信贷资产质量的变迁。如图4所示,近来年贷款迁徙状况,除个别行个别年份外,绝大对数情况下均为净向下迁徙。2009 年,农行上调(非重组上调)11.22亿元上一年股改剥离时下调的贷款分类,使得大型银行贷款整体向下迁徙率不高,但 2010 年净向下迁徙率达到2.31%。2011 年 9月份以来,中行将百余亿元正常类贷款下调为关注类,全年贷款质量向下迁徙率将创出新高。

除贷款质量总体向下迁徙外,正常类、关注类、次级类和可疑类贷款向下迁徙情况也不容乐观。从数据上看,各行除可疑类贷款迁徙率较低外,其他三类贷款向下迁徙率均全面超过 0.5%、1.5%、3% 的经验值。贷款质量向下迁徙率的上升,可能加速信用风险暴露。

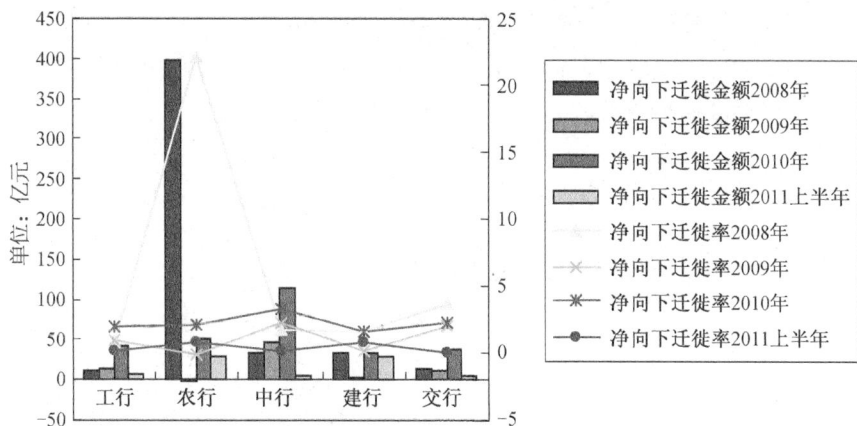

图4 辖内大型银行贷款质量向下迁徙情况

（二）从期限结构看，中长期贷款比重上升延缓风险暴露

2009 年，国家出台"4 万亿投资拉动内需"政策，银行体系流动性异常充裕，各行大量发放以基础设施建设为核心的项目贷款，中长期贷款比重持续上升，如图 5 所示。2011 年 9 月末，辖内大型银行贷款余额比 2008 年末增加 11 095.72 亿元，增幅 74.36%。其中，中长期贷款增加 7 767.09 亿元，增幅 97.29%，高于全部贷款增幅 22.93个百分点，在全部贷款中占比也由 2008 年末的 53.51% 提高到 60.54%。新增中长期贷款期限大多集中在 3 年至 10 年，部分期限甚至超过 20 年。一般而言，由于粗放的经营模式和相对滞后的风险管理，信贷投放的急剧增长往往导致不良贷款上升。但此轮大投

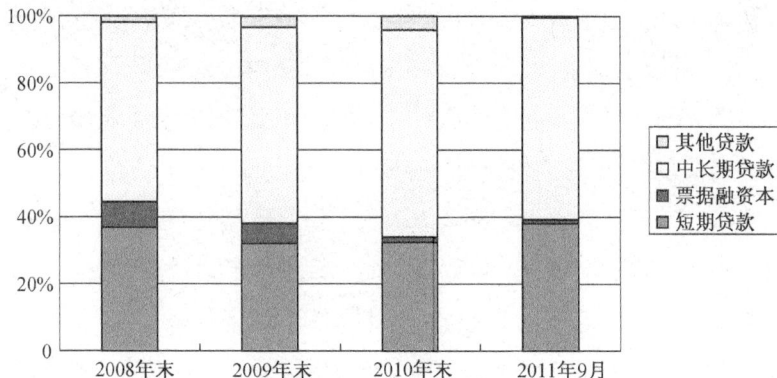

图5 辖内大型银行贷款期限结构分布图

放中,贷款期限结构呈现中长期化趋势,可能在短期内掩盖信贷资产质量问题,延缓信用风险暴露,因而我们更需要对当前"双降""双低"的不良贷款表象持谨慎乐观态度。

(三)从宏观调控看,部分行业或领域贷款的不确定性加大

近年来,内外部环境极其复杂,尽管到目前为止国内经济金融形势总体运行平稳,但仍存在一些不利因素,包括经济增长速度放缓、物价上涨偏快、经济结构未显著改善、银根不断收紧、社会资金面极度紧张等问题,对银行信贷资产质量形成较大威胁。特别是部分重点调控行业和敏感领域,资产质量压力更为显著。

一是地方政府融资平台贷款偿债风险加大。截至 2011 年 9 月末,辖内大型银行政府融资平台贷款余额 3 591.88 亿元,比年初减少 318.46 亿元,但在全部贷款中占比仍达到 13.81%。一方面,央行不断收缩流动性,地方政府扩大投资能力和偿债能力普遍下降,土地市场交易清淡,维持地方政府投资和债务周转的土地出让收入后继乏力,平台贷款资金链断裂风险积聚;另一方面,银监会对平台贷款严格实施控制新增和不得展期、借新还旧的政策,加之出台合同整改等政策,部分地方政府综合财力有限,已进入还本付息期、无法转化为特殊公司类贷款的偿债压力极大,很可能对银行信贷资产质量形成冲击。

二是房地产行业贷款风险不断累积。严格的房地产市场调控政策和紧缩的货币信贷政策对房地产行业影响较大。从开发企业角度看,受三重因素影响,资金链趋紧:(1)建筑材料、人工成本和贷款利率多次上调导致开发商经营和财务成本不断上升,资金需求量增加;(2)银根紧缩,房地产信贷进一步收紧,截至 2011 年 9 月末,辖内大型银行房地产开发贷款余额 2 262.73 亿元,比年初仅增长 3.90%,低于全部贷款增幅 4.88 个百分点,而同期房地产累计开发投资同比增长 33.6%,房地产信贷投放减缓使得开发企业越发捉襟见肘;(3)受限购政策和差别化住房信贷政策制约,开发企业资金回笼减缓。根据统计数据,1 至 9 月,全省房地产销售面积同比下降 2.2%,9 月份当月销售价格指数为 99.9%,而作为楼市风向标的二手房成

交则全年维持"价量齐跌"的态势。若调控政策持续从紧,则会导致开发企业在建项目资金投入不足、资金链断裂、无法偿还贷款本息等问题,银行面临较大信用风险,部分机构房地产贷款已出现不良和关注类贷款大幅增加的迹象。

三是民间借贷和非法融资领域风险可能向银行体系转嫁。今年,央行已六次上调存款准备金率,冻结上万亿元银行资金,造成社会资金面极度紧张、融资难问题更为严峻,急需资金的企业通过民间借贷或非法融资渠道获得资金支持,但融资成本高企、财务压力和经营风险加大,这类风险极有可能通过信贷客户或利益相关人传导到银行体系。

(四) 从准确性看,贷款分类仍存在偏离

2010 年,我局对辖内五家大型银行贷款偏离度情况进行了现场检查,发现部分抽样样本贷款分类存在偏差,样本不良贷款绝对偏离度为 0.98 个百分点。

2008 年起,在对大型银行的非现场监测中启用 access 数据库分析技术,按季对辖内大型银行 1 000 万元以上贷款分类情况进行同质同类比较分析,发现各行也存在贷款分类偏离。2011 年 9 月末,辖内大型银行 1 000 万元以上大额贷款客户共计23 692 笔、金额16 661.24亿元。存在分类差异的有 803 笔、金额 944.67 亿元,笔数占比 3.39%、金额占比 5.67%。剔除少数分类负偏离的贷款,贷款分类相应下调后,贷款质量将有一定下降。

我们认为,贷款分类偏离固然有分类制度不完善、信贷系统有缺陷、制度执行不到位、信息获取不充分等原因,但绩效考核机制不合理也是不应忽视的重要因素。主要体现在部分银行总行绩效考核办法缺少对新发生不良贷款应有的容忍度,不符合经济周期波动特点。被考核机构为了将每年的新增不良贷款控制在极为有限的指标范围内,存在放松贷款分类管理的逆向激励动力,或多次借新还旧拖延问题贷款的暴露时间,或对已经存在明显问题的贷款迟迟不做分类调整,影响了银行贷款分类的准确性和资产质量的真实性。

三、监管对策及建议

（一）合理确定不良贷款监管思路，由"双降"转为"双控"

按照国际间银行评价标准，不良贷款率的良好区间为 2% 至 5%。银行是经营"风险"的主体，当前不良贷款率已降到 1% 以下，继续要求"双降"已不切实际。因此，一方面，监管部门应当转变资产质量监管方式，合理确定不良贷款控制标准，监测控制不良贷款余额和比率的弹性变化，制定有差别的信用风险容忍度，加大对涉农、小微企业等金融服务薄弱领域信贷支持力度；加强贷款质量迁徙状况分析工作，及时发现资产质量劣变的苗头，并将拨备覆盖率和拨备贷款比例作为机构风险评价的重要指标；另一方面，督促商业银行完善绩效考核办法，转变盲目抢市场、争份额、冲时点的经营方式，合理把握信贷资金投放进度，减少贷款过快投放带来的后续风险。

（二）督促严格贷款分类，提高风险分类的准确性

一是督促各行完善贷款分类管理制度，建立信贷资产风险分类操作实施系统和信息采集系统，改进分类流程设置，合理划分分类审批权限，提高贷款分类的准确性。二是引导银行引入先进的贷款风险分析的管理经验工具和方法，实现风险管理的标准化，推动信贷资产质量的监控管理符合真实、准确和透明的要求。三是加大贷款分类偏离度现场检查和非现场监测力度，督促商业银行适时调整贷款分类，准确反映资产质量并计提充足的损失准备。四是建议监管部门采用 access 数据库筛选法，结合本辖区具体情况，合理确定起点，对本辖区大额贷款风险分类情况进行同质同类比较，分析分类偏离情况，并为大额客户集中度监测奠定基础。

（三）关注部分重点行业及领域，防控潜在风险

一是着力提升平台贷款风险管控水平，督促商业银行加快存量贷款突出问题的整改和风险化解工作，严格新发放贷款管理，推动平台贷款余额和比例继续"双降"，按照现金流覆盖水平对平台贷款准

确风险定性,加强拨备约束和资本约束,特别是要加强监测分析,高度关注贷款集中到期风险和以土地转让收入作为主要还款来源的平台贷款风险。二是贯彻落实国家房地产调控政策,不折不扣地执行房地产信贷政策;推动银行完善房地产市场监测机制,通过获取本地区土地出让与交易、房地产投资与销售、房地产开发企业经营与管理等信息,分析房地产市场运行整体状况;持续开展房地产市场压力测试,增强风险识别和计量的主动性和敏感性。三是严防民间借贷和非法融资领域风险向银行转移。督促各行严格执行"三个办法一个指引",密切监控贷款资金用途和流向,关注借款人及利益相关人经营、财务和管理情况,在银行体系与民间借贷、非法融资领域间构筑"防火墙",严禁信贷资金进入民间借贷等融资领域,防止风险向银行体系蔓延。(本文发表于《江苏国际金融》)

关注不良贷款『双降』背后的资产质量问题

重视资产保全工作
多管齐下清收不良资产

2000 年底以来,中国银行江苏省分行按照其总行的部署,开展了资产保全一线化改革,狠抓思想作风建设和清收组织工作,建立健全激励约束机制,多管齐下抓不良资产清收,取得了较明显的成效。截至 2001 年 9 月末,该分行共现金清收不良资产6.71 亿元,不良贷款余额由年初的 161.24 亿元下降到 141.28 亿元,降幅 4.47%。该分行的主要做法如下:

一、加强领导,健全制度

为了搞好保全一线化试点,该分行领导高度重视,抽调各类专业人员在较短时间内组建了省分行和二级分行的资产保全机构,对资产保全机构的职能定位、业务范围、机构设置、人员配备等方面进行研究规划、布置落实;并以此为契机,开展了以危机感、使命感、责任感、荣誉感为主题的教育活动,提高了广大员工对清收不良贷款紧迫性和重要性的认识。该分行十分重视整章建制对规范资产保全工作的基础性作用,制定和完善了《不良资产移交与接收实施细则》《不良资产清收管理操作手册》《抵债物资管理与变现暂行办法》等一系列规章制度,强化了内控机制。在实施过程中,行领导直接参与一线清收工作,每位行领导都分工负责几家金额较大客户的不良贷款清收任务,为全体清收人员起到了表率和号召作用。

二、管催结合，锁定风险

一是完善不良资产项目档案管理。通过理清和熟悉项目档案，彻底搞清不良资产形成和发展的全过程，在催讨过程中做到有的放矢。对部分年代久远、管理混乱、信贷档案缺失严重的项目，及时补备缺失的重要信贷文件，补办必要的法律手续。针对相当一部分信用意识低下、逃废银行债务动机强烈的不良贷款户，加强项目跟踪监控，一旦发现情况，果断采取措施。保全部门所有项目档案按照其总行信贷档案管理要求，经过系统清理立卷后，实行专人管理。

二是加强对金融债权的管理。近年来，企业逃废银行债务，对银行债权造成极大威胁。为此，该分行将有关不良贷款项目逐一排队，对存在逃废债嫌疑的企业重点监控，责任到人。对已经逃废债、交涉无果的企业，坚决打击。抓住当前加强金融债权管理和创建金融安全区的有利时机，主动与政府部门就企业改制中债权落实问题进行沟通和协调；加强与司法机关、各类中介服务机构的沟通与合作，求得有效的法律支持和相关服务。在人民银行和同业公会的统一组织领导下，该分行参与了对江苏新鸿安实业公司、江阴法兰厂两户逃废债企业的联合制裁，成功制止了两家外贸公司逃废债倾向。

三是加强对以物抵债项目的管理。建立了完整的以物抵债工作管理框架，配备了专职财务人员进行监管，建账须凭法院裁决书或经借贷双方签署的抵债协议书，变现方案根据标的大小由主管部门负责人或行领导审批，记账须凭中介机构票据，付款主要采取支票方式，账务、出纳、实物管理相互独立并相互制约，使以物抵债及抵债资产管理处置制度化、透明化。

三、突出重点，集中攻坚

在人手紧、项目多、任务重的情况下，该分行按照"先大后小、先易后难、重点突出、集中攻坚"的工作策略，对所有项目进行清理排队，结合催收记录和现场走访、摸底调查，把债权金额较大、近期有望收回的不良资产列入重点清收范围。今年共排查出 64 个项目约 1.6 亿元不良资产作为清收重点,逐一制定清收方案并重点开展清收,金额较大的主要项目,还由部门负责人甚至行领导亲自带队清收。

四、手段灵活,多管齐下

该分行针对不同企业的实际情况制定了相应的清收方案,采取灵活多变的催收方式,尽可能提高清收效果。

一是现金清收。对于少数生产经营活动基本正常,有一定现金流量和固定资产的企业,优先选择现金清收。

二是盘活。对于生产经营活动仍在维持,企业有还款意愿,但因债务负担过重,短期内确无能力还款的,帮助企业出谋划策,解决其经营困难,盘活不良资产。对一些外贸企业,在充分沟通的基础上,给予一定封闭贷款资金扶持。

三是实施资产债务重组。该分行贷款户江苏时花电器集团公司不良贷款余额 500 万元,为收回贷款,该分行申请冻结了该公司在南京丽宁毛绒有限公司的股份(占丽宁公司总股本 36%)并准备拍卖。2001 年 3 月,丽宁公司的外方股东香港丽达公司又与江苏舜天集团合资成立南京舜达针织公司。考虑丽达公司可能将丽宁公司业务转移到舜达公司,该分行及时确定了实施债务重组的新思路,经过多次谈判和协商,最终达成一揽子协议,由丽达公司承包经营丽宁公司,该分行与时花公司、丽宁公司、丽达公司及原贷款担保人达成执行和解协议。

四是灵活运用诉讼和非诉讼手段依法清收。鉴于诉讼相关费用较高,该分行对提起诉讼非常谨慎,主要依靠非诉讼手段依法清收。强调对不良债权的有效催收,维持诉讼时效;尽可能落实不良贷款担保责任;有效维护在债务人改制、债务重组中的债权;在以物抵债过程中,严格各项法律手续,确保对抵债物资合法拥有;对于已进入破产程序的债务人,注意在法定时间内及时申报债权。但对确需通过诉讼和强制执行才能收回的不良贷款,积极寻求法律支持。

五是实施以物抵债,努力提高变现率。目前该分行全辖抵债资产账面总值已达11亿元。为提高变现率,积极拓展变现渠道,探索新的变现方式,与中介机构密切合作,采取出售、拍卖、租赁等手段,通过网络及各种传媒发布处置不良资产的信息,取得良好成效。如该分行一批羊毛衫因太厚、款式旧,在南方8元一件都无人问津,后该分行将其运至包头,18元一件销售一空。今年上半年,该分行全辖已变现收回抵债物资款6 312万元。

五、广泛发动,委托清收

为充分调动清收人员以外的广大员工及中介机构参与清收的积极性,该分行制定了不良贷款委托清收实施办法。今年9月份筛选出部分不良期限长、清收难度大、已采取正常清收措施无效、清收成本高、回收速度慢、因清收力量不足、未列入近期清收计划的不良资产,本着公开、公正、公平的原则,向全行员工和符合一定条件的社会中介机构进行公开招标。目前已有部分员工和多家律师事务所前往接洽。

六、强化考核,奖惩分明

为确保完成清收任务,该分行层层签订清收目标责任状,将清收任务完成情况与各级行领导岗位业绩挂钩考核。各行将清收任务层层分解,落实到人,排出进度表,实施捆绑考核。省分行定期将清收进展情况进行公布,对没有完成阶段性任务的部门和下级行及时约谈通报直至采取必要的组织措施。为激励清收人员的积极性,该分行制定了专项费用考核分配办法,把清收奖励费用真正细化分配到人,体现多收多得的原则。在此基础上,省分行要求各二级分行根据各自实际进一步完善细化清收激励约束机制,提倡各行在省分行奖励基础上再增加一定的费用,以加大奖励力度,提高激励效果。(本文发表于人民银行南京分行的《金融监管》)

第五篇

银行业运营管理

对整治银行业不规范经营的实践与思考

2011 年以来,社会上关于银行服务收费、附加不合理贷款条件、排长队等基本民生金融服务领域的批评较多,引起了社会热议。江苏银监局审时度势,在出台加强和改善公众金融服务意见的基础上,结合银监会的整治不规范经营活动,将银行业提高公众金融服务水平作为一项系统性工程来抓,努力将江苏率先建设成为公众金融服务的示范区。

一、采取的主要措施

(一) 加强政策引导,出台工作意见

早在 2011 年 12 月,针对银行业公众金融服务不充分、不规范问题,经过多次调研和反复研究,出台了《江苏银监局关于进一步加强和改善公众金融服务的指导意见》(以下简称《指导意见》),要求各银行业金融机构严格遵循经营行为准则,积极履行社会责任,为社会公众提供优质的金融服务。2012 年以来,又以银监会整治银行业金融机构不规范经营为契机,在全辖组织开展了"加强和改善公众金融服务暨整治不规范经营"活动,下发了苏银监发〔2012〕23 号文件,明确了活动的八个步骤及时限要求,具体包括召开"加强和改善公众金融服务暨整治不规范经营"活动动员会,公示"七不准""四公开"规定,组织"附加不合理贷款条件"监管检查,收审同级机构自查报告,公布服务收费价目、举报投诉电话,组织"不合理收费"监管查访,上报专项治理工作报告等,推动辖内银行业金融机构持续深入开

展此项活动。

（二）健全组织架构，迅速动员部署

江苏银监局成立了"加强和改善公众金融服务暨整治不规范经营"活动领导小组，领导小组下设办公室负责日常工作。为督促银行业金融机构全面落实银监发〔2012〕3 号文件和《指导意见》，2012年 2 月上旬由分管局领导分别主持召开大型银行、中小商业银行、政策性银行、邮政储蓄银行、农村中小金融机构等条线会议进行动员部署，督促全省银行业金融机构全面系统地学习监管政策和要求，切实改善和提高公众金融服务水平。与此同时，银监局专门刊发了《加强和改善公众金融服务暨整治不规范经营工作专刊》，编发了多期简报，交流工作经验，对银行业规范经营和改善公众金融服务的良好经验和正面典型进行宣传。

（三）深入一线调研，加强督促指导

2011 年下半年以来，局领导先后在南京、无锡和苏州主持召开了五次座谈会，讨论研究当前公众金融服务中存在的不足及改进措施，为《指导意见》的出台提供了实践基础和有效指导。开展"加强和改善公众金融服务暨整治不规范经营"活动以来，局领导亲自带队，先后到工商银行、交通银行、南京银行、招商银行、浦发银行、民生银行等基层网点进行了调研和督导，听取有关银行关于活动开展情况及存在问题的汇报，讨论研究改善公众金融服务的良好经验和有效做法，指导银行进一步规范服务收费、信贷业务及金融产品销售行为，督促将各项监管要求落到实处。

（四）加强监督检查，组织明察暗访

针对部分银行在贷款融资、服务收费、金融产品销售等方面存在的不规范行为，江苏银监局加大了监督检查力度，通过现场检查、暗访、监管谈话等多种方式，持续跟踪银行对各项监管要求的落实情况。组织广大青年员工利用节假日或工作日，成立 9 个暗访小组，对南京地区 27 家银行的 70 个网点金融服务和整治不规范经营活动开展情况进行了暗访。2012年3月初,由监管处室派出12个督查组对银行开展了"附加不合理贷款条件"的监管检查。4月1日起,又组织10多个暗访小组对银行不合理收费情况进行了暗访。

(五)加强情况反馈,全面通报问责

对于监督检查和暗访中发现的问题及时通报被监管机构,对存在问题较多的部分银行约见有关负责人谈话,责令其限期整改,并跟进落实。针对监管中发现的银行金融服务不充分、不规范的典型案例和问题,及时进行情况反馈,有效提升了监管威慑力。及时召开了大型银行和中小商业银行整治不规范经营活动工作情况通报会,针对暗访发现的部分银行政策认识理解不透、服务收费不规范、业务操作环节不合理、厅堂服务环境不佳等问题,对相关银行点名批评,责令限期整改。对辖内银行业金融机构理财产品宣传情况进行持续监测,并将监测中发现的问题按季进行通报。下一步,还将按照银监发〔2012〕15号文件要求,进一步加大问责处罚力度,对3月1日后出现的附加不合理贷款条件行为以及4月1日后出现的不合理收费行为,发现一起,查处一起,绝不宽容迁就,严肃追究高管责任,必要时采取停机构、停业务或行政处罚措施。

(六)加强监管联动,发挥协会作用

为充分发挥监管合力,构建改善公众金融服务的保障机制,积极引导江苏省银行业协会发挥平台作用,加强对银行业公众金融服务的交流协调和考核评比。一是切实做好投诉处理的分办、协调和督促工作,成立了客户再投诉服务中心,建立了与商业银行之间的投诉处理联动机制,大大提高了客户投诉的处理速度和质量。二是做好文明规范服务示范单位考核工作,严格考核标准,加大对优秀服务网点的宣传,实现以点带面。三是组织会员单位共同研究加强和改善公众金融服务的具体措施和标准,并将制定文明规范服务公约和行业承诺书,组织在各网点张贴。

(七)加强新闻宣传,完善投诉机制

为切实提高专项整治活动的社会认知度和影响力,充分保障广大金融消费者的知情权和参与权,江苏银监局在专项活动启动以来,要求全辖银行业加强与新闻媒体的沟通联络,通过主流媒体宣传解读服务项目、优惠政策和管理措施等情况,向社会广泛宣传专项治理的推进情况及取得的良好成效。同时,开通专线电话、配备专业人员接听并受理公众投诉举报,妥善处理金融消费者的合理诉求,做到件件有回音、事事有答复,充分保障金融消费者的权益。

二、辖内银行业的落实情况

(一) 成立领导机构,强化组织保障

各行均成立了公众金融服务委员会和整治不规范经营专项工作的领导小组,由一把手负总责,统筹规划和实施推进本单位改善公众金融服务工作。领导小组下设办公室,挂靠内控合规部或财管部,牵头协调开展相关工作。部分银行还建立了公众金融服务部门联席会议制度,按季召开会议,研究解决公众金融服务工作中的重大疑难问题。

(二) 制订实施方案,细化活动要求

各行均能根据活动的部署和要求,结合本行业务发展和经营现状,突出整治活动重点,统筹各时间节点进度安排,制定改善公众金融服务和整治不规范经营活动的具体实施方案,并实行行长负责制,将任务层层分解,明确部门、岗位和责任人,确保各项监管要求的深入落实。

(三) 及时召开会议,传导监管要求

各行均于2月中旬召开了"加强和改善公众金融服务暨整治不规范经营"活动推进会议,进行全面动员和具体部署,强调活动的重要性和紧迫性,进一步落实监管部门工作要求。活动期间各行适时召开领导小组和办公室会议,对整治不规范经营活动进行日常推动和阶段性总结,对银行可能出现风险的收费项目进行梳理和诊断。

（四）开展专题培训，梳理制度流程

各行以视频、授课等多种形式组织员工培训，组织对中间业务管理、服务收费等有关文件的学习，将活动精神和要点传导到每位员工。对柜员和大堂经理进行了应知应会知识的培训，减少由于解释不当引起的客户投诉。以活动开展为契机，进一步梳理了金融服务相关制度，完善了柜面业务流程。如中国银行开展了网点个人金融业务流程优畅工程，重点解决客户办理业务等待时间长、员工操作不便捷等方面的问题；招商银行制定了《2012年零售银行柜面业务流程优化工作方案》，进一步优化服务流程，缩短了客户等候时间。

（五）落实公示要求，加强舆情引导

各行均制作了活动宣传资料和信息，并于2月底前通过电子屏滚动播放、张贴海报、摆放宣传折页等方式公示"七不准""四公开"等内容，于3月底前统一印制并在营业网点摆放或张贴由总行制定的服务收费价目名录，于4月1日起按照银监会要求在营业网点指定专人负责服务价目的解释和说明工作，交通银行和中国银行营业网点还设立了服务价格咨询处。同时各行以活动为契机，进一步加强与客户和媒体的沟通，公布举报投诉电话，妥善处理客户沟通和解释工作，并安排专人及时做好与媒体的沟通对接，加强正面引导和宣传，努力营造良好的舆论环境。

三、取得的初步成效

从各机构自查和监管部门及辖内银监分局督查反映情况看，辖内银行业机构能坚持自查自纠、边查边改的要求，自查问题已大多得到有效整改。同时部分银行上级行也采取了一些积极有效的措施，专项治理工作取得了阶段性成效。

（一）全辖银行业收费项目大幅减少

据统计，辖内152家银行业金融机构在专项治理工作开展前，有收费项目 20 052 项(各机构合计,有重复,下同,机构平均 132 项),经清理取消或归并后,现有收费项目 16 933 项(机构平均 111 项),减少了 3 119 项。其中 5 家大型银行取消和归并 942 项;21 家股份制银行取消和归并 1 104 项;17 家城市商业银行取消和归并 952 项;5 家政策性银行、104 家中小金融机构取消和归并 236 项。如农行江苏省分行取消了个人基金账户、企业信用等级评级、发布、财务实力评级等 19 个收费项目;中信银行南京分行从 3 月 8 日起,全面暂停 4 类收费(财务顾问费、资产管理费、咨询服务费、银行承兑汇票承兑费)项目;扬州农商行重新核定了 58 项收费项目(其中暂不收费项目 21 项),取消收费项目 11 项。

(二) 大量不合理收费得以清退

各机构进一步规范了贷款融资业务及金融产品销售行为,认真梳理制度文件,废止、修改不合理内容。如工商银行江苏省分行对部分信贷制度文件进行梳理,决定废止、修改 84 项涉及贷款收费、综合收益的文件及相关条款。全面梳理各类合同,修订完善格式文本,废止与"七不准"规定相违背的条款。完善服务协议的签订工作,对未签订服务协议的经客户同意后进行补签,补全相关要素,确保服务期限与收费期限一致、服务内容与收费金额匹配,同时明确合同相关方的利益,对于实质性服务,完善服务记录。从贷款审批到提款环节,加强监督检查,坚持做到"收费有依据、收费有合同、收费有服务、收费有记录",严格执行监管规定,确保 3 月 1 日后不再出现附加不合理贷款条件的行为。各机构在认真梳理服务收费的项目和标准的基础上,对不规范收费情况进行全面核查和清退。对于未签订合同,没有提供实质性服务的融资顾问费,明确不得收取并做好梳理清退工作;对社会舆论与媒体关注的个人客户和小微企业的不合理收费进行认真自查清退;对 2011 年 7 月 1 日以后发生的 11 类 34 项监管部门明令禁止收取的费用进行清退。据统计,截至 4 月 20 日辖内银行业金融机构共清退各项不合理收费 4.8 亿元,其中 5 家大型银行清退 4.3 亿元,占比 89.58%;城市商业银行清退 0.23 亿元;股份制银行清退 0.27 亿元。清退的项目涉及财务顾问费、银票敞口承诺费、个人额度占用费、小微企业顾问费和咨询费、贷款账户监管费等近30个收费项目。此外,各机构按照减费让利原则认真落实小微企业金融扶持政策要求,严格禁止收取贷款承诺费,严格限制收取财务顾问费和咨询费,并多途径增强对小微企业的金融服务。如工行江苏省分行通过采取延长抵押期限、降低担保费用、降低贷款利率等方式将针对小微企业的减费让利落到实处;农行扬州分行为减轻企业负担,对2012年3月1日后收取的不在禁止之列的41笔、93.28万元小微企业财务顾问费全额退还。

(三) 不当的绩效考核和粗放的发展方式得以初步扭转

整治活动开展以来,各机构已充分认识到不规范经营对实体经济和银行自身形象带来的不利影响。目前,各机构已着手在制度、流程、机制等方面加以改进和完善。

一是改进绩效考核。部分行进一步完善考核办法,适当提高风险类考核权重。如工商银行将全面风险管理评价的权重由268分调整到280分,将内控评价的权重由90分调增到100分,并增设经济资本占用率指标,突出经济资本考核,引导分支机构逐步压缩高资本消耗业务,更好地实现速度、规模、结构、质量、效益的协调统一。部分行进一步优化绩效考核体系。如光大银行南京分行对各部门和岗位的绩效考核也做了适当的优化和调整,在公司业务发展上加大了中小客户数拓展、重点产品推广、新增不良资产的考核权重,中间业务收入增长上加大了对贸金、同业、信用卡、短融、中票、托管等投行中间业务收入的增长考核;同时,对经营单位加大了"内部控制评价指标"的考核调节系数,推动经营单位的合规经营。

二是弱化规模考核。淡化时点考核,引导中间业务发展转型,加大风险指标考核权重。如根据工商银行今年3月28日下发的《关于废止修改部分信贷制度文件的通知》(工银办发〔2012〕253号)要求,工行江苏省分行认真贯彻,坚决执行废止、修改84项涉及贷款收费、综合收益的文件和条款。农行江苏省分行2012年对存贷款指标只考核日均数据,对总行重点行和非重点行的风险指标考核设置了差别权重,重点行风险管理指标权重占比29.2%,非重点行达

33.1%,均比上年大幅提高;中行江苏省分行2012年综合考核指标加大日均考核权重、取消了中间业务专项考核奖励。在监管部门要求下,省联社《江苏省农村信用社2012年度经营管理目标考核办法》中对法人机构的考核降低了存贷款市场占有率考核权重,取消市场占有率专项考核和组织资金专项考核,综合收益考核指标中取消了中间业务收入占比及提升进位幅度指标。

三是合理调整中间业务收入考核指标。部分银行引导分支机构改善中间业务收入结构,加快发展基础类和创新类产品,增加产品线发展考核及金融资产服务业务发展考核。如中国银行江苏省分行取消了"开门红"期间1 500万元的中间业务专项人事费用奖励。部分银行调低了中间业务收入等指标的增幅。如中信银行南京分行2012年的计划增速均低于2011年计划增速,其中储蓄存款时点余额增量指标的增速下降最多,达30个百分点;中间业务净收入增速约为10%,较上年少13个百分点。江苏银行将2012年度中间业务收入计划增幅调低了50%,并取消所有与授信有关的中间业务收费奖励。杭州银行南京分行、莱商银行徐州分行、泰隆银行苏州分行、南昌银行苏州分行均未下达中间业务考核指标。

(四) 金融服务水平得到切实提升

一是进一步强化社会责任。突出对渠道分流和服务质量的考核,从源头上杜绝不规范经营冲动,完善提高金融服务水平的激励约束机制。如邮储银行江苏省分行开展了为期三年的"规范化服务活动""服务双星评选""大堂经理礼仪大赛"等活动,有效促进了金融服务质量的显著提高;民生银行南京分行建立了服务管理考核体系,对所有服务质量评价内容均按分计算、处罚到人,并将服务质量考核直接与绩效挂钩。

二是建立了规范服务行为的监督检查机制。各机构通过明察暗访、开展服务竞赛、网点客户服务问卷调查等形式,建立常态化的服务质量评价和监督检查机制。如华夏银行南京分行每月开展神秘客户检查,每季对各网点服务硬件、软件、录像等进行现场检查,覆盖率达100%;大新银行镇江分行开展"金融服务百日赛"活动,集中3个多月的时间,着力查找和解决金融服务中存在的薄弱环节;紫金农村商业银行建立了外聘"行风监督员""业务信息员""贷款协管员"制度,主动接受社会监督。

三是进一步强化网点建设,有效增加服务供给。各机构针对银行柜面服务排长队问题,进一步加大了物理网点和其他渠道建设,不断优化柜面服务,力争为金融消费者提供最大便利。如工商银行南京分行对30多个网点进行了实地查访,要求所有网点至少保证有3个柜口同时开放,确保将客户排队等待时间控制在20分钟内,目前南京地区窗口开放率已达93%;兴业银行南京分行实施错时作息制度和弹性窗口制度,保证了高峰时段业务的正常开展;浙江稠州商业银行南京分行组织专门人员上门为客户指导网上银行操作,积极引导客户通过网银、手机银行等电子渠道进行业务操作;广发银行南京分行率先在江苏省内打造第一家智能网点,有效提升了各项业务办理效率和客户满意度。

四是强化投诉管理,切实保障公众权益。各机构进一步加强了客户投诉处理工作,规范投诉处理的职责分工、流程和时限,明确专人组织负责投诉处理事宜,切实增强了服务的规范化、制度化和高效化水平。如恒丰银行南京分行在网站设立了客户联系渠道,在每个营业网点设立意见征求簿,并指定专人专岗定期收集和分析征求到的意见;宁波银行南京分行建立了"当班柜员—服务大使—运营经理(或当班副主管)"三级应急响应机制,快速有效地帮助客户解决投诉问题;邮储银行江苏省分行实行投诉工作首问负责制和限时办结制,要求在接到投诉后5个工作日内反馈投诉处理结果,投诉处理率达100%。

四、监督检查中发现的主要问题

江苏银监局从3月1日起开始组织"附加不合理贷款条件"督查,从4月1日起组织"不合理收费"查访。从检查和查访情况看,辖内银行业金融机构能够较好地执行银监会"七不准""四公开"等监管要求,但由于受银行制度建设滞后、内部的问责机制不到位等因素影响,部分银行以贷收费、收费项目质价不符、借贷搭售、转嫁成本、突击收费等违规现象依然存在,问题主要集中在 2012 年 2 月 15 日至 29 日期间。

(一) 贷款附加不合理条件问题未得到根除

一是以贷转存。督查发现,某农村合作银行有 4 笔贷款存在以贷转存,涉及金额 1 350 万元。二是存贷挂钩。抽查的某行江苏省分行 20 户对公贷款中,有 15 户不同程度上存在存贷挂钩问题,表现为在授信批复通知和授信额度协议中规定,借款人主要的存款、结算业务在该行办理下限不低于授信份额或不低于 X%,否则视为违约。三是以贷收费。如某行南京月牙湖支行对某客户发放基建贷款 272 万元的同时,收取常年财务顾问费约 4.7 万元。四是浮利分费。如某行新街口支行发放个人消费贷款时,审批文件均提出综合收益不低于基准利率上浮 30%,而贷款利率为基准利率上浮 15% 至 25% 不等。贷款发放前后该行与借款人签订《个人贷款意向协议》并收取了贷款金额 1% 的"个人贷款意向费"以达到综合收益的上浮幅度。五是借贷搭售。如某行盐城分行对江苏咨辰建设工程有限公司 150 万元授信明确贷款先决条件包括抵押资产财产保险争取由中银保险叙做。六是转嫁成本。督查发现部分银行针对房地产抵押贷款等相关的评估、保险、公证等费用大多仍由借款人承担。

(二) 不合理收费问题仍未杜绝

一是存在违规收费问题。2011 年央行、银监会等部委出台 22 号文件明确免收 11 大类 34 项收费后,但在具体实施中,仍有少数银行违规收取客户密码费、小额账户管理费等问题。2011 年 10 月 24 日以后出台小微企业"两禁两限"(严禁对小型微型企业贷款收取承诺费、资金管理费;严格限制对小型微型企业收取财务顾问费、咨询费等费用)政策后,仍有少数行由于对小微企业划分标准界定的理解不准确,对部分小微企业客户收取了承诺费或财务顾问费。二是银团贷款收费不规范。某行对银团贷款业务类的收费标准仅规定了最低价格,未制定价格的最高上限,如银团贷款安排费标明的收费标准为"按不低于银团贷款总额的0.8%收取,或按协议收取"。三是未按规定与客户签订服务协议或协议内容不完整不规范,少数协议已过服务期,但未及时续签,仍按原协议中的约定收取服务费用。

(三)金融服务有待改进

一是业务操作不熟练。同样的柜面业务在不同银行办理时间相差一倍。如开通网银业务,有的银行用时8分钟,有的银行用时17分钟。二是理财产品销售不规范。个别银行违规办理理财业务,口头承诺购买一定金额理财产品可赠送礼品;个别银行风险揭示不到位,对产品风险笼统回答为"保本"或"无风险",与产品实际不符;个别银行未见专职理财经理,高柜柜员向客户介绍理财产品。三是违规办理非银行业务。个别银行网点内发现其他单位办理内部集资等非银行自身业务,易对客户形成误导,影响银行形象和声誉。四是服务条件有待改善。个别银行由于客户数量多、业务量大,客户等待时间较长。

(四)公示方式不够规范

一是"七不准"张贴不规范。督查发现个别银行的营业网点张贴的"七不准"公示位置较偏,未能达到公示的目的。二是服务收费名录公示位置不醒目。如某农商行个别网点收费价目名录被其他宣传材料覆盖。三是服务收费名录要素不齐全。部分银行公示的收费手册缺少收费依据的详细说明。个别银行的银团贷款安排费、委托贷款手续费等收费未对外公示。四是投诉举报途径不畅通。少数网点只有客户意见箱,未设置客户意见簿,个别网点客户意见簿未编页码,并有明显的缺页。

五、政策建议

(一)进一步建立规范经营的长效机制,切实转变经营方式

督促各银行业金融机构以整治不规范经营活动为契机,建立规

范经营的长效机制,将活动深入持久地开展下去。一是标本兼治注重源头治理。督促商业银行标本兼治,既要"治标",继续深入推进不规范经营整治工作;也要"治本",切实转变中间业务绩效考核方式,从源头上杜绝不规范经营的冲动。二是强化合规经营意识,树立业务规范操作理念,将监管要求寓于各类业务中,正确处理好业务发展与合规经营、风险控制的关系,提升依法合规经营理念。三是强化客户沟通,打造和谐金融生态。进一步落实银监会"七不准""四公开"规定,以规范的经营行为、优质的服务取得客户对银行服务和收费的认可。同时建议银监会建立全国银行业公众金融服务情况定期通报机制,对活动过程中及日常监管中发现的银行不规范经营行为在全国进行通报和问责,有效提升监管威慑力,推动各银行业金融机构真正建立加强和改善公众金融服务的长效机制。

(二) 进一步深化整治活动,扩大整治工作成效

一是完善服务收费定价机制。督促商业银行全面梳理服务收费业务流程和管理制度,从产品开发、功能设计、成本测算、询价公示等环节出发,完善服务收费定价机制,促进质价相符。同时,建议监管部门尽快出台"商业银行服务价格管理办法",明确政府定价和银行自主定价范围,制定服务收费定价流程和方法,细化收费标准,确定具体服务收费项目的价格水平和浮动幅度,增加对违规收费行为处罚的条款,保障消费者知情权和选择权,形成一套公平、合理、透明的服务收费定价机制。二是加强业务收费管理培训,尤其是对经办柜台、客户经理的业务知识培训,强化第一道防线的制约作用,严防附加不合理条件贷款和收取不合理费用行为。三是举一反三,进一步规范经营行为,以本次专项整治活动为契机,深刻分析存在问题的原因,查找管理漏洞,对检查中发现的问题,明确整改责任人及整改期限,逐笔落实整改,杜绝重检查、轻整改、屡查屡犯的现象。四是加强后续检查,保持对违规操作高压态势,促进基层依法合规经营。五是严处违规行为,对检查发现3月1日以后附加不合理贷款条件、4月1日后不合理收费的问题,从严追究直接责任和管理责任。

（三）进一步提升金融服务能力，有效服务实体经济

一是加快信贷结构调整步伐。继续坚持有保有压的原则，加大对战略性新兴产业、节能环保、科技创新、现代服务业、文化产业的支持力度，通过信贷结构调整促进全行经营结构调整，促进地方产业结构调整。二是进一步改善小微企业金融服务。在确保"两个不低于"的基础上，进一步优化小微企业金融服务，严禁附加条件、变相提高利率、"捆绑销售"等行为，切实减轻小微企业负担。三是提高一线网点服务质量。推进网点标准化建设，促进服务行为规范、环境建设规范和工作流程规范。

（四）建立与媒体和公众的沟通协调机制，防范声誉风险

一是健全声誉风险预警机制，使声誉风险管理工作日常化、制度化、规范化，提高舆情监测技术和手段，严格舆情与声誉事件报告制度。二是提升与媒体沟通的能力与技巧。加强与媒体有效沟通，以适当方式指出问题，澄清事实真相，阐明公正观点，加强正面宣传和引导，打造良好品牌形象。三是畅通对外沟通渠道。在加强全员声誉风险防范意识的同时，认真开展有效外部沟通，完善业务宣传管理机制，开展多维宣传活动，以提高社会的公信度。四是提高识别声誉风险的能力，在日常工作中认真对待任何可能最终导致风险暴露的细节性行为。

（五）进一步督促银行机构优化绩效考核体系

一是建议银监会从源头抓起，督促法人机构制定科学合理的发展目标，改变过度追求数量和规模的绩效考核体系，尽可能减少对分支机构的业务考核任务，并将公众金融服务情况纳入有关部门和网点的绩效考核中，做实奖优惩劣机制，努力改进银行公众金融服务，提升银行业的形象。二是督促银行加快品牌业务创新，实现经营转型。着力创新发展具有技术含量、价值含量的中间业务产品，在改进服务品质、金融创新、合规经营以及定价管理等方面多下工夫，确保收费取之有道、取之有度，实现中间业务持续健康发展。三是继续优

化绩效考核体系,建立科学合理的绩效考评机制。进一步科学合理设定存贷款、中间业务、资产利润率、资本利润率等指标,提高风险和合规指标的考核权重,促进发展模式从外延式向内涵式转变。

(六)进一步明确监管要求

一是根据监管部门督导调研的情况,部分银行反映难以界定一浮到顶与风险定价、捆绑销售与合理交叉销售之间的界限。建议银监会对整治银行不规范经营活动的相关监管要求进一步细化和明确,确保各条线、各地区、各行别之间监管要求和实践标准的一致性。二是进一步明确银行成本范围。监管部门在检查中发现,部分银行的格式合同约定贷款合同及其担保合同项下的登记、保险、公证、鉴定、评估及法律服务等所有相关费用,均由借款人承担,而银监会明确了尽职调查、押品评估等费用为银行经营成本。对因尽职调查需由银行承担的经营成本,建议按照谁受益谁付款原则,进一步明确具体范围,确定收费项目。(本文发表于《江苏国际金融》)

发达地区村镇银行发展的调查与思考

2008 年以来,常州辖内先后设立了 3 家村镇银行,这些村镇银行在发挥支持县域经济发展、改善农村金融服务作用的同时,自身也得到了较快发展。但由于村镇银行尚处于改革发展初期,尚存在一些制约其进一步发展的深层次矛盾,亟须多方协力予以破解。

一、基本情况

(一) 在支持地方发展中实现快速发展

目前,常州共有金坛常农商村镇银行、溧阳浦发村镇银行和江苏武进建信村镇银行 3 家村镇银行。截至 2012 年末,3 家村镇各项存、贷款余额分别达 18.11 亿元、17.45 亿元;不良贷款 0.02 亿元,不良贷款率 0.11%。自成立至 2012 年末,辖区 3 家村镇银行累计实现净利润 0.72 亿元,有力地支持了当地高效农业、农业合作社、农业产业化的发展,帮助近千农户实现了创业增收,取得了"政府满意、客户拥护、银行增利"的多赢效果。

(二) 引入了农村金融市场的良性竞争机制

3 家村镇银行紧紧把握服务"三农"、小微企业和县域经济的市场定位,坚持支农支小特色,充分发挥法人机构相比其他金融机构具有的信贷审批更灵活和资金借贷手续更简便等优势,既打破了"一农统领三农"的垄断局面,引入竞争机制,促进了农商行提升经营管理水平和服务质量,又破解了"一农难支三农"的资金困局,增加了金融资源供给,提升了农户金融服务的易得性和便捷性。

(三) 网点布局日臻合理,惠农能力不断提升

截至 2013 年 3 月末,3 家村镇银行共有 6 个网点,初步实现了对城郊、重点乡镇的网点覆盖,其中溧阳浦发村镇银行已经形成了"1 个总部、2 个网点"的良好布局,为当地农民、农业和农村经济发展提供优质金融服务。

(四) 探索了民营资本参与银行经营的经验

除主发起行外,辖区村镇银行的股东大多是当地有资金实力和良好信誉的民营企业,他们通过参加村镇银行的股东会议、董事会议或监事会议,对重大事项进行讨论和研究,初步了解了银行运作的规律和特点。如溧阳浦发村镇银行经营管理良好,原有民企股东现愿意继续增资扩股,当地其他约 10 余家民营企业入股意愿强烈,对民营资本参与金融产生了较好的示范性。

二、发展中的深层次矛盾

(一) 经营管理和市场需求不适应

1. 产品服务不能满足市场新需求

由于村镇银行成立之初忙于解决生存压力,而自身的产品设计和业务培训能力又较弱,其提供的产品和服务基本套用主发起行或借鉴当地其他银行,与当地市场的需求之间还存在明显的差距。如对于新农村和农业现代化建设推进过程中出现的农民改善住房条件、购置汽车、子女教育等多元化的新需求,村镇银行还缺乏有针对性的金融服务产品以满足这类新型需求,法人机构金融服务创新的优势未得到充分发挥。

2. 发展科学性亟待提高

一是战略定位不清晰。受经济发达地区城镇化程度较高,农户少、农业占比很小,传统涉农信贷业务风险较大等因素的影响,部分村镇银行在运营中存在"脱农"倾向,将吸收的存款投放到中小企业等盈利性较高的客户上,甚至投向非农领域,偏离了服务"三农"的

政策初衷。2012 年末 3 家村镇银行中有 2 家涉农贷款占比低于监管部门的要求,有 1 家当年涉农贷款增幅低于贷款平均增幅,还有 1 家新成立的村镇银行无农户贷款;且 3 家村镇银行的 6 个网点都在县(区)域,未延伸到乡镇。二是未能科学把握发展节奏。如金坛常农商村镇银行成立已满 4 年,但业务发展缓慢,存贷比长期超标,存款稳定性差,流动性高度依赖发起行等问题,长期未得到改善。而溧阳浦发村镇银行经营层发展冲动较为强烈,成立 3 年存款已达 16.13 亿元,贷款达 11.07 亿元。

3. 支付结算手段滞后

由于人民银行在支付结算网络方面的准入限制,村镇银行仅能办理简单的存、贷、汇款业务,尚不能办理银联借记卡、网上银行等常规的银行结算业务,难以满足客户多样化和个性化的要求。这一方面给村镇银行吸储带来了一定的负面影响,另一方面也使得村镇银行的服务功能受到很大限制。

(二)内控能力和发展规模不适应

1. 部门设置、人员配备达不到监管要求

从部门设置看,有的村镇银行至今尚未设立独立的财务部门。从人员配备看,有的村镇银行至今尚未能选配到熟悉当地情况、具备一定工作经验的本地人才拓展业务,发展速度明显滞缓;有的村镇银行仅配备一名副行长,同时兼任综合管理部、合规部、小额信贷部以及营业部负责人,管理岗位人员配备严重不足,弱化了内部控制的有效性以及健全性。

2. 合规能力薄弱,违规行为较多

由于制度不健全、内部控制机制不完善、培训和管理不到位,村镇银行部分员工责任心不强,合规和风险意识较弱,日常操作中有章不循的现象屡屡发生,特别表现在授信业务和柜台业务方面,日常监管和现场检查都发现存在较多违规问题。

(三)资源配置和扎根农村不适应

1. 薪酬体系不利于激励高管人员长期工作

目前村镇银行的高管基本是发起行外派的,人事关系仍在发起

行,其薪酬标准参照发起行一级支行高半级执行,且由发起行进行考核。与当地同业比较,村镇银行高管层收入属中上水平,这样的薪酬机制难以激发高管人员的工作积极性和长期发展的规划性,即使发展得不好,仍可回发起行就职。个别高管甚至为了早回发起行,采取消极态度对待村镇银行的发展。

2. 本土化进程较慢

村镇银行的优势在于贷款小额分散、熟人信息成本低和决策链条短,而熟人信息成本低这个优势首先要求有熟悉当地客户资信和财务状况,并且有一定风险判断能力的人员。目前辖区村镇银行的高管层大多是发起行外派,风险管理制度照搬发起行制度,风险管控方法、手段和标准均沿用发起行,授信业务风险管控也基本由发起行人员承担,而当地经济结构、经济发展阶段和信用习惯都有自己特点,发起行风险管理的核心优势与当地的实际状况未能很好的结合。

3. 网点下乡暂时阻力较大

一是人员阻力。村镇银行这几年虽然录用、培养了一批人员,但由于业务发展的速度较快,现有机构人手都很紧张,如果要新增农村网点,人员是横亘在面前的第一阻力。二是业务阻力。随着城镇化进程加速,辖区原来乡镇的企业、商户逐渐向城关镇集中,潜在的小微企业客户较少,而纯农信贷需求事实上也在逐步萎缩,新增农村网点如何拓展业务成为第二阻力。

(四) 风控管理和审慎发展不适应

作为商业银行,村镇银行成立初期面临生存问题,之后还要面临股东回报压力,因此如何在风控管理和审慎发展并重的前提下选择一条更适合自身发展和当地经济发展特点的道路对村镇银行提出了严峻的挑战。村镇银行在发展过程中往往不能很好地把握两者的深刻内涵,缺乏意图一贯、要求稳定的指导和政策,发展速度忽快忽慢,业务指标忽高忽低,内部管理忽松忽紧。

三、对策建议

一是地方政府"扶上马"。地方政府要在政策上体现对村镇银行的关心和支持,在财政存款的分配上有所倾斜,落实税费减免政策,及时足额给予涉农贷款财政补贴。二是监管部门"送一程"。监管部门要适时调整监管考核指标,体现监管意图,确保村镇银行市场定位不偏移,加强监管检查和辅导,帮助其加强内控和风险管理不放松。三是人民银行"开绿灯"。人民银行对村镇银行在扩大结算渠道、接入征信系统、开办银行卡业务等需求给予理解和支持,有效弥补村镇银行规模小、人员和物理网点少等不足。四是主发起行"更给力"。主发起行要进一步加大对村镇银行在人才、培训、技术和资金上的支持,认真分析、研究村镇银行发展过程中存在的问题和难点,帮助村镇银行科学规划发展路径,明确发展目标,尽快采取加快发展的措施,突破发展困境。五是自身发展"贴市场"。村镇银行要"扎根下沉",进一步了解经营地农村金融市场资金需求,积极主动地探索适合自身发展的经营管理模式,实施差异化经营,创新具有特色、贴近县域小微、"三农"客户特点的信贷政策,适合个私业主、微小企业创业贷款,农业产业链信贷等金融新产品和微贷工厂模式等新机制。(本文发表于江苏银监局《监管调研》)

对大型银行投诉处理和舆情应对的调查与思考

摘要:随着社会与经济的持续发展,银行业在国民经济中起到越来越重要的作用。改善客服工作,提高金融服务质量,既是社会发展对银行的要求,也是银行提升竞争力的需要。但在多种因素的综合影响下,客户与银行之间就服务的质量问题产生了分歧。本文以大型银行为调查对象,通过实地调研和问卷调查,探究症结所在及产生的原因,并提出解决的办法。

当前,银行业在某些领域的投诉激增,客户与银行的民事纠纷在媒体频频曝光,使得商业银行的声誉受到了较大影响。为进一步推动商业银行履行社会责任,改善客服工作,维护客户合法权益,切实维护银行业的社会形象,江苏银监局通过发放问卷、走访、座谈等方式对江苏辖内大型银行投诉处理和舆情应对情况进行了专题调查。

一、投诉处理与舆情应对工作的现状及问题

(一)各行虽有主管部门,但并无统一模式

从调查结果来看,五大行在应对客户投诉和舆情问题上都有明确的分工,主管部门在各自的职责范围内履行职责。经过梳理后,五大行主管部门的分工模式大致可分为以下三种:第一种是创设"提升服务质量办公室"。提升服务质量办公室统一处理全辖服务工作,规范网点硬件设施建设。第二种是通过原有部门主抓该项工作。

投诉处理牵头部门为工会,主要受理上门投诉及协调复杂事项的投诉处理,客服中心和办公室分管电话投诉和舆情监测,对于业务、服务具体事项,转二级分行、支行网点和省分行相关管理部门进行处理。第三种是投诉所涉及的部门各司其职,各尽其责。个人金融部、电话银行部各自分管不同类别的投诉,与媒体舆情有关的投诉则由办公室负责,涉及各分支机构的具体投诉则由主管部门转交各网点负责。

(二) 客服质量自评较好,但投诉数量仍然较多

自 2009 年起,截止到 2011 年 9 月,五大行共计发生投诉逾万件。从各家银行上报的数据看,客户对投诉处理的平均满意度达到 97%。

从数量上看,近三年客户投诉呈波动趋势,前两年客户投诉呈急速上升态势,今年前三季度有较大幅度的下降,8 月、9 月都没有发现负面舆情,服务投诉也有所减少。但从总体看客,户投诉数量仍然较高,这说明银行在处理客户投诉的同时未能有效总结经验,预防和杜绝相似类型投诉的发生。

(三) 客服热线虽已设立,但服务力度依然不足

从调查走访情况来看,各行均已设立客服热线,为辖内的金融消费者提供包括投诉处理、业务咨询、政策询问等服务。其中工行、交行由总行统一管理客服热线;农行、中行、建行的客服热线由省分行独立管理。虽然各行做了很多努力,但仍然在金融消费者心目中留下了排队多、等待长、客服少等印象。为此笔者查阅了相关资料,西方发达国家的银行,如美国银行,要求一万名金融消费者对应一名客服人员;而在江苏客服热线独立管理的三行,这个比例却是数万比一,甚至更高。

我局曾于 2009 年年初做过一次客服热线专门调查,与当时的调查结果相比,三年来各行的日均接线数都上涨了超过 50%。但在业务量大幅增长的同时,各行的客服人员却未有明显增长,从而导致热线电话接通率下降,客户等待时间增长,引发客户不满。

（四）投诉渠道增多，但舆情危机更难防范

随着传媒业的发展，金融消费者在选择投诉方式时有了更多的渠道。除了传统的电话投诉、书信投诉和上门投诉外，又涌现出了网络投诉、媒体投诉、微博投诉等新方式。这些新的投诉渠道在为金融消费者带来便利的同时，也给当代银行处理公共关系带来了更严峻的挑战。

调查显示，近三年通过传统渠道投诉的客户数在逐渐下降，新兴渠道的投诉业务量开始逐步增加。相比于传统方式，网络和媒体具有自身媒介传播快、范围广、受众多、影响大等显著特点。客户的投诉尤其是负面消息在这些媒介中传播的速度非常快，而且事实容易扭曲，受众会盲从他人观点轻易认定银行处于垄断的强势地位，从而产生反感情绪，造成舆情危机。

银行在面对突然爆发的重大声誉风险事件时，如果不及时处理妥当，就会引发连锁反应，损坏银行的整体形象。所以及时正确处理声誉风险事件，把负面事件影响降低到最低程度，切实防范和控制负面舆情，维护银行整体品牌形象，已经成为各家银行所不得不面对的刻不容缓的任务。

二、问题起因初探——基于银行经营实务分析

上文中，我们总结了目前银行主要存在的问题，对于这些问题，我们先从银行自身分析着手，得出一些基于银行视角的表层原因。

（一）银行出于节约成本，客服投入少

现代银行首先是一个商业性质的机构，自身追求的首要目标大多是实现股东权益最大化，希望尽可能地能以低成本带来高回报。对于商业银行而言，客服部门是不产生直接经济利益的部门，投入产出比低，所以通常在内部资源分配上不予以倾斜。不仅是电子客服，银行柜面也存在着排队多，等待长的问题。如果将银行柜面看成生产部门，它的产品就是需要"即时生产即时消费"的服务，这就决定

了当客户突然大批前来时,如果生产服务的员工少,那就必然导致供不应求。这就使得客户在寻求咨询、办理业务和进行投诉时遇到阻碍,得不到最及时的服务,从而导致降低了银行的声誉,损坏了银行的形象。

(二)银行业务日趋繁杂,服务难度大

近年来,银行金融创新力度加大,不断推出各种新产品,这就对一线员工的业务素质和职业道德提出了更高的要求。如果一线员工不能把好第一关,在最初的服务上就存在质量瑕疵,那么随后肯定会带来一系列的问题。比如在走访中交通银行为我们提供了一个案例,一名客户提前归还放贷,按合同需缴纳违约金,银行柜面员工本着为客户节约成本提高收益的目的,向客户推荐了一款保险产品,客户当场购买但在事后反悔,随即联系媒体暗访该员工并录音录像。交通银行调查该事项发现这起投诉主要是因为柜面员工未能恰当使用营销术语,客户因此产生误解,最终引发矛盾。

(三)银行客户代际更替,服务要求高

随着中国金融业的发展,各种股份制银行如雨后春笋拔地而起,各股份制银行都有着不同的市场定位,而且客户群偏向于受过高等教育的年轻一代,股份制银行的服务更有针对性、更多元化,迎合了这个客户群的需求。而五大行因为历史沉淀,客户群的年龄结构跨度较大,提供的服务更倾向于大众化、单一化。客户群因此有了亲身感受的对比,对未能提供针对性和多元化的银行提出了更高的要求。另外,年轻一代的维权意识也超过年长之人,对于银行服务不合理之处忍耐力降低,投诉触发点旋即下降。这些都对银行经营提出了更高的要求。

三、问题成因深析——基于银行经营理念分析

以上我们给出了银行投诉多发和声誉风险加大的起因,这些原因可以视作银行经营中导致问题产生的客观或浅层原因,但问题产

生的根源是银行在经营理念上还存在着偏差。

（一）注重盈利能力，不注重服务理念的改进

商业银行决策时往往首先考虑的是盈利能力，将主要的时间和精力放在研究提高存款、贷款、中间业务等方面利润上，从而忽视了服务理念的改进。从一个现代企业管理角度出发，更重要的是以客户需求为出发点、以客户为中心，联系客户、优化流程、提升企业价值、帮助企业实现战略目标。这其中，以客户为中心是现代管理工作的基础和重中之重，结合自身的实际采取有效的措施提高金融服务质量，推行服务规范化和标准化管理，为客户提供更方便、快捷、优质的服务。只有真正重视消费者的需求，才会拥有客户，赢得市场。

（二）注重信用风险，不注重声誉风险的管理

传统的银行经营多重视信用风险的防范，但时至现代，声誉也已成为现代金融业的核心竞争力之一。声誉的价值随着市场化的推进而显得越发明显。在五大行均已登陆资本市场的大前提下，各利益相关者对与各行的相关信息非常敏感。所以各行需要重视声誉风险的管理。从目前情况来看，大部分银行从业人员对声誉风险的认识还比较浅显，对声誉风险管理的重要性缺乏深刻认识。银行发展必须要与品牌建设相结合，把声誉风险管理融入企业文化，形成内外协调、上下同步的声誉风险管理意识，使全体员工持续关注长远利益，树立正确的声誉风险意识，才能真正把声誉风险管理根植到企业的长远发展之中，逐步提升企业的整体形象。

（三）注重广告宣传，不注重客户关系的维持

商业银行多重视扩大市场份额，加强宣传力度，积极开拓新客户群，寻找新的盈利增长点。在不断求新求大的同时，银行往往忽略了已有客户关系的维持，导致原有客户抱怨不断、忠诚度降低。银行机构必须增强社会责任感和服务意识，在不断扩大市场份额的同时，设身处地为既有客户着想，加强与客户的交流与沟通，增进理解与信任，及时满足客户的服务需求，迅速处理客户投诉，及时纠正工作差

错,维护银行良好的市场形象,让客户真正地乐意、满意、愿意在原有银行继续开展业务。

四、对策建议

通过认真分析和仔细梳理,我们发现当前客户与银行的主要矛盾是银行服务与客户对服务质量不断提高的要求之间的矛盾,为改进银行服务,构建银行与金融消费者的和谐关系,防范声誉风险,特提出以下对策建议。

(一)强化合规管理,建立声誉风险管理体系

声誉损失是合规风险后果的表现之一,商业银行应高度重视合规管理的各项要求,使合规建设成为银行文化的重要组成部分。一是将声誉风险管理纳入商业银行全面风险管理体系。除传统的信用风险、市场风险和操作风险外,商业银行应加强对声誉风险的研究和管理,建立健全声誉风险管理机构,制定提升商业银行声誉的战略规划和行动方案,领导公关危机的处理,监测银行声誉状况,督促声誉管理各项措施的落实。二是全面落实合规风险管理的各项要求。以强化合规建设为依托,进一步完善合规风险管理机制,有效识别、监测、评估、报告合规风险,从而提高合规风险管理水平,避免合规问题引发的声誉风险。

(二)加强舆情引导工作,树立良好社会形象

一是加强与媒体的合作沟通,对银行业务特点、工作业绩、对地方经济的贡献度进行宣传报道,提高银行公共形象。二是加强舆情引导,对民众关注热点,积极主动开展正面宣传,及时、快捷地消除认识偏差。三是强化舆论管理,做好日常舆情监测、分析、应对,必要时启动舆情应急机制来化解危机、消除不良影响。四是开展金融知识教育,提高公众金融素质。尽可能地充分利用营业场所作为宣传阵地,向公众普及银行业务知识,提高公众对银行服务工具的认知度,增进公众对金融产品和服务的了解。

（三）树立高度的社会责任感，重视金融服务问题

一是建立健全客户服务组织机构。在省级分行层面成立服务办，由服务办对全辖范围内的服务质量进行统一监督、管理。二是加强服务设施建设，为银行服务形象的提升提供物质基础。加大资金投入，提高业务系统运行稳定性，加快实施渠道转型战略，构建财富管理中心、贵宾理财中心、理财网点、金融便利店等分层次的银行网点服务体系。加大自助设备的投入力度，提高客户对自动柜员机、网上银行、手机银行的认知度，提高电子产品的分流率。三是加强对员工的业务培训，强化员工服务技能。针对大堂经理、理财经理、柜台人员开展服务规范、服务技巧、金融产品知识等差异化培训。四是在服务质量控制上，建立客户满意度调查和客户投诉处理回访制度，在行外，运用第三方力量，引入"神秘客户法"，加大对网点服务质量的监测。

（四）完善客户投诉机制，提高投诉处理效力

一是加强客户投诉管理制度建设。明确规定客户投诉管理机构、受理部门与职责、客户投诉受理与处理流程、客户投诉的责任认定、客户投诉处理检查与考核，明确投诉处理流程各环节各部门的职责。二是增加客服热线座席人员。缓减业务量大幅增长与客服人员数量不足的矛盾，切实提高客服热线电话接通率，及时妥善解决客户的诉求。三是加强投诉分析。不仅重视对客户投诉原因的分析，把客户投诉作为改进服务的源泉，深刻分析投诉形成的原因；还要及时提出改进和解决的方案，变诉后被动处理为诉前主动预防。四是建立有效的服务质量考评机制。把改进客户服务作为提高商业银行市场竞争力的重要手段，进一步完善服务专项考评办法，从组织领导、管理推动、网点服务、服务成效、投诉处理、社会评价等方面进行考核，考核结果纳入行长经营绩效考评。对服务质量方面存在的问题加大通报及整改力度，确保服务质量有效提升。

（五）提升网点服务质量,从根源上化解投诉起因

一是进一步加强自助设备的管理,特别做好重点地区、重点时间段的设备加钞和维护工作,保障设备运行。二是对网点每月、每日的业务高峰做出统计,准备应急服务预案,对窗口设置、柜员交接班等事项进行合理安排,避免因开放柜台少、业务忙而导致的客户投诉。三是加大对客户使用电子渠道的宣传引导力度、优化柜面操作流程,要结合网点转型,在提升网点管理水平的同时,提高电子渠道的运用能力。四是进一步优化运钞车时间安排,一方面要加强监督运钞车的正常运行,另一方面要合理安排运钞车线路,尽量保证运钞时间的准确性。

（六）稳定产品功能,提升客户对产品的认知度

随着银行新产品和新功能的推出,客户对此类投诉也日趋增多。究其原因,一是对包括理财卡、网银、自助设备在内的新产品,客户使用都有熟悉过程,一旦使用不畅,极易引发投诉。二是新产品、新功能由于推出时间不长,其功能的稳定性不强,使用效果也有待实践检验。因此,银行要区别客户投诉原因,从客户角度出发,切实改善产品服务,提供更优更好金融产品,同时要提供更多的产品使用手册,在客户遇到问题时有一个快速的解决通道,化复杂为简单。加强和完善客户资源系统,针对不同客户的多层次需求,推出各类产品套餐,满足客户的特色服务需求。（本文发表于《江苏国际金融》）

当前银行理财产品广告宣传的调查与思考

针对辖内部分银行业金融机构存在理财产品宣传不规范问题，常州银监分局重点对 11 家银行机构 2013 年以来在《常州日报》和《常州晚报》投放的 13 期理财产品广告宣传情况进行了全面梳理，督促银行机构规范理财产品宣传行为，切实维护广大金融消费者的权益。

一、存在问题

（一）风险提示不醒目

一是部分理财产品广告缺少风险提示。如某银行在 2013 年 1 月 17 日《常州日报》刊登的理财产品宣传材料对风险提示只字未提。二是风险提示不够醒目。如某银行在 2013 年 2 月 18 日《常州晚报》上刊登的理财产品广告将风险提示放在产品下方不显眼的地方，且颜色暗淡，字号缩小，不易引起读者的注意。三是风险提示表述笼统。如某银行在 2013 年 2 月 4 日《常州晚报》上刊登的理财产品广告中采用了"投资有风险，选择需谨慎"的表述方式。又如某银行在 2013 年 2 月 7 日《常州日报》上刊登的理财产品广告采用了"充分认识风险，谨慎投资"的表述方式。

（二）违规使用"预期年化收益率"等字样

辖内 11 家银行机构刊登的所有理财广告均使用了"预期年收益率""预期最高年化收益率""参考年化净收益率"等字样大力宣传产品，还采用刷黑、放大字号等方式使其非常醒目，但所有理财产品广告都没有提供准确的测算方式和依据。

（三）宣传要素不全

一是投资方向不明确。如某银行在 2013 年 2 月 25 日《常州日报》上刊登的理财产品没有将产品的投资方向告诉投资者。二是大部分理财产品宣传都未标注风险等级。在发布理财产品宣传广告的 11 家银行机构中,除个别银行的个别理财产品之外,其余的所有理财产品均未标注风险等级,不利于投资者的分析判断。

二、原因分析

（一）明知不可为而为之

银行机构刊登的理财产品宣传广告大都不符合《商业银行理财产品销售管理办法》《江苏银监局关于进一步加强个人理财业务风险管理和客户服务的通知》等文件的相关规定,但出于竞争、考核等多方面因素的综合考虑,银行机构往往忽视了监管规定。

（二）不得不为之

银行机构发布的理财产品宣传广告均为上级行以统一的模板格式下发,并且限时限刻要求其刊登在相关新闻媒体,对于基层银行机构来说,往往是机械地执行上级要求,与此同时,却违背了监管规定。

（三）有意而为之

银行机构发布理财产品宣传广告主要是为了吸收更多的结构性存款,完成上级行的考核任务,因此过度地宣传了预期的收益,人为缩小了可能产生的风险、损失,其本质根源还是重发展轻风险的经营理念并未得到有效改观。

三、监管要求

（一）规范理财产品的报纸宣传行为,实行报备审查制

要求辖内银行机构刊登在各类宣传媒体上的理财产品宣传广

告,在刊登前报送常州银监分局办公室受理,并视具体情况转交相关监管部门审查。监管部门应在1个工作日内对银行机构报送的宣传用语的合规性进行审查,经审查同意后,方可允许银行机构刊登理财产品宣传广告。

(二)规范其他各类媒体宣传方式,实行问题追查制

要求银行机构切实规范本行在各类媒体上发布的理财产品宣传广告,包括但不限于常州地区主流报纸、门户网站、电视电台、手机短信以及电子显示屏游动字幕等渠道,不得作出过度宣传及不实报导。

(三)规范客户投诉受理及处置,实行准入挂钩制

要求银行机构进一步完善理财产品投诉应对处理机制,有效减少客户对理财产品的投诉。银行机构今后如果因内部管理不力,存在违规销售行为,监管部门将视具体情况实行与行政许可准入挂钩制度。监管部门一旦发现、查实银行机构在2013年4月1日以后存在不规范宣传行为的,将予以严肃查处。(本文发表于常州银监分局《金融监管信息》)

关于农业银行涉农金融服务现状的调查与思考

——以农行江苏省分行为例

自国务院明确"面向三农、整体改制、商业运作、择机上市"股份制改革方向以来,农业银行重新确立了面向"三农"的发展战略,启动了金融服务"三农"和"三农"金融事业部制改革两项试点,努力探索出一条大型银行服务"三农"的新模式。

近年来,农行江苏省分行(以下简称"该分行")根据总行统一部署,2008年9月确定盐城、镇江分行启动服务"三农"试点工作。2009年6月确定盐城、镇江、淮安和泰州分行启动"三农"金融事业部制改革试点。为了解该分行涉农金融服务现状,指导督促深化"三农"服务工作,我们组织了镇江、盐城、徐州、扬州等地分局进行调研,并深入实地与有关政府、企业、个人座谈。

一、涉农金融服务现状

(一)涉农金融服务体系不断完善

一是"三农"金融事业部组织架构基本建立。省、市分行成立并完善了"三农"金融事业分部和管理委员会,内部增设"三农"产业金融部、"三农"农户金融部2个部门,专门从事服务"三农"各项业务。省、市分行"三农"业务中后台部门与城市业务板块共享,分别在信贷管理、风险管理、资产负债管理、人力资源、财务会计等相关部门设置5大中心,辖属52个县域支行均作为"三农"金融部的经营单元,并根据规模和业务发展需要,调整内设机构分工,优化人力资源配置,增配"三农"业务客户经理。二是优化网点布局,努力实现对重点中心乡镇覆盖。近几年江苏省撤乡并镇力度较大,金融资源流失严重,这种情况下,该分行对重点乡镇网点优先保留。至 2010 年 9 月末,辖内乡镇网点 473 个,对重点中心镇达到全覆盖。三是完善网点功能,增加电子机具投放。至 2010 年 8 月,县域离行式自助银行 34 家,比年初增加 6 家;县域 ATM、存取款一体机、自助终端等自助设备 2 470 台,比年初增加 238 台,其中乡镇增加 105 台。四是拓展服务渠道,增加电子银行服务方式。为弥补农村网点不足,该分行在无农行网点乡镇积极推广电话银行、网上银行、手机银行、转账 POS 机等电子金融产品,延伸金融服务渠道。

(二)信贷投放显著增加,实现"三个高于"

今年以来,在国家加大货币政策调控力度,监管部门严控信贷规模的情况下,该分行不断增加对"三农"和县域重点区域、重点行业、重点企业信贷支持力度,涉农贷款持续增长。至 2010 年 8 月末,该分行各项实体贷款余额 5 030.45 亿元,比年初增加 1 054.75 亿元,增长 26.53%,同比多增 336.77 亿元。其中涉农实体贷款余额 1 986.01 亿元,占全行实体贷款余额的 39.48%,高于上年同期 0.64 个百分点;比年初增加 449.74 亿元,增长 29.27%,高于全行实体贷款增幅 2.74 个百分点;比上年同期多增 175.23 亿元,实现了"涉农贷款增速高于全行贷款平均增速、增量和占比高于上年"的目标。涉农贷款中,农户贷款余额 316.79 亿元,占比 15.95%,比年初增加 99.08 亿元,增长 45.51%;农村企业及各类组织贷款余额 1 644.65 亿元,占比 82.81%,比年初增加 347.64 亿元,增长 26.80%。

(三)贷款存量市场份额稳定、增量上升较快,存款市场份额下降明显

一是全辖情况。近三年来,全省农行贷款全口径金融机构市场份额比较稳定,存量市场份额稳定在 12% 左右。增量贷款势头强劲,由于"三农"贷款投入力度加大,自 2008 年来,连续三年每年以近 2 个百分点的幅度增长,由 2008 年末的 9.45% 增加到 2010 年 6 月末的 13.32%;存款市场份额下降明显,2010 年 6 月末存量、增量市场份额比年初均下降了近 3 个百分点,存量市场份额由 15.09%

下降到 12.29%,增量市场份额由 13.05% 下降到 10.34%。主要原因是 2009 年以来该分行乡镇网点大量撤并,对存款的影响已经开始显现。详见下表:

存贷款存量、增量及市场份额情况表

时间	项目	存量			增量		
		存量(亿元)	全金融机构市场份额	四大行市场份额	增量(亿元)	全金融机构市场份额	四大行市场份额
2008年末	存款	5 993.70	15.75%	29.97%	902.93	13.43%	25.28%
	贷款	3 440.21	12.70%	25.81%	129.84	9.45%	24.85%
2009年末	存款	7 555.53	15.09%	29.16%	1 561.84	13.05%	26.59%
	贷款	4 514.36	12.25%	25.19%	1 074.15	11.00%	23.38%
2010年6月	存款	8 678.24	12.29%	29.59%	784.40	10.34%	32.86%
	贷款	5 140.73	12.37%	25.74%	626.37	13.32%	30.56%

二是县域情况。近年来,由于乡镇网点撤并的原因,该分行县域存款市场份额下降明显,尤其是存款增量市场份额,2010 年 6 月末国有四大行市场份额比年初下降了 7.49 个百分点,由 32.07% 下降到 24.58%;县域存量贷款市场份额相对稳定,2008 年、2009 年全口径金融机构市场份额稳定在 17% 左右,但由于"三农"贷款力度投入的加大,增量贷款势头强劲,截至 2010 年 6 月末,国有四大行市场份额比年初增长 4.61 个百分点,达到 31.91%。详见下表:

县域存贷款存量、增量及市场份额情况表

时间	项目	存量			增量		
		存量(亿元)	全金融机构市场份额	四大行市场份额	增量(亿元)	全金融机构市场份额	四大行市场份额
2008年末	存款	2 968.74	18.18%	——	440.52	9.16%	——
	贷款	1 528.05	17.49%	——	17.09	14.48%	——
2009年末	存款	3 710.61	20.80%	36.30%	741.86	18.19%	32.07%
	贷款	2 102.86	17.33%	30.22%	574.81	15.82%	27.30%
2010年6月	存款	4 256.14	——	35.82%	545.53	——	24.58%
	贷款	2 371.14	——	30.30%	268.28	——	31.91%

注:由于没有县域存贷款全省同业交换数据,该分行的统计数据由支行上报至省分行,2008 年报送口径为全金融机构,2009 年后报送口径改为国有四大行。

（四）县域网点相对稳定，乡镇网点减幅较大

2009 年末该分行全省县域网点 854 个，比 2008 年末减少 47 个，其中县城网点 381 个、乡镇网点 473 个，同比分别增加 2 个、减少 49 个。乡镇营业网点减少的主要原因：一是行政区划调整，这几年全省撤乡并镇力度逐渐加大，导致原乡镇所在地网点业务大量萎缩；二是包括农业银行在内的四大商业银行向国有商业银行转轨过程中，逐步调整优化业务量小、经营微利或亏损的农村网点，县域实行集约化经营。

二、涉农金融服务的主要做法及取得成效

（一）主要做法

近年来，该分行结合金融服务"三农"和"三农"金融事业部制改革两项试点，在涉农服务方面的主要做法：一是因地制宜出台了《2009—2010 年江苏省农行"三农"和县域信贷政策指引》等制度办法，初步构建了涵盖信贷准入、基本规程、授权授信、担保评级和风险管理等在内的信贷政策制度体系。二是 2009、2010 连续两年单独编制了"三农"县域综合业务发展考核经营计划，2010 年共设置了 9 项指标体系，引导资源向服务"三农"重点领域倾斜。三是加强了"三农"业务绩效考核，将"三农"业务考评指标体系和惠农卡发卡量等纳入全行综合业务考核，调动全行服务"三农"工作积极性。四是完善资金计价和成本费用分摊方法，积极探索"三农"金融事业部核算路径和方法。五是适应市场需求，加强"三农"产品创新，推出了农户小额贷款、农村城镇化贷款、县域房地产贷款、县域建筑业贷款、季节性收购贷款、融信保、化肥淡季储备贷款、县域商品流通市场建设贷款等具有"三农"和县域特色的新产品。

（二）取得成效

1. 重点支持省级以上农业产业化龙头企业

今年初，该分行与省农委签订了全面战略合作框架协议，三年内

向省级以上农业产业化龙头企业新增意向性授信100亿元。同时还加强与省商务厅、国土厅、林业局、海洋与渔业局、供销社等部门的协调沟通,明确维维股份、阳光农林、南通一德、新沂鲁花、淮安双汇、海隆国际等10户龙头企业作为省分行联管联销客户,成立了多部门、跨层级的营销服务团队,逐户制定综合金融服务方案,积极做好授信用信、批零联动和综合营销。目前10家客户已获批授信47.45亿元、用信33.54亿元。各级行对全省343家省级以上龙头企业逐一分析摸底,对符合条件的客户加大营销力度,提高服务深度广度,积极依托龙头企业带动惠农卡发行和农户小额贷款业务。至2010年6月末,该分行已综合服务省级以上龙头企业260户,其中今年新拓展9户,综合服务覆盖率达到75.8%,授信84.2亿元,比年初增加30.6亿元。金融的大力支持有效促进了龙头企业健康快速发展。今年上半年,全省龙头企业销售利税同步增长、农产品出口强劲复苏,辐射带动逐步增强。至2010年6月末,343家省级以上龙头企业实现销售收入1 298.21亿元,净利润41.71亿元,上缴税金42.56亿元,分别比上年同期增长22.3%、24.93%和30.37%;直接带动农户865万户,较上年增长7.9%。

2. 积极支持农村商品流通

近年来,该分行共综合服务农业部"定点市场"13家,服务覆盖率43.33%,授信、用信分别达到8.93亿元和5.3亿元;综合服务商务部"万村千乡工程"承办企业66家,覆盖率61.68%,授信、用信分别达到27.16亿元和22.07亿元;综合服务商务部"双百市场"及承办企业7家,覆盖率77.78%,授信、用信分别达到6.63亿元和4.55亿元。创新综合金融服务,为凌家塘市场等重点农产品流通市场提供经营性物业抵押贷款。

3. 择优支持农村城镇化建设

2009年以来,该分行狠抓以"万顷良田建设工程"为代表的城乡建设用地增减挂钩新农村建设项目,成功牵头镇江新农发展投资有限公司"万顷良田建设工程"项目银团贷款18亿元,其中该分行参贷4亿元;牵头海门滨江建设发展有限公司新通海沙整治工程银团贷款7.8亿元,其中该分行参贷7.3亿元。以经济强县为重点,今年以来重点营销江阴、泰兴等 7 个县（市）土地储备项目，已审批贷款 7.9 亿元。至 6 月末，全行农村城镇化贷款 433.9 亿元，比年初增加 132.4 亿元。积极开展县域建筑业贷款试点，南通、扬州、泰州三家试点分行共对 32 户建筑业企业授信 24.76 亿元、贷款 13.23 亿元，其中今年新拓展南通四建、苏中建设、江建集团、天宇建设等 11 户县域建筑业新客户，新增授信 7.94 亿元、贷款余额 3.54 亿元。

4. 大力支持农村中小企业发展

近年来，该分行调整了小企业信贷政策，对沿江八市分行下放小企业信贷审批权，并取消了小企业业务报备，明确小企业信用等级准入为 A 级（含）以上；同时在沿江八市分行设立了独立的小企业金融服务中心，配备专职的审查人员和审批人员，重点支持符合国家产行业政策、环保政策以及有市场、有销路、有效益、守信用、科技性、成长性的小企业发展。至 8 月末，县域中小企业贷款 1 339.02 亿元，占全行中小企业贷款的 52.83%，占全部县域贷款余额的 56.39%；比年初增加 151.32 亿元，占全行中小企业贷款增量的 50.04%，占县域全部贷款增量的 55.71%。今年新拓展县域中小企业贷款客户达 1 061 户，占全行新拓展中小企业客户总数的 59.41%。

5. 积极支持农民增收

一是大力推行惠农卡，提高惠农卡使用率。该分行主要采取整村（社）推进、项目带动等批量发卡形式，对特色村、农民专业合作社、农业产业化龙头企业、高效特色农业等项目基地的农户或社员发卡，或通过代理"新农保"（新型农村社会养老保险）项目实现功能对接发卡，充分发挥惠农卡的结算功能并提供保费缴纳和养老金领取服务。截至 8 月末，全省惠农卡发卡 195.3 万张，比年初增加 81.6 万张；惠农卡激活率 98.59%；惠农卡存款余额 16.4 亿元，比年初增加 11.2 亿元。

二是加大农户小额贷款投放，解决农户融资需求。该分行以支持农民"创业、展业、置业"为重点，以农民创业园区内的农户、"双强"型村级组织带头人、各类专业市场农民经营户、务工返乡人员，省级"四有"农民专业合作社社员、农机大户，农产品流通市场内的经营户、农产品经纪人，沿海、环湖地区的水产养殖大户等为主要投放对象,加大农户小额贷款投放。至 8 月末,全省农户小额贷款授信 56 588 户、余额17.4 亿元、户均3.07 万元;贷款 30 156 户、余额12.8 亿元、户均4.24 万元。

三是积极推进"信用双百"工程建设,提供一条龙服务。该分行出台了信用村、信用专业合作社创建办法,明确了创建的评定条件和流程,并选择基础较好的行政村、专业合作社(协会)作为创建试点,以整体推进方式探索推广"信用村 + 农户""信用专业社 + 农户"贷款模式,持续加大惠农卡、农户小额贷款的营销和功能代理力度。如东台支行支持江苏富安茧丝绸股份有限公司发展,开拓出一条被誉为"富安模式"的"公司 + 合作社 + 农户"的茧丝绸农业产业化发展之路,得到了温家宝总理的充分肯定。目前该分行初步确定创建信用村 173 家、信用专业合作社 120 家。

三、涉农金融服务存在的主要困难与问题

(一) 传统金融业务发展动力不足,综合竞争力低于同业

从网点来看,该分行在县域及广大农村乡镇拥有众多网点,县域网点占国有四大行 42%,其中 49.9% 的县域网点分布在乡镇;但同时相对于其他国有银行,较多的网点和人员也导致了成本增加。由于长期有效激励不足,加之一些县域支行在经营管理上仍然属于"粗放型"阶段,长期积累沉淀的一些深层问题也开始逐步显现。与此相对应的是,这几年农村信用社及新型农村金融机构不断崛起,在机制流程、支付渠道、业务品种等领域创新十分灵活,受体制机制、经营层次、产品流程、资源配置等方面的制约,该分行优质核心客户群体有待拓展,存贷比、经营效率和议价能力偏低,贷款集中度较高,少数县域支行竞争边缘化,县域传统领先优势面临严峻挑战。

一是县域人均、点均主要业务指标低于全行和同业。2010 年 6 月末,该分行县域支行人均资产 3 298 万元、点均资产5.1 亿元,分别低于全行218 万元和0.7 亿元;人均营业收入 46 万元,低于城市行人均 5 万元;县域议价能力偏低,2010 年执行利率平均下浮 1.73%,与全行相比,多下浮 0.105 个百分点,存贷利差 3.1%,低于

全行平均利差 0.23 个百分点。同业比较,该分行县域的点均存款、贷款、中间业务收入分别相当于工行、中行、建行三行平均值的 80.5%、61%、56.7%,人均相当于工行、中行、建行三行平均值的 94%、71%、66%。

二是信用社业务发展异常迅猛,与其差距逐步扩大。至 8 月末,与年初相比,该分行存款市场份额与信用社的差距扩大 0.18 个百分点,余额差距由 429.9 亿元扩大到 528.4 亿元;贷款市场份额与信用社差距扩大 0.87 个百分点,余额差距由 908 亿元扩大到 1 129 亿元;对公贷款市场份额差距扩大 1.4 个百分点,余额差距由 392 亿元扩大到 580 亿元。

三是风险管理难度加大。农行基层网点和人员少而服务“三农”点多、面广、线长,贷款收回集中,农民居住相对分散,贷后管理难以落实到位,容易产生操作风险,诱发道德风险。随着业务的推进,乡镇网点的大量撤并,管理半径拉长,这一风险管控难度将进一步加大。

(二) 农村金融服务得不到有效满足

一是部分乡镇网点减少,金融服务能力不足。近年来,江苏省乡镇行政区划不断调整撤并,一般 2—3 个乡镇撤并为 1 个,由于行政资源减少,金融资源向重点乡镇倾斜,该分行对部分地区乡镇网点也随之进行了优化整合,现有网点基本按建制乡镇设立,但被撤销的乡镇物理意义上仍然存在,导致已撤销乡镇的地区行政资源与经济资源配置出现矛盾。由于撤乡并镇,2009 年网点数量比 2008 年减少 47 个,减幅达 9.39%,使得现有网点的服务半径扩大,金融服务辐射范围变小,部分地区尤其是苏北苏中的金融服务能力弱化。如盐城目前全市七县共有乡镇 102 个,农行在农村乡镇网点仅有 63 个,缺口达 38%。由于缺乏必要的网点支撑,客户对电子渠道的接受还需要一个过程,部分无网点地区的农民传统金融服务需求如“存、贷、取、缴”等供给支持能力不足,同时也给“新农保”“新农合”(新型农村合作医疗)等代理业务的全辖实施带来了阻碍。

二是农户信贷需求尚未得到满足。首先,农户小额贷款惠及面低。以镇江句容市为例,该市现有 14.9 万农户,而至 2010 年 8 月末,句容市农行共计发放惠农卡(农户小额贷款以惠农卡为载体)10.6 万张,授信 6 692 户,授信金额 1.46 亿元,用信 5 098 万元。如按照 30% 的农户有信贷需求、户均贷款 10 万元测算,该市授信惠农卡只占有信贷需求农户的 14.97%,满足潜在信贷需求 3.27%。其次,农户小额贷款额度偏低。由于没有考虑到客户和地区的差异,农行农户小额贷款的上限统一定为 5 万元,从调查来看,已造成部分贷款客户有效需求没有得到满足,扬中、大丰等地区的部分农户和养殖专业户,贷款需求还存在很大缺口。如苏北苏中地区的小额贷款额度上限调整为 10 万元、苏南地区的额度上限调整为 30 万元,则可基本满足农民日常消费、生产等各方面融资需求。再次,农村传统金融客户可抵押资产少,获得贷款难度较大。由于大部分涉农客户可抵押资产较少,且资产评估价值低,不能依靠有效资产抵押获取贷款,也无法通过具有担保资格机构保证获取贷款,即使采取联保,获取的贷款授信额度也有限,因此诸多客户无法从农行获得贷款。

(三) 资源配置与涉农服务需求存在差距

一是产品创新力度不够,且针对性差。服务"三农"以来,农总行和省分行自上而下先后推出一些信贷产品,但从实践来看,由于部分产品功能复杂或准入门槛较高,与县域经济实际不够契合。如江苏没考虑苏北苏中和苏南地区经济差异,分别推出农户保障性服务产品和结合经济结构调整支持现代农业体系建设等特色产品。目前该分行除县域房地产、县域建筑业和县域商品流通市场建设贷款外,真正好用、实用、独到、领先同业的"三农"产品还不多。二是信贷业务审批链条过长。除了简式贷、小额农贷外,对县域支行转授权限小。贷款审批环节较多、周期较长,与县域客户要求的"短、频、快"极不一致,在一定程度上限制了对县域优质客户、优质项目和低险黄金业务的拓展。同时在信贷责任认定上,营销者无权,但却承担严格的刚性责任,这种责任下放、权责分离的管理模式导致权责不明,影响县域农行的竞争能力和营销积极性。三是队伍建设有待加强。县域支行营销人员不足、结构老化、业务技能不适应农村金融竞争形势的问题普遍存在,尤其在苏北地区。据统计,盐城7县支行员工平均年龄达43岁,大专及以上学历人员只占42.2%;徐州县域员工平均年龄达45岁。特别是信贷营销人员偏少,客户经理配备力量严重不足,如盐城分行辖属响水支行公司部4人,客户经理由2名副总经理担任,滨海支行公司部总经理同时兼客户经理,各支行能做项目贷款的一般只有一人。农村乡镇网点除了分理处主任兼客户经理外,一般最多配备一名专职客户经理,这种现象在全省农村网点非常普遍。

(四)"三农"金融事业部制改革尚不到位

目前,省、市二级分行"三农"金融事业部和相应管理中心都虽已搭建,并开始运作,但职能建设并没有完全到位,人员还有待充实,相关制度也不够完善。一是业务边界不够清晰。会计核算方面,事业部业务范围直接以县域划分,即辖内52家县域支行所经营的各项业务都纳入"三农"板块。而在业务管理方面,对公司业务部和"三农"产业金融部的业务边界管理则主要以客户注册地为主要标准,即注册地、主要经营活动和主要经营成果在县域的公司类客户才是由"三农"产业金融部组织营销和管理,否则由公司部组织营销和管理。一方面,两个层面的业务边界不完全一致;另一方面,该分行对系统性、集团性客户等归属公司部还是"三农"产业金融部的范围和标准至今还没有进一步细化。二是单独核算不到位。事业部要求建立"三农"金融部单独的核算体系,从实际情况来看,该分行成本费用和经营效益的分摊尚未按机构、区域、客户、产品等多维度进行,为"三农"经营决策和精细化管理提供有效支撑,为享受国家优惠政策提供可靠依据。三是单独考核不到位。当前,对县域支行、分行"三农"业务部门的考核评价体系还没有完整建立,没有充分体现经济增加值导向作用,长期有效激励不足,考评的"指挥棒"作用有待加强。

(五)涉农金融服务缺乏相应政策支持

一是部分涉农贷款未享受与其他农村金融机构同等优惠政策,如财政部和农发行联合下发的《关于积极开展合作共同推进农业产业化经营的通知》(财发〔2009〕34号),明确规定对农发行支持的农业产业化经营项目,中央财政给予贴息的扶持政策,而对其他银行尤其是农行从事同一项业务,并没有享受同样的扶持政策。二是对参与设立新型农村金融机构未给予政策支持,如至 2010 年 6 月末,该分行对苏南 5 市 9 家农村小额贷款公司贷款余额 5.55 亿元,未纳入涉农贷款进行统计并享受相关政策。三是"三农"金融事业部制改革虽全面推开,但今年三部委确定的深化试点行并不包括江苏,也享受不到农业银行其他 8 家分行深化改革试点优惠政策,如适当减免营业税、所得税,降低准备金率等。

四、政策建议

(一)要加快推进农村金融产品和服务方式创新,加强涉农服务能力

当前,"三农"和县域发展出现了新的金融机遇,发展变化的速度快,金融需求更为灵活多样,差异性更加凸显。农行在创新金融产品时,既要突出重点,也要兼顾一般,抓大也不能放小,要根据农户金融需求特点,除了研发具有普惠制、广覆盖、多功能的产品外,要结合当地实际,研发体现不同地区、不同层次差异的系列地区特色产品,形成一套适应农村市场特点的"三农"产品服务体系。同时,基层行在推广应用上级研发的"三农"产品时,要适应市场变化快,客户资金需求突发性、及时性的特点,在实际工作中实现产品进一步的升级改造,研发简易流程贷款产品,提高市场响应速度。

(二)推进信贷流程再造,实行信贷分类指导

农行市级分行要成立独立的"三农"信贷管理部门,加强对涉农信贷业务管理。将市分行"三农"信贷管理中心从信贷管理部独立出来,成立专司"三农"信贷审查、审批的职能部门,探索适应"三农"信贷业务特点的审查、审批模式,风险偏好和标准,防止城市信贷业务对"三农"信贷业务挤压,提高"三农"信贷审批效率,满足快速增长的"三农"信贷业务发展需求。适度扩大对县域支行业务授权,健全弹性授权方式,明确各项县域业务风险容忍度,实行停复牌制度,

扩大县域支行产品定价权限。在县域支行推行以资本约束为核心的贷款定价机制，解决定价依据单一、分类指导不强、对客户约束力不够等问题。

（三）优化资源配置，进一步完善涉农服务支持体系

一是要优化县域资源配置。改进考核激励机制，与各县域支行营业净收入挂钩，单独核定营销费用，用于全行重点产品、重点项目的统一营销推广，将有限的费用向县域支行倾斜，向一线员工倾斜。二是优先改善县域支行经营环境。与县域支行经营效益、经营规模挂钩，加大向效益提升倾斜、向重点县域倾斜、向经营转型倾斜的力度。重点支持电子化渠道建设、网点转型建设、安全保卫设施建设、后台中心建设、网点基础设备等固定资产投资投入。三是加大人力资源配置力度。实行差异化招工政策，适度放宽县域岗位招聘条件，多渠道补充县域支行员工总量，逐步解决县域支行员工总量不足、结构老化的矛盾，特别是提高直接为"三农"服务的一线人员的数量和素质。

（四）国家应加大政策扶持，实行正向激励

尽管目前涉农信贷和涉农服务需求量大，但在当前大力发展小额农贷、种植养殖业贷款、农村个体工商业等涉农业务初期，难以实现规模效益，且会与银行商业化的目标有所冲突，因此，短期内应对"三农"信贷业务实施重规模发展轻利润考核的经营策略，多出台激励性的扶持政策和措施，对县域营业机构享受与其他农村金融机构同等优惠政策，享受与农业银行8家分行深化改革试点县域支行三项同等优惠政策，适当减免营业税、所得税，降低准备金率，加大财政贴息和风险补偿力度，鼓励农行在风险可控的前提下，通过充实人员、强化培训、提高效率，实现做大规模的目标，向规模要效益，提高支农服务水平。

（五）鼓励涉农金融服务多元化，构建多层次农村金融服务体系

虽然农行肩负服务"三农"的使命，而且在探索服务"三农"的新

模式过程中也取得了一定成效,但也应看到,要进一步深入推进"三农"业务发展,还存在不少客观困难和问题,完成好服务"三农"目标任重道远。现阶段,鉴于农村金融服务现状,应鼓励在农村建立多层次金融机构服务体系,力求农村各项金融业务分别有相应的金融机构承担有序运作,满足农民金融服务需要;同时还要大力发展各类微型的农村金融机构,规范农村民间融资行为,从而形成多样化、多层次、细分工的农村金融体系。按照"目标不变、因地制宜、量力而行、稳步推进"原则,出台更多激励和考核措施,推动农业银行实现商业银行商业化运作和"三农"服务的有机结合。同时,农行要加强与农村中小金融机构合作,通过设立村镇银行控股公司,为农村中小金融机构提供支付结算网络支持等途径,打造服务"三农"和县域,特别是服务中小客户的新渠道。(本文发表于《现代金融》《江苏国际金融》)

关于农业银行涉农金融服务现状的调查与思考——以农行江苏省分行为例

第 六 篇

银行授信风险防控

"三角债"与"担保圈"风险化解的比较分析及启示

发生在 20 世纪 80 年代末、90 年代初的企业"三角债"问题与当前的"担保圈"风险既有一定相似性,又各具特殊性。近期,无锡、常州银监分局对两者进行了比较分析,并结合"三角债"化解经验启示与"担保圈"的探索实践提出了相关建议。

一、二者相似之处

(一)产生的宏观背景相似

"三角债"与"担保圈"问题产生的宏观背景都是固定资产投资高速增长导致的后续资金不足,政府主导下的"GDP 情结"是二者共同的体制背景。"三角债"主要产生于 20 世纪 80 年代末的投资热,并在 1991 年达到顶峰,当时,企业基础建设、技术改造项目投资高涨,但由于自有资金或政府拨付资金不足造成严重的资金缺口,于是不得不拖欠上下游企业资金。近年愈演愈烈的"担保圈"风险,主要诱因也是在"四万亿"投资计划的刺激下,大量投资项目纷纷上马,企业由于自身资金不足,于是通过企业与企业之间的互保、联保获取银行贷款进行扩张。

(二)产生的经济周期相似

二者均"成型"于经济过热阶段,"暴发"于经济下行阶段。20世纪 80 年代后期经济高速增长,90 年代初央行信贷开始周期性收缩,市场疲软,产成品积压,企业之间互相拖欠货款的"三角债"逐渐暴露。与其类似,2008年在经济刺激政策下,出现新一轮迅猛增势,社会资金泛滥,直到2011年紧缩调控政策陆续出台,经济下行压力开始渐趋加重,"担保圈"问题随之暴露。可以说,二者的形成过程与中央银行信贷的周期性政策有着极大的关联性。

(三)形成的深层原因相似

20多年前,"三角债"在企业之间"流行",当今,互保、关联担保在企业之间"盛行"。一般来说,没有企业愿意在"三角债"已初具规模的情况下再出让商业信用或资金信用,没有企业愿意牵涉"错综复杂"的"担保圈"。但现实却是"三角债"规模在1992年发展到占银行信贷总额的三分之一,"担保圈"也似雪球般越滚越大。究其原因,信用缺失、利率过低以及市场缺乏惩罚制度使得商业交易中的净负债者有利可图。由于不偿债的机会成本和违约成本较低,最终导致企业之间互相拖欠货款、挤占资金,互相随意担保。信用缺失助推了"三角"债权债务关系向"多角"发展,助推了单一担保关系向多种担保关系交叉存在的"圈式"状态发展。

(四)对经济金融的影响和冲击相似

实践表明,"三角债"和"担保圈"都成为中国经济发展中的严重障碍,二者牵涉企业面广,资金拖欠金额或担保金额大,均严重影响了企业正常生产经营,巨额的未清偿债务以及或有负债使得企业不能进一步向银行申请贷款,越来越多的企业陷入了债务死扣或担保旋涡之中,企业既不愿意偿债或无力代偿,自身债权也无法得到清偿,社会信用严重受损。

二、二者不同之处

(一)企业间的关系复杂程度及表现形式不一

"三角债"企业之间关系是由于拖欠货款所形成的债权债务关系,通常按照产业链中生产顺序表现为"链式三角形"。"担保圈"中企业虽然是保证关系,但企业之间的关系扑朔迷离,有的企业是产业链上下游关系,有的企业主之间私交甚密,有的企业同属家族企业等,而担保关系则更加交错复杂,通常表现为担保圈之内循环互保、交叉担保、链式担保、放射性担保,担保圈之间出现叠加、交汇、延伸。

(二)银行在其中承担的"角色"存在较大差别

20世纪80年代,我国整体信用环境基础较差,企业信用观念淡薄、还款意愿普遍不高,也缺乏征信记录等外部束缚,商业银行对于"三角债"的发生及传导不承担主要责任,一般属于利益受侵害方。而近年盛行的"担保圈"虽说是多种因素叠加的效果,但不良的银行信贷文化是"担保圈"风险的重要诱因:在"担保圈"形成期间,一些银行表现过于激进,贷款过度依赖担保,甚至通过"拉郎配"人为助推担保圈蔓延;而在风险苗头初现时,则对借款企业及担保企业急于抽贷,导致企业资金链突然断裂,进而危及整个担保链甚至"担保圈"。所以,在"担保圈"风险中,商业银行成为了主要参与者,在风险形成及蔓延过程中起了推波助澜的作用。

(三)风险传导路径存在较大差异

从风险传导来看,虽然"三角债"几乎涉及当时所有工业企业,但其主要源头仍是基建、技改项目造成的工程款、原材料款拖欠影响至工程供应企业的现金流,再按照供销关系向上传导并扩散。而目前"担保圈"风险发生于多个地区、多个行业,风险源头较之"三角债"更为复杂。一般来说,不同行业、不同经营特征的企业,在没有相互担保的情况下,不具备违约相关性,违约概率相对较小;但若存在"担保圈"特别是紧密关联的互保关系,违约相关性就显著增大,贷款风险通过担保关系的传导将被成倍放大,进而演化成整个圈乃至系统性风险。以无锡、常州地区为例,2012年以来发生的60多起大额资金链、担保链风险事件已涉及企业超250家,危及授信近300亿元,形成不良贷款约50亿元,其风险蔓延速度和危害性十分惊人。

三、"三角债"问题的解决经验启示与"担保圈"风险的化解实践

"三角债"危机发生后,专家学者提出了较多建议,譬如成立专门的清债中心、债权转股权等。但从最终解决手段来看,主要为以下两个方面:一是政府强力介入,排查拖欠情况。在 1991 年"三角债"余额升高至 3 000 亿元后,当年 8 月 31 日,国务院召开全国清理"三角债"工作会议,在时任国务院总理李鹏的督导下,由各地领导亲自挂帅,逐项逐笔核对项目拖欠情况,掀起"三角债"清理高潮。二是银行注资缓解流通压力。在解决三角债务过程中,由于企业自身现金流短缺,且地方政府筹资能力缺乏,最后只能由银行贷款注资以缓解流动性。全国共注入清欠资金 550 亿元(其中银行贷款 520 亿元),清欠固定资产连环"三角债"1 838 亿元,相关重点行业流动资金 352 亿元,合计 2 190 亿元,基本完成了三角债务的清理。

"三角债"问题的解决经验给担保圈风险化解带来相关启示:一是化解风险必须首先摸清总体风险状况,包括"担保圈"内企业关系、担保关系,授信和担保规模等,只有掌握风险全貌、厘清关键节点后才能有针对性地分类施策、科学"破圈解链"。二是不能忽视政府在危机出现时应承担的"守夜人"责任,政府在必要时介入进行危机救助,有助于抑制风险的蔓延和恶化。在风险源头部分,可考虑由政府信用替代一般的企业信用,以少量的资金带动后续债务的清偿,或由政府出资或资助组建担保公司、信用保证保险公司,承接互保联保业务,稳定区域内系统性重要企业。三是银行应加强事前的风险防范和事后风险控制,在传染性危机苗头出现时,处置手段不应过于激进,应避免集中抽贷,必要时还应针对现实情况给予企业一定的流动性救助。

在此启示下,常州、无锡银监分局联合当地政府、银行对担保圈风险化解进行了积极探索。

(一)摸清底数,揭示风险全貌

自 2013 年以来,常州银监分局针对辖内企业"担保圈"、担保链

风险频发带来的区域性风险隐患,积极探索"担保圈"风险化解途径。以"揭示风险、破圈解链、降旧控新"为目标,借助科技手段绘制本地区"担保圈"关系图,目前已有效识别担保圈1 094个,通过逐圈分析归纳和风险综合评价,重点针对关系复杂和风险较大的"担保圈"找出关键节点和需要割断的链条,指定牵头行制定风险化解预案科学施策。经过一年多实践,辖内部分"担保圈"总体复杂程度得到有效控制并趋于简化,20户企业以上复杂圈减少1个,10户企业以上"担保圈"占比由2.12%降至1.92%,多数银行10户企业以上"担保圈"和最大圈的企业户数均有所减少;5户企业以下的"低风险"新圈和脱离大圈的裂变小圈总量增加,有效遏制了"担保圈"风险过度集中趋势。

(二)政府介入,推动风险防控

在无锡、常州两地"担保圈"风险化解过程中,当地政府在银监部门推动下均承担了较为重要的协调、处置工作。如常州市政府对已出现大额授信风险的担保圈企业,积极通过推进债务重组、司法清收、土地置换、政府入驻托管、债务平移、设置应急转贷资金等方式,协助银行进行风险处置,并在2014年出台了小额贷款保证保险试点、在建工程抵押、"轮候抵押""三权"抵押等指导意见,筹建金融租赁公司和具有较强实力和政府背景的市级融资性担保公司,提高企业有效抵押品利用效率、创新融资渠道和担保方式,从源头上根本缓解担保难和担保圈问题。无锡政府出资建立一定金额的偿贷周转基金供还贷专用,由政府专户管理;并在"担保圈"风险相对突出的宜兴地区推动建立了"经济金融安全示范区"。

(三)稳定授信,控制风险蔓延

一是探索企业授信总额联合管理机制。常州作为全省首个联合授信试点城市,对"担保圈"风险企业或担保数额巨大的企业,组织参贷行签订同业合作协议,实行联合监测、信息共享、早期干预和协同处置,有效解决了银行擅自抽贷、过度压贷导致企业资金周转困难的可能性。自2013年5月试点以来,已有近30户、超120亿元授信纳入企业授信总额联合管理框架协议,亿晶光电、盛洲铜业、江苏卓润重工等多家"担保圈"核心企业资金链风险得到有效化解。二是探索《政银企合作联合公约》。无锡银监分局联合宜兴市政府选取了宜兴地区"行业重要性突出、授信规模突出、相互担保情况突出"12家骨干企业及本、外地银行36家签订联合公约,建立主办行制度,采取存量与增量区别对待的方式,稳定存量授信和担保,对于增量授信则一律组建银团,对新增担保及投资采取企业申请、银行及政府核准机制。

四、化解"担保圈"风险的几点建议

(一) 要防范"担保圈"风险有待于银行信贷文化的重塑

不良的银行信贷文化是"担保圈"风险的重要诱因。当前,银行发放贷款时主要依靠担保缓释风险,信贷业务已经严重"典当化"。银行应回归信贷本质,注重对借款人第一还款来源的评估,根据企业信誉和还款能力发放贷款,弱化外部担保,注重企业经营过程中产生的现金流、经营质态、非财务因素,这是减少"担保圈"风险的最有效方法。

(二) 要前瞻性防控"担保圈"风险必须创新授信机制

其核心是创新担保方式,寻找保证担保的替代品。对保证类贷款,银行可以探索尝试用"资金池"思路往基金化方向改进保证模式,以互助代替互保,目前常州民生银行"互助合作基金"和建行"助保贷"模式均属于上述模式。"助保贷"业务采取政府投入适量的铺底资金、企业交纳一定比例助保金的模式,运用政府增信平台和"助保金池"形成资金的规模效应和杠杆放大效应来增加企业贷款额度。除此以外,银行还可以尝试信用贷款以及"在建工程、设备、股权、知识产权、应收账款"等抵质押物担保方式,可以探索采用供应链融资、保理等业务降低对保证担保的依赖。

(三) 要缓解"担保圈"风险可适度借助政府信用

当前,企业之间担保链条过长、"担保圈"风险突出等问题受制于苏南整个社会经济发展阶段、结构的影响,众多中小企业在可供抵押资产普遍不足的情况下,需要更加有效地保证担保机制作为补充。建议成立政府性专业担保公司,专门为企业提供担保,一定程度上解决企业之间互保、银行"拉郎配"的情况。这类担保公司有别于一般融资性担保公司,主要借助政府信用、由政府发起、不以盈利为目的,可以以行政区划为单位,选择部分"担保圈"风险较为突出的区(县)、乡镇先行试点,并逐步完善推广。

(四)要根治"担保圈"风险必须做好相应的配套改革

"担保圈"问题由来已久,化解更是一个系统工程,不是简单变更担保关系,更不是单纯靠压缩贷款来简单处置,而切断担保链存有法律限制且涉及多方利益。因此,相关配套改革措施必须到位,比如完善社会诚信体系,建立健全企业、个人征信系统,加大对逃废债的惩罚力度;扶持融资性担保公司健康发展;大力发展直接融资市场等。(本文发表于《新华社国内动态清样》)

近千担保圈困境突围

——常州绘 8 000 户企业关系图 探索大圈化小

2012 年以来,浙江杭州、温州等地互保、联保危机持续引发关注。

记者从江苏一位银行业知情人士处获悉,自 2012 年下半年以来,常州市银行业已连续发生 10 多起由担保链、"担保圈"引发的信用风险,"担保圈"风险让许多涉足的实体企业遭遇"连坐",出现震荡式休克,部分银行机构甚至出现了草木皆兵的"惧贷"。

担保圈形成模式为,银行贷款企业形成担保关系,连续担保形成担保链,担保链相互交织形成担保圈,在此过程中,企业数量会成倍增加。从风险处置实践来看,"担保圈"一旦形成,风险化解处置难度很大,更重要的是在于事前前瞻性揭示风险。

记者得知,2013 年初,江苏银监局多次组织当地银行机构对担保圈进行摸底,对其风险特征、处置方式进行研究。

"近期,常州监管部门在集中汇总了 3 万条公司客户保证贷款信息基础上,绘制了一张全市担保圈关系图,已下发给银行。"上述银行人士对记者称。

同时,据悉,目前常州地区化解担保圈已经形成方案:存量担保圈上,重点是"大圈化小";增量业务上,主要是担保模式创新,例如组建"资金池"等。

一、绘制"担保圈"图谱

记者获知,在对担保圈引发信用风险初步了解后,2013 年一季度,常州银监分局正式启动"担保圈"风险化解工作,将其列为 2013 年最主要监管工作之一。

"首先是全面摸底工作,只有下决心摸清'担保圈'底数,才能研究出科学的风险防控措施和合理的'破圈解链'方案。"常州银监分局领导对记者称。

这一工程浩大而艰难,据介绍,常州银监局组织各银行汇总整理常州近 3 万条公司客户保证贷款信息,并在此基础上全面厘清企业间担保关系,并借助科技手段逐一绘制了"担保圈"关系图。

"我们共识别出常州'担保圈'近千个之多。992 个担保圈涉及近 8 000 户企业、银行融资总额约 2 000 亿元,保证金额达 1 812 亿元。"常州银监局领导对记者说:"'担保圈'一旦形成,其规模和影响力十分惊人。一是超集中性,最大的圈涉及企业逾 4 000 户;二是超复杂性,最大的圈有 7 000 多对保证关系,担保关系错综复杂,涉及辖内所有银行,常州几乎所有重点企业和集团均在其中。"

据悉,常州银监局目前已将"担保圈"分圈名单和担保关系图下发各银行。目的是,让各银行全面了解每个担保圈内的企业间担保关系和授信情况,在新发放保证贷款前,查询借款人、保证人是否是"圈内"企业,防止因新发放融资再度陷入不良"担保圈"。

二、"大圈化小"

常州银监局在担保圈研究中,还发现担保本应作为银行信用风险的缓释手段,充当借款人不能按期还本付息时的"第二还款来源",但是担保圈债务的出现,使得担保"第二还款来源"大面积失效,银行面临十分被动的局面。

经济下行周期内,企业资金链普遍紧张,存量担保的实际清偿能力显著下降。也就是说,担保圈越大,并非安全性就越高,特别是经济低迷时,反而可能会带来区域性、系统性风险。

从全国看,这一问题并非浙江、江苏特有,而是已经成为当前各地政府和银行业界不容回避、亟须解决的难题,如不加以重视和控制,担保圈风险可能将以"几何倍数"不断蔓延。

"从风险处置实践来看,'担保圈'风险化解处置难度也很大,因此,事前前瞻性揭示风险更为重要。"银监局领导对记者特别强调。

据介绍,在摸清"担保圈"风险底数后,常州银监分局提出三个工作重点:揭示风险、大圈化小、降旧控新。

对正常"担保圈",目前,银监局和银行要求提高抵(质)押比重,减弱担保的影响。"能够拆分的担保圈,一般会给企业做工作,让其更换担保人,打断担保圈链条,其实目的就是,最大限度将圈内担保额降低,大圈化小"。

之所以要将担保圈大化小的原因,在记者拿到一份常州银监分局调研中可以得到解释,"担保圈形式下,债务端企业数量轻易达到两位数,牵涉股东、员工和集资群众动辄成千上万。债务集群与地方经济、社会稳定相捆绑,绑架了政府的维稳需要和银行预防系统性风险的需要,产生了'债务人不急、担保人心急、政府最急'的怪现象"。

如2012年上半年受担保圈债务牵连发生不良贷款的13户本地企业及关联企业2011年的销售收入总额就近20亿元,企业员工超万名,目前多已处于破产、停产或半停产状态。

另外,记者获知,对于"担保圈"内已形成不良的保证类贷款的,除了债务重组、土地置换外,"小贷公司等和民间借贷往往是催债先锋,他们的非正常催债手段导致债权人恐慌。另外,一些外地银行往往也会收缩贷款,个别债权方第一笔贷款逾期后,就率先诉诸法院并查封、扣押企业资产,则会进一步引发其他银行收贷。"一位知情人士称。

针对此情况,据悉,目前"联合贷款"开始被积极推荐用来预防"担保圈"债务风险,模式为若干授信银行成立"类银团",联合为重点企业及其关联企业提供一揽子融资支持,参贷银行共同测算和保障企业实际资金需求,并实现银行间同进共退、信息共享。

"联合贷款"模式同时要求,担保圈企业必须在面临重大资本运作、对外担保和其他融资时必须提前告知,接受联合监督。

"联合贷款目的是:事前,可以防止多头授信;事后,可以防止个别银行抽贷。从2013年5月份以来在常州、泰州试点效果看,其区别于银团贷款,确实为企业稳定生产经营、缓解资金紧张、平复危机发挥了重大作用,具有科学性、持续性。"江苏银监局有关人士表示。

三、探索类"资金池"

记者从常州银监分局获悉,"大圈化小"作为存量担保圈主要处置方式,对于增量,银监部门则鼓励银行创新担保方式,减少互保、联保的运用。

"我们现在正在推广'助保贷'业务,尝试转向保证金'资金池'模式,政府投入适量的铺底资金、企业交纳一定比例助保金,然后形成一个助保资金池,池内企业就可以运用杠杆放大效应来增加贷款额。"常州建行一位人士表示。

在此模式下,企业仅需提供40%至50%贷款额度的抵押担保。"我们这种模式形成的资金池平台已超过10个,最近召开的常州市金融工作会议,也重点推介了我们这种新型担保模式。"该建行人士称。

记者在采访中了解,此种模式并非建行一家,如民生银行在常州推出的"企业互助合作基金"融资模式,也可划入"资金池"担保业务范畴。

记者调查发现,常州部分银行也在尝试大中型企业集团内关联企业相互担保,这种担保区别于互保,后者主要指两个非关联企业之间互相担保。

"事实上,这种担保不少是由企业提出来的,有的大中型企业刚摆脱担保圈危机,还心有余悸,希望能够通过内部担保、抵押,切断对外部企业担保链条。"有关知情人士称,很多企业已开始主动清理担保关系,即在贷款到期后退出对外部企业的担保。

不过上述模式只适合少数质量好的大中企业,否则银行也很难认可。据介绍,同样,一些大中型企业为了减少互保、联保的影响,对直接融资热情高涨,常州不少银行也在大力推介债券融资,银行居间承销。

"针对小企业,也有银行提出了小微企业扶持债,这是 2013 年的新品种,招商银行常州分行就正计划与长城证券合作,发行 15 亿小微企业扶持债。"记者从常州银监局获悉。

记者获取的数据显示,2013 年 7 月末常州企业直接债务融资余额已达 104.9 亿元,是 2012 年同期的 5 倍!

四、谋划专业监控平台

"'担保圈'是持续困扰整个银行业的一大顽疾,要破解'担保圈'风险,银行必须首先重塑科学的信贷文化和风险控制理念,认真分析借款项目的第一还款来源。"常州银监局领导对记者称。

他认为,除此以外,对于贷款相关配套措施也需要完善,包括担保机制、征信平台等。

"我们分行信用卡分期付款不良贷款大概是 0.8% 多一点,但是小企业贷款不良率已超过 2%,很大一部分是与担保公司合作的贷款,之后发现这些担保公司我们都不了解,所以现在我们做小企业贷款,基本全部转向抵押,不再接受担保公司担保。"工行江苏分行一位信贷负责人对记者称。

他建议,政府加强对担保机构的资质审查,加大对担保机构的投入,提高担保的倍数。

事实上,记者采访的多位银行人士均表示,正是融资性担保行业鱼龙混杂,银行一般才首选互保、联保,进而形成了规模庞大的担保圈。

记者从常州银监局获悉,目前常州正在积极探索融资性担保机构担保卡管理机制,为辖内所有融资性担保机构一户一卡设置特殊"身份证",不仅在资本金、保证金、杠杆率等准入门槛上进行规范,而且可以实时监控掌握其对外担保总量和风险信息。

在最近召开的一次工作会议上,常州市分管金融的常务副市长透露,常州市政府正谋划成立专门的金融控股公司,新设立公司可以为企业融资提供担保,也可以为担保公司提供反担保。

据悉,目前常州在研究的方案,包括通过并购贷款,推动产业集中和重组,解开担保链,重组现有的担保,斩断多米诺骨牌效应链条。

"不排除成立专业并购基金的方式,对出现问题的担保圈部分链条,进行买断式并购、重组。"有关知情人士称。(本文发表于《21世纪经济报道》《新华日报》《常州日报》,文中内容、观点由本书作者提供,以专访形式刊发)

近千担保圈困境突围——常州绘8 000户企业关系图 探索大圈化小

"担保圈"风险的成因及其危害

2012 年以来,辖区商业银行由"担保圈"引发的信贷风险频频发生,据对辖区多个"风险系"企业分析,企业间互保、连环担保的保证担保贷款占总授信额的 73.65%。为此常州银监分局以某风险系为例(简称"A 系"),从分析"担保圈"成因入手,进一步分析"担保圈"对银行授信管理和地区经济发展的危害。

一、"担保圈"风险成因

常州地区以中小企业为主,在以间接融资为主、有效抵押不足的情况下,保证担保贷款在解决中小企业融资难问题方面发挥了积极作用,但在经济下行时,一些企业经营出现困难,并因"担保圈"迅速传染、扩散了风险。

(一) 银行授信制度缺失或落实不到位

近年银行的快速发展仍然依靠规模扩张,考核机制也偏重业务拓展,在利益驱动下,商业银行对放款第一还款来源审核有所放松,忽视对借款人自身的现金流和还贷能力的评估,甚至弱化第一还款来源,过分看中或盲目信任第二还款来源。有的银行客户经理利用手中掌握的客户资源,为企业"拉郎配",造成无效担保多。一些商业银行对特殊保证担保授信管理缺乏明确规定,特别是对于关联企业连环担保、企业间互保等没有具体规定,没有规定对保证企业视同贷款企业一样严格审查,或仅规定按"从严"的原则审查审批,但实质上缺乏有效的制度约束。

（二）企业盲目扩张经营不善

近年来,许多企业存在盲目扩张冲动、过度投资倾向,资金没有用于产业的转型升级,而是偏离主业、多元投资,甚至脱离实体经济从事资金运作。在企业扩张过程中,银行也往往对企业的管理能力和市场前景盲目信任,不断为企业扩张提供授信支持,助推企业盲目投资。随着经济形势的变化,尤其是经济下行压力下,企业经营难度加大,资金流动性降低,资金链断裂危机频发,进而引发"担保圈"风险。据调查,"A 系"有 9 家关联企业,涉及金属制品、纺织设备等多个行业,在辖区的授信银行多达 7 家。企业受钢材行业不景气、异地房地产投资决策失误、关联企业交叉互保、参与民间借贷等因素影响,出现经营困难,资金链紧张进而引起债务危机。"A 系"主体企业 A 由于负债较多、债务纠纷,外地法院查封了企业抵押物及账户,使风险显化。

（三）融资方式决定"担保圈"形成的必然性

目前,企业融资的方式仍以间接融资为主,直接融资比例较低,而常州以中小企业为主,中小企业普遍存在资金需求旺盛、自身抵质押资产不足、第三方担保市场供不应求、对保证贷款依赖性较大等特点,使大量贷款采用保证方式。在经济下行期,承担担保责任代偿成为企业出险的首要原因。

二、"担保圈"风险对地区经济发展带来的危害

企业"担保圈"风险在一定程度上对整个地区的破坏作用明显,加剧了经济金融体系的不稳定性,潜在隐患不容忽视。

（一）"担保圈"无限放大风险,银行授信风险难控

担保圈内涉及企业众多,保证关系错综复杂,互保、连环担保、交叉担保等形式交织在一起。担保链条往往不局限于一个行业或一个

行政区域。如"A 系"内 9 家关联企业总授信额 5.46 亿元,18 家企业为该系内企业提供保证担保,占授信总额的66.3%,其中 54.2%是 9 家关联企业间的互保或连环担保。由于担保关系的存在使单家企业的风险会迅速扩散到担保企业,引发"多米诺骨牌效应",而"担保圈"内企业关系错综复杂,极易形成风险传染源。2012 年 7 月由于该系内企业 A3 及其关联企业出现应收账款不能及时回笼,导致贷款不能及时归还,引发"A 系"内各企业贷款出现风险。而"A 系"企业与系外企业由于存在担保或互保关系,从而将风险从系内扩散到系外,引发"涟漪"效应。如"B 系"企业为"A 系"内 3 家企业担保 2.84 亿元,已有部分形成不良,而"B 系"企业自身因未能及时偿付到期贷款形成逾期,资金链已异常紧张,一旦因"A 系"风险产生实际代偿,必将加速风险蔓延,而为"B 系"提供担保的 8 家企业亦将受此影响,风险将被无限放大,对整个地区的破坏作用明显。

(二)企业关联关系的复杂性与隐蔽性掩盖了担保潜在风险

当前"担保圈"风险及传染主要集中于涉及范围广、关系复杂、隐蔽性强的关联企业互保、连环担保及交叉担保。"A 系"9 家企业中,企业法定代表人多由其众多亲属担任,关联关系隐蔽,单从股权结构或法定代表人等要素难以判断其是否是关联企业,银行都是采取单户企业授信方式,辖区 7 家授信银行无一将该系关联企业作为集团客户进行管理。对单户企业授信而言,担保表面上降低了信用贷款风险,但对于担保圈内的贷款而言,多笔担保贷款的风险捆绑,非但没有起到风险缓释作用反而增加了信贷系统性风险。据调查,"A 系"9 家企业均有担保关系,其中 4 家关联企业互保,金额 1.23 亿元,4 家关联企业连环担保,金额 0.74 亿元,2 家企业与外系企业存在连环担保,金额 3.74 亿元,一旦其中一家企业风险爆发,其连带风险不言而喻。

(三)关联担保、互保降低了保证效力,实际代偿难落实

"担保圈"风险发生的源头在于借款人出现了清偿危机,担保企

业发生代偿行为,债务人与担保人之间的代偿关系具有一定虚拟性,风险的波动性和传染性更具不确定性。由于关联担保、互保行为降低了保证效力,致使银行担保风险缓释措施形同虚设。企业风险一旦发生,愿意承担担保责任的企业均要求银行另外增加授信,但银行考虑风险状况,不敢贸然新增授信,代偿难以落实。如果银行采取诉讼、抽贷、压贷等简单化处理方式,关联担保企业及其担保企业均会因为代偿问题产生不良的连锁反应,一定程度上会激化"担保圈"风险,加剧经济金融体系的不稳定性。(本文发表于江苏银监局《监管调研》)

"担保圈"风险的成因及其危害

积极探索"担保圈"风险化解防控路径

"担保圈"风险具有易形成、易扩散、难化解、难防控的特点,倘若风险处置不及时,将给地方经济金融生态造成严重的破坏。截至2013年4月末,常州辖内共暴露16个"担保圈"风险,涉及银行贷款39.77亿元,已形成不良贷款约17亿元,占全辖公司类不良贷款的48%。为此,常州银监分局努力寻求"担保圈"风险化解防控之道,积极探索风险关口前移,守住风险底线,取得初步成效。

一、开展的主要工作

(一)加强领导,强化认识

一是成立领导小组,加强组织协调。成立由局长任组长的"担保圈"风险化解工作领导小组,下设办公室具体负责风险化解工作的情况收集、分析,化解方案拟订及组织协调。同时,寻求地方政府政策支持,启动偿债基金,积极协调银行和企业共同处置好风险,尽最大努力降低对地方经济的破坏。二是召开专题会议,明确部署工作。通过召开年度监管工作会议和专题会议明确了"担保圈"风险防控任务部署,要求各银行保证统一行动,步调一致。三是组织专题培训,强化风险认识。邀请工行江苏省分行的专家开展专题培训,对"担保圈"风险的主要风险点、管控方法和辅助工具等进行了详细讲解,使工作组全体人员掌握了"担保圈"风险防控的知识要点。

（二）绘图索骥，全面摸底

一是建立担保贷款基础数据库，夯实风险监测分析基础。科学设置 10 项关键要素，制定统一的报表格式规范，全面掌握辖区银行业担保贷款信息，严格把控各行上报数据质量。二是开发"担保圈"分析监测系统，实现持续监测跟踪。该分析系统具备了对"担保圈"逐个分析识别、绘制"担保圈"状况图等主要功能，实现了对风险的持续监测。三是绘制担保圈示意图，全面厘清"担保圈"关系。组织人员通过手工绘制与系统软件并行，绘制了"担保圈"风险状况图，找出"互保""连环保""交叉保"等担保关系，并按风险状况将"担保圈"分为风险可控、风险一般、风险较大和风险严重等四个等级，实施分类处置。

（三）对症下药，破圈解链

在摸清辖区"担保圈"底数的情况下，采取先易后难，选取一些关系较为简单的"担保圈"开展破圈解链试点，逐步积累风险化解工作经验，如对一例由 15 户企业、涉及 1.1 亿元担保额的混合"担保圈"，在尚未出现风险的情况下，通过综合运用压缩风险融资、增加抵押物、变更有效担保人、断开担保链条等措施，逐步将大圈化解为3 个独立小担保圈，成功防范该"担保圈"风险的蔓延和扩散。

（四）创新机制，强化预防

在辖区部分银行先试先行的基础上，常州银监分局引导商业银行通过确立战略合作机制、选取合适目标客户、实施有效封闭管理、实行成员统一进退等四步骤，探索建立联合授信总额管理机制。通过深化银行同业间的合作，防范多头授信、过度授信、重复授信的风险，从授信源头上控制"担保圈"风险的形成。目前，辖区部分银行已对 21 个目标客户建立授信总额联合管理，融资金额 22.7 亿元。

二、取得的初步成效

（一）积极维护了地方经济金融安全稳定的大局

目前,系列"担保圈"中涉及的风险企业中 2 个基本盘活维持正常经营、8 个仍在积极推进债务处置和重组、3 个因救助难度较大,正式进入破产程序。所涉及的 39.77 亿元贷款风险已得到基本控制,没有蔓延和恶化,保障了地方经济金融平稳较快发展的大局。

（二）全面摸清了辖内"担保圈"风险的状况

分局通过"担保圈"分析监测系统基本摸清了辖区"担保圈"风险的情况,为下一步开展针对性的监测、化解工作打下了坚实的基础。截至 2013 年 3 月末,辖内共有"担保圈"992 个,担保圈内涉及企业 7 966 户、用信余额 1 983 亿元,保证金额 1 812 亿元,占辖区法人公司客户授信总数的 51.8%。其中最大"担保圈"涉及企业 4 868 户、圈内保证关系 7 039 对,保证金额 1 114 亿元,互保关系 1 552 对,互保金额 325 亿元。

（三）成功化解了少数典型的风险"担保圈"

截至目前,分局通过"清收压缩,退出担保圈""变更担保,分割担保圈""突破关键点,缩小担保圈"等方法,成功化解了一个"担保圈",涉及 15 家企业,保障了 1.1 亿元信贷资金安全。

（四）初步积累了"担保圈"风险化解的经验

在试点中,分局逐步积累了化解"担保圈"风险的有益经验。一是稳妥有序。处置"担保圈"风险,必须长远谋划,找准关键节点,有序推进,避免操之过急,带来不必要的风险。二是加强联动。积极争取地方政府、银行机构和企业的支持与合作,有利于为化解"担保圈"创造良好的外部条件。三是形成合力。化解"担保圈"风险工作量大、难度高、任务繁重,需要监管部门、地方政府、银行和企业形成合力才能更好地开展工作。

三、相关启示与思考

当前,"担保圈"风险不仅降低了贷款担保的效力,而且还给企业和银行都带来较为严重风险,不利于经济金融的健康发展,亟须规范校正。

(一) 牵头部门应成为推进风险化解的坚强核心

从实践来看,"担保圈"风险化解工作量巨大,牵扯到地方政府、银监部门、银行和企业等多个主体,必须指定牵头部门,成立专班,全面负责信息收集、分析,化解方案拟订及沟通协调等具体工作,统筹规划、稳妥有序地推进工作措施落地。

(二) 建立信息共享机制是防范"担保圈"风险的重要抓手

在全面、准确收集信息的基础上,通过"担保圈"分析监测系统、信贷登记系统、客户风险监测预警系统等信息系统构建起有效的信息共享平台,提高对企业"担保圈"风险识别和评估能力,加强对企业不规范担保行为的监测预警,既为化解存量风险提供信息支撑,也可以有效防范新"担保圈"的形成。

(三) 风险防控关口前移是预防"担保圈"风险的治本之方

一是应建立制度"防火墙"。突出设置事前预防性的信贷管理制度,通过建立企业联合授信总额管理机制等制度,从源头上规范担保行为。二是树立科学的信贷文化。督促银行高度重视第一还款来源,避免人为"拉郎配",形成错综复杂的"担保圈"。(本文发表于常州银监分局《金融监管信息》)

破圈解链:"担保圈"风险防控做法与成效

防范和化解"担保圈"风险是提高信贷资产质量、保全银行资产、优化金融环境的重要举措,是推进银行业健康发展的有力抓手。常州银监分局在防范企业集群风险方面,积极寻找突破口,对"担保圈"风险防控做了大胆探索,取得了阶段性成效。

一、主要做法

(一) 确立原则,全面推进

一是统一认识。通过召开年度监管工作会议和专题会议明确部署,要求辖区各银行将"担保圈"贷款化解列入领导班子重要议事日程,实行一把手负责制,立足全市经济金融发展大局认识开展"担保圈"风险防控的重要性和积极意义。二是明确原则。围绕"守底线、强服务、促转型、严内控"的中心工作,把加强"担保圈"贷款风险防控化解与支持辖区经济发展、确保银行业金融机构平稳健康发展结合起来,积极探索"担保圈"风险防控化解的新思路、新途径,实现"担保圈"风险防控与各项工作相互促进、协调发展。三是建立机制。成立了辖区银行业金融机构"担保圈"风险化解工作领导小组及办公室,由银监部门牵头,各银行业金融机构共同参与。该领导小组办公室多次召集会议,进行数据图形分析、化解方案论证和情况通报。四是确立目标。以辖区法人客户保证贷款为重点,以"揭示风险、破圈解链、降旧控新"为目标,从源头上抑制风险的产生。

（二）分步作业,循序渐进

一是摸清底数,识别担保关系。通过汇总整合辖区银行业金融机构2.7万多条"保证贷款明细信息",对法人客户和担保人保证类融资数据借助科技手段运用邻接矩阵算法,对担保圈逐个识别,目前识别出辖内992个"担保圈"。二是绘制图形,厘清关系。为了更为清晰直观地分析"担保圈"担保关系,通过手工绘制与绘图软件并行逐一绘出"担保圈"关系图,清晰勾勒出各"担保圈"企业间的关联担保关系。三是逐圈分类,差别管理。根据"担保圈"贷款形态和风险程度,将其按照风险可控、风险一般、风险较大和风险严重四类进行分类,并按不同类别进行分类管理。初步分析辖内风险较大的"担保圈"占5.1%、风险严重的"担保圈"占2.6%、风险一般的和风险可控的"担保圈"共占92.3%。四是破圈解链,因"圈"施策。目前各行已提交90多个"担保圈"的综合评价报告和化解预案,围绕"大圈化小"的思路,找出"担保圈"关键节点和需切断的链条,组织银行专家对化解方案的可行性进行论证,在充分听取专家和相关银行意见的基础上,确定"担保圈"风险化解的实施方案。

（三）降旧控新,稳妥退出

一是信息共享。分局将"担保圈"分圈名单和担保关系图印发给各商业银行,让银行全面了解每个担保圈内的企业数量和授信情况,在新发放保证贷款前,查询借款人、保证人是否是"圈内"企业,防止因新融资再次陷入不良"担保圈"中。二是逐步化解。对正常"担保圈"采取现金清收、提高抵(质)押比重、更换担保人或改为其他业务品种等方式最大限度将圈内担保额降低,逐步退出。对"担保圈"内已形成不良的保证类贷款,积极协调政府通过债务重组、土地置换、政府帮扶等方式逐步化解,同时依据贷款风险状况提足拨备、及时核销。三是稳妥退出。要求按照"担保圈"贷款分类等级,先易后难,同进同退,有计划地稳妥退出,不急于求成,不人为造成风险。

二、初步成效

（一）全面掌握了辖内"担保圈"的综合情况和特点

通过数据整理分析，目前识别出辖内 992 个"担保圈"，涉及 7 966 户企业、用信余额 1 983 亿元，保证金额 1 812 亿元，占辖区法人公司客户授信总数的 51.8%。其中有 10 户（含）以上担保关系的担保圈 21 个；有 5 户（含）—9 户担保关系的担保圈 83 个；有 5 户以下担保关系的"担保圈"888 个。辖内"担保圈"具有两大特点：一是超集中性。最大"担保圈"涉及企业 4 868 户，占保证类客户的 61%，保证金额 1 114 亿元，占保证金额的 61.5%。二是超复杂性。最大"担保圈"形成 7 039 对保证关系，担保关系错综复杂，涉及辖区所有银行、所有辖市区重点企业和集团，重点企业过度担保情况突出。

（二）增强了银行完善授信管理制度的主动性

透过"担保圈"的表象，折射出银行识别风险能力相对不足、对担保的盲目依赖等问题。分局用翔实的数据、直观的图形揭示了辖内银行存在的对单一企业过度授信、过度担保，信贷管理制度执行不严格，过度依赖第二还款来源等问题，找出了银行信贷管理制度存在的薄弱环节，启发银行主动对当前授信管理制度进行深入思考，研究完善第二还款来源的相关制度，提升风险防控专业化水平。

（三）搭建了授信风险防范化解的平台

分局通过搭建信息共享平台，为银行授信风险管理提供了有效参考，一定程度上缓解了银行与企业信息不对称的情况，揭示或避免了单一企业的过度授信与担保。同时，牵头行协调机制为每个"担保圈"提前制订了风险化解方案，促使各银行在该机制下形成风险防范化解合力、共谋风险处置工作，提升了银行防范系统性、区域性风险的能力。

三、几点启示

（一）"担保圈"风险化解重在风险揭示和预警

从风险处置实践来看，"担保圈"风险一旦形成，化解处置难度较大，耗费大量的人力、物力和财力，且处置成效难以保证。因此，设置前瞻性防控风险的信贷管理制度，将担保圈的风险防范关口前移，事前预防风险比事后化解风险更加重要。

（二）做好贷前尽职调查是降低"担保圈"风险的前提

银行应做好贷前风险尽职调查工作，逐户逐笔摸清担保企业与被担保企业的关联情况，查明"担保圈"内企业的组织结构及相互之间的关联关系，全面掌握担保圈企业真实财务状况、经营动态及担保信息，增强授信管理风险识别能力，逐步消除关联企业间互保行为。

（三）良好的信贷文化是防范"担保圈"风险的基础

要从制度层面保障信贷风险管理文化回归"信贷"本质，扭转过分看重第二还款来源的认识偏差，更加注重对借款企业自身经济效益、发展前景、经营管理的评估判断，根据企业的信誉和还款能力来发放贷款。

（四）增强信用意识是防范"担保圈"风险的保障

一方面，企业在对外提供保证担保时，必须坚持依法诚信原则，按照《担保法》《会计准则》等法规要求，依据企业自身的实际情况，做出足额有效的保证担保。另一方面，银行在审查担保人资质时，不能一味看重企业的资产情况，要在确定合理杠杆率的基础上，综合评估保证人的担保能力。（本文发表于江苏银监局《监管调研》）

常州地区"担保圈"风险防范化解初显成效

2013 年以来,常州银监分局针对常州地区"担保圈"、担保链风险频发带来的区域性风险隐患,大胆实践,积极探索"担保圈"风险识别、监测、计量、化解和防控的新思路、新途径,取得了阶段性新成效。

一、主要做法

(一) 确立原则,全面推进

一是统一认识。常州银监分局通过召开年度监管工作会议和专题会议明确部署,要求辖区各银行将"担保圈"贷款风险化解工作列入领导班子重要议事日程,立足全市经济金融发展大局认识开展"担保圈"风险防控的重要性和积极意义,实行一把手负责制。二是明确原则。围绕"守底线、强服务、促转型、严内控"的中心工作,把加强"担保圈"贷款风险防控化解与支持辖区经济发展,确保银行业金融机构平稳健康发展结合起来,积极探索"担保圈"风险防控化解的新思路、新途径,实现"担保圈"风险防控与各项工作相互促进,协调发展。三是建立机制。成立了辖区银行业金融机构"担保圈"风险化解工作领导小组及办公室,由银监部门牵头,各银行业金融机构共同参与。该领导小组办公室多次召集会议,进行数据图形分析、化解方案论证和情况通报。四是确立目标。以辖区法人客户保证贷款为重点,以"揭示风险、破圈解链、降旧控新"为目标,从源头上抑制风险的产生。

（二）分步作业，循序渐进

一是摸清底数，识别担保关系。2013年、2014年分别两次汇总整合辖区银行业金融机构合计12万条"保证贷款明细信息"，借助科技手段，运用邻接矩阵算法，对法人客户和担保人保证类融资数据进行甄别、比对。二是绘制图形，厘清关系。为了更清晰、更直观地分析"担保圈"担保关系，借助绘图软件逐一绘制"担保圈族谱"，清晰勾勒各"担保圈"企业间的关联担保关系。目前，已有效识别出担保圈1 094个，涉及法人公司客户保证担保借款企业6 079户，授信余额2 242亿元，保证企业5 243户，保证金额2 078亿元。三是逐圈分类，差别管理。根据"担保圈"贷款形态和风险程度，将其按照风险可控、风险一般、风险较大和风险严重四个类别进行分类管理。其中：风险可控、风险一般担保圈944个，占比为86.29%，风险较大担保圈106个，占比为9.69%；风险严重担保圈44个，占比4.02%。四是破圈解链，因"圈"施策。围绕"大圈化小"的思路，找出"担保圈"关键节点和需切断的链条，组织银行专家对化解方案的可行性进行论证。在充分听取专家和贷款银行意见的基础上，目前已针对200多个较复杂"担保圈"提交综合评价报告和化解预案。

（三）降旧控新，稳妥退出

一是信息共享。在保密框架下开放查询权限，各商业银行可随时申请查询本行"担保圈"分圈名单和担保关系图，全面了解每个担保圈内的企业数量和授信情况，在新发放保证贷款前，查询借款人、保证人是否是"圈内"企业，防止因新融资再次陷入不良"担保圈"中。二是逐步化解。对正常"担保圈"采取现金清收、提高抵(质)押比重、更换担保人或改为其他业务品种等方式最大限度将圈内担保额降低，逐步退出。对"担保圈"内已形成不良的保证类贷款，积极协调政府通过债务重组、土地置换、政府帮扶等方式逐步化解，同时依据贷款风险状况提足拨备、及时核销。三是稳妥退出。要求按照"担保圈"贷款分类等级，先易后难、同进同退、有计划地稳妥退出，不急于求成，不人为造成风险。

二、成效及积极影响

（一）担保圈复杂程度得到控制，"破圈解链、大圈化小、降旧控新"有效性逐步显现

据最新统计数据显示，辖内担保圈共 1 094 个，同比增加 102 个，其中，以 5 户以下的"低风险"新圈和脱离大圈的裂变小圈居多；20 户以上复杂圈减少 1 个，圈内 10 户以上企业的担保圈占比由 2.12% 降至 1.92%。多数银行 10 户以上"担保圈"以及最大圈的企业保证关系趋于简化，如 10 家主要银行中，有 7 家银行最大圈的企业户数减少，有 8 家银行 10 户企业（含）以上"担保圈"数量减少，其中工、农、中、交等四家银行 10 户（含）以上"担保圈"已降至 5 个以下。

（二）对银行企业产生积极影响，"主动防御、超前防御、联合防御"的担保圈风险防范机制逐步形成

"担保圈"风险化解试点工作的实施，帮助银行、企业认清了"担保圈"全貌及其巨大的危害性，更推动了银行风险管理理念和技术手段的积极变革。银行在贷前调查时常常会申请通过担保圈监测系统查询企业涉及担保圈情况，衡量、判断其总体风险，并努力通过担保方式创新、联合授信管理、组建银团等来规避担保圈风险；企业对于保证担保日趋审慎，一些企业主动梳理自身对外担保情况，及时与银行沟通被担保企业经营情况，自发与被担保企业签订在向其他企业提供保证担保时应征得保证企业的同意等协议。

（三）引起地方政府高度重视，"源头化解、多措并举、标本兼治"解决担保圈问题的机制环境逐步完善

分局"担保圈"风险防控化解措施成效先后被《21 世纪经济报道》《新华日报》等主流媒体刊载，得到省局和地方政府领导的高度肯定和大力支持。在分局强烈建议和积极推动下，地方政府高度重视担保圈风险化解工作，研究措施帮助企业突破担保限制。目前已正式启动小微企业小额贷款保证保险试点，并着手成立政府性市级

专业担保公司;制订方案创优土地和房屋资产抵押登记管理,拟订措施推进"三权"抵押改革,帮助企业提高资产抵押率;开展担保方式创新,与建行等联合开展助保贷业务,由政府注入资金形成担保资金池,为企业提供贷款担保,强化政府担保效力;设立科技贷款、小微贷款风险补偿基金,强化初创期、种子期企业的支持。

(四)加强担保圈风险综合化解,"因圈施策、多措并举、平稳推进"风险处置模式逐步发挥作用

目前分局已联合多家银行将 9 家担保圈风险核心企业纳入授信总额联合管理,涉及信贷资金合计 41 亿元。如江苏联凯农业装备集团有限公司由于为常州市新华石油化工储运集团有限公司担保代偿引发企业资金断裂,危及 5.27 亿元银行贷款,后通过建立授信总额联合管理机制,为企业提供稳定资金支持。目前,该公司生产经营逐步走出了前期资金紧张、产能萎缩、经营不佳的困境,各类产品产能销量提高 1—3 倍。银行授信风险也得到明显缓释。

三、几点认识和思考

(一)要持续推进"担保圈"风险化解还需充分认识其长期性、复杂性和艰巨性

当前经济发展的下行,银行发展的转型以及融资难、担保难问题的根深蒂固,大大增加了"担保圈"风险防控的难度,而要将新的风险管理理念、意识、技术渗透到银行也依然任重道远。因此,既要充分认识"担保圈"化解工作的长期性、复杂性和艰巨性,不急于求成,又要持之以恒、形成合力、稳妥处置。

(二)要根治"担保圈"问题还有待于银行信贷文化的纠偏

当前,信贷风险缓释,"典当化"趋势过度放大了第二还款来源的作用,加剧了系统性和区域性金融风险的蔓延扩散,增加了企业间"一损俱损"的可能性、猝然性。银行应回归信贷本质,注重第一还款来源,注重企业经营过程中产生的现金流、企业的产品状况以及非

财务因素。

（三）要前瞻性防控"担保圈"风险还必须创新授信机制

实践证明，探索和推进银行建立企业授信总额联合管理机制是一项有益尝试，通过引导银行确立战略合作机制、选取合适目标客户、实施有效封闭管理、实行成员统一进退、强化企业行为约束，可以从源头上降低银行对企业间担保的依赖，防控"担保圈"风险的集聚。

（四）要化解"担保圈"风险还要建立科学稳妥的处置机制

化解"担保圈"是一个系统工程，不是简单变更担保关系，更不是单纯靠压缩贷款来简单处置，人为切断担保链存有法律限制且涉及多方利益。银行要以不发生系统性和区域性风险为底线，既要支持好地方经济发展，又要确保自身资产安全，按照"担保圈"贷款分类等级，先易后难，有步骤、有计划地稳妥退出，达到银企双赢的目的。（本文发表于常州银监分局《金融监管信息》）

担保企业恶意"脱保"亟须引起高度关注

近期,常州银监分局连续受理多起担保企业通过反映银行合谋诈骗、违法放贷、合同诈骗意图"脱保"的信访事件,这值得政府、监管部门和银行高度关注。

一、信访事件的主要特征

(一)虚构居多,意在求证脱保

前来信访的担保人均因不愿履行代偿责任而被银行起诉,为免责且增加胜诉概率,遂寻找信贷管理中的"瑕疵""违规问题",旨在通过举报获取有利证据、逃脱担保责任。但经监管部门多方调查核实,信访反映情况多与事实不符。如某借款人资金链暂时出现问题,由于担保企业不肯续保,难以办理展期,银行只能通过诉讼解决借贷纠纷。为逃避债务,担保企业唆使借款人与其合谋举报银行违法违规放贷、合同诈骗。

(二)手段多样,制造舆论压力

一是恶意举报诋毁,对当事法官施加压力。如某担保企业在无事实依据的情况下,到处写信举报,投诉当事法官与银行串通,执法不公。二是制造群体事件,给政府和银行形成重压。如某担保企业不服一审判决,在二审期间召集多人到银行门口拉横幅,最后由政府出面调解,银行迫于压力只能做出让步,解冻被查封资金,使银行债权受侵害。三是借助网络舆情,扩大社会影响。如某担保企业以实名形式在常州化龙巷网站论坛、中国新闻网江苏频道等媒体登载针对银行的举报内容,混淆事实真相,误导社会舆论。

(三)动机不纯,关系错综复杂

大多"借、担"双方之间涉及利益协议,并非单纯的担保与被担保的关系。如某担保企业反映银行与借款人串通,骗取其为银行贷款担保,但调查发现,担保人在贷款前就已经与借款人达成约定,取得贷款后部分资金必须借给担保人使用。另有一些担保企业虽与借款人事前并不熟识,但是通过资金掮客撮合也从中收取一定费用或达成互保协议。

(四)影响深远,危及社会诚信

担保企业通过种种手段成功逃脱担保责任或拒不执行法院判决,不仅导致银行债权难以维护,司法公正受到挑战,而且已在一定程度上形成了"破窗效应"。调查显示,部分企业从中得到"启发",群起效仿可能性大大提高,对地方金融生态环境和社会诚信体系建设势必将造成恶劣影响。

二、原因分析

(一)企业方面

一是缺乏勇于担当的企业家精神。借款企业生产经营不景气,资金链出现困难后,部分借款企业、担保企业首先考虑的不是积极与银行协商,而是想方设法逃避银行债务。二是缺乏应有的"契约"精神。银行在核保过程中,担保企业均提供了由各董事会成员同意担保并签名的决议,并与银行签署了正式担保合同,权利、义务十分明确。可一旦被追究担保责任,"履约"意识仍然十分淡薄。三是缺乏基本的法制意识。为达到目的,部分企业不惜采取捏造事实、制造群体事件、恶意诋毁他人等手段,妨碍司法公正、扰乱金融生态秩序。

(二)银行方面

一是贷款风险控制有效性存在缺陷,过于强调形式上的风险防范,放松了对借款人本身还款能力的审查,片面地以有无担保作为是否放贷的判断依据、以担保能力高低作为评价贷款风险大小的衡量标准。二是银行在核保过程一般不留影音资料,一旦遇到担保人虚构事实、恶意举报,往往因无法有力举证和反驳辩解而陷入被动。三是有关银行在贷款发放过程确有违规行为,如"假受托支付",给担保人举报企业间无真实贸易背景提供了证据。

(三)政府方面

银行与担保企业发生借款纠纷后,地方政府基于社会稳定和解决就业的需要,对举报企业多持"同情"态度,立场上更倾向于企业。司法部门迫于各方压力,往往会变相延缓受理银行诉讼或执行申请,特别是借款企业制造群体事件或引发重大舆情后,一般会通过调解促使银行放弃执行。

三、相关建议

(一)加大司法惩治力度,营造诚信、法制的信用环境

一是地方政府应加大对恶意逃废银行债务的打击力度,特别是对恶意诋毁、制造群体事件,要严肃追究法律责任。二是加大对资金掮客、民间非法金融活动的打击力度,减少企业融资中间环节。三是探索建立民间借贷信用管理体系,政、银、企共同营造诚实、法制的信用环境。

(二)加强信贷文化建设,夯实信贷管理基础

一是银行要回归信贷文化本质,拓展客户要注重审核第一还款来源,不能盲目依赖第二还款来源。二是提高信贷放款流程合规性、合同文本规范性,强化核保管理工作的有效性。三是银行业务拓展中,要加强对企业文化、法人代表道德品行和诚信意识的判断分析。
(本文发表于常州银监分局《金融监管信息》)

对保证贷款风险缓释作用弱化的思考

企业间通过互保、关联担保获取银行授信是当前企业融资的主要方式。据常州银监分局统计,常州辖内企业保证担保贷款占比已达到52%,错综复杂的担保关系经相互交织形成担保圈992个,涉及7 966户企业,授信余额1 983亿元,保证金额1 812亿元,其中担保圈内企业数超10户以上的担保圈达到21个。在经济下行时期,如此庞大复杂的担保圈关系极易引发圈内企业风险传递与蔓延,保证贷款风险缓释作用已明显弱化。

一、保证贷款总体情况及风险表现

(一)企业互保降低门槛有形无实

调查显示,常州辖内各银行业金融机构之间贷款企业存在互保行为的共有1 375户,占企业户数的17.3%,互保金额481.64亿元,占保证金额的26.5%,且少数银行还存在行内授信企业互保现象。互保贷款实际是以保证贷款条件对两个不同企业发放信用贷款,不仅降低了贷款准入门槛,且由于违约相关性加强,比单一信用贷款隐患更大。

(二)过度担保远超风险承载能力

调查显示,常州辖内所有担保企业中有14户企业对外担保的企业数超过15家,担保金额121.27亿元,其中有7户企业对外担保企业数超过20家,担保金额为89.65亿元。一些企业资产不过几千万元,却因为参与了多家银行的互保、连环担保,对外担保形成的或有负债达数亿元,远远超出其负债能力,担保效能大打折扣。如某重工集团有限公司集团资产规模 16.69 亿元,负债规模 17.69 亿元,已资不抵债,在各家银行授信余额近 6 亿元,对外为 6 户企业担保(或关联企业互保)3.85 亿元,远远超出企业偿债能力。

(三)融资平台担保透支政府信用

调查显示,在常州辖内 61 户监测的平台公司中,有近 50% 的平台公司对其他企业或平台公司提供保证担保,保证金额达 937 亿元,是自身银行贷款的 1.8 倍,其中某城建集团和某交通产业集团对外保证金额分别达到 226 亿元、197 亿元。平台担保形成的隐性债务会因被担保企业无力偿还而显性化,一旦产生偿付风险就会危及整个地区平台的偿债能力,甚至严重影响政府信用。

(四)担保垒大户助长过度融资

调查显示,常州辖内有 106 户企业存在 3 户以上企业为其提供保证,担保金额 348.7 亿元,用信金额 427.2 亿元;有 27 户企业存在 5 户以上企业为其提供保证,担保金额 85.2 亿元,用信金额 111.5 亿元。如辖内某汽车集团有限公司分别在多家银行同时有7 户企业为其提供保证担保,用信金额达 8.31 亿元,存在"担保垒贷款、贷款垒大户"现象。

(五)担保风险链式爆发加剧危机

从辖内接连发生的部分企业由于受担保企业代偿、破产追索影响而引发停产等风险事件看,单个企业风险沿着担保链条向其他企业传递,产生"多米诺骨牌"效应,对区域金融环境稳定产生不良影响。如某纺织染整有限公司受担保企业经营破产影响,面临 500 万元或有负债追偿,该公司经营现金流本身已经十分紧张,最终造成资金链断裂。由该担保代偿引发的担保链企业潜在风险贷款 2.39 亿元,截至 2013 年 8 月末,已有 1.2 亿元贷款形成不良。

二、担保弱化暴露出的银行授信管理问题

透过保证贷款风险缓释作用弱化表象,既折射出银行因识别风险能力相对不足从而对担保的盲目依赖,也反映出银行贷款管理中的薄弱环节。

(一) 内控管理制度的"缺与漏"

由于信贷审核制度不完善,银行对保证担保企业资信水平需达到何种程度及集团客户、关联企业担保、企业间互保户数和保证额度等没有具体规定,对本行其他客户提供的担保是否相应扣减授信额度、企业担保情况是否纳入统一授信管理等要求也不明确。此外,因银行无法有效识别和防范企业之间存在的担保圈关系,其在贷款"三查"制度执行中,偏重于贷款手续与程序的表面合规性,而忽略了对企业真实风险要素的考量。

(二) 银行风险理念的"偏与失"

近几年,银行仍未完全摆脱粗放式发展模式,仍因过度重视担保形式而放松贷款风险实质性审查。银行从风险控制的角度出发,在企业不能或不愿提供抵(质)押物担保的情况下,认为保证担保"有总比没有好":即便对于一些信用等级较高的企业,也要求提供保证担保而不愿发放信用贷款;有的银行甚至以提供贷款担保作为授信决策的主要依据或首要条件,故而造成正常情况下本应识别出的风险极易被似是而非的担保而掩盖。

(三) 银行贷后管理的"松与粗"

部分银行因为有了贷款担保而放松对借款人信用状况的审核、分析评价和贷后动态管理;个别银行对企业经营风险的预判严重滞后,未能有效落实贷款"三查"等内控制度要求,贷后管理粗放,对企业用短期资金进行长期项目建设等非经营性资金支出导致的经营性资金紧张等问题调查不到位。重放轻管的粗放管理影响了银行对企

业风险的前瞻研判,致使风险在担保圈内快速传递。

(四)同业市场竞争的"激与烈"

近几年,常州辖内新设机构扩张快、业务拓展压力大:一方面,由于辖内优质客户资源相对较少,一些重点企业成为各家银行争抢的营销重点,多头授信问题较为普遍;另一方面,企业可作为抵(质)押物的资产有限,大多数企业只能通过保证担保方式,满足银行授信必备条件。有的银行客户经理利用手中掌握的客户资源,为企业"拉郎配",不仅形成了企业间复杂的担保关系、过度担保问题,还会由于被拉进"担保圈"的企业代偿意愿不强,实际担保效力难以保证。

(五)专业担保市场的"乱与弱"

当前融资性担保机构风险暴露较多,专业担保市场机制不健全。担保市场风险管理弱化,且担保公司向企业收取的费率较高,企业负担较大,导致银行在向企业提供融资过程中,更倾向于寻求第三方企业进行担保。据统计,2012 年度常州辖内有 14 家融资性担保机构被取消了经营资质,占比达 35%,融资性担保贷款在辖内银行公司贷款中占比不足 2%。

三、加强保证贷款管理的思考

(一)信贷制度跟进,重塑科学信贷文化

银行应审慎接受为其他过多企业担保的担保主体,从总额、单户金额等方面设定担保警戒线或限额,提出明确准入要求,减少对贷款担保的盲目依赖;同时,从业绩考核办法、风险管控制度上加强对多头授信、过度融资、超负荷担保的制约。

(二)回归信贷本质,重视企业资信考察

一是广泛收集企业经营信息,评测其短期可变现资产和经营活动净现金流的真实状况,加强对外担保额度的控制。二是注重加强对借款人第一还款来源的审核,逐步改变目前过分强调担保等风险

抵补措施决定是否对企业授信的倾向,杜绝银行在企业间违背企业真实意愿进行"拉郎配"等行为的发生。三是不断加强金融产品与服务创新,充分利用企业的各种有效资产提高担保的有效性,避免担保方式的过分单一和集中,从根源上遏制担保风险。

(三)妥善化解风险,增强风险防范的主动性

联合银行充分利用监管部门搭建的授信风险防范化解平台,通过授信总额联合管理机制、担保圈(链)风险化解等措施,对担保圈逐步破圈解链、大圈化小。同时,引导和督促银行加强同业合作,联合控制信贷风险,避免风险蔓延造成"多米诺骨牌"效应。(本文发表于常州银监分局《金融监管信息》)

银行公司客户对外担保大幅增长潜在的风险亟待关注

近日,江苏银监局对辖内银行业金融机构公司客户对外担保情况进行了专题调查。调查发现,公司客户对外担保逐年大幅增长、连环担保较为普遍,存在较大风险隐患,亟待引起高度重视。

一、基本情况

截至 2012 年 6 月末,江苏辖内银行业金融机构公司客户中有对外担保的企业3.3 万户,担保事项 10.73 万项,担保金额 2.34 万亿元,占全省银行业金融机构公司类贷款的 57.35%。其中,有对外担保的上市公司共计71 户、担保事项 486 项、担保金额 617.46 亿元。主要特征:

(一)对外担保逐年大幅增长

近三年来,江苏辖内银行业金融机构公司客户对外担保大幅增长,2012 年 6 月末担保事项比 2010 年末增加 7.01 万项,增长了 188.44%;担保金额比 2010 年末增加 1.22 万亿元,增长了 108.93%。其中,上市公司对外担保增长尤其迅猛,2012 年 6 月末担保事项比 2010 年末增加 382 项,增长了 367.31%;担保金额比 2010 年末增加 464.85 亿元,增长 304.6%。

（二）关联担保现象较为突出

江苏辖内集团客户相对较多,经多年发展与积累,相当一部分已发展成为跨地区大型企业集团。随着公司治理机制的不断完善,大部分企业对外担保相对审慎。因此,目前江苏辖内银行业金融机构的保证担保贷款中,有较大一部分是集团企业和关联企业的关联担保,尤其集中在经济发达的苏南地区。以工行江苏省分行为例,该分行2 961户对外担保企业中,苏南地区就有2 163户、担保金额725.7亿元,分别占总户数及金额的73.05%和78.26%。

（三）互保、连环担保较普遍

江苏辖内银行业金融机构公司客户存在互保的有8 811户、互保金额1.49万亿元,分别占对外担保户数金额的26.67%、63.68%。其中上市公司互保的有19户、互保金额592.78亿元。据江苏银监局监测分析,截至2012年6月末,相互担保的大客户(授信余额3 000万元以上)有2 006户,涉及贷款余额2 865.63亿元,占全部大客户贷款余额的9.04%。有12户存在不良贷款,其中有4对8户互保企业同时出现不良,涉及不良贷款余额6.1亿元,占全部互保企业不良贷款余额的79.53%。在保证贷款发放过程中,多家企业通过互相担保或连环担保连接到一起而形成担保圈。

（四）上市公司担保占净资产的比重过高

截至2012年6月末,江苏辖内银行业金融机构客户中,有对外担保的上市公司净资产总额1 543.54亿元,对外担保总金额617.46亿元,占净资产总额的40%。经测算,71户对外担保的上市公司中,担保总额占净资产总额比例大于50%的上市公司有10户、担保金额506.15亿元,占比分别为14.08%、81.97%;担保总额占净资产总额比例大于100%的上市公司有5户、担保金额469.91亿元,占比分别为7.04%、76.1%。

二、风险分析

今年以来,在宏观经济增速放缓、社会资金供给持续紧张的背景下,辖内部分地区出现民营企业在关联担保、互保过程中因担保代偿造成资金链紧张甚至断裂,并通过担保链形成风险传染的情况。

(一) 潜在的风险隐患

一是"条"状连锁风险。企业对外担保存在的风险主要在于被担保公司的履约能力。一旦被担保人出现经营恶化、滥用资金等情况,导致其到期无法偿还债务,作为担保人的企业将根据担保合同承担连带责任,从而给担保方造成直接的经济损失,或有负债变为实际负债。为企业提供担保的多为利益相关者,一般是同类或产业链上下游的关联企业,产业链的任何一个环节发生风险,均可能辐射到上下游的所有企业。该类风险具有传染性,形成链条状的连锁风险沿着担保链条最终传递到银行,造成银行巨额不良贷款的产生。

二是"块"状集团风险。在集团内部,为了争取更多的信贷资金,会采取母公司为子公司担保或者子公司之间相互担保等方式,甚至刻意淡化关联关系,规避集团授信管理的相关规定。集团内部织成一张很大的关联企业网,同时在多家银行申请授信,而一旦一家企业出现问题,无法偿债,便诱发担保企业的财务风险,极有可能产生"兵败如山倒"效应,风险传导被成倍放大,积重难返,使整个集团的资金链出现问题。这种集团内部关联担保风险具有不确定性、累积性和隐蔽性等特征,关联担保风险不仅受担保企业的影响,还可能受到集团控制性股东的操纵,关联企业一方的风险可能会扩散到整个集团,导致加总起来的风险迅速增大。

三是"圈"状系统风险。多家企业通过互相担保或连环担保连接到一起而形成的以担保关系为链条的特殊利益体,形成担保圈。担保圈贷款是一个企业组织关系非常复杂,企业之间的关联关系难以被外部识别的贷款行为。担保圈内企业通常会通过多次交叉担保来掩盖互保的事实。担保圈方式虚化了担保的效果,如是在同一家

257

银行的授信,实际上是以保证贷款的条件对不同企业发放信用贷款,不仅降低了贷款准入门槛,也降低了第二还款来源的保障。不同行业、不同经营特征的企业,在没有相互担保的情况下,不具备违约相关性,违约概率相对较小;但若存在担保圈,特别是紧密关联的互保关系,违约相关性显著增大。据调查,江阴地区某一担保圈主要由江阴地区企业相关担保形成,圈内企业共 117 户、保证融资总余额12.79亿元。圈内企业形成保证关系 150 对,其中互保关系的 24 对。圈内企业间关联担保、互保、连环担保等各种保证形式并存,担保关系错综复杂。一旦有圈内企业出现风险,就极有可能引发"多米诺骨牌"效应,导致风险不断地传导发散,继而银行授信风险通过担保关系传导至一个"行业圈"或者一个"区域圈",甚至可能引发系统性风险。

(二)风险的主要特征

一是表象特征:关联性。银行贷款担保形成担保关系,相互连续的担保关系形成担保链,担保链相互交织形成担保圈,其中包含的企业数量呈倍数增长,如果再将圈内企业的关联企业计算进来,则牵涉企业数量甚至可能呈几何级数增长,一旦串保企业面广量大,担保圈企业很有可能"绑架"地区经济,并使风险在企业间相互传染,并通过银行业金融机构传染至整个实体经济,危害极大。以江苏某集团为例:2011 年末其一级担保链(直接为借款人担保的企业)涉及的企业为 4 家,贷款总额 5.58 亿元;二级担保链(为担保人担保的企业)涉及的企业为 8 家,贷款总额 14.64 亿元;三级担保链(为担保人的担保人担保的企业)涉及的企业达到 15 家,贷款总额达 46.02 亿元;为三级担保链企业担保的实体企业又高达近 40 家,其中任何一个链条断裂都将"牵一发而动全身"。

二是共性特征:复杂性。一是担保链、担保圈内借款人之间关联、担保关系错综复杂,普遍存在相互持股、关联持股,频繁的股权转让交易让企业间的关联关系更加扑朔迷离,有些企业间存在产业链上下游关系,还有些企业主之间私交甚密,相互之间有亲属关系。二是担保链、担保圈企业融资关系也十分复杂,除了常规的本地银行贷款外,融资多样性问题也十分突出,有民间借贷、内部集资、非法集资、信托私募融资、异地银行贷款、小贷公司贷款、担保公司垫款、典当行借款等多种形式,以及普遍存在的圈内企业或企业主个人之间的资金拆借和投资行为。

三是实质特征:无效性。担保本应作为银行信用风险的缓释手段,充当借款人不能按期还本付息时的"第二还款来源",但是关联担保、互保、担保圈债务的出现,使得担保"第二还款来源"大面积失效,银行面临十分被动的局面。担保链、担保圈的关联性,使得银行不能采取强制措施,一旦追偿,执行担保债务就将成为担保企业破产的导火索,形成连锁反应,甚至将一些经营正常、尚且能够维持的企业拉下水,成为"陪葬品"。

四是处置特征:艰难性。从辖内历年来大额信用风险的处置经验看,主要还是靠地方政府出面协调,监管部门牵头维护银行债权,相关债权银行统一步调行动、逐步退出,从而将大额信用风险的经济损失和社会危害降至最低。但这种处置方式应用在担保链、担保圈债务风险上的效果却很不理想,由于集团授信风险事件层出不穷,敢于接盘的企业难寻,同时政府牵头处置的力度和意愿也不断减弱,后续工作逐步陷入僵局,多次协调也难以取得突破性进展。

(三) 形成的不良影响

1. 复杂的关联担保是银行信贷管理的痼疾

一是信息掌握难。在关联关系复杂的担保链、担保圈中,企业财务信息由企业自己提供,集团客户的财务核算缺乏外部约束,财务信息普遍不真实。银行很难判断客户尤其是集团客户经营与财务信息的真实性。

二是监督管理难。银行自实行贷款卡制度以后,企业贷款及负债情况的信息已被银行掌握,但银行对保证人很难实施有效的监督。由于人民银行和贷款银行很少要求保证人在贷款卡上严格登记,这使得企业对外担保资料残缺不全,难以准确反映企业对外提供担保的真实数额。

三是风险处置难。担保企业中的一家企业出现资金紧张,在某个银行产生不良贷款,必然引起所有银行的关注;这时,如果多家银行大量抽退资金,势必导致资金链的断裂,不仅会对企业产生致命打击,对未抽退资金的银行也将造成巨额损失。

2. 关联担保债务危机使银行信贷资产质量劣变

去年以来,江苏辖内部分企业因为受民间借贷、老板"跑路"事件,以及关联担保、联保的债务影响,导致辖内银行多笔信贷资产形成不良。据不完全统计,仅国有银行就有涉及 78 户、7.32 亿元贷款形成不良。

3. 对产业链或者部分行业形成融资危机

借款企业通过相互担保、关联担保、连环担保,担保链组成了一个"线、环、网"系统的风险共享体系,某 1—2 家企业在民间借贷和非金融机构等高成本融资出现问题后,风险沿担保链逐步蔓延,风险的积聚将放大系统性风险,对区域金融稳定造成冲击。担保链问题往往出现在有显著地域性和行业特征的担保圈中,在江苏辖内比较突出的表现在钢贸行业贷款中。不少钢贸市场成立市场内担保公司为钢贸商户贷款担保,担保公司的注册资本金来自商户集资,靠收取商户担保金额 20%—30% 的保证金替代其自有资金,自有资金严重不足,担保的贷款发生风险后难以代偿。如连云港宝汇钢贸担保公司自有资金不足,因外地银行压缩贷款,其通过民间借贷高息融资8 000万元,债权人诉讼后其银行账户被查封,基本丧失代偿能力,涉及担保贷款 8 780 万元。

三、政策建议

(一)政府部门主导,构建担保链风险防控和处置统筹协调机制

各级政府应从维护区域经济金融稳定的大局出发,立足地方实际,探索构建新型融资担保体系,引导银企合作创新担保方式,充分发挥抵(质)押以及信用担保机构担保作用,逐步支解企业错综复杂的融资担保链,促使企业担保圈从不封闭到封闭、从大到小,担保链从长到短,从根源上解决担保链风险问题;还应充分发挥风险事件防

范和处置的主导作用,出现担保风险事件后,应积极跟踪事件进展,部署行动方案,建立风险处置程序,出台应急保障措施,督促相关部门担起责任,各司其职、联动配合。

(二)监管部门引导,构建担保链风险监测与预警的督导推动机制

监管部门应发挥监管引领和服务功能,积极与相关部门通力合作,探索构建企业担保链情况的信息交流、统计分析与风险报告长效机制;应按照监督检查到位、预警提示到位、督导推动到位的原则,督促银行业金融机构加强风险数据积累,科学设定风险预警指标,提升风险识别的准确度,并密切关注担保风险的趋势性、方向性变化,深入研究单体风险引发系统性风险、区域性风险的条件,及风险的演变路径,提升风险识别的前瞻性,做到风险早发现、早暴露、早报告。风险事件发生后,应督促银行业金融机构加强与政府相关部门、司法机关的沟通交流,促成政府应急机制与银行信贷政策组合效果的充分发挥,提前切割复杂担保链条,积极协调债权银行妥善处置风险,避免单家企业风险产生连锁反应。

(三)银行强化创新,构建科学有效的担保链风险防控与处置机制

银行业金融机构应注重信贷文化革新,切实改变目前主要依靠第二还款来源、忽视第一还款来源、过分依赖担保公司担保的状况,加强对企业财务、还款能力的研判,切实将风险控制落到实处;应加强贷款"三查",贷前应进行风险调查,通过各种途径,逐户逐笔摸清贷款企业及其所有关联企业的基本情况和在其他银行的贷款情况,审慎选择贷款对象,贷后应对借款人及关联企业的经营情况、财务状况进行整体了解,及时发出预警信号,避免连环信贷风险的发生;应建立科学合理的风险定价机制,强化企业或有负债的风险成本计量,尝试多元化的担保方式组合,对新增企业贷款,应尽量避免关联企业的互保,积极采取抵(质)押等风险较小的担保方式。对已发放的贷款,应针对可能或已发生的风险采取应对措施,寻找企业的有效资

产,做好担保置换工作,将关联企业的保证担保变为质押、抵押等有效的担保方式,降低风险、减少损失。对于发生担保链风险的企业,应全面客观分析成因,准确判断风险状况,及时向监管部门和地方政府报告,请求政府支持,同时提出可行的风险处置预案,争取工商、财税、公安、法院等行政、司法部门的支持,尽量做到早发现、早报告、早介入、早解决,努力防止风险蔓延。在处置企业担保链风险时,应根据实际情况,创新方式方法,在传统的催收、诉讼等手段基础上,综合运用资产置换、并购重组、以资抵债等方式和手段,尽可能将危害和损失降到最低。(本文发表于《江苏国际金融》)

虚假按揭贷款：房贷潜在风险不容忽视

近年来，房地产市场和房地产贷款快速发展。个人住房按揭贷款由于还款来源相对稳定、风险相对可控等优势，成为各家银行竞相发展的信贷品种。但是，由于业务开办时间较短，相关政策措施不完善，经办人员的专业素质有待提高，个人住房按揭贷款发展过程中也隐含了一些风险。

随着当前我国宏观经济调控措施的逐步落实，房地产市场正面临着复杂的变化，房地产贷款中的一些风险也陆续暴露，虚假按揭贷款已成为个人住房贷款最主要的风险源头。据中国工商银行消费信贷部门统计，该行不良个人住房贷款中，80%是由虚假按揭造成的。因此，个人住房虚假按揭贷款问题必须引起我们足够的重视。

一、虚假按揭实为套取银行资金，房地产风险转嫁银行

在实际操作中，我们认定的"虚假按揭"是指借款人采用提供虚假材料等各种方法，通过按揭贷款的形式骗（套）取银行信贷资金的行为。在此，我们强调造假这个基本特征。通过提供虚假材料，最终通过银行的贷款程序，获得了按揭贷款。在这个过程中，有些是虚假目的和用途，有些是虚假住房交易，有些是虚假住房价格，有些是虚假贷款主体，还有一些是多种作假手段的综合运用。在这些虚假按揭中，最为普遍的是开发商以本单位职工及其他关系人冒充客户作为购房人，通过虚拟借款人以虚假销售方式套取银行贷款。

通过对江苏省内部分商业银行虚假按揭案件进行归纳，我们可

263

以从虚假按揭的目的、主体和标的等三个方面来分析虚假按揭的表现形式。

（一）虚假按揭目的

虚假按揭实质上是以住房做抵押,融通资金用于非购房目的。目前,这种虚假按揭较为普遍,涉及金额较多。虚假按揭目的具体形式有三类。

第一,一些开发商为解决开发公司资金周转困难,以内部职工及关系人的名义批量集中办理虚假按揭。这些虚假按揭的还款方式都是开发公司按月以转账或现金的方式,将资金转到借款人账户上,为其归还贷款。因此会出现同一家开发公司的虚假按揭贷款要还一起还、要欠一起欠,以及首付款、月供等完全按照合同规定精确到具体几角几分的现象。

第二,一些房地产开发商将未卖出的楼盘交给房地产中介(销售)公司,房地产中介公司再安排内部职工向银行申请按揭贷款,然后再将银行按揭贷款实际转到了房地产开发商手中,等中介找到真正的买家后又以转按揭的形式顺利完成金蝉脱壳。

第三,二手房的虚假按揭。部分中介和个人,通过伪造的身份证、产权证、他项权利证等进行虚假交易。这类案件作案手法与虚构一手房产权相似,但是由于不法中介的介入,使得此类案件更加隐秘、查处难度加大。

在虚假按揭目的类案件中,低成本的银行资金用于相对高风险的生产经营活动,导致了银行资金无法获得准确的风险定价。一旦房地产开发商楼盘销售不畅,或者遭遇房价下跌等市场因素,商业银行的风险立即显现。

（二）虚假按揭贷款主体

一些购房人凭本身的资质无法申请按揭贷款,于是利用他人名义申请贷款用于购房,造成购房人和抵押贷款人不一致。例如有些父母给子女购房,为了避免日后的遗产税或者过户税费,直接在产权证上登记子女的姓名,由父母还贷。还有一些贷款人骗取他人的证件资料办理按揭贷款,受害者在收到银行还款通知的时候才知道自己的证件被冒用。这类案件中,真正的购房者不符合银行贷款条件,按揭贷款的第一还款来源往往无法保证。

(三)虚假按揭标的

按揭的标的就是抵押物,这虚假按揭标的类按揭贷款的抵押物,或者不存在,或者产权无法保证,或者贷款得不到全额的抵押。

产权无法保证的虚假按揭主要有两种表现形式。第一,开发商或中介公司虚构房源,然后虚造资料,用根本不存在的房屋骗取按揭贷款。这类案件中,房地产公司恶意骗取银行贷款,抵押物子虚乌有,或者还款来源缺失。第二,房地产商利用当地房地产管理部门抵押登记制度的缺失和银行内部管理的漏洞,将同一套房子同时多次销售给购房人,造成"一女多嫁",重复骗贷,必然导致部分银行债权得不到法律保护而悬空。

抵押物价实不符也有两种形式。第一,一些开发商预先与购房人串通,通过虚增房屋面积或提高销售单价(变相"零首付"),签订"阴阳购房合同"向银行申请按揭贷款,而借款人按实际价格购买房屋。也有一些开发商或者购房人与银行信贷人员勾结,发放的按揭贷款金额远大于房价,超过实际购房需要。第二,在二手房交易中,个别开发商或买房者为得到银行更多的贷款,通常会与中介评估公司串通抬高所卖房屋的房价,在一定的抵押率下获取更多的按揭款。

这类案件中,造假者通过虚高房价降低个人首付,将房地产价格变动的风险全部转嫁到银行。如果到期借款人及担保人都无法还贷,银行处置抵押物所得很可能低于贷款额,造成信贷损失。

二、虚假按揭助长了房地产投机,负面影响不容忽视

按揭贷款本质上是一种抵押贷款,但在法律特征和权益结构上与抵押贷款有三点区别:一是按揭贷款中设定抵押权的房屋尚未支付全部房款,仅仅是"预购期权",而抵押贷款中的抵押人对抵押物拥有"全权";二是按揭所取得的贷款完全用于支付剩余购房款,而

抵押贷款的贷款人在取得贷款后可能用于各种各样的用途;三是按揭贷款中有首付比例的要求,银行承担剩余部分的房价款。

按揭贷款的法律特征是其权益保证的基础,也是其风险较小的原因所在。而虚假按揭通过造假直接破坏了这些法律特征,形成了其权益上的缺陷。

第一,规定按揭贷款的目的,是为了保证第一还款来源的稳定。按揭贷款的还款来自于房屋的租金(自住房相当于自己给自己付租金),根据终身收入假说,加上分期付款,这个资金流相对比较稳定。如果按揭款用于其他目的,特别是生产经营性目的,则风险要大得多。

第二,规定按揭主体,也是为了保证第一还款来源的稳定。各行的实践中对按揭借款人有一定的限制,就是为了保证其还款能力,虚假的按揭贷款则破坏了这种权益结构。

第三,规定按揭贷款的标的,是一种保证还款的补救措施。抵押物的法律文件是否真实有效,价值是否能覆盖贷款额,都影响到贷款抵押权的实现。另外,按揭贷款规定了首付比例,让购房者和银行共同承担房价波动的风险,起到了类似于项目资本金的作用。如果虚高房价实现零首付,则房价波动的风险全部由银行承担,这在一定程度上助长了房地产的投机行为。

三、制度约束不到位导致虚假按揭现象频频出现

虚假按揭过程涉及开发商、购房人、银行以及政府房产管理等各个部门,也涉及房地产建造、买卖、评估、抵押、登记等各个环节,其形成原因也是多方面的。按揭贷款容易审批,利率较低并且时间较长,使得造假者有造假的内在冲动。对开发商、银行和借款人而言,如果没有相对应的惩罚机制,虚假按揭现象将难以避免。所以,制度约束不到位是虚假按揭得以形成的最重要的外部因素。

对开发商而言,其造假所受到的惩罚与造假可能获得的收益相比微不足道,甚至有部分开发商造假被发现后可以选择退出房地产市场等方式使得造假的惩罚落不到实处。从严格意义上讲,虚假按

揭涉嫌金融诈骗罪,严重破坏金融秩序,银行完全可以追究开发商和其他责任人的刑事责任。但是,实践中银行往往以民事方式处分抵押房屋了事,很少采用刑事手段,对造假者威慑力不足,客观上纵容了"虚假按揭"现象的发生和蔓延。

对个人而言,其造假所承担的是有限风险。个人以购房者名义帮助房地产开发商进行虚假按揭以后,即使发生"断供"的情况,银行也只能将这些假购房者"购置"的房屋拍卖,个人在经济上并不会有任何损失。在个人实际首付比例不高的情况下,个人造假的止损点往往就是所抵押的房产。由于个人征信系统的不完善,虚假按揭缺乏相应的暴露机制和惩罚机制,对虚假按揭产生了逆向激励。

对于商业银行而言,虚假按揭中造假活动不经仔细辨认也可蒙混过关。在此过程中,信贷人员的个人努力程度、尽职程度无法准确衡量;虚假按揭到底是由于业务水平不高,还是由于审核不严,或者是故意勾结,都不易区分;在"虚假按揭"暴露后,银行出于绩效考核和保全债权的考虑,往往采取民事手段挽回损失,而没有追究相关责任人的刑事责任,纵容了"虚假按揭"现象的蔓延。

四、商业银行防范虚假按揭四大对策

银行虽然是虚假按揭贷款的最终受害者,但它在虚假按揭形成过程中也负有不可推卸的责任:部分商业银行按揭贷款制度有漏洞,给造假者可乘之机;有些银行内控制度不严格,信贷人员不尽职,贷款审查发放不审慎;还有些银行部分信贷人员与造假者勾结,共同骗取银行资金。

因此,各商业银行应客观认识按揭贷款中的风险,采取以下措施来加强防范虚假按揭的风险。

第一,完善房地产按揭贷款制度。各银行应该按银监会《商业银行房地产贷款风险管理指引》的要求,建立一套适合一线经办人员执行的行之有效的科学制度。例如,要完善内部操作流程和监督机制,从业务流程的每一个环节上加以细化规范等。

第二,加强内控管理。在合作商(房产开发商、中介公司)的准

虚假按揭贷款:房贷潜在风险不容忽视

入管理—接受客户贷款申请—贷款审核、审批—办理相关资产抵押担保—发放贷款、档案管理归档—还款处理—贷后风险管理和控制等各环节按照规定程序和要求操作,将防范虚假按揭归纳为"四看"。

一看合作商资质是否合格。要严格审查合作的开发商或中介公司,严把贷款准入关,选择实力较强、资质良好、开发楼盘具有优势的公司作为合作商。对于不符合贷款要求或是打擦边球的房地产的开发商、项目和中介机构坚决不贷,从源头上降低虚假按揭风险。

二看借款人信用是否良好。开发商虚假出售骗贷中的贷款申请人,虽然都进行了精心包装,但只要详加审查,仍不难发现其中的破绽:一是借款人与开发商有着千丝万缕的关系,申请人往往是开发商的员工、员工的亲戚、朋友甚至是房地产中介,而且往往一人购买几套房屋;二是开发商通过虚假出售申请贷款的楼盘价格往往比同类型的价格要贵,按揭的成数也较高,借款人的收入水平也普遍较高;三是在银行网点进行贷款的相关事宜办理时,大多数借款人对自己"购置"的房屋情况几乎毫无了解,也不关心相关的贷款条文与细节,与正常贷款购房者有疑必问的情况有很大的差异。因此,各银行必须根据银监会要求,严格把握个人住房按揭贷款申请人必须满足的条件。

三看各类证件是否真实。主要内容有上、下家情况是否真实,对上家资料要重点审查各种权证是否齐全,房屋是否被冻结等,以保证抵押物的真实性和安全性。对下家应重点审查收入水平和还款能力,这对那些故意抬高房价的借款人尤为有效,即使以后房价出现下跌,抵押物价值低于未偿还贷款,也会由于申请人较高的还款能力而降低损失。另外,房产证是否真实、房产证上的户主与交易上家是否一致、过户后的新房产证是否真实以及户主与下家是否一致等也非常重要。通过对各类证件的审查,才能减少假证欺诈的发生。

四看申报价格是否合理。这可以通过以下几种方式进行:一是通过"网上房地产"进行询价,以确定房价大致的合理范围,这是大多数银行目前采用的主要方式;二是建立自己的房地产交易信息库,通过对相同或是类似房屋的查询,利用房地产估价中的比较法进行价格的确定;最后可以与专业的房地产估价公司合作,对某些估价难度大的房屋进行联合估价。

第三,建立违法违规通报机制。各商业银行要在日常业务中积累客户资料,一旦发现虚假按揭行为,立即对该客户、开发商、中介机构的其他业务进行复查,并采取相应措施,视情况决定是否中止与其合作关系。建立虚假按揭的黑名单制度,严格准入机制,并在本行系统内进行通报,并加强与其他金融机构合作,实现信息共享。

第四,加强信贷人员培训,增强识别虚假材料的能力。可以通过现场检查、讲座培训等形式提高基层信贷人员和审核人员的专业能力,减少上当受骗的概率。(本文发表于《上海证券报》)

对住房贷款"假按揭"行为的调查分析

摘要:近期江苏银监局在监管工作中发现和处理了一批虚假住房按揭贷款案件(简称假按揭,下同),江苏银监局据此深入分析总结了假按揭的特征、手段和形成机理,并就如何识别假按揭、改进银行的操作风险管理提出了对策建议。

一、假按揭的特征和危害

假按揭是指房地产开发商或个人采用提供虚假材料等各种手段,通过按揭贷款的形式骗(套)取银行信贷资金的行为。其主要特征在于申请按揭过程中的造假行为。

正常的住房按揭贷款是一种房地产买卖合同的标的和担保合同的标的具有同一性的抵押贷款形式,有相对稳定的第一还款来源和第二还款来源,所以风险较小、利率较低。而假按揭行为则破坏了按揭贷款的产权抵押的法律结构,虚化了银行债权所对应的第一还款来源或者抵押保证,使贷款面临了较大的信用风险和法律风险,可能造成银行信贷损失。

二、假按揭的八大常见手段

按揭贷款涉及开发商、购房人、银行、房产管理部门等各方面,也涉及房地产建造、买卖、评估、抵押、登记等各个环节,每个环节都可能有造假行为。据分析,假按揭主要通过以下八种手段:

（一）虚构房源

开发商或中介公司虚构房源资料,用根本不存在的房屋抵押骗取按揭贷款。如某房地产开发公司的两名内部职工分别以购买该公司某住宅楼 208 室和 308 室的名义申请办理了两笔个人住房按揭贷款,贷款材料齐全,没有明显瑕疵,但经现场查看,该住宅楼根本没有 208 室和 308 室。此案中,房地产公司恶意骗取银行贷款,作为第二还款来源的抵押物缺失。

（二）重复销售

售房者利用当地房地产管理部门抵押登记制度的缺失和银行内部管理的漏洞,将同一套房子多次销售给购房人,骗取银行贷款。

（三）虚假买主

一些购房人本身的资质无法申请按揭贷款,于是利用他人名义申请贷款用于购房。如某银行机构向自然人徐某发放个人住房按揭贷款 10 万元,但该抵押房屋的实际购买者为另一自然人周某。

（四）虚报合同房价

一些开发商预先与购房人串通,签订"阴阳购房合同",即按实际交易价格签订一份合同的同时,再通过虚增房屋面积或提高销售单价(变相"零首付")的方式,另签订一份购房合同,并根据虚报价格的合同向银行申请按揭贷款。也有的是开发商或购房人与银行信贷人员勾结,发放的按揭贷款金额远大于房价,超过实际购房需要。如某银行机构向购房者周某发放二手房按揭贷款 115 万元,周某仅将其中 23 万元用于归还借款,其余 92 万元挪作他用。

（五）虚假评估

目前各银行都对房地产贷款的抵押率作了一定规定。个别开发商或买房者为得到更多贷款,常采取与中介评估公司串通高估房价的方式,在一定的抵押率下获取更多的按揭贷款。

（六）虚假用途

个人按揭贷款与公司类贷款相比,具有利率较为优惠、贷款期限长、申请相对容易等特点,一些个人或公司以个人住房、商业用房贷款申请贷款,将信贷资金用于公司经营贷款。这类假按揭实质上是以住房做抵押,融通资金用于其他用途,如一些已付完购房款的借款人又以购房的名义申请个人按揭贷款等。

（七）通过关系人骗贷

一些开发商为解决临时资金周转困难,以内部职工及关系人的名义批量集中办理假按揭。如 2004 年 9—10 月,某银行机构为镇江市尚友房屋开发公司内部职工及关系人批量办理个人住房按揭贷款 8 笔、金额 242 万元,经查,均为假按揭。其还款方式都是开发公司按月以转账或现金的方式,将资金转到借款人账户上,为其归还贷款。因此会出现同一家开发公司的假按揭贷款"要还一起还、要欠一起欠"的现象。此外还有一些房地产开发商为操作得更加隐蔽,将未卖出的楼盘交给有关联关系的房地产中介公司,房地产中介公司再安排内部职工以房子为抵押向银行申请按揭贷款,这些贷款最终还是转到了房地产开发商手中。这是目前新房市场上常用的假按揭手段。这种假按揭方式对于商业银行来讲很难鉴别与定性。只要房地产开发商资金链能够维持,问题一般不会暴露。一旦房地产开发商楼盘销售不畅,或者遭遇房价下跌等市场风险,商业银行的风险就很难控制。

（八）虚假交易

部分不法中介和个人,通过伪造的身份证、假冒的产权证、他项权证等进行虚假交易,恶意套取银行贷款。这类案件作案手法与虚构新房产权相似,但是由于不法中介的介入,使得此类案件更加隐秘,查处难度加大。如扬州银监分局检查发现一些借款人所抵押房产为原来所有,并未发生过任何产权转移,只是以虚假买卖契约重新申请房产证,房屋所有权人未发生变化。

三、假按揭的形成机理

作为一种较为普遍的违法行为,与造假行为相关的激励机制是假按揭现象的基础,在外部约束不到位的情况下,假按揭难以避免。

(一)按揭贷款的优惠政策产生了造假冲动

与一般的房地产抵押贷款相比,按揭贷款有诸多优势:一是目前房贷政策中,购房消费贷款比开发性贷款容易获得审批;二是购房消费贷款利率比开发性贷款低,年利率相差近1个百分点;三是开发性贷款期限短(5年以内),而购房消费贷款期限长(15—20年)。

1. 从开发商角度看

部分开发商资本金比例过低,楼盘建设时出现资金吃紧,加上在房地产宏观调控背景下,申请房地产开发贷款的难度进一步加大,通过卖楼花的方式吸收资金也越来越困难。于是,开发商利用假按揭套取或者骗取银行资金;还有部分开发商将旧盘的尾楼通过虚高定价办理假按揭打包给银行,实现不良资产的变现。

2. 从借款个人角度看

个人通过抬高房价等假按揭方式获得更多的住房贷款,降低了自己的购房首付款,在一定程度上减轻了当期的经济压力;还有部分贷款人利用按揭贷款套取资金用于生产经营,享受了消费贷款的便利和优惠。

3. 从商业银行角度看

个人住房按揭贷款业务的不良率远低于其他资产,各家商业银行都将该业务的发展作为改善资产结构的重要手段,采取了一系列措施来促进个人按揭贷款业务发展。为了扩大市场份额,一些银行机构降低按揭贷款门槛,放松对借款人的信用等级评估、贷款调查,甚至未办理抵押登记手续也发放按揭贷款,在客观上纵容了假按揭的发生。此外,不恰当的绩效考核机制也容易诱发假按揭行为。部分银行为争夺客户、抢占市场份额、获取短期利益,随意放松贷款条件,为借款人洞开作假之门。如某银行机构规定每发放一笔按揭贷款就对经办人员奖励 1 000 元,从而易诱发经办人员违规发放贷款,其中少数人员与开发商、中介公司恶意串通,内外勾结,甚至私下交易,对开发商的造假睁只眼闭只眼,放纵假按揭的发生。

(二)外部约束不到位导致了假按揭蔓延

目前社会信用环境不佳,房地产贷款各个环节的制度漏洞依然存在,使得造假者可以逃避监管,甚至逃避处罚。一是一些地方房地产管理制度有缺失,没有建立严格的房地产抵押预登记制度,银行办理按揭后无法在房地产管理部门登记,或者一些部门收取一定费用后对资料真实性不加审核。二是一些管理部门收费过高、程序过于复杂,致使部分真实资金需求者造假。三是由于按揭贷款对个人而言,承担的仅是有限风险。个人以购房者名义帮助房地产开发商进行假按揭以后,其在经济上并不会有任何损失,即使发生"断供"的情况,银行也只能将这些假购房者"购置"的房屋拍卖,购房者并不承担什么信用风险,更不会导致"个人破产";加之抵押登记系统和个人征信系统的不完善,假按揭缺乏相应的暴露机制和惩罚机制,进一步纵容了假按揭行为。

四、对策建议

(一)完善房地产按揭贷款制度

一是要完善内部操作流程和监督机制,从业务流程的每一个环节上加以细化规范。二是要按照案件专项治理的要求,对重要岗位、关键人实行定期的岗位轮换交流,加大内部检查监督的力度,加大对业务操作中违规及不尽职行为的处罚力度。三是尝试封闭管理房地产开发贷款资金。对开发商通过按揭取得的预售回款,银行要予以监控,实行封闭运行,防止开发商挪用资金给银行带来风险。

(二)提高识别能力和贷前审查水平

各商业银行可以通过稽核检查、讲座培训等方式提高信贷人员的识别能力和审查水平。防范假按揭的识别工作可以被归纳为"四看"。

一看合作商资质是否合格。在合作的开发商或中介公司要严格审查,严把贷款准入关。在进行业务发展时,对住房按揭贷款不能饥不择食,必须严格执行贷款准入条件,选择实力较强、资质良好、开发楼盘具有优势的公司作为合作商。对于不符合贷款要求或是打擦边球的房地产开发商、项目和中介机构坚决不贷,从源头上降低假按揭风险。

二看借款人信用是否良好。要严格按照银监会《商业银行房地产贷款风险管理指引》的有关规定,确保个人住房按揭贷款申请人必须满足"有稳定的职业和收入,信用良好,有偿还贷款本息的能力"等条件。有假按揭行为的贷款申请人一般具有以下破绽:一是此类借款人往往与开发商有一定关系,是开发商的员工、员工的亲戚、朋友或者是与开发商有一定关联关系的房地产中介等,而且往往一人购买几套房屋;二是开发商通过虚假出售申请贷款的楼盘价格往往比同类型房价要贵,按揭的成数也较高,此类借款人的收入水平也普遍较高;三是在银行网点进行贷款的相关事宜办理时,此类借款人对其"购置"的房屋情况往往缺乏必要的了解,也不关心相关的贷款条文与细节,与正常贷款购房者有疑必问的情况差异显著。

三看各类证件是否真实。主要内容有交易的上、下家情况是否真实,对上家资料要重点审查各种权证是否齐全,房屋是否被冻结等,以保证抵押物的真实性和安全性。对下家应重点审查收入水平和还款能力,这对那些故意抬高房价的借款人尤为有效,即使以后房价出现下跌,抵押物价值低于未偿还贷款,也会由于申请人较高的还款能力而降低损失。此外,也要注意上下家的社会关系,防止出现关联交易骗贷的情况。此外,房产证是否真实、房产证上的户主与交易上家是否一致、过户后的新房产证是否真实以及户主与下家是否一致等也非常重要。只有通过对各类证件的严格审查,才能减少假证欺诈的发生。

四看申报价格是否合理。一是通过"网上房地产"进行询价,以确定房价的合理范围,这是银行机构目前普遍采用的方式;二是各银行机构内部建立房地产交易信息库,通过对相同或是类似房屋的查询,利用房地产估价中的比较法进行价格的确定;三是可以与专业的房地产估价公司建立稳定的合作关系,对部分估价难度较大的房屋进行联合估价。

(三)建立违法违规通报机制

各银行机构要在日常业务办理过程中积累客户资料,一旦发现假按揭行为,立即对该客户(开发商、中介机构等)的其他业务进行复查,视情况决定是否中止合作关系。建立假按揭的黑名单制度,严格准入机制,并在本行系统内进行通报,同时加强与其他金融机构合作,实现信息共享。(本文发表于江苏银监局《简报》)

审慎看待房地产市场回弹
切实防范房地产贷款风险

2006 年以来,江苏部分城市房地产销量回弹、房价有所上升。南京市 3 月份房屋销售价格显示,南京楼市在经历了十多个月的销售价格涨幅回落后,首次出现销售涨幅回升。尽管目前房价上升的信号仍较微弱,但 2006 年是国家重拳调控房地产市场后的第一年,而南京楼市是江苏省乃至长三角地区楼市的风向标之一,房市是否真实回弹,对宏观调控及区域经济影响如何,值得关注。

一、近期江苏省及南京市房地产市场回弹的主要表现

(一)投资总量较大,增幅有上升趋势

与上年相比,2006 年房地产投资增速有上升的趋势,其在全社会固定资产投资中占的比重继续保持上升态势。国家统计局数据显示,2005 年全国房地产开发完成投资同比增长 19.8%,2006 年 1 季度同比增长 20.2%,整体呈上升趋势。从江苏的情况看,2005 年全省房地产开发投资完成 1 526.9 亿元,同比增长 20.2%,这一数据在绝对量上已达到了江苏有史以来房地产开发投资的最高点。2006 年一季度,江苏省房地产投资完成 373.7 亿元,同比增长 19.1%,增幅比上年同期回落 19.7 个百分点,增速低于同期 26.5% 的全社会固定资产增长速度,房地产开发投资增幅回落。房地产开发投资在全社会固定资产投资中占的比重由 2005 年一季度末的 26.53% 降

到 2006 年同期的 25.12%。

（二）销售量上升，价格上涨加快

统计数据显示，2006 年一季度南京共成交商品房近 2 万套，同比增长 20%，住宅类增长 12.8%。1、2 月份销售平稳，进入 3 月份，南京市新建住宅成交攀升，日均认购 229 套，日均成交 220 套。二手房的销量也节节上升，2006 年一季度，南京市二手房挂牌量近 4.7 万套，成交 1.6 万套，南京二手房挂牌量已经相当于上年全年的七成多。从销售价格上看，2006 年 3 月份，包括新建商品房、二手房在内的南京总体房价同比上涨 4.6%，涨幅比 2 月份提高了 0.5 个百分点，其中，新建商品住宅价格上涨 3.4%，涨幅比 2 月份提高了 1.7 个百分点，回升态势明显。

从地区价格差异上分析，苏南地区特别是南京城区的价格上升较快，今年以来南京城中地区房价每平方米上升了 200—500 元，最高的上升了近千元。城中其他的新开楼盘价格更是节节升高，普遍都在万元以上，少数核心地块的待开项目均价可能达到 1.4—1.6 万元。

（三）房地产投资结构及构成开始发生变化

从商品住房投资的类型结构看，对经济适用房的投资严重不足，并继续保持下降。国家统计局的数据显示，我国经济适用房投资近年来继续下降，2005 年全国累计完成经济适用房投资 477 亿元，同比下降 8.8%，而南京市经济适用房投资同比下降 6.43%，客观上造成了经济适用房供应总量的不足。商品房结构不合理，经济适用房和低价商品房供应严重不足，成为房价上涨的一个重要因素。从目前南京市开发的楼盘情况来看，主城区的楼盘主要以中高档楼盘为主，楼盘价格普遍在 8 000 元/平方米以上，有些楼盘的开盘价格甚至已高达 18 000 元/平方米。目前，由于中低价商品房供应严重不足，造成一方面存在较大的空置面积，另一方面很多普通收入者无力购买商品房以改善居住条件。

二、江苏省银行业房地产贷款的基本情况

（一）房地产贷款增幅高于同期人民币各项贷款增幅

2006 年一季度末，江苏省银行业金融机构房地产贷款余额达 2 687.73 亿元，比上年同期增长 20.38%，高于全部金融机构人民币贷款增速 1.51 个百分点。房地产贷款余额占金融机构中长期贷款余额的 43.16%，同比提高 1 个百分点。

（二）房地产开发贷款增幅回升

2006 年一季度末，江苏省银行业金融机构房地产开发贷款余额 1 149.38 亿元，同比增长 16.06%，增幅比上年同期提高 11.04 个百分点。其中，房产开发贷款余额 842.98 亿元，占全部开发贷款的 73.34%，地产开发贷款余额 306.4 亿元，占 26.66%。

（三）个人购房贷款维持较高增长幅度

2006 年一季度末，江苏省个人购房贷款余额 1 535.91 亿元，同比增长 23.77%，是近年来增长较多的年份之一。其中，个人商业用房贷款余额 273.42 亿元，同比增长 51.06%；个人住房贷款 1 262.49 亿元，同比增长 19.06%。

（四）房地产开发企业对银行的依赖度依然过高

长期以来，房地产开发投资的资金主要来源于银行贷款、自筹资金和定金及预收款。据初步统计，目前房地产开发企业开发房地产项目的资金仍有相当一部分来自商业银行，如果将个人住房按揭贷款的因素考虑在内，银行资金所占开发项目的比重将更高。据江苏省建设厅等部门统计，2006 年一季度，江苏省房地产投资资金共筹措 661.28 亿元，其中：银行贷款 202.32 亿元，占比 30.6%；自筹资金 220.04 亿元，占比 33.3%；其他资金 234.3 亿元，占比 35.4%（其中，定金和预收款为 161.13 亿元，占比 24.4%），基本呈"三分天下"之势。因此，目前房地产价格的攀升，在很大程度上是银行信贷资金

推动的结果。

三、对房地产市场回弹原因的简要分析

（一）宏观调控难以得到严格执行是导致房地产市场回弹的最主要原因

房地产市场的发展，政府因素极为重要，如最近南京房价持续上涨，就与地方政府政策的驱动有一定关系。对于住房过剩的风险，地方政府经常处于一种矛盾的状态之中。各级政府就是土地的拥有者，他们决定着土地的供应量、供应类型及转让价格，是房地产市场的主角之一。但是，在追求 GDP 增长及经营城市理念的制约下，通过提高土地价格增加财政收入是各级地方政府获取收益的最主要手段，也是各级地方政府漠视住房过剩风险的一个极为重要的因素。推高房价，政府可以通过土地出让及税收得到更高的收入，同时又造成后续开发用地出让价格的进一步上涨，在土地和房价交替上升的过程中，地方政府获取了双重收益。因此，实行宏观调控以来，地方政府对房地产市场的立场也仅仅是限制房地产价格的过快增长，并不是期望通过调控使房地产价格下跌。很多地方政府通过调控土地的供应量来维持当地房地产价格的上升趋势。4 月初，南京市的北方光电地块经过 124 轮竞价拍出了 14.95 亿的"天价"。由此可以看出，在对房地产市场的调控方面，中央政府和地方政府存在着部分不和谐的地方。

（二）信息不对称导致的房地产升值预期在加强

首先，开发商利用信息优势人为制造楼市回暖现象。近几年来，江苏省房地产市场在持续快速发展的过程中，价格上涨过快，在卖方市场的情况下，还出现了一些开发商联手控制房价、制造假信息哄抬房价等违规行为。信息不对称，形成了房产市场的卖方市场，开发商不仅左右着成本信息、销售信息、价格信息、房源信息，也可以借助广告的力量造势，误导大众。另外，公众一向有跟风传统，对潜在的风险缺乏清醒认识，在不实信息的误导下，很容易作出错误的选择。在

一些被追涨的楼盘,购房者常常遇到房屋已经售完的情况,这加剧了他们的追涨心理,直到国务院出台房地产调控措施后,公众持币观望,才突然发现,许多过去供不应求的楼盘竟然还有不少房屋并未售出。据某国有商业银行江苏省分行对南京市部分楼盘销售情况的跟踪,发现有的楼盘(如南京新世界地产)在申报贷款的过程中宣称已经全部被内部订购,实际开盘时,仍有大量未销售出的房屋。

调查发现:部分楼盘的投资比重仍然较高,沉寂多时的温州投资商近日买走河西一楼盘19套酒店式公寓,即将签约的第二批会再买走38套;次新的二手房挂牌量也很大,不排除部分前期的投资者拉高出货的可能。

(三)商业银行对房地产行业信贷政策的松动促进了房地产价格的回升

统计数据显示,2005年下半年以来,商业银行加大了对房地产行业的投入力度,江苏全省各商业银行2005年对房地产行业的贷款额为2 680.9亿元,比上年增长27.5%。2006年以来,各家银行对房地产行业的授信投入有增加的趋势。其主要原因:一是受宏观调控的影响,目前房地产行业资金十分紧张,急需银行资金的支持;二是商业银行业务发展压力大,因没有新的利润增长点,普遍认为房地产贷款有房产抵押,贷款的风险相对较小,故纷纷加大了对房地产行业的贷款投入。同时,对房地产市场的调控还遭遇到一些地方政府、银行和房地产商的"多向突围"。个别银行开始明里暗里"松绑"个人房贷、提高贷款成数、优惠贷款利率:首套房个人贷款突破7成封顶,升至8成;对第二套购房者也给予优惠利率;大幅度提高公积金贷款比例;推出双周供、经营性物业抵押贷款等房贷新品,不断加大对房地产市场的信贷投放。

(四)人民币升值预期带来的人民币资产价格的上涨

以人民币标价的土地和房屋的资产价格随着人民币升值预期的不断增加而愈发具有吸引力。随着外资的涌入,国外投资者首先看中的就是国内的此类资产市场。2006年3月开盘的上海翠湖天地

103 套房源在三天之内全部卖出,成交均价每平方米 4.4 万元;南京世茂滨江推出的 400 多套高档房,均价达每平方米 10 500 元,在短时间内一售而空,有 50% 以上被海外投资者购买。

(五)部分被压抑的真实需求得到释放

2005 年受国家宏观调控影响,市民买房欲望受到一定抑制,很多有真实买房需求的人一直在观望,等待房价进一步下跌,住房消费没得到较好释放。但是南京的房价并没有像人们期待的那样出现大幅下跌,而是在部分板块下跌到一定价位便基本稳定了,城中部分地区还在微幅上涨。因此今年以来,观望的人群开始出手,积累的消费需求开始进一步释放,交易量和价格开始逐步上升。

从调查情况看,房地产市场回暖虽反映了一定的真实购房需求,但更多的是由政策性因素和预期因素造成的,房地产市场回暖的基础并不坚实。

四、商业银行加大房地产贷款投入可能带来的风险分析

(一)住房空置率加大带来新的信用风险

从 2005 年开始,竣工面积增长幅度大于销售面积增长幅度的问题就比较突出。2005 年全省竣工的商品房面积为 4 671.24 万平方米,比 2004 年增长 19.6%,商品房销售面积 3 662.42 万平方米,增长 15.2%,竣工面积比销售面积多 1 008.82 万平方米,加上存量房即 2004 年结转到 2005 年的空置房,全省商品房的供应量大大超过销售量,供不应求的局面得到扭转。随着大量中高档商品房的竣工交付,空置面积将会激增,带来的风险不容小视。2006 年一季度,竣工面积增长大于销售面积增长的现象仍十分突出,江苏省商品房竣工和销售面积同比分别增长 99.4% 和 7.7%,二者增幅差距进一步拉大;一季度,新增空置面积 112.54 万平方米。3 月底,历年累计空置 842.08 万平方米,同比大幅增长 138.6%,商品房供给与有购买力的需求之间的矛盾进一步显现。

（二）房价高位运行带来的违约风险

房地产开发企业有了银行的支持,资金得到保障,与房价下跌趋势抗衡的力量骤然增强,使全国部分地区特别是大中城市的房价出现了普涨局面,前期宏观调控的成果有可能在不断上扬的房价面前有所抵消。随着房价的不断上扬,积聚的市场风险也十分巨大。据国家统计局的统计数据显示,目前城市人口中有64%以下的人群实际收入在平均收入之下,70%左右的城市人口属于不适合购房的人群。房地产价格的上涨幅度已经远远超出了社会平均劳动力价值的提升幅度,不仅一般劳动者买不起,连白领阶层也买不起。过高的房价给投资者带来巨额负担,一旦个人或家庭收入出现逆向变化,违约风险就会大幅出现。

（三）银行间竞争的加剧可能留下不少风险隐患

从银行角度来看,江苏作为各家银行的业务重点发展地区和利润增长点,各总行的期望值都很高,各家银行业务发展压力骤增,保持业务的持续增长成为各家银行的首要任务。从2006年以来各国有商业银行江苏省分行的情况分析,由于资金使用渠道单一、盈利能力弱,相对于其他行业来说,房地产业由于受地方政府的保护,风险尚未充分暴露,因此,各家商业银行将其作为业务拓展的首选目标,纷纷加大对房地产行业的贷款投入,也是银行同质化竞争的必然结果。但是根据经济周期理论,房地产市场的周期表现是最明显的,与经济大环境以及劳动者普遍收入水平的周期运行紧密联系。具体地说,房地产价格不可能长期背离劳动者劳动力价值的增长水平。从房价收入比来看,目前的房价已远远超过了大多数人的收入水平。一旦房地产市场出现向下趋势,持有大量房地产贷款的银行很难退出,那时候的银行很可能手握大量的房产;且由于房产中的过多泡沫成分,银行风险极大。据银监会统计,截止到2005年末,全国房地产的不良贷款余额已达1 093亿元,虽比2005年初下降210亿元左右,但是仍居行业排名第四的高位。

（四）新的业务产品如果管控不严可能带来一定风险

2005年以来,部分商业银行为适应加大房地产市场信贷投放的需要,推出了不少新的业务产品,如有的商业银行推出了经营性物业抵押贷款,用于满足房地产开发企业商业营业用房和办公用房,包括商场、商品交易市场、写字楼、星级宾馆酒店、综合商业设施商业用房在经营期的资金需求,该贷款可用于包括置换负债性资金和超过项目资本金规定比例以上的资金。置换负债性资金包括本行或他行提供的房地产开发贷款,股东、关联公司借款。贷款的期限最长可达十年。这一新品种推出后,房地产商可以用很少的自有资金博取商业地产开发收益,项目失败或滞销带来的风险则由提供资金的商业银行承担。由此可见,商业银行推出新的业务品种和产品如果不遵循风险可控、成本可算等原则,将造成十分巨大的风险隐患。

五、政策建议

（一）建议加大房地产市场宏观调控

建设部官员近日表示,如果部分地区房价仍然保持强势反弹趋势,不排除国家再次出台更严厉的房地产调控措施的可能性。国家统计局4月份发布的企业景气指数也显示,今年第一季度房地产业指数比上季度上升1.9个百分点,这已是该数字连续第二个季度上升。同时,北京、南京、广州、深圳等地的房价近期都再次飙升,有的城市住宅均价在调控背景下同比上涨近20%。房价的持续强劲反弹也会带来诸多社会矛盾,不利于房地产市场的健康有序发展,故建议政府继续加大对房地产市场的宏观调控力度,且应主要采取市场化的手段、讲求科学性。政府在实施宏观调控时要研究地区差异,考虑市场需求,顺应经济发展,既要调控"银根",更要调控"地根",使土地供应与需求达到总体平衡和匹配;应适当调整个人住房贷款政策,继续提高自有资金比例,缩短个人住房按揭贷款期限,适时调高投资别墅、高档公寓、高档娱乐设施、商厦写字楼和个人非自住房的贷款利率,综合运用信贷、利率等杠杆调控房地产市场、引导合理住房消费需求。

（二）严格信贷管理，防范信贷风险

商业银行要密切关注国家宏观经济政策的变化对房地产市场的影响，加强对市场和客户的分析研究，分析各地市场不同区域、不同物业的供求关系，实行分类指导，采取差别化的信贷政策，防范和控制系统性风险；要适应房地产市场变化的形势，大力调整客户结构，严格按照国家的宏观调控政策发放房地产开发贷款，防范行业集中性授信风险；切实加强房地产开发贷款的贷前、贷中和贷后的管理，监控好贷款资金的用途，确保用于开发项目；要密切关注银行贷款资金向房地产市场扎堆投入的现象，开发贷款要支持优质的公司和项目，继续控制好开发商的资产负债率和项目的资本金比率；充分利用个人信用信息基础数据库，加强对个人住房贷款的全面审查和跟踪管理。各银行均应通过以上有效措施进一步优化房地产信贷业务的项目、客户和地区结构。

（三）分散银行风险，加快房地产金融产品证券化

应加快个人住房抵押贷款证券化试点，增强信贷资产的流动性，改善银行资产负债结构，降低资本金要求。同时，要加快建立房地产信托投资基金，加速间接金融向直接金融的转化，既促进房地产金融的资金来源多元化和社会化，又分散投资资金的风险，保障房地产金融市场的健康发展。（本文发表于银监会《监管工作信息》，江苏银监局《简报》）

台资企业银行授信风险状况的调查与思考

摘要：近年来台资企业的迅速发展，对地方经济的推动和经济活力的增强都起到了很好的促进作用。但江苏辖内也先后发生了多起台资企业大额授信风险事件，引起了社会各界的广泛关注。近期，江苏银监局对辖内中资商业银行业台资企业授信及风险状况做了深入调查，发现台资企业授信风险较大，亟待采取有效措施防范和控制银行授信风险。

江苏省是国内台资企业的主要集中地区，截至 2008 年 9 月末，辖内各类台资企业 13 000 多家，占全国的四分之一，主要集中于制造业，其中苏州地区台资企业数量最多，有 6 000 多家，占全省的近二分之一。近年来台资企业的迅速发展，对地方经济的推动和经济活力的增强都起到了很好的促进作用。但江苏辖内也先后发生了雅新电子、韦翔塑胶、长椿金属、科弘建材等多起台资企业大额授信风险事件，引起了社会各界的广泛关注。近期，江苏银监局对辖内中资商业银行台资企业授信及风险状况做了深入调查，发现台资企业授信风险较大，亟待采取有效措施防范和控制银行授信风险。

一、对台资企业授信情况

通过对江苏辖内 1 279 户有银行授信台资企业的典型调查，截至 2008 年 9 月末，上述台资企业在中资商业银行授信余额 514.54 亿元，平均每户台资企业的银行授信 0.41 亿元；不良授信余额64.78 亿元，不良授信率 12.59%，高于全省银行业金融机构平均不良贷款率9.25 个百分点；风险敞口 354.72 亿元，占全部授信余额

68.94%。信用方式授信余额 180.9 亿元,占全部授信余额 35.16%;保证授信余额 81.82 亿元,占全部授信余额 15.90%。按行业分析,授信余额最大的行业是 IT 制造业,授信余额 229.37 亿元,占全部授信余额的 44.58%;不良授信余额 12.34 亿元,占全部不良授信余额的 19.05%;风险敞口 165.94 亿元,占全部风险敞口的 46.78%。按授信地区分析,台资企业授信最多的地区是苏州市,有 904 户授信企业,占全部有授信企业数的 70.68%;授信余额 379.8 亿元,占全部授信余额的 73.81%;不良授信余额 62.06 亿元,占全部不良授信余额的 95.8%。

二、银行授信风险状况分析

(一)部分台资企业财务状况差,杠杆率高企,风险过度向银行转移

台资企业一般是分期出资,资金投入较慢,甚至部分台资企业资本金未及时到位,依靠银行融资减少直接出资,自有资金偏少。从全省的情况看,部分台资企业的财务状况较差,财务杠杆率高企,资产负债率普遍偏高,盈利能力较弱。据统计,截至 2008 年 9 月末,辖内有授信台资企业中,45.19% 的企业资产负债率超过 50%,13.29% 的企业资产负债率在 60%—69% 之间,9.38% 的企业资产负债率在 70%—79% 之间,3.99% 的企业资产负债率在 80%—90% 之间,2.11% 的企业资产负债率在 90% 以上。有 942 家企业净利润低于 1 000 万元,占 73.65%,其中有 255 家企业净利润为负,占 19.94%。与 2006、2007 年相比,393 家企业利润同比出现萎缩,占 36.39%。从台资企业较高的资产负债率、较低的盈利水平等财务状况可以看出,台资企业经营过分依赖银行信贷资金支持,抗风险能力较差,一旦出现经营不善或重大困难时,企业的经营风险将向银行转移,给银行信贷资金安全带来较大的风险隐患。

(二)部分台资企业"两头在外",信息严重不对称,难以监控资金流向

调查发现,大部分台资企业为典型的"两头在外"企业。据统计,截至 2008 年 9 月末,辖内"两头在外"台资企业 781 家,占

61.07%。"两头在外"的台资企业实质上是个"生产车间",故准确衡量其投资方的实力至关重要;但目前银行对台资企业投资方背景调查主要依靠境外中介机构咨询、互联网查询等方法,缺乏畅通、有效的信息获取渠道,难以彻底掌握投资方资信状况。银行在贷前调查时,台资企业往往只反映与己有利的信息,不利的信息很难收集。由于台资企业"两头在外"的特点,境外母公司、产品市场行情、国际间贸易摩擦等诸多因素对企业经营均影响较大,而境外情况因信息传递存在时滞性通常难以及时掌握,客观上增加了银行授信后的风险。随着目前美国次贷危机爆发带来的国际金融危机,一些台资企业的境外母公司出现了经营恶化,这也会影响到这些企业的经营。

"两头在外"的企业在境外购买原材料,产品销售境外,产品销售渠道和原材料进货渠道均由台湾母公司负责管理,主要的经营资金和商品价格由境外控制,关联交易和资金往来情况比较复杂。银行对此类企业购销行为的真实性难以把握,对原材料采购和产品销售价格是否公允难以准确判断。为数不少的台资企业机器设备也是境外采购的,其价格往往也会偏高。部分台资企业存在资本弱化现象,即因投入的注册资本不足,向关联企业借款并约定按一定的利率归还利息。境内资金流转主要是日常费用开支,不涉及原材料和固定资产采购、产品销售,银行难以掌握台资企业的全部资金状况,无法防范其转移利润和资金行为。"两头在外"的企业普遍存在转移利润和资金的情况,自身积累不多,造成其抗风险能力不强。据调查,辖内"两头在外"的企业有 144 家出现经营性亏损,占该类型企业的 18.44%。在现有条件下,银行无法监控"两头在外"的企业的第一还款来源。当母公司发生危机时,货款被截流,难以回流子公司维持再生产,子公司不可避免将受到巨大冲击。如苏州雅新属典型的"两头在外"的企业,其台湾母公司因重大违规导致资金周转困难,引发了苏州雅新的财务危机,最终导致停产,出现重大授信风险。

(三)台资企业议价能力强,银行授信难以落实抵押担保条件,缺乏有效的第二还款来源

据银行反映,各地的台商协会切实起到了维护台商利益的作用,

及时将各家银行的最优授信条件通报各台资企业,台资企业利用银行间的竞争多头询价,在贷款定价、担保方式、结算收费等方面与银行有很强的议价能力。辖内部分银行在考核的压力下,放宽了授信条件,如信用贷款、利率下浮、国际结算免费等。从调查的情况看,各家银行对台资企业的授信条件普遍宽于大陆企业,对台资企业国际结算业务基本都不收费,部分有名气的台资企业基本都是信用贷款。如2008年9月末各银行对苏州仁宝电子的五家关联企业授信余额8.09亿元,全部是信用方式授信;对苏州南亚电子的九家关联企业授信余额3.18亿元,全部为无担保授信;对昆山龙腾光电有限公司授信余额58.67亿元,其中有44.83亿元为信用方式,占76.41%。

除信用授信外,银行对台资企业的担保授信还存在担保条件较弱、担保不足等问题。截至2008年9月末,辖内台资企业有67.13亿元的保证授信、47.09亿元的关联担保授信、18.98亿元的离岸担保授信。另外,有32.12亿元的授信以机器设备抵押,但很多设备为免税引进,其拍卖需经海关同意且要补交税款,部分设备进口时夸大价格,抵押实际不足值。此外,部分设备为专业设备,一旦出现风险,变现较为困难。

(四)部分台资企业不具竞争优势,授信集中度较高,蕴含一定系统性风险

现代产业价值链研究表明,产业链利润呈现"微笑曲线"的特征,加工制造处于这个曲线的底端(见图1)。一般而言,加工制造产业利润率只有5%。截至2008年9月末,辖内有授信的台资企业中有1 227家属于制造业,占96.01%,其中355家从事IT制造业,占27.76%,主要是代工生产笔记本电脑、照相机及其相关配件;191家从事金属制品加工行业,占13.93%;125家从事设备制造行业,占9.77%。以代工或劳动密集型产业为主的台资企业绝大多数是出口型企业,从事上述三个行业的企业中73.41%的企业产品依赖出口。这类企业处于"微笑曲线"的底端,主要依靠大陆低廉的人力成本和政策优惠维系产品的比较优势,以订单模式生产,产品的科技含量和附加值较低,自有品牌较少,在产业链中没有话语权,产品不具备竞

争优势,对宏观经济环境变化的敏感度较高,抵御风险的能力较差。在一定条件下这类企业还存在地区迁移的可能。近年来随着人民币升值、新劳动合同法的实施及欧美金融危机等因素的叠加影响,台资企业的销售和盈利逐步缩小,部分企业盈利出现明显下降,资金链紧张,持续经营能力受到一定影响。从了解的情况看,截至2008年9月末,辖内有255家企业净利润为负,占19.94%;有179家企业现金流量为负,占14%。根据某银行江苏省分行统计,向其提供完整财务报表数据的287家台资企业2008年1—9月的销售利润率为2.29%,比2007年度销售利润率下降1.46个百分点,下降幅度达到38.93%;截至2008年9月末,287家企业的平均资产负债率为70.32%,比2007年末上升了5.21个百分点。部分台资企业生产经营受到严重影响,银行授信已形成不良资产。据统计,截至2008年9月末,已有59户台资企业出现不良授信。

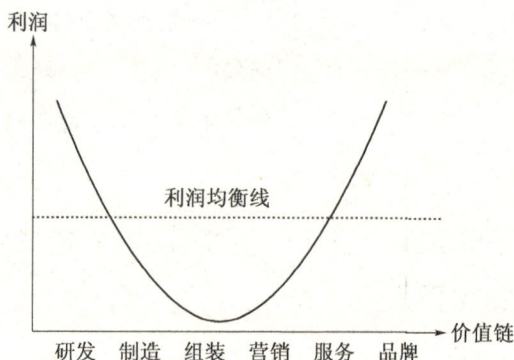

图1　微笑曲线

就地区分布看,辖内的台资企业主要集中于苏南特别是苏州地区。就产业而言,辖内台资企业主要集中于制造业,特别是IT制造、纺织、金属制品、化工等。产业的地区和行业集中导致贷款投向的集中。截至2008年9月末,苏州市台资企业授信余额379.8亿元,占全省的73.81%;苏南地区台资企业授信余额477.91亿元,占全省的92.88%。辖内台资企业授信的行业分布也比较集中,截至9月末,全辖台资授信中有229.36亿元投放于IT制造行业,占全辖台资企业授信的45.57%;有56.89亿元投放到金属制品行业,占全辖台资企业授信的11.06%;有40.74亿元投放到化工行业,占全辖台资企业授信的 7.92%。较高的地区和行业集中度使台资企业授信风险受经济周期和行业周期的影响较大。一旦市场出现较大的需求波动,高度集中的地区和行业分布会显得比较脆弱,对银行授信质量将产生较大的负面影响。

(五)部分台资企业盲目扩张,银行授信不够审慎,存在过度授信风险

部分台资企业急于做大做强,快速扩张,不断扩大生产线,增加产能,导致现金流紧张,一旦经济条件出现恶化极易出现经营风险。如常熟"科弘系"企业 5 年间举债上马了多达九期的项目,只有四期项目在正常生产经营,其他项目都还处在建设当中,随着金属制品价格的大幅下跌,企业出现重大风险。在绩效考核的压力下,银行授信的审慎性不够,对客户的了解不深入,只看到这类扩张型企业当前一派欣欣向荣的景象,纷纷对其发放授信,出现了"企业冲动、银行推动"的恶性局面。多家银行对其多头授信,而且各行授信时只考虑本行的情况,很容易出现对企业过度授信,一旦企业生产经营出现问题,就会形成大额授信风险。如苏州雅新电子两家关联企业总资产仅 17 亿元,涉及的银行授信却高达 14.6 亿元;常熟"科弘系"的两家企业总资产 87 亿元,银行授信却高达 51.6 亿元。部分台资企业具有复杂的关联关系,既与母公司进行购销和资金结算,又与上下游客户和其他子公司关系密切,银行因难以识别关联关系不能进行集团授信,更容易产生多头过度授信现象。更为严重的是,即使是同一家银行的不同分支机构,因管理权限和隶属关系的影响,相互间盲目竞争,竞相向同一地区的同一企业或集团发放授信。如对常熟"科弘系"企业授信的银行中,中国银行同时有苏州、上海分行,光大银行同时有苏州、上海分行,民生银行同时有苏州、上海、宁波分行,招商银行同时有苏州、南京、上海分行。

(六)台资企业多为家族式管理,出现风险后银行维权困难

多数台资企业没有规范的公司治理机制,处于家族式管理阶段,高管层是以血缘和地缘关系联结在一起的,决策权高度集中,不存在

有效的监督制约机制,很容易出现决策失误,甚至导致经营风险。如苏州韦翔塑胶经营管理的决策权集中于董事长手中,董事长去世后,企业群龙无首,随之崩溃。宜兴华森化纤实行家族式管理,董事长每次回台湾都会将公章和印鉴章带走,因台湾母公司受检调部门调查,该公司包括董事长在内的高层管理人员被限制离境,其他管理人员未得到授权负责该公司的日常经营,因此该公司的日常经营行为及资金运作受到严格限制,账面虽有资金也无法按时支付相关货款,导致该公司迅速陷于停顿状态。

此外,部分台资企业利用当地政府对招商引资的优惠政策,以较低的价格买入土地、建造厂房,评估增值后抵押给银行套取资金。部分"两头在外"的企业通过转移定价的方法将资金转移至境外,让大陆台资企业尽可能少盈利,既能充分享受相关的税收优惠,又可以缩短投资回收期。若企业经营出现风险,因撤离时需返还当初投资时享受过的各种优惠,部分信用意识淡薄的台资企业管理层选择了集体逃逸。近年来,辖内发生了多起台资企业出风险后高管集体返台事件,如长椿金属、科弘建材、华展包装机械等。由于两岸缺乏司法合作机制,银行无法对其进行债务追索,难以有效维护自身的债权,对逃逸的管理人员也无法追究法律责任。

三、政策建议

(一)商业银行业要进一步强化对台资企业的授信管理

一是全面调查把握台资企业状况,本着"区别对待,扶优限劣"的原则,既积极又审慎的发放授信。对台资企业的新增授信,应视其经营发展状况适当把握准入条件;对"两头在外"的企业要严格授信准入,积极支持实力强、竞争优势明显的优质台资企业;对规模较小,且所属行业为劳动密集型、技术含量较低、行业竞争较为激烈、市场主体优胜劣汰明显的台资企业,应谨慎提供授信支持。对已授信的台资企业,要认真分析其销售市场供需及价格变化、同业竞争、经营管理、现金流等情况,密切关注并及时调整授信策略,提高风险防范能力;对评级较低且注册资本金较少、盈利能力较弱、负债较高的台资企业应逐步压缩授信。

二是应针对不同台资企业合理确定授信方案,量身推出有利于控制各类风险的授信品种。对"两头在外"或"一头在外"的企业要从紧控制授信额度,授信业务产品主要以进口开证、出口押汇、打包贷款为主,并根据客户业务周期合理控制授信期限。

三是对提供授信支持的台资企业应落实有效担保措施,尽量选择在岸抵(质)押担保。对以机器设备抵押担保的情况,应全面考察设备的海关监管、使用年限和效用情况,特别是要了解专用设备的长期市场需求。发生风险时,要争取法院支持尽快处置有效抵押资产,防止抵押设备因长期停滞使用而发生锈蚀和其他影响处置价值的情况。对台资企业已发放的授信,特别是保证类贷款,应强化第二还款来源措施,争取将已有的土地、房产、关键设备追加抵押,并及时办理合法、有效的抵押登记手续。

四是切实加强贷后管理。加大贷后调查力度和频率,重点检查台资企业信贷资金使用、生产经营情况、产品销售市场变化等,主动收集客户进出口交易、纳税、职工工资和"三金"交纳情况等,真实掌握企业经营情况,及时发现风险隐患。同时,对技术含量低、劳动密集型、抗风险能力差的中小型台资企业,要提前做好处置预案,防止因台资企业高管层逃逸造成银行授信损失。

五是将关联关系复杂、贸易资金往来密切的台资企业与境内外关联方纳入集团客户授信管理,形成管控合力,有效监测集团内企业的资金往来情况。

六是对授信需求较大的台资企业各银行要组成银团授信,一方面能加强银行间信息交流,增强授信管理的成效,并有效防范过度授信风险,另一方面也能增强银行跟台资企业的议价能力,提高银行整体的收益水平。

(二)银行监管部门要加强风险提示和窗口指导

从全国范围来看,已发生多起台资企业银行授信风险事件,造成了较坏的社会影响。银行监管部门应密切关注此类风险,督促商业银行认真落实科学发展观,正确处理好业务发展和风险防范的关系。

对日常监管中发现的台资企业授信存在的问题及风险隐患,要及时向商业银行发出风险提示,引导商业银行及时调整授信策略,切实指导商业银行防范和控制台资企业的授信风险。

(三) 地方政府应提高引资的质量并引导企业转型升级

地方政府要树立科学的招商引资观念,彻底纠正为政绩考核需要盲目招商的做法,建立系统、科学的台资企业引进标准体系,提高利用台资的质量和效益。重点引进科技含量高、企业信誉好、资源消耗少、环境污染小的台资企业,同时鼓励台资企业立足当地长期发展,完善公司治理机制,多聘用当地管理人员。

同时,地方政府要积极引导台资企业转型升级。加强对台资企业的宏观引导和产业政策指导,对"两头在外"的企业集中的地域进行合理规划,减少项目重复建设。加快推进台资企业在产业内升级和产业间转型,着重在创立品牌、创新能力等方面加大政策扶持力度,引导资金、人才、技术信息等生产要素和资源的合理配置。鼓励和支持台资企业加大产品研发力度,加强研发人才培养,提高相关产业集群竞争力,形成有自主创新能力的产业集群。

(四) 建立台资企业信息共享平台

建议有关部门尽快建立企业诚信记录,搭建台资企业网上信息共享平台,将台资企业纳入信用监管范围,收集有关企业的关联关系、投资人情况、经营者信誉状况和管理人员业绩,为银行提供信用查询,加大对台资企业约束力度,对重大风险进行必要的提示和通报,辅助解决信息不对称问题。必要时,对一些台资企业可以实行名单制管理,将存在资产负债率高、应收应付款金额大、母公司长期占用企业资金等情况的企业列入警示名单或黑名单。加强银行、税务、海关等部门公共信息的共享,使银行能够及时掌握企业的异常情况。银行业协会要定期举办座谈会,加强银行同业间台资企业的信息交流,平衡台资企业协会的强势地位。

(五) 加强台资企业的财务信息质量管理

建议有关部门采取措施,力争促使台资企业将利润中心转移到境内。会计管理部门要加强对台资企业的监督审查,规范台资企业的财务核算,增强财务会计信息的透明度,提高财务报表的质量,防范会计信息造假。同时,税务部门加强对台资企业的纳税监督,防止其通过转移定价人为调节利润,偷逃税款,减少国家的财政收入。

(六) 海峡两岸应加强服务业和司法合作

两岸要尽快签订相关协定,相互开放服务业市场,允许银行、征信公司、会计师事务所等在对方互设机构,以利于收集企业的经营管理信息。司法机关应加大与台方的司法合作,建立畅通、行之有效的债务追索机制,堵住经济领域漏洞,支持受损害的银行进行债权追索,加大对逃逸债务者的打击力度,更好地维护债权人的利益。(本文发表于《江苏国际金融》)

台资企业银行授信风险状况的调查与思考

运用现金池管理模式
提升集团客户授信风险防控能力

一、现金池管理是改进和完善集团客户授信风险的工具

（一）集团客户授信风险防范的难点和现金池的一般做法

信息不对称是集团客户授信风险产生的主要原因和风险防范的难点。与单一法人客户不同，绝大部分集团客户成员机构众多，跨地区、跨行业经营，关联交易频繁发生，资金流向迂回曲折，这使得传统的"三查"制度面临极大挑战。

银行运用现金池技术能大大降低银企之间的信息不对称。现金池的具体做法是，由集团总部选定一家商业银行开设总账户，各子公司在同一家商业银行分别开设子账户，总账户与子账户之间、各子账户之间可以进行资金划转。通过现金池，银行能对集团资金流向进行全面了解，实现风险的预先识别、监测和控制。

（二）现金池在改进集团客户授信风险管理中的作用

首先，可全面掌握集团客户的组织机构信息。集团客户建立现金池，必然将所有成员企业纳入统一管理，有利于银行建立完整的集团成员企业表，掌握集团客户"家族谱"，与贷前调查的情况相互印证，建立关联企业结构网络图，动态把握关联企业的基本网络架构及变动情况。

其次,可识别异常关联交易及资金流动。一方面,银行通过资金流的监控,能及早发现通过关联交易将资金辗转流向股市、房市等挪用贷款行为,有利于提前采取化解风险的措施;还可以识别非正常关联交易转移资产行为,防止集团客户故意将资金和优良资产划到相对优良的成员企业中,将不良资产和债务划到相对低劣的成员企业中,恶意悬空银行债权。另一方面,设立现金池后,通过一定时期的数据积累,根据资金流动的方向、资金流动数额的大小、资金流动的频率,了解集团客户资金往来动态,掌握集团真实的资金状况,有利于对集团客户整体资金流的监控。

再次,可部分降低集团客户的财务风险。集团客户通过现金池可以集中管理成员单位分散的资金,在集团内部合理调度资金调剂短期余缺,从根本上改变集团客户高存款和高贷款并存的状况,部分解决流动性风险。通过现金池,集团母公司还能及时了解各个子账户现金流量的情况,增强集团对成员单位的财务控制力,能够满足集团企业集权管理的需要,规范集团内成员企业的财务行为,在一定程度上降低集团客户的财务风险。

二、推进现金池管理的主要困难和问题

江苏省内越来越多的集团客户开始使用现金池集中管理资金,如江苏省电力公司、维苏威高级陶瓷(苏州)有限公司、红豆集团等。即使实行结算中心或财务公司的集团也认识到应导入现金池模式,使集团资金管理制度和流程更具效率,如中石化集团财务公司就设立了现金池。

但是,目前现金池业务的功能仍然仅限于强化集团的财务控制、降低财务费用、提高结算效率等,尚未运用到防控集团客户授信风险领域。究其原因,现金池运用受制于以下因素:

(一) 现金池管理的适用对象比较狭窄

从国际先进银行的经验来看,公司治理规范、管理制度健全、内控体系严密的集团客户比较适合运用现金池管控授信风险。但总体

而言,相当一部分国内企业集团特别是民营企业集团,公司治理结构仍很不完善,关联关系复杂,管理较为粗放,财务核算制度不健全,财务信息的真实性和透明度不高,有的民营集团甚至不能完全识别自身的关联企业。这类管理较为混乱的集团客户难以运用现金池改进授信风险管理。

(二) 集团客户多头开户的现状制约信贷资金监测力度

目前,集团客户的现金管理合作银行往往不止一家,通常是在多家银行开立账户。集团客户信息在各行之间严重割裂,单家银行无法充分掌握集团客户全部账户的资金信息,难以了解集团客户整体的资金余缺情况和资金流动全貌。多头开户的现状在很大程度上制约了现金池识别、预警、监测授信风险功能的发挥。

(三) 分散的信息系统难以满足现金池监控的需要

各商业银行用于现金管理的系统与信贷管理系统相互独立,不能实现无缝对接和信息充分共享。如果要发挥现金池的监测作用,只能依靠手工操作,将现金管理工具反映出的各成员企业资金流动的频率、金额与信贷系统反映出的集团客户的信息进行比对。这样的监测分析既存在效率较低、准确性不高等弊端,也不能满足监测的时效要求,达不到管控授信风险的目的。

三、政策建议

(一) 加强风险监管,促进现金池业务规范运作

督促商业银行加强现金池业务的风险管理,加强内部控制,防范现金池业务运作产生的产品风险、操作风险、信贷风险、法律风险、合规风险。一是商业银行董事会和高管层要将现金管理业务纳入有效监控范围。二是要制定和完善相关制度,针对不同的风险,制定不同的风险管理政策和程序,以完善产品开发、规范操作流程。三是不断提高现金池业务系统的安全性,现金池业务具有高技术性的特点。目前采用银企直联或现金管理平台客户端提供服务的商业银行要逐

步提高系统的稳定性;目前采用网上银行提供服务的要逐步采用数字签名认证,强化内部授权功能设置以提高系统的安全性。

(二)组建银团贷款,建立现金池运作的基础平台

监管部门要在充分考虑各参贷行既得利益的基础上,指导组建集团客户贷款银团,搭建现金池运作平台。一是各参贷行可以及时交流客户的生产经营和投融资情况等信息,打破目前各自为政和信息分散的局面,防止超额授信和过度授信所导致的不当授信,从总量上控制集团客户授信风险。二是实现集团账户的统一管理,在银团代理行集中开设和监管集团账户并设立现金池,由代理行实现对集团资金流的全面分析和监测。因此,要大力发展银团贷款,不断促进增量贷款组银团;根据条件的成熟情况,有计划地推进存量贷款组银团。

(三)加强信息系统建设,建立现金池运作的技术平台

商业银行应充分运用大型计算机技术,加快自身信息系统的升级,在全系统建立健全、高效、快速和涵盖全行所有信贷业务机构与网点的信贷管理信息系统。要设计现金管理系统与信贷管理系统之间的接口,实现数据的自动化转换和处理,努力将授信业务的前期调查、复查复核、审查审批、贷款发放、贷后管理、业务分析、档案管理等环节纳入标准化程序,建立集团客户授信管理实时数据库,实现银行内部部门和机构集团客户信息共享,支持商业银行全系统的关联企业客户贷款风险预警,完成现金池结算功能向风险管理功能的转换,实现对集团授信风险的实时监控。

(四)建立集中实时的查询系统,作为行际现金池业务的运作平台

目前大型集团客户可同时使用各行的现金管理产品,集团客户通过资金管控系统(ERP)将其在各行的账户整合在一起。借助此理念,建议由银行业协会牵头开发"集团客户现金池查询系统",提供信息披露平台,协调各家银行统一客户信息管理,实现商业银行横向

信息联合和协调服务。各商业银行与"集团客户现金池查询系统"联网,不仅要求银行将集团客户的关联方、授信总额、期限、担保、违约、欠息等信息登录到该系统,而且要将集团成员的每一笔资金收付情况在商业银行系统记账的同时,传送到该系统中,实现集团各成员账户余额、交易信息跨行归集,方便各商业银行及时掌握集团客户全面信息和资金动向。为建立该系统,各商业银行要建立统一的客户信息数据报送模板、报送程序、信息格式和电子支付标准,开发变更本行的数据接口,便于通过网络发送和接收数据,使各个银行平台间的数据切换成为可能。

(五)充分发挥财务顾问作用,创立现金池运用的良好环境

现金池有利于集团客户规范财务管理,集团客户对此需求日趋强烈,而且,企业设立现金池的过程,本身就是内部消化风险的过程。商业银行可充分发挥财务顾问的作用,帮助那些有良好发展愿望但财务管理缺乏规范的集团客户,完善公司治理机制,规范财务管理,积极帮助其设立现金池,为现金池在风险管理上的运用创立良好的外部环境。(本文发表于银监会《监管工作信息》)

大型银行大额授信风险状况调查与分析

一、大额授信基本情况

（一）大额授信客户数量、贷款余额同步大幅增长

截至 2009 年 9 月末,江苏辖内 5 家大型银行 5 000 万元以上授信客户数 9 469 户,比年初增加 1 764 户,增长 22.89%;授信总额 22 535.29 亿元,比年初增加 5 687.15 亿元,增长 33.76%;贷款余额 11 706.59 亿元,比年初增加 3 008.4 亿元,增长 34.59%,高出同期 5 家大型银行各项贷款增幅 3.15 个百分点;大额授信客户贷款余额占各项贷款余额的比重为 59.69%,比年初上升 1.4 个百分点。

（二）大额授信行业集中度较高

5 家大型银行大额授信客户涉及 20 个行业,其中制造业、水利环境和公共设施管理业、交通运输仓储和邮政业、租赁和商务服务业、房地产业等 5 大行业受国家投资拉动的影响非常明显,贷款余额位居前列。截至 2009 年 9 月末,辖内大型银行上述 5 大行业贷款余额共占各项贷款总额的 59.98%,行业集中度较高。

（三）大额授信地区分布差异明显

从大额授信客户贷款总额来看,苏州、南京和无锡市贷款总额均超过 1 000 亿元,常州、南通和镇江市贷款总额位于 600 亿元至 800 亿元之间,其他 7 市贷款总额在 400 亿元以下。从大额授信客户数

来看,南京、苏州和无锡客户数已超千,常州、南通、镇江和泰州四市客户数在 400 户至 600 户之间,其他 6 市客户数在 300 户以内。

(四) 大额授信行际间发展不均衡

截至 2009 年 9 月末,辖内中行、交行大额授信客户发展速度较为迅猛,明显快于工行、农行和建行。中行、交行大客户数较年初增幅为 34.02%、33.81%,而工行、农行、建行增幅分别为 21.63%、14.53%、13.69%;中行、交行大客户贷款余额较年初增幅为 54.52%、55.89%,而工行、农行、建行三家行增幅分别为 28.52%、25.89%、22.49%。

(五) 大额授信整体信贷资产质量较好

截至 2009 年 9 月末,5 家大型银行不良贷款 104 户,比年初减少 30 户;不良贷款余额 102.44 亿元,比年初减少 31 亿元;不良贷款率 0.88%,比年初下降 0.66 个百分点。

二、大额授信风险的主要表现形式

(一) 政策风险

近年来,国家宏观调控政策及行业政策的调整,对部分大额授信客户经营产生重大影响,甚至引发银行授信风险。一是对外汇、税收、环保及信贷等政策上的调整,如出口退税率的下调,对制造业中的服装、塑料、橡胶及其制品的出口影响明显,直接使企业增加生产成本、压缩利润空间、降低抗风险能力。二是部分产业政策的调整对相关行业影响较大,如国家产业政策要求提高钢铁产业集中度,到 2010 年国内排名前 10 位的钢铁企业集团钢产量占全国产量的比例将达到 50% 以上。2009 年 1 月通过的钢铁产业调整振兴规划中,明确提出要严格控制钢铁总量,淘汰落后产能,钢铁企业面临优胜劣汰、兼并重组风险。

(二) 信用风险

大额授信客户多为集团企业,一般都具有关联企业众多、股权结构复杂、财务管理体制高度集中等特点,从而使银行面临信用风险。一是信息不对称导致信贷管理困难。一些优质大额客户是多家银行争抢的对象,在贷款营销中占有主动地位,加之大客户关联交易的复杂性和隐蔽性,使得银行贷前很难全面掌握企业经营与财务的真实信息,贷后难以监控贷款的实际用途,信贷管理难度较大。二是多元化经营诱发风险。为追求高额利润,一些大额授信客户盲目扩张、跨行业经营,超出自身承受能力,在市场形势多变的情况下易陷入经营困境和财务危机。三是超额授信引发挪用风险。银行对大额授信客户多头授信、超额授信现象较多,易导致客户无节制使用信贷资金甚至发生挪用资金的现象。四是"多米诺骨牌"效应扩大风险。大额授信客户关联企业众多,子公司交叉持股、关联担保、互保现象较为普遍,这必然增加信用风险的传递速度,扩大信用风险的影响范围。

(三) 市场风险

金融危机以来,越来越多的大额授信客户受到国内外市场环境、利率、汇率以及原材料价格等因素变化的影响,从而给银行带来市场风险。一是经济增速放缓使国际和国内的需求大大降低,企业销售面临压力。外部市场特别是美国市场需求的降低,对国内出口加工型企业影响较大,部分企业经营困难甚至亏损。二是国际粮食、石油等初级产品价格持续上涨,国内原材料、燃料价格普遍上涨,对一批企业形成剧烈的冲击,如2007年以来煤炭价格上涨幅度较大,造成热电行业销售利润率下降,部分企业亏损严重,贷款形成不良。三是汇率变化对部分行业的影响也不容忽视,如人民币升值使纺织、服装、家电、机械等出口优势型行业受到一定冲击,企业盈利空间缩小。

(四) 操作风险

一是大额授信管理相对粗放。目前,辖内大型银行对大额客户特殊性关注不足,缺乏针对性强和灵活有效的管理办法,对这类客户整体风险的控制手段欠缺。二是信贷管理制度落实不到位。如在统一授信、贷款授权、审查审批、贷款程序、发放条件审核等制度的执行中,仍存在人为违规操作,给银行贷款带来风险。三是内部管理机制上重激励、轻责任追究。目前银行激励机制鼓励信贷人员在客户选择方面更多关注眼前利益,信贷人员由于营销业务压力和业绩方面的激励,会更多地关注贷款如何通过上级行审批,而不是关注信贷风险。

三、大额授信风险的成因分析

(一) 外部环境的复杂多变对企业经营形成冲击

一是近年来,随着国家对行业调控力度的加大,政策因素的影响也越来越明显,政策引导作用会影响一个行业的未来走势。如近期国家对产能过剩行业的政策调整,将在很大程度上影响这些行业部分客户的生产经营和发展。二是任何一个市场、行业、产品都有其自身的运作规律,如果企业不能顺应市场规律,积极应对市场变化,就必然会被市场所淘汰。大额授信客户虽然规模较大,抗风险能力相对较强,但一旦违背市场发展规律,也难以摆脱破产的命运。

(二) 银行信贷营销向大客户倾斜

部分银行在信贷项目选择中存在非理性倾向,"重强轻弱""求大弃小"特征明显。在政策推动和市场容量不足的双重作用下,银行傍大户的趋势重新抬头,银行贷款集中投向少数大型企业和政府基本建设项目,不仅导致贷款集中度风险上升,同时也使得有限的信贷资金难以顾及"三农"、小企业、民生工程等领域,信贷资金供需出现一定程度的失衡。银行在争抢贷款项目过程中,比速度、比条件,存在随意降低信贷门槛,不顾自身资金实力,盲目承诺各类信贷资金需求,甚至无原则地放宽信贷条件的现象,信贷资金安全不能得到有效保证。

(三) 大额客户授信管理相对滞后

一是贷前调查不充分,未能详细掌握大额客户中各关联企业的产权结构、投资关系、关联交易情况,而且对大额客户真实的经营销售、财务收支及现金流量情况了解不透彻。二是忽视风险缓释和额度控制等风控措施,大额授信客户一般为行业龙头企业或为当地具有垄断性的学校、医院、政府融资平台等,银行为抢夺优质客户资源,往往无视企业真实资金需求,多头、重复授信,授信总额远远超过其融资需求,极易造成企业过度融资、挪用资金等问题。三是贷后管理薄弱,未建立对大额授信客户总体风险的监测机制,对大额授信客户的贷后管理一般直接由经办营销行负责,而经办营销行对客户出现的早期风险预警信息敏感性不强,或出于侥幸心理、规避责任等考虑选择隐瞒不报,通常在贷款发生恶化并严重影响还款能力时才被动反映。

(四)信息不对称加大了大额授信管理难度

一是银行之间缺乏信息沟通和交流,且合作意识差,将企业及授信信息作为商业秘密相互屏蔽,同时也缺乏能提供企业授信风险信息的公共服务平台,使银行很难掌握企业特别是集团客户的整体授信情况。二是大额客户的信息透明度不够,银行很难掌握和判断其经营与财务信息的真实状况,进行准确授信和实时监控,还有一些客户通过资产重组、关联交易等手段套取银行信用,加大了银行风险管理的难度。三是在风险处置方面,银行常常各自为政,仅从自身利益出发,不与同业通气而独自行动,造成有的企业被银行短期内集中清收贷款,不仅使一些出现暂时困难和风险的企业难以生存,而且使一些风险处置工作难以有效推进。

(五)关联互保现象普遍,多头、异地授信潜在风险大

一是关联企业群之间的连带风险加大。有些大额授信客户企业之间通过互保、连环保等方式形成的"贷款担保圈",涉及的债权债务关系极为复杂,难以识别风险。二是多头授信的信用风险加大。面对大量集中投放大客户贷款且未采取银团方式的多头授信,极易导致多行对同一贷款客户提供授信额超过生产建设的资金需要,形成盲目争贷后过度授信的风险。企业在多家银行贷款,融资银行过于分散,一旦有银行收贷,则有可能造成企业资金链断裂。三是大额客户异地贷款存在信息不对称、管理成本高等问题,贷前审查和贷后管理容易疏漏,潜在风险较大。

（六）政府融资平台贷款风险不容忽视

一是政府融资平台贷款投放的项目多是基础设施建设项目或民生工程,商业化运作程度不高,直接产生经济效益不明显,回收期较长,项目本身难以保证企业未来有足够的现金流来还本付息。二是政府融资平台贷款多数以土地抵押,依靠财政还款或由地方政府出具财政承诺函,第二还款来源不稳定。银行对当地政府的财政收支状况很难摸透,融资平台的财务不透明,收益情况存在不确定性,还款能力难以预测。当融资规模和每年的还款资金需求超过财政支付能力时,银行贷款将难以偿还。

四、防范和化解大额授信风险的对策与建议

（一）端正经营思想,科学制定信贷策略

1. 进一步提高对降低贷款集中度风险,提高大额授信风险管理工作重要性和紧迫性的认识

把降低贷款集中度风险和加强大额授信管理作为提升信贷风险管理水平、优化信贷结构的重要工作来抓。

2. 科学把握"保增长"与"防风险"内在统一的辩证关系

认真贯彻落实适度宽松的货币政策,加大对地方经济的有效信贷投入。按照"区别对待、有保有压"的要求,调整优化信贷结构,避免盲目贷款"一哄而上"而产生新的政策性风险和集中度风险。

3. 理性做出信贷决策

做到"抓大不放小",积极做好信贷统筹工作,既加大对重大工程、重大企业项目的信贷支持,又要兼顾"三农"、中小企业、民生工程等"弱""小"客户群体的贷款需求。

（二）完善大额授信风险防控体系

1. 推进大额客户精细化管理

深入开展 5 000 万元以上大户信贷分析工作,着力揭示企业潜在风险,强化风险掌控能力。将有进有退的客户流动机制落到实处,

不断拓展新的信贷大户,提前退出发展前景欠佳或风险隐患较大客户,淘汰劣变客户,建立良性的信贷大户流动机制。

2. 加强集团关联客户信贷管理及风险防控

强化集团关联客户信息管理,认真搜集集团关联客户信息,加强关联企业资金流向监控,防范企业以虚增收入、转移利润等方式,转移资金、套取贷款。加强关联客户贷款担保管理,对不符合信用贷款条件的集团关联客户办理信贷业务必须采用合法、有效的抵(质)押担保方式;对关联企业提供保证担保的贷款,应从严掌握,逐步降低关联企业担保,对存在担保企业已超担保能力、企业互保等问题的要立即整改。

3. 动态跟踪大户经营,强化客户资金监控

要提高对大额授信客户经营情况跟踪管理工作的主动性,对企业组织结构变化、生产经营及企业财务状况等跟踪管理,尤其是生产流通企业经营发生较大变化的,应作为连续跟踪监控的重点对象,将企业资金流向作为信贷管理的重点,提高风险防范的前瞻性。

4. 建立并落实科学有效考核奖励机制

要科学设定考核奖励指标,确保考核指标与审慎风险管理相统一,各类风险与成本相挂钩,避免因单纯追求短期经营规模和非真实利润而产生风险隐患。

(三)建立良好的外部协调机制

1. 加强信用环境建设

统一认识,加大打击逃废金融债权和失信行为的力度。要严格执行逃废金融债权和失信行为的"黑名单"制度,定期向社会和银行业金融机构通报。

2. 建立大额客户授信信息共享机制

引导各银行机构从无序的竞争逐步走向有序的合作,增强银行间对企业信息掌握程度,使同业间的信息交流有适当的渠道,降低信息不对称的程度,减少贷款风险的发生。

3. 积极推广银团贷款

银团贷款是当今国际信贷业务的通行做法,它不仅可以改变银

行间信息沟通不畅、授信标准不一的情况,提升银行对大额授信客户的整体管理能力及风险防范和风险处置合力,而且有助于银行降低银企信息不对称的程度,提高贷款议价能力。银行业机构应纠正一些短视的和只考虑眼前利益、自身利益的思想认识,提高对推广银团贷款重要性和必要性的认识,积极主动地对大客户实施银团贷款。

4. 建立大额授信风险处置的协调机制

加强银行间的信息交流与沟通,形成合力,协调对外关系,争取地方和政府更多的支持和帮助,最大限度地维护债权银行的经济利益,有利于降低或避免贷款损失。(本文发表于《江苏大型银行监管》)

"1＋n"式融资业务发展有待规范

近年来,各银行积极创新融资产品,其中"1＋n"式融资业务发展较快。"1＋n"式融资业务主要指银行与1个主导方以某种形式达成合作协议,并由主导方提供直接或间接担保后,银行向其推荐或指定的n个企业、商户、个人提供批量授信业务。至2013年9月末,常州辖区"1＋n"式融资业务表内外授信余额36.26亿元,其中,贷款业务35.65亿元;涉及主导方42户。

一、基本情况

(一) 主导方日渐多元化

一是政府管理部门。包括省市区各级财政、科技、宣传、外经贸、生产力促进中心等部门及乡镇政府,其户数约占主导方总数的57%。二是供应链的核心企业,主要集中在化工、餐饮、养殖、机械、机车等行业,其户数约占主导方总数的30%。三是大型知名专业市场管理方,其户数约占主导方总数的10%。四是养殖、农机专业合作社(供销社),其户数约占主导方总数的3%。

(二) "n"方数量快速增长

供应链核心企业、市场商圈、专业合作社等主导方涉及"n"方企业少则5—10家,多则数十家、上百家;而政府管理部门涉及的"n"方企业数量则视其提供风险补偿金规模而定,多的可达到数百上千家。

（三）产品创新步伐加快

各行融资产品名目繁多，如外贸通、金科通、助保贷、科贷通、采购贷、文创贷、小企业网络贷、循环贷、租金贷、科技之星、置业贷、乐农贷等。部分产品还下设多个子产品，可根据企业不同需求灵活设计融资方案，如农行"金科通"业务大类下就有十多项子产品。

（四）各式担保综合运用

一是由核心方、第三方企业、市场管理方或借款企业实际控制人个人承担连带保证责任。二是销售方承担回购责任。如工程机械按揭贷款，当购买方（借款人）产生三期（含）以上逾期时，由销售方垫付相应的逾期贷款本息。三是提供有效资产抵（质）押。如供应链融资企业应收账款（池）质押，质押比例一般控制在60%—80%。四是缴纳一定保证金。如建行"助保贷"要求"n"方企业每年按不低于实际获得贷款额的2%缴纳助保金。华夏银行则要求核心企业按自身授信总额缴纳10%—20%的保证金。五是政府主管部门或乡镇建立专项风险补偿基金（资金池），根据约定放大倍数发放贷款，财政、银行按比例共担风险。

二、值得关注的问题和风险

（一）主导方核心主体甄选难

各行对主导方准入总体较为谨慎。如供应链融资核心企业准入权限一般均在总行或省分行，且要求企业必须规模大、实力强、技术优势明显，在供应链中具有核心地位、起决定性作用，而常州地区这样真正符合条件的企业可谓凤毛麟角。同时，在当前经济下行、资金面较紧的情况下，一些主导方不愿意承担连带保证责任或提供保证金，参与合作意愿不强。目前，全辖"1＋n"融资业务的核心主导企业（不含各级政府管理部门）不足20家。中信、浦发等银行虽然推出了1＋n式融资产品，但由于辖内无合适的拓展对象或达不成合作协议，至今仍处于业务空白阶段。此外，银行在与政府部门合作开展

1+n业务中,由于竞争激烈、条件苛刻,银行通常处于弱势地位,往往只有个别银行能与政府部门达成风险补偿基金合作协议。

(二)"n"方授信风险控制难

由于"n"方授信主体涉及大量附属企业、商户或自然人的批量授信,银行对其经营状况、财务状况、家庭财产、信用情况、民间融资、发展前景等情况常存在调查不细致、监控不到位等问题,对一些技术含量高的领域缺乏专业知识支撑,更多依靠主导方推荐,导致了部分融资产品授信主体的"良莠不齐"。如工程机械贷款业务,银行为争夺客户出现低首付、零首付,导致客户准入门槛低、违约率高。又如科技贷业务,科技管理部门提供名单中大部分企业仍处于孵化期,风险过高,如常州科教城内600多户注册企业,销售规模200万元以上仅约50户。前期有关银行投放的一些科技企业授信客户已出现资金链断裂、企业主失踪逃逸。再如乐农贷,采取龙头企业+合作社+农户运作模式,数十户农户经营地分散,病害天灾概率高,银行贷前调查、贷后回访力不从心,风险控制难度很大。

(三)融资需求真实性鉴别难

由于1+n融资模式中的"n"方企业需由主导方推荐或指定,部分产品中的主导方可以相对独立于银行开展贷前调查、贷后管理;加上主导方与n方企业大多为共同利益体,若双方合谋向银行提供虚假贸易合同或授信申报资料,银行很难确认其真伪。这一产品设计的薄弱环节极易被主导方操作成"冒名贷款"。2013年以来,常州已先后发现2起通过"1+n"融资模式,主导方企业以"n"方授信主体名义获取银行贷款后挪用至房地产等其他领域,最终导致"n"方授信主体投诉举报,其中1起引发重大负面舆情。

(四)风险缓释真正落实难

一是过度依赖优质核心企业(第三方),担保的制度设计不科学。如工程机械按揭、小微采购卡等业务制度中均有借款人不能还款时由第三方回购或代偿,可由担保方落实亲见、亲核、亲签等规定;

一些产品由主导方负责营销、贷前调查后报银行审批,银行因过分信赖核心方放宽准入,直接导致了借款人基本资质不符合贷款准入要求,借款人收入、负债情况与实际差距较大,借款合同非本人签字等问题。二是政府风险补偿基金(资金池)机制不完善。各级政府管理部门通常只与指定合作银行签订风险补偿基金协议框架,而无具体操作性规定。待真正需要赔付代偿时,由于流程不明晰、牵涉多级(头)部门、审批程序复杂、周期较长等原因,导致银行协调成本很高,影响了贷款风险的及时处置,甚至出现名单内企业贷款出现风险后,以企业不符合条件为由不予补偿。这些框架协议大多一年一签,政府部门有时不主动续签,造成存量贷款和新增贷款的风险保障效力存在瑕疵。三是主导方或担保方代偿能力不强。如某银行向常州某知名餐饮连锁企业推广小微采购卡业务,用于该企业与其指定自然人间采购交易支付,约定由企业负责缴纳一定比例保证金,并对逾期超过 2 期的持卡人承担连带保证责任。但至 2013 年上半年,该企业资金链断裂,直接导致连带保证责任悬空。又如工程机械行业低迷使大批下游按揭客户逾期,导致制造商或经销商支付回购款后资金紧张,银行贷款逾期违约率有所上升。

三、相关建议

(一) 融资创新要坚持"风险可控、科学合理"原则

"1 + n"产品设计应避免对主导方、推荐(指定)及其担保的过度依赖,更多关注"n"方授信主体自身运营状况和偿债能力;对"1 + n"所有关联方宜采取"整体授信、总量控制"。

(二) 风险监控要坚持"严格准入、自主管理"原则

进一步严格核心主导方和"n"方授信主体资质及双方贸易背景真实性的审查,杜绝将贷前调查、贷后管理权下放至主导方;要加强信贷资金跟踪监测,防止信贷资金被挪用。

(三) 风险缓释要坚持"综合覆盖、充足规范"原则

应有机组合保证、抵质押、缴纳保证金及风险补偿基金等各项风

险缓释措施,尽可能降低风险敞口。同时,加强与政府部门协调,明确各方权利责任,明晰代偿条件流程,提高银行话语权,按照"标准化、长效化、透明化"要求逐步完善各类政府背景风险补偿机制。

(本文发表于江苏银监局《监管调研》)

「1+n」式融资业务发展有待规范

涉政府融资平台委托贷款业务亟待规范

近年来,常州辖内涉政府融资平台委托贷款业务快速发展,2011—2012 年辖内共有 10 家银行受托办理委托贷款 44 笔,合计 27.5 亿元,涉及政府融资平台 13 家。总体呈现以下特点:一是双向委托"互通有无"。2011—2012 两年间,辖内政府融资平台以委托贷款融出资金 26 笔,金额合计 10.64 亿元;以委托贷款融入资金 18 笔,金额合计 16.86 亿元,总体呈现政府融资平台资金与社会资金相互输送的格局。二是业务频度"突飞猛进"。常州辖内涉及政府融资平台委托贷款 2012 年新发生 31 笔,比 2011 年增长 138%,反映出政府融资平台通过委托贷款运作资金频率更趋密集。三是借贷双方"形式各样"。参与委托贷款的政府融资平台,涉及市、县(区)各级平台。政府融资平台作为委托人,主要投向各类民营企业,其中不乏房地产、钢铁等受限行业,流动资金贷款额和项目融资额比例约为 8:1。政府融资平台作为借款人,资金来源主要有投资、租赁、担保类机构,民企及理财产品和个人,公共设施工程项目贷款额和流动资金贷款额比例约为 7:1。四是金额期限"大小不一"。单笔金额在 1 亿元(含)以上的有 13 笔,最高 2 亿元;单笔 1 000 万元(含)以下的有 10 笔,最低仅 300 万元。从贷款期限上看,政府融资平台融入资金期限普遍长于融出资金期限,约 30% 的融入资金期限在 6 年左右,而约 90% 的融出资金期限均控制在一年以内。

一、政府融资平台热衷委托贷款业务的原因

（一）灵活便捷"受限少"

委托贷款对银行而言均列为中间业务,在信贷规模、审批权限、贷款条件、放款方式和进度等方面均不受过多限制。辖内除个别支行级或新开业的股份制银行,绝大部分银行均由本地行自主完成业务发起、审批、办理及后续管理。而贷款资金到账后通常一次性提清,不受按进度放款、受托支付等限制。

（二）资金运作"逐利性"

调查显示,政府融资平台委托贷款融入资金成本绝大部分在5%—10%,最高的也不超过15%,加之银行手续费率控制在5‰以内,综合成本远低于同期限的信托等其他融资渠道综合成本。此外,政府融资平台作为委托方,融出资金年收益率是同期存款利息的2—3倍,且利息收入还可免缴所得税。

（三）弱化担保"绕门槛"

调查显示,政府融资平台以委托贷款融入资金采取信用方式、关联平台保证方式占比则达到78%。缺乏有效抵押资产的政府融资平台利用委托贷款可以规避新增银行贷款对风险缓释措施的刚性要求。

（四）银行牵线"有保障"

银行热衷牵线搭桥,推荐的借款人基本定位于发展较好、相对熟悉的企业,对借贷双方增进互信、达成协议起到了积极推动作用。

二、存在的问题及风险

（一）加剧了平台资金和社会资金的交叉风险

委托贷款进一步打通了政府融资平台资金和社会资金相互融通

的渠道,加之担保弱化,借贷双方多为银行信贷客户,使政府融资平台信用风险防控和化解更为复杂、艰巨。目前,涉政府融资平台委托贷款虽未形成不良贷款;但已有3笔平台借款展期,合计0.9亿元,1笔企业借款因涉及大额"担保圈"风险被提前收回。

(二) 增加了贷款资金来源真实性、合法性的界定难度

一方面,政府融资平台融出资金的来源较为复杂,根据人民银行征信系统统计数据,7家对外融出资金的政府融资平台中有5家为银行信贷客户,贷款余额超70亿元,受托行难以有效区分委托资金是来源于委托人财政资金还是信贷资金;部分资金来源涉及违规,如有县级城市建设平台累计将5.6亿元"城投债"资金改变发债资金用途投向水泥、钢铁、建材等限制性行业;有政策性银行省级分行通过政府融资平台委托贷款发放变相"打捆贷款"1.16亿元。另一方面,一些社会资金来源已明显不符合现行要求,2012年底出台的《关于制止地方政府违法违规融资行为的通知》(财预〔2012〕463)规定平台公司不得向非金融机构和个人借款,不得向公众和通过金融租赁公司直接或间接融资用于公益性项目建设,而至2013年2月末,此类委托贷款余额仍合计13亿元,应属于整改之列。此外,部分企业出于各种利益关系为政府融资平台在银行借道融资,再以委托贷款形式将资金输送给政府融资平台。

(三) 潜藏了合规风险、信贷管理的薄弱环节

一是制度建设滞后带来管理真空。目前,委托贷款业务政策制度规定过于粗略、零散,监管部门的监督和检查依据不足,给政府融资平台打政策"擦边球"留下空间。二是银行对涉融资平台委托贷款风险认识过于乐观。银行对此类委托贷款后蕴藏的政府融资平台巨额债务和社会资金链、债务链风险的危害性缺乏深刻认识,对信贷管理重视程度明显劣于自营贷款。三是银行"以点带面"利益驱动潜在诸多隐患。银行为维护平台、大企业客户关系,拉动存款、结算、中间业务综合发展,主观上放松甚至放弃了资金来源审查和协议约定的贷后管理职责,一旦发生违约风险,可能带来合规、法律、声誉等

多方面风险。四是折射出银行过度授信问题。银行对一些平台和大型企业项目贷款的授信额度过于宽松或发放进度与用款进度不匹配,造成了信贷资金在平台、企业账面上的闲置,给他们双方相互开展委托贷款进行套利提供了可能。

(四) 背离了货币政策、产业政策调控目标

部分融资平台涉及委托贷款规避对政府融资平台及限制性行业的信贷政策要求,同时,由于委托贷款不在表内外统计,影响货币政策、产业政策的调控力度和效果。如不尽快加以监控和规范,大量资金可能借道委托贷款进入平台及受限行业。

三、政策建议

一是完善制度建设,规范委托贷款业务发展。建议银监会进一步完善适合当前形势的委托贷款管理指引,对参贷主体、资金来源、贷款投向、准入审查条件及受托行职责义务等细节作出明确规定。二是加强受托行审查,防范涉政府融资平台委托贷款潜在风险。进一步严格政府融资平台涉及委托贷款的市场准入,审慎接受资金来源不合规、不明确,过度套利的委托方;同时,高度重视并加强委托贷款全程管理。三是加大监测检查力度,督促政府融资平台委托贷款问题整改。监管部门应建立统一的委托贷款监测制度,及时发现并纠正有意规避政策监控的和其他违规、违法的行为,推动涉政府融资平台委托贷款业务审慎、健康发展。(本文发表于江苏银监局《监管调研》)

涉政府融资平台委托贷款业务亟待规范

钢贸企业信贷风险迥异
银行授信管理值得反思

钢贸企业按照所处地点来看,可以分为钢材市场外企业和钢材市场内企业两类;按经营者籍贯来看,又可以分为本地传统企业和福建籍人士经营企业两类。从近期常州银监分局调研掌握情况看,不同类型的钢贸企业信贷风险状况差别较大,采取不同风险管控政策的授信银行风险分化十分明显,其中的经验和教训值得银行业借鉴和反思。

一、钢贸企业信贷风险状况迥异

(一)钢材市场外企业和本地传统钢材市场的企业风险较小

一是钢材市场外钢贸企业授信情况基本正常。辖区银行共对167户钢材市场外的钢贸企业授信:表内外授信余额为34.3亿元,比年初增加0.6亿元,表内外风险敞口为26.9亿元,比年初增加1.9亿元,增长7.6%,目前不良类余额为0.4亿元,占表内外授信余额的1.2%。二是本地传统钢材市场内钢贸企业授信情况良好。辖区银行共对5家常州本地传统钢材市场内的138户企业授信,表内外授信余额为15.2亿元,比年初增加1.2亿元,增长0.9%,风险敞口为9.9亿元,比年初增加0.1亿元;未出现不良贷款,授信情况良好。

(二)福建籍人士经营的钢材市场内钢贸企业授信风险突出

辖区银行对9家福建籍人士经营的钢材市场内的714户钢贸企

业授信,表内外授信余额为 22.5 亿元,比年初减少 11.2 亿元,下降 33.2%;表内外风险敞口为 17.7 亿元,比年初减少 5.3 亿元,下降 23%;形成不良 2.9 亿元,占表内外授信余额的 12.9%。其中,6 家福建籍人士租赁经营的钢材市场风险尤为突出,市场内 246 户钢贸企业表内外授信余额为 4.6 亿元,表内外风险敞口为 3.9 亿元,不良类余额 1.5 亿元,占表内外授信余额的 32.6%;3 家福建籍人士投资经营的钢材市场风险也较为明显,市场内 468 户钢贸企业表内外授信余额 17.9 亿元,表内外风险敞口为 13.8 亿元,不良类余额为 1.4 亿元,占表内外授信余额的 7.8%。

二、授信银行风险呈现出"四集中"特征

(一)风险集中在近年新介入钢贸企业授信的银行

建行常州分行、华夏银行常州分行、江苏银行常州分行和江南农村商业银行等 4 家银行均是近 3 年新介入钢贸企业授信的,钢贸企业授信关注类贷款为 3.1 亿元,不良贷款为 2.1 亿元,分别占上述 4 家银行钢贸贷款总额的 83.5% 和 61.4%。其中,华夏银行常州分行钢贸贷款风险表现最为突出,该分行 2007 年成立后的 4 年内一直未涉及钢贸企业授信,但 2011 年下半年开始以批量开发方式介入钢贸企业授信,共向 5 个福建籍人士经营的钢材市场授信 1.56 亿元,已全部逾期。

(二)风险集中在以贷款作为主要授信方式的银行

如涉及建设银行、农业银行、华夏银行、兴业银行、邮储银行、江苏银行、江南农商行等 7 家银行对福建籍人士经营的钢材市场内钢贸企业表内外授信余额中关注类为 2.9 亿元、不良类 2.9 亿元,授信方式均以贷款为主。而根据企业真实贸易背景的融资需求,通过银行承兑汇票对钢贸企业授信的银行,资产质量普遍较好。如中信银行,对福建人经营的钢材市场内钢贸企业授信余额为 3.3 亿元,风险敞口为 2 亿元,目前尚无关注类和不良类授信。

（三）风险集中在以融资性担保为主要担保方式的银行

福建人经营的钢材市场内钢贸企业授信中，融资性担保公司担保占比达74.02%，而抵质押率仅为21.3%，分别低于钢材市场外和本地传统钢材市场18.8和30.8个百分点。涉及钢贸贷款的11家银行中，中行常州分行、建行常州分行、华夏银行常州分行、浦发银行常州分行、江苏银行常州分行和江南农商行等7家银行钢贸贷款的融资性担保公司及市场担保率为96.23%，其中，除江南农商行、建行常州分行抵质押率为8.2%、3.2%，其他5家银行钢贸贷款均无抵质押品，表内外授信不良占比为11.6%。而不接受融资性担保公司担保的工行常州分行、农行常州分行、中信银行常州分行和兴业银行常州支行等4家银行抵质押率则分别达到100%、100%、88.4%和65.9%，除兴业银行因涉及担保链产生部分不良贷款外，其他3家行均未发生不良贷款。

（四）风险集中在不注重真实贸易背景的授信银行

调查发现，不良贷款较为集中的江南农商行、建行常州分行、江苏银行常州分行，信贷人员均不同程度存在放松对钢贸企业真实贸易背景审查的情况。而工行常州分行多年来始终坚持商品融资，根据存货量确定合理融资需求，并聘请第三方监管公司加强存货监管。当钢贸企业经营状况下滑后，该分行随即下调授信余额，至今已顺利退出10户，压缩贷款1.4亿元，尚余4户、4 300万元贷款，未发生不良贷款，风险控制较好。

三、相关启示

通过对常州辖区不同类型钢贸企业的调查分析，大部分钢贸企业授信正常，银行业应全面客观评价钢贸行业，分类型、分地区区别对待，不能"一刀切"。银行只有贷款"三查"到位，根据钢贸企业真实贸易需求选择合适的授信方式，高度重视第一还款来源，提高有效抵质押率，加强对融资性担保公司准入把关和日常动态风险监控，才能有效控制钢贸企业授信风险，促进钢贸企业健康发展。（本文发表于常州银监分局《金融监管信息》）

第七篇

金融监管研究

我国商业银行分支机构风险评级研究

摘要：从合规性监管为主向合规性监管与风险性监管相结合的转变是我国银行监管制度的必然选择。本研究课题通过考察、比较成熟市场经济国家和地区的银行监管当局对商业银行分支机构的风险评级体系以及取得的监管成效，从我国商业银行分支机构面临的"风险"和"内控"两大主题出发，初步探索了我国商业银行分支机构的风险评级体系。

信用评级是市场经济条件下信用关系发展的必然产物，在国际上已经有一百多年的发展历史，已经成为发达国家现代市场体系不可或缺的重要组成部分，正发挥着越来越重要的作用。银行信用评级结果的任何变化都会对金融市场参与者产生重大的影响。从广义上说，商业银行的信用评级可分为三类：一是银行自身的评级，也称内部评级；二是外部评级机构对银行进行的评级，如标准普尔、穆迪、惠誉等信用评级机构的评级，也称外部评级；三是银行监管部门对商业银行的总体经营情况和风险状况等有关要素进行的风险评级，也称监管评级。本文研究的是第三类。

我国是从 2001 年底开始研究对商业银行风险评级的，其间主要参照了国际通行的美国"骆驼"（CAMELS）评级体系，也综合参考了新加坡、英国等国家和我国香港地区的银行业监管机构对商业银行的监管评级办法。2004 年初以来，在经过了标准普尔、穆迪等信用评级公司对中资银行的评级后，中国银行业监督管理委员会结合我国银行业的实际，开始部署对我国股份制商业银行的风险评级工作。2004 年 2 月，银监会发布了《股份制商业银行风险评级体系（暂行)》(以下简称《评级体系》)。从银监会对股份制商业银行法人机构实施风险评级的效果看:一方面,监管者对监管对象的总体经营情况和风险状况有了更为深入、更为系统、更为全面的了解,便于及时采取有针对性的持续监管措施;另一方面,也有利于促进监管对象进一步改善经营管理,完善内控制度,加强风险防范和控制,全面提升自身的综合竞争能力。尽管评级体系还有许多亟待完善之处,但初步达到了预期效果。

近年来,国有商业银行分支机构信用风险和操作风险不断显现,加重了银行持续监管的任务。因此,有必要按照先进的监管理念要求,拓宽监管领域和范围,改进监管技术和方法,借鉴法人机构风险评级的经验,结合国有商业银行分支机构的管理现状和业务经营特点,研究切实可行的对分支机构风险评级体系和方法,并作为法人机构综合风险评级的必要补充,以达到加强风险监管的目的。

一、对分支机构风险评级是现阶段的现实选择和必然要求

1. 我国商业银行分支机构的内部控制和管理现状,决定了银行监管部门必须着手研究加强和改进对商业银行分支机构的监管手段和方法。与国际先进的大银行分支机构不同,我国商业银行分支机构主要是按行政区划设置,组织结构体系为"总行——一级分行—二级分行—支行办事处—分理处—储蓄所"。这种组织体系导致商业银行特别是国有商业银行分支机构庞大,机构管理层次相当复杂,机构重叠且链条明显过长。作为银行业监管部门,除了要督促商业银行不断加快改革进程,加强内部控制和管理,抓紧建立防范案件和操作风险的长效管理机制外;更应该结合我国商业银行分支机构管理薄弱的现状,积极调整监管思路,拓展监管领域和监管范围,借鉴国际上先进的监管经验,研究探索符合我国实际的对商业银行分支机构的有效监管手段、技术和方法,尽快建立一套符合商业银行分支机构特点的,能够及时准确识别、计量和监测商业银行分支机构内部控制和风险管理的隐患和薄弱点,且简单易行的风险评级体系,并以此作为对现场检查和非现场监管手段的有益补充和完善。

2. 对商业银行分支机构实施风险评级是对商业银行法人进行风险评级的重要组成部分和有益补充。《评级体系》对股份制商业银行风险评级有了较为明确的思路和操作办法,是我国银行监管史上的一大进步,标志着我国银行监管部门已经着手建立对商业银行的风险监管体系,监管方式从以往的合规性监管逐步向合规性监管与风险性监管结合转变。但该体系主要是针对股份制商业银行法人机构设计和安排的,对分支机构的风险评级要素及相关内容尚未涉及。如果单纯地对法人机构进行风险评级,会缺少必要的基础条件,因为庞大、复杂的分支机构是整个商业银行法人体系的重要组成部分,众多的业务特别是前台业务主要是由分支机构完成的,较多的风险隐患也主要集中在分支机构;且由于商业银行分支机构的信息不对称,仅对法人机构进行风险评级而不考虑分支机构,容易产生逆向选择和信息失真,评级结果的准确性可能会产生一定程度甚至较大的偏差,极易造成监管指导性不强、监管资源错配,加大监管成本,对监管评价和监管实施效果也容易产生不利影响。因此,在对商业银行法人机构进行风险评级的总体制度架构下,有必要研究对分支机构的风险评级办法。

3. 对商业银行分支机构实施风险评级标志着监管方式由"静态"的合规性监管向"动态"的合规性监管与风险性监管相结合的有效转变,是实现理论更新到具体实践操作的重大进步。随着金融创新的不断发展,商业银行改革的不断深化,依靠单纯的事后合规性监管已很难满足银行业日益发展变化的形势以及防范风险的需要。因此,有必要根据我国银行业分支机构的现实状况,构建一套适合分支机构特点的风险评级体系,作为现场检查和非现场监管手段的有益补充。该评级体系应力求做到定性指标和定量指标、合规性指标和风险性指标、评级的过程和结果相结合,针对分支机构的特点,侧重于审查和考评商业银行的内部控制及风险管理体系及执行情况,监测其潜在风险水平和风险管控能力,为商业银行提出统一的风险量度标准并提供对银行进行综合分析的框架。该体系应有利于监管机构综合掌握商业银行经营管理及其存在的综合风险状况;其风险评级的结果是监管机关配置监管资源的基本依据,有利于监管机构确定监管重点,实施"一行一策"的分类监管措施。

4. 国外一些发达国家和地区监管当局所采用的对商业银行分支机构实施风险评级的较为成熟模式和经验,以及取得的良好监管成效,值得我们学习和借鉴。如美国银行监管当局的 ROCA 评级体系是一种通过综合外国银行分行所有管理信息和监管情况,旨在评价外国银行分行经营状况并准确把握其发展趋势,从而确定适当的检查周期或监管措施的一种监管方法。一般而言,一家银行能够满足最低监管要求,并不表示它的经营和风险状况令人满意,且具有持续、稳定的发展潜力。在日常监管手段之外通过 ROCA 评级这一风险监管技术,这是考虑到监管当局对外国银行分行进行风险评价的客观需要。ROCA 评级体系从风险管理(Risk Management)、营运控制(Operational Control)、合规性(Compliance)、资产质量(Assets Quality)等各评级要素的单个评价,以及通过汇总评级结果,得出综合评价,从总体上反映出商业银行分支机构经营中需要引起的监管关注的领域和关注的程度;而 SOSA 评级体系(Strength of Support Assessment,母行支持度)主要是通过分析外国银行的财务信息、管理信息和外部环境,评估外国银行对其境内分行的支持能力和支持意愿,从而确定对外国银行分行的监管措施。由于外国银行分行的经营表现和风险状况在很大程度上取决于总行的经营能力和全球策略,因此,进行 SOSA 评级有利于东道国监管当局明确风险监管的方向,合理配置监管资源。ROCA 评级体系重视与外国银行分行组织与经营特征相关的要素,用于评估单一分行的经营稳健性和持续经营能力。但分行的经营与发展离不开总行的有力支持,其管理能力和系统运作更是建立在总行统一管理的基础之上。只有对法人银行的经营业绩、管理模式、经营文化及背景等有所了解,才能得出客观、真实的评级结果。因此,在进行 ROCA 评价之前,仍需要对外国银行经营和风险状况有清晰的认识,这部分内容和评估方法将通过 SOSA 评价加以规范。可以说,SOSA 评价对 ROCA 评价的有效性有着非常重要的影响,主要体现在总行的支持能力和意愿以及总行确保分行内部控制环境良好的能力两个方面。SOSA 评价、ROCA 评价和市场活跃程度构成了美国银行监管机构对外国银行境内分行实施分类监管的依据。

新加坡金融监管局则借鉴美联储的骆驼评级法,结合新加坡银行业的实际,建立了比较完善的银行风险评级系统。对本地银行和外资银行分别建立了 CAMLOTS 评级系统和 PLATOS 评级系统。

发达国家和地区的监管实践表明,分支机构作为银行体系的重要组成部分,其自身(包括母行)的稳健与否,在一定程度上影响和决定了一个国家或地区整个银行体系的稳健程度。对商业银行分支机构加大监管力度,提高针对性,在现场检查、非现场监管等传统手段外,引进和实施符合商业银行分支机构特点的风险评级体系,根据评级情况和银行的风险状况,有效确定监管的重点范围和采取的重点跟进措施,有利于合理分配监管资源,提高监管的效能,对促进我国银行业深化改革,切实提高综合竞争能力等也有着一定的借鉴意义。

二、构建商业银行分支机构风险评级体系的设想

(一)对分支机构实施风险评级的基本原则

对商业银行分支机构的风险评级与对其法人评级既有其内在的必然联系,又因其公司治理、业务经营与管理等的特殊性和差异性而有所区别。除一些考评要素外,监管部门现阶段主要是根据对分支机构的资产安全性、管理与内部控制、盈利性、流动性和上级行支持度等要素状况,对其内部控制、经营管理等情况进行全面系统的分析和判断,形成综合评级的结果,并以此作为持续监管依据的一种动态过程和机制。因此,在对分支机构进行风险评级时,应掌握以下几点主要原则:一是客观性。风险评级应在全面收集相关信息的基础上,系统地分析商业银行分支机构的内部控制、经营管理状况,客观、公正地反映分支机构存在的主要问题及风险状况。二是重要性。风险评级要结合分支机构的特点,在设置指标和分配权重时关注风险敏感度较强的一些定性和定量指标,如资产安全状况、管理与内部控制,以及当前商业银行分支机构经营管理中存在的突出问题和薄弱环节。三是可操作性。风险评级采取定量分析与定性分析相结合的

方法,定性分析应尽量细化,各类分析使用简单明了的方式,方便监管人员的操作和使用,保证评级结果的可比性和科学性。四是全面性。风险评级应在全面收集分支机构相关信息的基础上,综合全部内外部信息进行,同时对有关信息要进行必要的筛选和核实。五是审慎性。风险评级要以审慎监管的要求为依据,以促进商业银行分支机构合规审慎经营为目的,有效识别和认定商业银行分支机构潜在的各类风险及隐患。六是系统性。风险评级不应仅就某项或某几项单个考核要素进行核评,而应系统分析商业银行分支机构的整体风险和经营状况,以及风险发展的总体方向和趋势。七是持续性。风险评级应克服以往监管过程中一次性监管的缺陷,具有持续性和长期性,根据监管周期持续进行,以便积累一些综合性的监管数据和资料,作为持续监管的重要依据。

(二) 风险评级指标体系的设计的基本思路

根据银监会提出的"管法人、管风险、管内控、提高透明度"的新的监管理念,对分支机构的充分有效的监管应作为对商业银行法人监管的一种必要渠道和重要延伸。为跟踪和分析监控商业银行分支机构业务发展和风险状况的变化,要提高监管部门和监管人员的分类监管和持续监管能力,借鉴、比较国际先进监管当局风险评级的主流做法,如CAMELS、ROCA、SOSA、CAMLOTS、PLATOS以及《股份制商业银行风险评级体系(暂行)》等目前较为成熟和广泛运用的指标分析方法,以评价商业银行分支机构的风险管理能力为导向,突出单项评分与整体评分相结合,定性分析与定量分析相结合,充分考虑分支机构的业务特点、经营规模、管理幅度、业务复杂程度和风险层次。

(三) 建立符合分支机构特点的评级指标及要素

鉴于商业银行分支机构风险评级体系与法人评级体系的实施环境不同,总体体系设计和指标选择上,既要借鉴和细化对法人评价的主要内容,又要力争在最大程度上符合分支机构的特点,具有兼容性、敏感性和适应性。现阶段,初步考虑建立"资产安全性""管理和内部控制""盈利性""流动性""上级行支持度"等五大类指标,在每一类单项指标中,结合分支机构的特点,选择若干适宜的定性与定量指标,使之更具科学性和实用性。在权重的选择上,可以考虑结合分支机构的特点和监管部门的关注程度,适当加大对"管理和内部控制"和"资产安全性"的评分权重。同时,为了全面反映商业银行分支机构综合状况,评级指标的各项要素越多越细化也就越客观,但是,过多的评级指标及其评级要素不仅会增加评级工作的难度,还可能造成指标间信息的重叠和相互干扰。因此,在指标体系的构建上可以考虑通过以下途径加以解决:一是从定量的评级指标体系中,尽可能多地选择一些适合分支机构特点的指标进行简化处理,避免大而化之;二是可以运用统计分析方法,根据指标间的关联程度合理选择有代表性的指标;三是评级内容实行表格化,更适宜于监管人员的理解和操作;四是定性评价尽量细化、量化,使评级人员在评级分寸上更易把握,减少随意性;五是在评级工作的组织实施上,对同质同类机构尽可能成立专门的技术小组进行横向评级,使得分标准宽严把握适度,同时建立对评级工作的后评价制度,最大限度减少偏差;六是针对当前商业银行分支机构普遍存在的对合规性不够重视的问题,在"管理和内部控制"部分适当增加对合规性遵从的相关内容。

(四)评级周期及评级结果的综合运用

评级周期的把握是一个比较重要的问题,如果评级周期过短则容易加大监管者和被监管者的负担;评级周期过长则往往达不到持续监管的效果。现阶段,可以考虑将评级周期暂定为一年,在年度结束后4个月内完成辖内商业银行分支机构上年度的评级工作。

对商业银行分支机构的风险评级是监管人员全面、深入地了解和认识监管对象的一个重要渠道和手段。通过对各评级要素如资产安全性、内部控制和管理等的定量和定性的判断与分析,有助于监管机构和监管人员对被评级机构的总体经营情况和内控及风险状况有一个较为全面的掌握和了解,评级结果也可作为指导监管工作和配置监管资源的重要依据,避免走弯路和加大监管成本。

(五)评级过程中需要注意把握的问题

对分支机构的风险评级既是一个定性和定量相结合的过程,也

我国商业银行分支机构风险评级研究

是一个监管部门和监管人员利用日常监管信息,通过一定的技术手段和方法,对被评级机构的总体经营情况和风险状况进行分析、评判的动态的连续过程和机制。对分支机构的风险评级与日常的现场检查和非现场监管在方法、手段和步骤上有着一定的区别,不能完全等同和混淆。同时,它们之间又有着密切的联系,需要将风险评级和日常监管紧密结合综合运用。评级过程和结果的科学性和准确性,在较大程度上依赖于在评级周期内,对被评级机构各项业务经营、内部控制和管理、存在的潜在风险等的准确把握和判断,而这些不是短短数天的评级工作期所能全部为评级人员熟悉和掌握的。要做到评级结果的准确性,除了按照评级办法和程序,要求被评级机构提供相应的文件、报表、资料外,评级人员还要注意日常积累的监管资料和监管信息的收集、整理,包括评级周期内进行的现场检查情况和结果、整改要求的落实情况、非现场监管分析和预警报告等大量的监管信息。

三、对分支机构进行风险评级的初步探索

为加强对国有商业银行分支机构的监管,完善现行的监管体系,有效配置监管资源,探索和完善分类监管制度和办法,提高持续监管能力,促进国有商业银行分支机构审慎合规经营和稳健发展,针对在日常监管中了解和掌握的国有商业银行分支机构的内控和风险状况,在广泛调研的基础上,2005 年 8 月,江苏银监局出台了《江苏省国有银行分支机构风险评级实施细则》。该实施细则按照"全面、客观、准确、有效地识别和考核国有商业银行分支机构的经营风险和风险管控质量"的目标,结合分支机构的业务和经营特点,借鉴和引用国内外较为成熟的风险评级体系,紧紧围绕"风险"和"内控"两大主题,对辖内国有商业银行分支机构的资产安全性、管理与内部控制、盈利性、流动性和上级行支持度等五大要素若干小项进行单个评分和综合试评分。如在资产安全性要素上,又具体分为定量和定性两大类指标:定量指标主要包括不良贷款率、拨备覆盖率、估计贷款损失率、非信贷资产损失率等项;定性指标主要包括不良贷款和其他不

良资产的变动趋势、贷款集中度以及对银行资产安全状况的影响、信贷风险管理的程序及有效性、贷款风险分类制度的健全性和有效性、保证贷款和抵(质)押贷款及其管理状况、非信贷资产及表外资产风险管理状况等。

对分支机构的风险评级建立在对其单项要素评级和综合评级的基础上。对资产安全性、管理与内部控制、盈利性、流动性和上级行支持度等五大单项要素按照 1—5 级标准设置。其中,1 级为最好,得分应在 85 分及以上;2 级为较好,得分应在 75—85 分之间;3 级为一般,得分应在 60—75 分之间;4 级为较差,得分应在 50—60 分之间;5 级为最差,得分应在 50 分以下。在对各单项评级要素的得分进行加权汇总后,按照商业银行分支机构的特点,将资产安全性、管理与内部控制的权重各设定为 35%,盈利性、流动性和上级行支持度的权重各设定为 10%。根据综合评分情况,对应取得相应的综合评级等次,等次也相应分为 1—5 级,分别为最好、较好、一般、较差和最差五个等级。

在评级程序上,分初评、复评和最终审定三个具体步骤。由负责对商业银行分支机构监管的评级人员通过现场检查、非现场监管和其他渠道尽可能地收集、整理与风险评级工作相关的所有信息,并依据评级办法和标准逐项进行打分,并在操作表上说明得分原因及扣分理由,对不能或不愿提供相关信息的,由初评人员按照最审慎标准,做出客观判断。对初评结果应在部门内部进行认真、广泛的讨论,提交跨部门的评级小组进行复评,评级小组对初评报告及有关要素进行抽查和质询,确保初评报告的质量,并在充分考虑辖内银行业分支机构的整体运营情况和风险状况后,形成较为客观、权威的复评报告。复评报告由监管部门领导最终审定,作为持续监管的依据,并采取一定的方式向被监管对象通报,同时应做好相应的保密安排。

从这次对江苏省内国有商业银行分支机构 2004 年度风险试评级的实施情况看,应该说达到了初步的设想效果。一是通过资产安全性、管理与内部控制、盈利性、流动性和上级行支持度等五大要素若干小项单个评分和综合试评分,较为详细、系统、全面的风险评级过程,结合日常现场检查、非现场监管以及其他监管行动和措施,对辖内国有商业银行分支机构的资产安全性、内部控制和管理等状况有了较为全面、深入、系统的了解和把握;通过过程评价和结果评价,对所监管的各分支机构的主要业务特点、经营管理状况、存在的主要问题及薄弱环节等有了一个较为全面、科学、审慎的认识和判断。通过侧重审查、评核商业银行分支机构的风险管理体系和执行情况,重点监测其风险水平和风险管控能力,通过较为详细的定量和定性分析,保证了评级过程实施步骤和方法的统一以及评级结果的可比性和准确性,有助于监管部门突出风险为本的监管理念、提升监管效能,为研究辖内所有银行业金融机构的监管政策和合理的监管资源配置,采取针对性的监管手段和措施,保障辖内所有银行业金融机构的安全、稳定运行,防范和化解银行业金融风险,打下了良好的基础。二是通过审慎有效的各项要素的评核,对各分支机构的业务经营和管理的各环节进行了全面的梳理,对得分低、扣分项、扣分原因分机构进行归纳整理,对分支机构存在的风险隐患以及薄弱环节有了更为清晰、明确的认识,对所有同要素的相关项目得分情况进行分析并分类别排队,在更高层面上找出一些在分支机构中普遍存在的、有规律性的突出问题,便于监管部门有效改变以往运动式的检查方式,针对商业银行分支机构的不同情况,采取不同的跟进监管措施和监管步骤,提高监管工作的针对性和有效性。三是通过对评级结果的合理运用,督促商业银行分支机构正视存在的问题和缺陷,改进和加强内部管理,树立"内控优先"和"合规守法经营"的理念,加强内控制度建设,抓紧补充完善各类规章制度,并要求所有的内控制度能覆盖银行经营和管理的各个环节、各个方面;提升制度的执行力,切实避免"管理信息衰减效应",将管理层的管理和内控要求,落实到每一项业务及环节、每一个部门和每一个员工;加大对违规行为的处理处罚制度,采取各种有效措施,坚决杜绝有章不循、有章不依、违规操作现象;树立和落实科学的发展观,正确处理好业务发展和风险防范的关系,巩固和扩大案件治理成果,从根本上建立风险管理的长效机制。四是为监管人员开展"风险为本"的监管提供了必要的手段和工具。这次风险评级工作紧紧围绕"风险"和"内控"两个中心环节,突出分支机构非法人的特点,基本涵盖了商业银行分支机构的主要风险点,涉及了资产安全状况、管理和内部控制状况、盈利性状况、流动性状况及总行支持度,包括风险模型是否合理、完善和有效,是否建立了完善的风险管理政策和程序,是否对风险进行了及时、准确的计量,监测和控制,是否有能力和足够的支持抵御面临的风险等,与分支机构的风险状况较为匹配。可以说,不仅为监管者提供了一个科学、合理的实施分支机构风险状况评价的工具,而且为今后开展现场检查和非现场监管提供了明晰的思路和易于操作的指南,将促使基层监管部门和监管人员的监管水平和能力有一个明显提高。

四、对完善商业银行分支机构风险评级的思考

(一)结合分支机构的特点,不断完善考核评价体系

完善的风险评级体系无论对商业银行自身,还是对监管部门而言,都是至关重要的:一方面,完善和有效的商业银行分支机构评级体系,是对商业银行分支机构的资产质量、内部控制和管理、风险及其防范、盈利能力等进行的较为全面的体检和诊断,有利于促进其不断改进和加强内部管理,提高风险管控水平,优化组织结构和业务流程,夯实商业银行改革和发展的基础,从而不断提高综合竞争能力和风险防范能力;另一方面,通过对商业银行分支机构各项业务经营和管理各环节的综合梳理,有利于监管部门提前和及早掌握了解商业银行经营和管理的真实状况,针对各分支机构存在的突出问题和主要风险点,实行早期的动态预警,确定"一行一策"的差别化监管策略,优化监管资源的合理配置,提高银行监管的针对性、持续性和有效性。

(二)夯实风险评级基础,提高风险评级的持续性

对商业银行分支机构进行准确、科学的风险评级,除了依赖监管部门制定和实施一套完整的考核评价体系和方法外,还在一定程度上需要监管部门借鉴和参照对商业银行的内、外部评级情况,并以此作为对商业银行风险评级结果的对照和补充,提高风险评级的准确性和科学性。从我国的实际情况看,与先进的国际化大银行相比,我

国已实施内部评级的商业银行不论是在评级方法、评级结果的检验，还是在评级工作的组织等方面都存在着相当的差距，从而极大地限制了内部评级在揭示和控制银行风险等方面的作用。

与此同时，要做好对商业银行分支机构的风险评级工作，银行监管部门必须重视数据、资料的筛选和收集整理等基础性工作。风险评级涉及的定量和定性数据量大、来源渠道不一、运算程序复杂，计算效果很大程度上依赖基础信息的真实性和完整性。

（三）充分发挥上下联合互动作用，有效整合监管资源

由于商业银行分支机构较多，风险管理水平和内控有效程度也不平衡，在对法人机构和分支机构各有侧重的两大风险评级体系下，应结合商业银行分支机构的特点，对辖内分支机构的管理及内控水平进行充分评价，以较为全面、准确地反映各机构经营管理及风险状况的差异性、分析各分支机构经营管理中存在的主要薄弱环节，以便采取有针对性的监管措施。同时，要着力完善商业银行法人及分支机构的风险评级机制，针对商业银行组织机构设置特点和管理信息技术系统现状，可以考虑建立三级风险评级机制，以形成一个全面、立体的交叉风险评级网络和系统。一是银监会负责定量信息和源自最高决策层及执行层的制度性、决策性等定性信息的收集、整理和综合分析，最终完成对商业银行法人机构的风险评级，并做好向下反馈工作，以利银监局及银监分局充分掌握有关法人信息；二是银监局负责商业银行一级分行及以下分支机构业务运作流程及其监控、对法律法规和规章及银行各项管理制度的遵从以及上级行决策执行情况等信息的收集、整理和综合分析，按照分支机构评级体系的相关要求，形成对辖内一级分行独立的风险评级报告，并对照法人评级的相关要求，将分支机构的评级要素得分及评分理由等报送银监会，以便其汇总和综合分析判断；三是银监分局在银监局的组织和部署下，按分支机构风险评级的有关要求，负责对二级分行及其以下分支机构风险评级的相关具体工作，并将有关信息处理结果报送银监局。

（四）重视评级结果运用

银行监管部门对商业银行分支机构的风险评级作为现场检查和

非现场监管两大监管手段的重要补充和完善,既要重视风险评级的过程,梳理、整理出被评级机构存在的主要问题和缺陷,更要高度重视评级结果的综合运用,并以此作为提高监管工作针对性和有效性,提高监管效率的一种重要途径。评级结果应作为规划监管工作和配置监管资源的重要依据,根据对商业银行分支机构的评级情况和风险状况分析,以此确定对其监管的重点领域和重点范围,以及实施现场检查的频率、范围和需要采取的其他监管措施。

同时,要权衡短期金融稳定与长期金融发展之间的关系,合理确定评级信息披露的进程和范围。从长期看,风险评级结果的公布不会对商业银行产生不利影响,因为风险评级结果的公布会促使商业银行改善经营管理和进一步披露真实信息。但是短期内,银行风险评级结果的公开会影响投资者的选择甚至会产生一些难以预料的不良后果。

(五)建立相应的工作机制,加强对风险评级工作的质量控制

商业银行分支机构风险评级工作刚刚起步,有一个逐步完善的过程。为了使风险评级尽快纳入正轨,更好地发挥作用,要抓紧建立风险评级质量控制体系:一是制定完整规范的风险评级办法,统一风险评级的程序和方法;二是抓紧开发一套风险评级软件,切实提高评级工作的标准化、科学化水平;三是加强对风险评级业务的系统培训,逐步培养专业化的风险评级队伍;四是对风险评级工作进行再评价,成立一个独立的组织,负责综合、分析监管对象反馈的意见,客观评价风险评级的质量,主要包括评级内容的全面性、评级标准的科学性、评级效果的充分性等等。评价结束后,提出修改有关政策和标准、调整评级人员的具体建议。

(六)加强监管队伍建设,提高监管人员素质建设,以人才为本

党的十六届四中全会深刻阐述了加强党的执政能力建设的重要性和紧迫性,明确提出了加强执政能力建设的指导思想、总体目标和

主要任务。根据加强党的执政能力建设的要求,结合我国银行监管工作的实际,必须在银行监管部门切实加强监管能力建设,提升监管水平和监管效率,合理配置监管资源,进一步创新金融监管机制,以监管创新推动金融创新。对商业银行分支机构的风险评级作为一种全新的监管手段,是一项专业要求较高的工作,大量的监管信息需要监管人员日常的收集整理、分析和判断。作为一个合格的银行风险评级人员,不仅要求具有充足的知识储备,还要熟悉商业银行业务流程和操作、具备丰富的银行监管经验和敏感的职业判断能力。这就要求风险评级人员必须树立终身学习的理念,不断学习金融知识、财务会计知识、法律知识、信息技术,熟悉和掌握相关的政策文件,增强理解与执行国家有关政策的能力,从而提高驾驭商业银行分支机构风险评级的水平,达到履行其职责所必需的专业胜任能力。此外,要以强化监管人员的培训为突破口,对现有评级人员加强培训、交流和学习,丰富监管者的实际操作经验,努力提高风险评级水平。(本文发表于《南京财经大学学报》)

与时俱进　稳中求变
积极探索和完善分支机构监管评级工作

　　监管评级是以风险为本监管制度的重要组成部分,是实施有效银行监管的重要手段。江苏银监局高度重视监管评级工作,借鉴银监会 CARPALS 监管指标体系,结合辖内监管实际,统筹引领、大胆创新,全面修订出台《国有商业银行分支机构监管评级实施细则》,并与机构准入、现场检查和高管履职挂钩,取得了良好的效果。

一、监管评级"新视角"

(一)突出声誉风险的评价

　　近年来,江苏银行业改革发展步伐明显加快,金融服务明显提升,有力地支持了江苏经济社会发展。与此同时,银行业公众金融服务仍存在不充分、不规范的问题,声誉风险逐步暴露,影响了银行业的社会形象。2012 年以来,江苏银监局在出台意见引领银行业加强和改善公众金融服务的基础上,积极推动银行业开展整治不规范经营活动,着力提升公众金融服务水平,防范和化解声誉风险。在对国有银行分支机构的监管评级体系中,引入了对声誉风险管理的评价;引导银行将声誉风险管理纳入全面风险管理体系,建立和制定声誉风险管理机制、办法、相关制度和要求,积极稳妥应对声誉风险事件。

(二)突出案件风险的评价

　　江苏银监局高度重视案防工作,对案件防控始终保持高压态势,为巩固和扩大案件专项治理成果,推动银行完善内控制度体系,在对国有银行分支机构的监管评级体系中,更加突出了对案件风险管理的评价。督促银行全面落实银监会《关于加大防范操作风险工作力度的通知》中要求的 13 项重点内容,加大操作风险管理力度,切实加强商业银行分支机构管理,端正经营思想,严肃查处案件和风险事件;强调"上追两级""双线问责"等责任追究制度的执行,对发生同质同类案件,实行一票否决制,相关考核中案件责任与追究的评分项作 0 分处理,加大案件风险的管理力度,深入推进案防长效机制建设。

(三)突出监管执行力的评价

为切实纠正被监管机构存在的屡查屡犯问题,提高监管执行力和整改力,江苏银监局以监管评级为抓手,加大对违规及不配合监管行为的惩戒力度。针对不认真落实监管政策制度以及屡查屡犯等问题,在对国有银行分支机构的监管评级体系中,增加对监管政策制度执行情况和配合监管工作情况的评价。对不配合现场检查和非现场监管,漏报、迟报和错报监管资料;未认真落实监管意见,屡查屡犯;以及被约见监管谈话、通报批评或行政处罚的,加大扣分力度,进一步提高监管执行力。

二、监管评级"新举措"

(一)创新监管评级制度

2005 年,江苏银监局根据 ROCA 评级体系率先制定了《国有商业银行分支机构监管评级实施细则》。评级指标体系分为风险管理、营运控制、合规性、资产质量等四要素,突出了"管风险、管内控"的监管理念。2006 年至 2007 年,参照新出台的《商业银行分支机构风险评估指导意见》及时修订补充了评级要素的内容。2008 年至 2010 年,结合最新监管政策要求,陆续增加了对上年度评级指出问题整改情况的评价、大额授信风险敞口、案件发生情况、省分行在系统内的排名、贷款新规执行、平台贷款自查清理、房地产信贷政策落实等评价内容。

2011 年,借鉴银监会 CARPALS 监管指标体系和最新监管政策要求,根据分支机构的特点,全面修订完善监管评级体系,细化评级标准,明确评级标杆,确保评级过程更具可操作性,评级结果更加客观和具有说服力。一是细化了综合监管评级档次,细分为 6 级 15 档,避免多家分行处于一个级别,更好地反映不同分行之间的监管评级和风险程度的差异。二是调整了评级四要素的监管权重。近年来大型银行资产质量向好,各分行资产质量要素的分值差异逐步缩小,故适当降低资产质量的权重,由 20% 降低为 15%,进一步提高风险管理的权重,由 25% 提高到 30%。三是提高了不良贷款容忍度。对不良贷款余额在可容忍范围内增加的,适当降低扣分值。四是引入了"总行支持度"等综合评分调整项。在风险管理、营运控制、合规性、资产质量的基础上增加了"总行支持度"、上级行对分行年度综合考评、风险管理条线和内控合规条线年度考评的排名情况,以及经营绩效指标完成情况等作为评级调整项,合理引导商业银行总行加强对分行的支持,强化风险管理和内控合规条线职能。五是扩大评级范围。将南京地区的大型银行一级分行营业部和分行级专营机构纳入监管评级机构范围,加大对南京地区机构的监管力度。

(二) 优化监管评级方法

一是有选择地运用了银监会 CARPALS 指标体系。CARPALS 指标体系共有七大类十三项,把其中适用于分支机构的三大类五项动态指标引入评级体系,具体包括:不良贷款率、不良贷款偏离度、不良贷款拨备覆盖率、贷款拨备比率、案件风险率。CARPALS 指标的使用,有利于更好地运用大型银行监管的最新成果,实施因地制宜的大型银行分支机构的动态风险指标,把定量测算与定性分析有效结合起来。二是加强监管联动。在全面收集监管评级信息的基础上,进行客观评价,综合了现场检查和非现场监管信息、内部审计和外部监管信息,省行和二级分行经营及监管信息,实现了内外部监管的联动、现场和非现场监管的联动、省局和分局的联动。

(三) 改进了监管评级流程

一是开展评级培训。分别召开五行条线监管评级会议,培训评级内容,统一打分标准,确保基层工作心中有数。二是进行现场评级。派出现场评级小组,对机构现场检查发现问题整改情况、人民来信来访投诉问题纠正情况、内控和案防执行情况等进行现场核查,以确保评级信息搜集的真实有效。三是增加了省局对分局评级的审查环节。按照"分级负责、属地监管"原则,由分局负责辖内分支机构的初评,在初评的基础上,增加了省局对分局上报结果的审查环节,对分局关键指标打分情况进行复核,对部分定级结果进行调整,客观反映银行风险状况。对全省大型银行监管评级进行总体把握,进一步统一分局的评级尺度,审定全省大型银行的监管评级结果。

(四) 强化评级结果运用

按年度对五家大型银行的风险管理、营运控制、合规性及资产质量等方面进行全面梳理和评价,通报评级结果;持续跟进整改情况,评估整改效果;并据此实施差异化监管政策。一是将评级结果与非现场监管挂钩,把监管评级指出的问题领域和薄弱环节作为非现场监管重点,督促银行采取有效措施进行整改,并关注问题整改进程;二是将评级结果与现场检查挂钩,将监管评级结果作为自主安排现场项目的立项依据,对不同级别的分支机构确定不同的现场检查频率与重点;三是将评级结果与准入挂钩,将评级结果作为市场准入的重要参考,对级别低、风险大的大型银行分支机构,要采取限制业务、停止新设机构等措施;四是将评级结果与高管履职评价挂钩,将评级发现问题的违规责任和整改情况对应到高管,将违规责任和整改情况作为其履职评价报告的重要内容,记入高管行为档案管理系统。评级结果作为对不同风险级别的银行分支机构实行分类监管政策的依据。

三、监管评级"新成效"

（一）更加重视监管评级工作

江苏银监局从 2005 年起对国有银行分支机构实施动态、持续的监管评级以来，建立了日趋完备的历史数据和资料，建立健全了监管评级体系，更加客观准确地评价了机构的经营和风险状况，使得监管评级逐步成为监管部门的重要抓手，成为被监管机构的考核标准，得到了广泛的重视。一是局领导十分重视监管评级工作。在每个年度监管评级工作完成后，一把手局长和分局领导亲自带队到各家银行现场反馈评级结果，与机构高管层和主要业务及管理部门负责人进行监管会谈，指出当年监管评级中存在的问题，明确下一年度的整改意见和建议。二是各银监分局更加重视监管评级工作。监管评级中，监管人员的自主判断起着重要作用，是最终评级结果的决定因素。为提高评级结果的适当性，我局通过监管评级的前期培训、中期汇报、后期审定等程序，形成上下联动、信息共享、争先创优的工作局面，不仅共同研究分支机构面临的经济金融形势、存在的突出问题和主要风险，而且评选出监管评级优秀成果，锻炼监管人才，打造专业团队。三是被监管机构高度重视和积极配合监管评级工作。被评级单位的一把手行长亲自参加银监局召开的评级反馈会议，现场表明整改态度和意见，同时指定分管行长和内控合规部门牵头监管评级的自查和整改工作。在被通报评级结果后的一个月内，向银监局提交书面整改报告，提出详细整改计划和措施，将整改意见分解落实到具体职能部门。在次年的 1 月 10 日前，向银监局提交上年度评级反馈问题的整改情况报告，并将整改情况与部门及员工的绩效考核挂钩。

（二）整体风险管控水平有效提升

总体看，辖内国有银行分支机构内控和风险管理水平明显提高。从 2011 年度的评级结果来看，五家国有银行省级分行中，一家 1C 级，较上年增加 2.88 分；3 家 2A 级，分别较上年增加 5.47 分、4.72

分和 0.04 分;一家 2B 级,比上年增加 0.2 分。五家省级分行中有四家银行年度综合考评、内控合规和风险管理条线在系统内排名均列前三名。近几年,辖内大型银行案件呈下降态势,2006 年发生 7 起案件,2007 年发生 6 起,2009 年发生 1 起,2011 年发生 1 起,2008 年和 2010 年零案件,案防工作取得明显成效。

(三)监管执行力进一步增强

一是建立监管激励约束机制。年初充分利用监管评级结果,作为实施分类监管、配置监管资源和行政准入的重要依据,有效地激励了被监管机构依法、合规、稳健经营。二是建立监管压力传导机制。评级体系中内控合规要素的权重提高到 25%,风险管理等考核权重提高到 30%,外部监管压力转化为内部考核动力。加强对内审、合规等内部监督部门履职监管,履职不到位的给予严格问责,促其充分有效履职。针对监管中存在的屡查屡犯等问题,不配合现场检查和非现场监管,漏报、迟报和错报监管资料,被约见监管谈话,通报批评或行政处罚的,不同程度地加大评级扣分力度。通过近几年的监管评级实践,监管执行力得到了有效的提升,年度监管评级问题的整改率提高至 80% 以上。(本文发表于《江苏国际金融》)

我国金融监管协调机制研究

一、建立金融监管协调机制的必要性

（一）充分交流监管信息需监管机构加强协作

信息是预测未来必不可少的最基本要素,在理性决策中占据着举足轻重的地位,市场经济中存在着信息不对称。信息不对称(Unsymmetric Information)是指信息在交易双方分布的不均衡性,有信息优劣的差异。在金融体系中,这种信息的不对称不仅表现在金融机构和客户之间的关系上,还表现在金融机构和监管者之间的关系上:被监管者总是比监管者了解更多的有助于做出正确监管决策的信息,正如美联储董事劳伦斯·梅尔(Laurence H. Meyer)所说,"银行总会比监管当局更了解其客户的信用品质"。被监管者出于种种考虑,总是试图隐瞒对其不利的信息;但如果被监管者之间的信息交流是顺畅的,则各监管者仍能获得尽可能多的有用信息。

（二）现阶段金融业出现混业经营的苗头需监管机构加强协调

目前,我国金融业正呈现出混业经营的新趋势,主要表现在以下几个方面:首先,从政策面上看,1999年出台的《证券公司进入银行间同业市场管理规定》和《基金管理公司进入银行间同业市场管理规定》,允许符合条件的券商和基金管理公司获准进入银行间同业市场,从事同业拆借和债券回购业务;同年10月,中国证监会和中国

343

保监会同意保险基金进入股票市场;2000 年中国人民银行与中国证监会又联合发布《证券公司股票质押贷款管理办法》,符合条件的证券公司获准以自营的股票和证券投资基金券作为抵押,向商业银行借款(2004 年 11 月央行、银监会、证监会对此办法进行了修订);2001 年《商业银行中间业务暂行规定》明确商业银行可代理证券业务以及保险业务。以上政策措施的出台为金融业混业经营提供了政策依据,使得银行业、证券业、保险业事实上出现了相互渗透、共同发展的趋势。其次,从实践上看,各家商业银行纷纷开展金融衍生业务、投资基金托管、代理证券业务、代理保险业务。这些业务与证券业、保险业密不可分:银证通、银券通使得进入银行网络就可以直接买卖股票;保险业创新金融产品、混业经营的势头尤其明显,新的险种不断涌现,如投资连结保险横跨保险业和证券业,养老金分红保险既有保险功能又有储蓄功能。

随着金融混业经营趋势的不断推进,金融机构创新金融产品的脚步会越来越快,在分业监管框架下,一项新业务的推出需要经过多个部门的审批才能完成。如开展股票质押贷款业务,需要在银行监管部门和证券监管部门之间协调;如果不同部门对于同一业务的风险控制和管理意向存在较大差异,就会使审批过程延长,在一定程度上抑制了金融创新。监管中,不同的监管部门对同一项业务设置具体的监管目标,如果目标不同,会产生监管标准不一,监管对象难以适从;另外,对于交叉性的、边缘性的金融产品,监管重复和监管漏洞也难以避免。我国金融机构的金融创新和事实上的混业经营苗头的出现,削弱了分业监管的业务基础,使得分业监管隐含的问题日益突出,现实中,混业经营的苗头急切需要各监管机构有效加强协调。

(三) 金融控股集团的出现需监管机构加强协作

目前我国金融控股公司的数量已不菲,主要有三种形式。第一种形式是由非银行金融机构形成的控股集团,主要有光大集团、中信集团和平安保险集团。这类机构的控股股东主要是一些在历史上没有投资范围限制的非银行金融机构,现在已改制为纯粹型控股公司,母公司不再是经营机构,而只是纯粹的投资控股机构。第二种形式是由国有商业银行在海外注册、投资,或与外资合资而形成的金融控股机构,如中国银行的中银国际控股有限公司、中国建设银行的中国国际金融有限公司、工商银行的工商东亚金融控股公司等。第三种形式是产业资本投资形成的金融控股公司,包括国有企业集团和民营企业集团的投资,前者如宝钢集团、招商局集团、华能集团、海尔集团、山东电力集团、红塔集团、华侨城集团、深圳国有资产投资管理公司,后者如德隆、新希望等,这些集团都形成了至少在两个金融领域同时投资的金融控股公司雏形。

尽管这些金融控股集团的各金融子公司在分业经营的框架下从事不同的金融业务,但金融控股公司存在着复杂的控股关系和关联交易。这样会产生两个问题:一、为其利用和规避不同金融机构监管标准的差异提供了便利的条件。金融控股公司可以利用其控制不同金融机构的优势,利用不同金融机构监管标准的差异,通过内部定价、业务代理、资产转移等手段,规避金融监管,从而在不同监管标准下套取利益。我国近年来出现的众多形式的委托理财业务,就因分属不同的金融机构而导致了事实上的监管标准差异。二、这种关联交易形式复杂,既可产生于集团成员之间的贷款、投资、担保、承诺和转移定价,也可产生于集团成员之间共享品牌与标识、集团统一的"后台"服务和管理以及集团成员流动性的集中统一管理。复杂的关联交易,使控股公司内一个企业的经营困难或危机可能会引起连锁反应,给集团内其他企业带来严重风险,甚至引起金融危机。

因此,必须建立金融监管协调机制,以统一对金融控股公司的监管标准,防止其利用监管标准差异套利;并促进信息在不同监管部门之间的共享,以防止重复监管或监管真空;制定针对金融控股公司的有关关联交易的规则,防范关联交易引起的金融风险。

(四)监管机构职责不一,在金融机构出现问题时,要协调统一配合,才能更好地解决问题

根据规定,人民银行的职能是制定和执行货币政策,防范和化解金融风险,维护金融稳定。银监会的职能是对银行业进行监督管理,防范和化解银行业风险,保护存款人和其他客户的合法权益,促进银

行业健康发展。人民银行更多的是涉及金融运行中的宏观问题；而银监会则相对集中在宏观与微观层面的监管上。因此，央行与银监会的职能已有一个总体上的划分。但是，央行和银监会同时都有防范和化解金融风险的职能，在实际工作中操作起来，对一些边缘性的职能还未明确，如外生性金融风险的监管、现金管理、存贷款利率监管等，这就需要各监管主体协调统一配合，否则将出现监管真空或重复监管。特别在处置银行业突发事件时，央行有金融稳定职能，银监会也有防范和化解银行业风险的职能，能否协调好二者的行动，关系到能否妥善处置突发事件，防止其进一步演变为金融风险。因此，应事先建立包括央行和银监会在内的监管协调机制，就未明确的边缘职能在实际工作中的协调作出制度性的安排，对金融突发事件设置紧急处理预案，以明确有关方面的职能，协调二者的行动，形成分业监管体制下的有效监管。

二、构建我国的金融监管协调机制

（一）构建我国金融监管协调机制

2004年6月，银监会、证监会、保监会三家金融监管机构公布了监管分工合作备忘录，明确了三家监管机构建立"监管联席会议机制"和"经常联系机制"；同时规定，银监会、证监会、保监会召开"联席会议机制"和"经常联系机制"会议时，可邀请中国人民银行、财政部或其他部委参加。

此备忘录为我国金融监管协调开了一个好头，但仅仅通过召开联席会议和经常联系来协调是不够的，金融监管协调应制度化，才能免于流于形式，真正起到监管协调的作用。为此，建议在三个监管部门联席会议下面建立司局级监管协调合作小组，作为金融监管协调的常设机构，而且，从长远看，此监管协调合作小组还应吸收人民银行和财政部作为小组成员。

该监管协调合作小组至少负有以下职责：首先，明确监管合作事项，负责协调监管政策和监管标准，监测和评估金融部门的整体风险，建立自己的工作程序。其次，建立金融突发性事件、重大风险紧急决策处置制度,确保对挤提等金融突发事件、跨市场关联风险、创新金融工具风险,以及重大金融危机等的及时有效处置。再次,对边界模糊、职能交叉的重大事宜通过部门联合发文等形式进行明确和细化,对确实难以明确界定和划分的事项,应当明确通过联合实施、合作监管等形式加强协调与合作。如当某一监管部门受理一个金融机构创新报告后,报告内容涉及其他监管部门,应按事先约定的制度,无条件地立即共同磋商,以减少相互之间扯皮推诿,提高监管效率,避免由于监管不协调而抑制金融创新的积极性。最后,负责各金融监管机构的信息交流。在金融监管协调合作小组内有必要建立综合的大型数据库,由各监管机构提供监管中获得的数据和信息;该数据库由协调合作小组负责维护并向有需要的监管机构提供数据,以满足各监管机构的信息需要;监管协调合作小组应成为信息的集散地,收集各监管机构的监管信息,并发布给各监管机构。

除以上职责外,金融监管协调合作小组的一个重要职责应是承担对金融控股集团的监管工作。巴塞尔银行监管委员会、国际证券联合会、国际保险监管协会于 1999 年 2 月联合颁布了《对金融集团的监管原则》,认为应确立一个主监管机构对金融控股集团进行监管。我国三家监管机构的备忘录也明确了三家机构监管金融控股公司的责任,规定金融控股公司内机构实行分业经营和分业监管、集团则实行混业(综合)经营但按主营业务归属相应的监管机构。如果按照这个标准,实际工作中则会出现如何计算主营业务,由谁计算主营业务,如果各业务不相上下,由谁监管等诸多问题,最终导致各部门都有权监管金融控股集团的局面。因此,成立金融监管协调合作小组的重要目的之一就是负责对金融控股集团的监管,由其按照 1999 年巴塞尔联合论坛的要求,从金融控股集团的股权结构及其变动、资本充足率、关联交易和风险集中度交易、高管人员任职资格、信息披露等 5 个方面加强对金融控股集团的研究,统一对金融控股集团的监管标准、监管政策;并且由于产业资本投资形成的金融控股集团潜藏着更大的风险,而该类金融控股集团的主营业务往往非金融业,所以有必要吸收发改委为小组成员,以加强对金融控股集团的监管。

（二）构建我国金融监管协调机制的成本收益分析

金融监管的成本包括：（1）有形成本，指金融监管当局对金融机构与市场进行监管过程中所发生的直接费用，以及被监管者接受监管需要的成本，这类成本的特征是能以货币计量。监管当局发生的直接费用包括监管的机构设施、设备配备费、监管活动的组织实施及运作所需要的费用、监管的人力资源配备及培养的费用，另外，还包括拯救有问题金融机构所付的费用。被监管者所付出的费用包括缴纳的检查费用、按照监管要求配备人财物的费用、收集和报送信息的费用、存款准备金的利息损失。（2）无形成本，指监管本身局限性带来的成本，以及监管过度带来的成本，这类成本的特征是不能以货币计量的。监管本身局限性带来的成本包括：由于信息不完全或信息不足造成决策失误、资源浪费；由于金融监管者在知识、经验、能力等方面的有限性而可能引起监管决策不完全正确带来的损失；以及由于决策者自身的利益约束，出现决策偏离正确方向等。监管过度带来的成本是指当金融监管行为干扰市场机制对资源的自动配置作用时，限制了充分竞争或抑制了金融创新，带来行业效益下降。

另外，在分业监管体制下，监管成本还包括摩擦成本。摩擦成本是指严格分业监管体制下，各监管主体对监管的空白地带、边缘不清地带、重复地带进行监管引起相互扯皮、相互冲突的成本。

监管收益包括安全型收益和效率型收益：（1）安全型收益是指金融监管维持金融体制的稳定、维持公众对银行体系的信心，而带来的社会福利的增进。金融监管通过规范金融市场参与主体的行为、设置金融市场准入的最低标准、进行金融救助等措施保证金融机构的质量，增加社会公众的信心，消减可能引起金融动荡的因素，从而保证经济、金融的安全稳定。（2）效率型收益是指金融监管弥补了市场机制的缺陷，避免市场自发作用造成的资源浪费而形成的收益。金融监管通过阻止金融垄断、鼓励金融竞争为金融业创造一个公平竞争的环境，使各金融机构能够在同一外界环境中开展业务竞争，促进了金融机构之间的有效竞争，推动金融创新能力的合理开发。

建立金融监管协调合作小组后，监管的成本还包括协调成本，这主要是指成立该小组需额外付出的人、财、物的费用、机构运转的费用等,协调成本与摩擦成本呈此消彼长的关系。如果协调小组工作到位、协调力度加大、协调成本加大,则能有效地弥补监管漏洞、消除监管重复、统一监管标准、真正起到鼓励金融创新的作用,此时,各监管部门彼此冲突的摩擦成本减小。如果协调小组只是简单的设置,工作力度不大,则协调成本不大,这意味着协调小组未能起到有效弥补分业监管存在的弊端,这时,各监管部门的摩擦成本必然加大。也就是说,建立金融监管协调合作小组后,监管的成本与未建立该小组的成本是相等的,因为虽然多了协调成本,但摩擦成本相应少了。两者到底孰比孰多? 要看需协调的程度有多深。随着监管部门的增多(银监会成立),金融混业程度不断加深,监管摩擦加大,多了的协调成本应比减少的摩擦成本小得多。

另外,建立金融监管协调合作小组后,从监管收益来看,除了上述收益之外还包括该小组避免了监管真空、监管套利行为,协调了各监管主体的行动,促进了金融创新,使金融业运行有更安全、更有效的收益。

综上所述,建立金融监管协调合作小组后,金融监管成本降低了,而金融监管收益增加了。监管成本收益的显著性增强表明建立金融监管协调合作小组是可行的,是符合金融业发展趋势、符合金融监管发展趋势的。(本文发表于《金融纵横》)

德国金融监管体制及借鉴

2012 年 8 月至 9 月,我参加了江苏省政府金融工作办公室组织的赴德国金融培训。本次培训,我们系统地了解了德国的政治、经济、文化、社会制度,重点学习了德国的金融组织体系、监管体制和现代金融业务操作及风险管理理论。我们通过培训,丰富了知识,开阔了视野,也深受启发。本文着重谈一谈对德国金融监管体制的认识及其对我国的借鉴意义。

德国作为欧洲最大、世界第四的经济强国,金融中心地位突出。自 2000 年以来,德国政府不断推进金融监管体制改革,2002 年 4 月 22 日德国《统一金融服务监管法》通过以后,在合并原来银行监督局、保险监督局、证券监督局三家机构基础上,于 5 月 1 日正式组建德国金融监管局,负责统一监管 2 700 家银行、800 家金融服务机构和超过 700 家的保险企业。

一、德国金融监管局基本情况

德国金融监管局设置了三个专业部门,分别监管银行、保险、证券业务,三个交叉业务部门,负责专门处理交叉领域的问题。主要目标是确保整个金融产业的正常功能,保证银行、金融服务机构和保险企业的清偿能力,保护客户和投资者利益。

银行监管部门设在德国西部城市波恩。其依据《联邦银行法》《抵押银行法》进行监管,确保银行清偿能力以及银行业和经济稳定,最大限度地保护存款人和投资者利益。对银行监管的主要内容是要求银行开展业务前必须符合资本充足要求,具有适当的组织机构和至少两个专业的、资信水平高的管理人员。只有具有偿付能力和良好管理水平的企业,才有资格提供银行服务和产品。银行监管部门进行持续监管,检查银行是否满足资本充足要求和是否保持了充足的流动性;特别是检查银行是否违反审慎监管标准,存在大额风险暴露,以及未提足坏账准备的问题。但是,越来越复杂的银行业务迫使银行不得不采取更加严格的风险管理措施监控多种多样的风险,如交易风险等。银行监管部门也在不断发展风险为导向的监管技术,集中监管银行内部的风险控制和管理制度,要求被监管机构必须定期向监管当局通报企业的经营形势、行业战略和项目情况。银行监管工作人员主要通过审计师或审计师协会提供的年度账户的审计报告获得信息,并加强非常规审计,使得监管人员能够更好地深入了解银行的经营状况。如果存款人确信银行处在风险中,监管部门将采取措施警告这些危险,甚至会取消银行经营业务资格和管理人员任职资格等。

保险监管部门也设在波恩,依据《保险监管法》监督保险公司,主要目的是保护被保险人利益,确保保险人在任何时候能够承担预期责任。监管部门负责给保险公司发放经营许可证,在被授权经营前,保险监管部门要进行综合的法律和财务检查,比如要求保险公司提供经营计划和自有资金证明,要求管理人员必须提供自己良好的资信情况和职业资格证明。保险监管人员检查年度会计账户是否根据会计标准正确处理,并定期对保险公司进行现场检查,监督是否建立充足的准备,具有充足资金并进行再保险以防止非预期损失等。

证券监管部门设在德国乃至欧洲的金融中心法兰克福,这里也是欧洲中央银行,证券、期货交易所主要所在地。其依据《联邦证券交易法》对证券和衍生市场进行监管。《证券交易法》明确禁止利用内部信息进行交易的行为,以增强投资者公平交易的信心。监管工作人员主要通过分析报告来识别非正常价格变动和交易,防止任何形式的内部交易行为。对于违反内部交易规定的人员,将被处以罚款或者不高于 5 年的监禁。要求上市公司必须公布任何可能引起股票市场价格异常变动的信息,提高透明度。对于违反有关信息披露规定的人员,监管部门将给予行政处罚。在监管方式上,监管部门聘请外部审计师对开展证券业务的信用机构和金融服务机构进行外部审计。

为提高监管效率,金融监管局在组织结构安排上考虑了部门差异,对于金融市场跨部门的任务由专门的交叉部门独立办理。第一个交叉业务部门主要负责处理涉及金融市场、金融工具和金融集团的交叉监管问题,并观察和分析金融监管技术是否随着金融创新而改变;还负责处理跨部门间的协调问题和参加国际监管论坛,如巴塞尔银行监管委员会、欧洲证券监管委员会等,参与到欧盟统一监管标准的修订工作;同时负责与其他国家监管当局签订谅解备忘录,增强国际间监管合作。第二个交叉业务部门主要负责处理涉及交叉领域的法律适用和立法问题,保护存款人、投资者和消费者利益;还负责反洗钱和打击违法金融交易,使得德国反洗钱和打击金融违法活动的工作更加有效。第三个部门是管理委员会,负责监督管理监管部门履行监管职责的水平以及提出意见和建议,并负责编制金融监管局预算。目前金融监管局采取向监管对象收费方式。此外,金融监管局成立了咨询委员会,包括了金融机构代表、消费者保护协会和学术团体。咨询委员会的主要作用是提供如何提高监管水平的建议等。

二、德国设立统一金融监管局的主要原因

德国推进金融监管体制改革,有着与其他国家共同的金融历史背景和自己独特的战略打算。主要有三点原因:

(一)主动适应混业经营和全能银行发展的监管需要

在德国,人们对银行、金融服务和保险业务整合的金融产品需求越来越大,使得金融机构不得不主动适应市场需求,发展交叉业务产品。另外,德国混业经营、全能银行传统、银行和证券服务之间,以及银行与保险业务之间差别逐渐消失。保险公司已经进入到传统的银行业务领域,提供综合的金融服务,比如资产管理已经成为保险公司

的核心业务,但在这以前保险公司是禁止开展资产管理业务的。因此,银行、保险等机构都提供相似甚至相同的金融产品来竞争同样的客户。这种趋势的结果就是,银行、金融服务机构、保险企业越来越趋向于建立跨行业的金融集团,以便于有效整合和设计金融产品。如世界第二大保险集团安联保险收购了德国第三大商业银行德累斯顿银行。正是在德国银行、保险、证券业务融合程度越来越高的情况下,金融业对统一监管标准、保护存款人和投资者利益、改革德国分业监管的格局提出了要求。一个综合的权力机构和全方位的市场监管视野,将能够使新的德国监管机构更加有效地进行监管,致力于德国金融中心的稳定。

(二)调整监管目标,提高监管效率和金融竞争力

在过去几年,越来越多的国家建立了现代统一的监管架构,其重要原因就是要提高监管效率和竞争力。从国际金融监管发展历史看,重心一直在不断转移,从 20 世纪 30 年代主要防范银行危机,到 60 年代保护存款人和消费者利益,到 90 年代以来各国政府都在着力修改法律、调整监管目标、致力于提高效率和竞争力。因此,成立统一的金融监管局负责监督全部市场参与者就显得非常必要,一方面,新的组织框架更加容易相互协调,有利于更加高效率地运用监管人员的知识和经验,特别是对于交叉业务产品和金融集团的监管会更加有效;而且,统一的监管机构可以避免浪费很多时间处理监管当局之间的协调问题,从而导致增加监管成本,也可以改善监管服务,特别是对外国金融企业。在过去,如果他们要在德国提供交叉金融产品,这些外国金融企业必须同时与几个监管机构进行联系。另一方面,统一的监管机构也可以有效减少监管人员、机构重叠和重复检查,改变以前德国监管机构臃肿、人浮于事局面,减轻金融机构负担。

(三)加强国际金融监管合作,强化金融中心地位

德国金融监管体制改革是和德国联邦银行改革联系在一起的,欧洲货币一体化进展加快和内部缺乏单一的泛欧监管体系,金融市场的统一规范框架形成矛盾十分突出。德国出台包括建立统一金融

德国金融监管体制及借鉴

监管体制和改组德国联邦银行两项主要内容的金融改革一揽子方案,其主要原因是服从和顺应欧盟单一货币体系的要求,提高国内金融监管机构权威,加强与其他国家监管当局信息交换,使本国在国际金融监管论坛的重要性增强,使意见能够在全球层面上更加有效地得到表达,强化德国欧洲金融中心地位。但这一揽子方案也遇到来自各方面的阻力。比如牵涉到德意志联邦银行的权力削弱,联邦银行官员对实行统一的监管体制的有效性提出了质疑,认为统一监管机构权力巨大,极易出现官僚主义,可能导致损失潜在的有价值信息,对潜在问题反应迟缓等。

三、对我国金融监管体制的思考

本次金融危机以来,世界各国都在对本国金融监管体制进行反思。但是,监管体制孰优孰劣,存在很大的争论。比较德国金融体制,特别是金融结构和我国的金融体制发现两者有很大相似之处,都是银行融资占绝对主导地位,因此研究德国金融监管体制的发展变化对于探索我国金融监管体制改革具有积极意义。

(一)分业监管符合当前我国金融业改革和发展的实际需要

建立什么样的金融监管体制首先要考虑我国金融业发展的实际情况,不能简单照搬别国做法。从金融监管发展历史看,自 20 世纪 80 年代起世界上很多国家已经开始涌动从分业向统一监管模式转变的潮流,1997 年古德哈特等人对 77 个国家进行监管体制调查发现,包括挪威、丹麦和瑞典在内的 5 个国家实行证券、保险、银行统一监管体制,比利时、芬兰、加拿大等 7 国对银行、保险或银行、证券进行统一监管。而 1997 年以来英国、日本和韩国也相继分别成立金融服务局(FSA)、金融厅和金融监督委员会(FSC)等。从理论上讲,统一监管体制具有其内在优势:可以减少摩擦成本,降低信息成本,改善信息质量,获得规模效益;可以迅速适应新业务,避免监管真空,降低新的系统性风险;可以有效减少多重监管制度对金融创新的阻碍。

但也有缺点：缺乏竞争性，易导致官僚主义，不能适应不同行业的文化差异，导致发展的不平衡。从各国监管体制改革实践看，实行统一金融监管体制的国家原因也不尽相同。英国和德国的目的很相似，都是立意改革，着眼于提高竞争力和领导金融发展的潮流。日本和韩国的动机很大程度上分别经历了经济泡沫破灭和1997年亚洲金融危机后，都对金融监管体制存在的缺陷进行了深刻反思，决定加强金融监管的独立性和整体性。同时，我们发现这些国家普遍地理面积比较小，金融混业发展和限制比较少，信息技术相对发达，具有实行统一金融监管体制的有利条件。

对于我国金融业来说，目前银行、保险、证券业发展还处于初级阶段，还面临一个路径选择问题——是分开发展到一定阶段再允许全面混业经营，还是加快混业经营的速度，逐步允许银行保险联合、银证联合等？即使立即实行混业经营，也并没有有效证据证明统一金融监管就比分业监管更加有效。事实上，金融监管模式并无优劣之分，都有成功的实例，关键是根据自身国情选择最适合的模式。从美国经验看，监管效率的高低在很大程度上取决于监管机构之间的信息沟通和监管指标的标准化、监管程序以及监管人员行为的规范化程度。另外一些国家的经验表明在金融发展的初级阶段，不同的监管机构分业监管，有利于发展适合于本行业风险管理的监管技术和监管规则，有利于银行、保险、证券业的平衡发展。在今后一个相当长的时间内，我国银行、保险、证券业尚有一个快速发展的阶段，对于形成我国成熟的金融体制和结构是一个关键时期，这个阶段分业发展仍然是绝对主题，采取分业监管的形式有利于平衡发展。如果成立统一的金融监管局，鉴于目前我国银行在金融市场中的主导地位，可能影响到对保险业和证券业的发展。

（二）高度关注国内、国际金融监管的最新发展趋势，适时调整和完善金融监管体制

一定程度上来说，能否对金融控股集团进行有效监管是影响当今金融监管体制发展趋势的关键，比如内部治理结构监管、资本的重复计算导致资本充足情况失真、内部关联交易风险以及实行并表监

管等问题都是金融监管的难中之难,值得我们高度重视。对于我国来说,近年来一些国有及民营企业大举参资入股城市商业银行、信用社、信托投资公司,已经形成事实上的金融控股集团,特别是 2004 年以来宏观经济形势的发展变化,商业银行以高出存款利率的收益率吸引资金进行人民币、外币的理财。银行、保险业务的深入合作,商业银行设立基金公司等,都是金融创新和金融混业发展的表现,是我国经济金融发展到一定阶段又面临特殊形势下金融制度的主动创新。观察世界金融发展历史,可以看出我们正在走一条很相似的路。在研究金融监管对策时,可以借鉴美国功能监管(伞形监管)的经验和巴西牵头监管模式,在还不具备实行统一监管模式条件之前,指定银监会牵头进行监管,保监会和证监会作为功能监管者,实施有效监管,积累经验。

(三) 加强监管当局之间、监管当局与中央银行之间的协作

德国和英国都是我们学习的榜样。德国成立金融监管局后非常强调金融监管局与德国联邦银行的合作,第六次修改《联邦银行法》,要求金融监管局必须加强与德国联邦银行的合作。英国 1997 年设立金融服务局后,1998 年修订了《英格兰银行法》,并发布了《财政部、英格兰银行和金融服务局之间的谅解备忘录》,该备忘录作为英国金融监管体系改革中法律调整的一个重要组成部分,在明确了三方共同负有维护金融稳定的责任基础上,特别对英格兰银行和金融服务局的分工和协作作了规定。2004 年 9 月 18 日,中国银监会、保监会、证监会召开了第一次监管联席会议,讨论通过了《三方监管合作备忘录》。内容包括指导原则、职责分工、信息收集与交流和工作机制等几个方面,确立了对金融控股公司的主监管制度,即对金融控股公司内相关机构、业务的监管,按照业务性质实施分业监管,而对金融控股公司的集团公司可依据其主要业务性质,归属相应的监管机构负责。

通过几年的努力,虽然我国的金融监管当局之间的合作取得了一定成效,但也还面临诸多问题。在实际工作中,如 2004 年德隆系

的崩盘暴露出监管合作的无力和滞后;再如证监会出台的上市公司"担保额不得超过合并报表净资产总额的50%"的规定,直接导致上市公司之间循环担保链条断裂,商业银行纷纷要求收回贷款或重新进行抵押登记、完善贷款手续,引发上市公司贷款危机。在宏观制度安排上,缺乏监管机构与人民银行的分工合作具体机制,尤其是需要进一步加强金融系统风险防范化解的合作。现阶段,加强监管当局之间、监管当局与中央银行之间的协作是必要也是必需的。(本文收录于银监会《智力引进成果汇编》)

德国金融监管体制及借鉴

新会计准则对银行监管的影响和对策研究

摘要: 现代会计从其诞生之日起,就与银行业有着密切的联系。同时,会计系统生成的会计信息在银行监管中扮演着极为重要的角色。会计报表数据是银行持续监管的基础,会计谨慎性原则同银行审慎监管在理念上一脉相通,银行监管的重要指标实质上是财务比率的演化。随着会计准则国际趋同的不断加速,2006 年我国的会计主管部门财政部发布了 39 项新企业会计准则,并于 2007 年 1 月 1 日起率先在上市公司施行。新会计准则中与商业银行密切相关的内容众多,这些都将对银行监管带来重要影响,需要监管部门及时采取相应的对策。

会计作为市场经济体系的公共信息资源和通用商业语言,在世界经济的发展过程中发挥着越来越重要的作用。会计标准是包括银行在内的金融体系的重要组成部分,金融业的发展及其风险防范与会计标准密切相关。会计系统生成的会计信息在银行监管中扮演着极为重要的角色。会计报表数据是银行持续监管的基础,会计谨慎性原则同银行审慎监管在理念上一脉相通,银行监管的重要指标实质上是财务比率的演化。银行监管者关注会计信息质量,也重视会计准则的变化。随着会计准则国际化趋势的日渐明显,2006 年 2 月 15 日,我国财政部集中发布了以国际会计准则为制定基础的 39 项新企业会计准则,并于 2007 年 1 月 1 日起率先在上市公司施行,也鼓励其他企业执行。新会计准则对 1997 年至 2001 年期间颁布的 16 项具体会计准则进行了全面调整和修订,并增加了 23 项会计准则。新会计准则的发布和执行使我国初步建立了与国际会计准则基本一致的会计准则体系,也将对商业银行经营和银行监管等产生深远的影响。因此,研究新会计准则实施可能对银行监管带来的影响,并据此提出相应的对策很有必要。

一、新会计准则中与商业银行密切相关的主要内容

(一) 金融资产、负债的分类

按照我国现行的《金融企业会计制度》,金融资产和负债通常根据流动性划分为短期投资、长期投资、短期贷款、中期贷款、长期贷款和流动负债、应付债券、其他长期负债等。在金融市场快速发展、金融工具交易性和流动性增强的背景下,这种划分方法并不能满足决策相关者的需要。与现行的对金融资产负债按流动性分类的做法不同,新会计准则强调持有金融资产与负债的目的性和功能性,其划分标准更强调风险性。它规定金融资产应在初始确认时划分为以公允价值计量且其变动计入当期损益的金融资产、持有至到期投资、贷款和应收款项、可供出售金融资产。以公允价值计量且其变动计入当期损益的金融资产包括交易性金融资产和指定为以公允价值计量且其变动计入当期损益的金融资产。金融负债则划分为以公允价值计量且其变动计入当期损益的金融负债与其他金融负债。以公允价值计量且其变动计入当期损益的金融负债包括交易性金融负债和指定为以公允价值计量且其变动计入当期损益的金融负债。而且分类一旦确定,不得随意变更。同时新会计准则将衍生金融工具作为交易性金融资产或负债的一种,在资产负债表内核算,与现行会计制度中在表外披露有着本质区别。分类方法的改变预示着管理思路的变化,即银行管理层在做出经济决策形成金融资产、负债前就要对即将形成的金融资产、负债确定管理意图,确定承受风险的方式和后续管理的方法。

(二) 金融资产、负债的计量

现行的《金融企业会计制度》遵循历史成本的计量属性,规定银

行的各项财产在取得时应当按照实际成本计量。新会计准则引入了公允价值的计量属性，规定银行初始确认金融资产或负债时应当以公允价值计量，交易费用计入成本。对于不同类型的金融资产、负债，在后续计量中采取不同的计量方式。交易性金融资产与负债、可供出售金融资产的后续计量采用公允价值。持有至到期投资，贷款和应收款项，以及其他负债，按实际利率法以摊余成本计量。交易性金融资产与负债公允价值变动形成的资本利得与损失，直接计入当期损益；而对于可供出售金融资产，则计入资本公积，直到终止确认时，转出计入当期损益。

（三）公允价值的运用

按照新会计准则的定义，公允价值是指在公平交易中，熟悉情况的交易双方自愿进行资产交换或者债务清偿的金额。公允价值是从国际会计准则中引进的舶来品，而国际会计准则是以成熟市场经济环境为前提的，成熟市场经济环境中绝大部分金融交易是在活跃市场进行的。对于存在于活跃市场的金融资产或金融负债，市场公开报价是确定公允价值的最优依据；当金融工具不存在活跃市场时，银行应当采用估值技术确定其公允价值，如参考类似资产近期的交易价格、未来现金流折现及期权定价模型等。

与以历史成本作为金融工具计量属性相比，公允价值计量不仅能够提升会计信息的相关性和前瞻性，而且风险暴露的及时性也有利于增强商业银行应对风险的能力。引入公允价值计价方式可以缩小商业银行交易性金融工具操纵利润的空间，但随着金融工具交易量的不断增加，公允价值受利率、汇率、市场价格等多种因素影响，势必造成商业银行权益和损益的频繁变动。损益波动性的增加在一定程度上不利于上市商业银行的市场表现，因此就要求银行资产负债管理部门不仅要加强银行资产的经济价值管理，同时也要注重加强对银行财务状况和经营成果稳定性的管理，不断提高对宏观经济和市场环境的预见能力和风险管理能力。

（四）金融资产减值准备的计提

按照新会计准则，如果金融资产的账面价值超过其预计可回收金额,则表明该金融资产发生了减值。具体而言,除第一类资产以外,如银行有证据表明不能按合同条款收回所有到期本金和利息,则说明已发生减值损失。这里强调的资产减值是指能够确认的损失,即由过去发生的损失事件等客观证据显示该金融资产的未来现金流量将出现损失,并且这种损失能够有效估计。对于将来可能发生的损失,无论可能性多大,都不能计提减值准备。

新会计准则对计提减值准备的转回实行区别对待:对以摊余成本计量的金融资产和可供出售的债务工具确认减值损失后,如有客观证据表明该价值已恢复,且客观上与确认该损失后发生的事项有关,原确认的减值损失应当予以转回,计入当期损益;可供出售权益工具投资发生的减值损失,不得通过损益转回;在活跃市场中没有报价且其公允价值不能可靠计量的权益工具投资发生的减值损失,不得转回。

(五)金融工具信息的披露

新会计准则对金融工具的列示和披露作了详细的规定,更强调信息披露的全面性,特别注重对风险的披露。与传统的信息披露相比,新会计准则在披露的内容和频率方面都发生了巨大变化。银行应当披露金融工具的账面价值和公允价值信息,同时要披露对金融工具所采用的重要会计政策、计量基础等信息。除上述传统信息外,商业银行还应当披露与各类金融工具风险相关的描述性信息和数量信息。描述性信息主要包括风险敞口及其形成原因、风险管理目标、政策和过程以及计量风险的方法;数量信息主要有风险敞口总括数据和各风险集中点的风险敞口金额等。新会计准则还特别注重对金融工具流动性风险和市场风险的披露,规定要对金融资产、负债做期限分析,判断企业面临的流动性风险;明确银行应当披露所面临的各类市场风险的风险价值或敏感性分析及其选用的主要参数与假设,分析其对当期损益和权益产生的影响。

二、新会计准则对银行监管的影响

（一）公允价值计量将增加判断银行会计信息真实程度的难度

现行会计方法只要求在金融工具的价值实现时才确认。新会计准则要求以公允价值作为金融工具的计量属性，增强会计信息相关性和及时性，要求银行在交易事项的市场价值变化时，及时将这些价值变动在报表中确认，如发生未预期的利率变动、金融资产信用质量严重恶化、权益价格大幅度调整等情况。这无疑会加大银行财务的波动性，甚至导致会计信息失真。

1. 市场化程度不高影响公允价值的确定

公允价值是建立在信息透明公开、市场机制完善的基础上的，公允价值的确定在很大程度上依赖于存在活跃的交易市场。我国目前市场的充分程度与这种要求还有相当的差距：利率和汇率没有市场化，统一的资本市场尚未形成，很多交易是在政府主导下实现的；价格都是在政府管制下制定的，而不是建立在谈判和讨价还价基础上的；很多金融产品尚没有一个公平交易的市场价格。这种情况给公允价值的运用带来了一定的障碍，在某种程度上会造成会计信息的失真。

2. 公允价值的确定需要大量主观判断

尽管新会计准则要求商业银行在运用公允价值计量金融工具时，必须有充分的理由、事实或依据；但商业银行提供的理由、事实或依据包含有大量的主观分析和判断，特别是存在不活跃市场的情况下，就更需依靠会计人员运用大量专业判断，如在定价方式的选取、折现率的确定等方面；而主观因素的影响可能导致评价标准在不同的时点会有较大的变化，因此监管部门将难以判断或评价商业银行这部分收入或损失的真实性和合理性。

（二）对商业银行资本充足率的影响

资本充足率直接受监管资本和加权风险资产的影响。金融资产与负债的分类、确认和计量手段的改变,对银行的资产、负债以及所有者权益都会产生较大影响,从而影响监管资本和加权风险资产的计算,最终影响商业银行的资本充足率。

1. 公允价值的运用增加银行监管资本的波动性

由于使用公允价值方法计量,随着市场价格的波动,部分金融工具未实现的损益将计入资本公积项目或直接计入损益;公允价值的频繁变化,增加了银行资本的波动性。如根据新会计准则规定,可供出售金融资产未实现的损益计入资本公积,这将影响到银行股东权益的计算。当银行持有的可供出售金融资产公允价值高于账面价值时,所产生的未实现利得将导致银行所有者权益的增加,从而银行监管资本也增加,在其他条件不变的情况下,银行的资本充足率将相应提高;反之,银行的监管资本和资本充足率将下降。也就是说,在利率处于较低水平或有下降趋势时,绝大多数银行的可供出售金融资产具有未实现利得,银行会加大持有该类资产,快速充实银行资本;在利率较高或位于上升的环境中,大多数银行的可供出售金融资产具有未实现损失,银行会降低该类资产的持有数量,避免资本水平的下降。

2. 衍生金融工具纳入表内核算影响加权风险资产的计算

衍生金融工具交易在合约成交后,按新会计准则的规定,要将其确认为交易性金融资产或负债进行表内核算,这会影响加权风险资产的计算。在《商业银行资本充足率管理办法》中,衍生金融工具被作为表外业务核算,在计算资本充足率时,将其转换成基础工具,并按基础工具的特定风险和一般市场风险的方法计算资本要求。如果衍生工具在表内核算,就会改变加权风险资产的构成范围,必然影响加权风险资产的计算。

(三) 对资产证券化的影响

目前国内资产证券化的试点已经启动,资产证券化将信贷资产从表内转移到表外,降低了加权风险资产的数量,通过分母战略提高银行的资本充足率。但是,银行在资产证券化过程中,为确保证券的发行,一般都会通过提供一定程度的信用支持和担保实现信用增级。新会计准则规定,在提供信用担保进行信用增级的金融资产转移中,转出方只保留了所转移金融资产所有权上的部分风险和报酬且能控制所转移金融资产的,应当按照其继续涉入所转移金融资产的程度确认相关资产和负债。所以按照新会计准则,提供信用担保进行信用增级的证券化资产仍应在银行表内反映,并不能达到提高资本充足率的目的。

(四) 对金融资产减值准备计提的影响

从银行监管角度的看,银行信贷质量要在准备金中得到体现。同大多数国家一样,当前我国对贷款损失准备金的计提遵循审慎性与前瞻性原则,即不仅要求对已经发生的损失计提专项准备,还要对可能发生的损失计提一般准备。这也符合巴塞尔银行监管委员会的要求。而新会计准则规定,银行有客观证据表明该金融资产发生减值时,才能计提减值准备。计提准备金是资产面值与未来全部现金流量贴现值之差,这与银行内部会计制度预测到的贷款组合发生的损失很可能不一致,也与银行监管的审慎性要求存在着矛盾。

(五) 对信息披露的影响

市场纪律作为金融稳定的基础和银行监管框架的三大支柱之一,只有建立在充分、及时、准确和相关的信息基础上,才能揭示市场主体蕴藏的风险。所以会计信息在促进银行体系稳健、良性运行中发挥着基础性作用。虽然目前关于商业银行信息披露的制度已经基本建立,但很多机构尚未披露,已经披露的也存在不真实、不完善等问题,降低了信息披露对商业银行的约束力。新会计准则对信息披露要求将更加严格、规范和透明,这都会对银行产生积极的作用,促使银行树立审慎、稳健、透明和合规的经营理念。

三、银行监管部门需采取的对策

(一) 顺应监管需要,及时制定完善计算监管资本和资本充足率的调整办法

为保证有关监管指标符合审慎监管的要求,建议借鉴国际经验,

研究实施新会计准则对监管资本和资本充足率的影响,及时出台调整监管资本和加权风险资产的办法,对有关会计数据进行必要的调整。(1)调整监管资本的计算范围。新会计准则的实施会改变权益的范围,特别是部分未实现的利得或损失将直接或间接计入所有者权益,使得监管资本偏离了审慎的要求。监管部门有必要根据新会计准则的会计数据,适时对监管资本的计量范围进行调整。(2)调整加权风险资产的权重和计算方式。一方面,公允价值的变动将引起金融资产价值的变动,进而引起银行风险资产的变动;另一方面,由于资产负债项目的变化与衍生工具的表内核算,计算加权风险资产时信用风险与市场风险的组成部分也发生变化。因此,监管部门应对银行风险资产的权重和转换方式进行适当的调整,在会计资本和监管资本之间建立必要的联系机制,保证资本充足率符合审慎监管目标。

(二)创新监管方式,确保公允价值计量的客观性

实行公允价值计量的前提条件是成熟的市场环境,但我国金融市场远没有达到充分竞争的水平,公允价值的确定缺乏必要依据。采用估值模型测算公允价值,则对电子化数据系统以及有关专业人才的要求极高。另外,在公允价值确定过程中,人为主观判断的因素较多,势必会影响到公允价值确定的准确性。公允价值运用中,由于客观计量所导致的信息失真问题,可以通过修改监管资本计量范围的方式进行解决,但是要剔除会计人员主观因素的影响,使公允价值能得到真实地反映则需要在监管方式上进行创新。因此,银行业监管部门要积极推进商业银行按照巴塞尔新资本协议的要求,加快开发内部评级法,并进一步建立和完善正向激励与严厉惩罚并重的激励约束机制,加强对相关会计人员职业道德与专业素质的管理,密切关注会计信息的变动情况,保证公允价值计算的可靠性,切实防止会计核算方法的滥用。

(三)做好监管服务,帮助商业银行统筹实施新会计准则和新资本协议

商业银行为了执行新会计准则和新资本协议,都需要调整内部

制度、业务流程,建立或修改信息系统,进行相应的人员培训。如果各自为政,将大大增加商业银行的负担和成本。事实上,这两大体系之间有许多相同或类似的要求,比如对披露、风险管理的要求等,因此银行监管部门应组织商业银行进行专题研究,统筹考虑执行新会计准则和新资本协议可能遇到的相关问题,督促商业银行积极探索构建"价值创造型"管理体系,变"分层核算、逐级考核"的粗放式财务管理模式为"分产品、分部门、分机构、分客户"的精细化财务管理模式;强化产品意识、提高产品定价能力;及时加工和提供金融宏观调控所需信息,为金融宏观调控提供信息支撑。

(四)增强监管力度,逐步完善商业银行信息披露机制

商业银行信息披露机制已经基本建立,但还存在一些不完善的地方,损害了披露制度的严肃性,降低了披露制度对商业银行的市场约束。因此,监管部门要进一步督促银行完善信息披露制度,必要时采取一定的监管措施,增强市场约束对银行经营的影响。但考虑到银行业自身的风险,信息披露过程只能是渐进式的,监管部门要适度把握,确定时间表,按照新会计准则和银行监管的要求,逐步完善银行业信息披露机制。

(五)培训监管人员,适应新会计准则的要求

人员素质是监管的基础,监管人员必须了解商业银行会计政策、程序、方法、技巧等。新会计准则非常复杂,对银行会计人员的要求很高,它的实施对银行业经营管理将带来巨大影响。很好地理解银行的会计要素及其处理方法是非现场监管分析和风险评级的必要条件。所以在监管人员中开展对银行业务的会计核算,特别是新会计准则方面的培训显得尤为重要,建议银行监管部门结合我国银行业的实际开展专题培训,重点讲解会计准则变化的内容、对商业银行财务核算和内部控制的影响、对银行监管工作的影响以及应对策略等,切实提高监管人员分析商业银行财务状况及风险状况的水平,增强银行监管能力。(本文发表于《湖北师范学院学报》)

大型银行非现场监管工作回顾与展望

2009 年,江苏银监局国有银行非现场监管工作紧紧围绕提高监管有效性,以科学审慎监管为核心,以促进辖内大型银行安全稳健运营、提升综合竞争力为重点,以规范内部管理为基础,不断创新监管方式,综合运用多种监管手段,坚持多方联动,有效整合资源,切实提升非现场监测、分析、预警能力。

一、紧紧围绕科学监管目标,促进大型银行又好又快发展

今年以来,随着国务院扩大内需的十项措施、金融促进经济发展的九项要求、国家部分产业振兴规划以及银监会关于当前调整部分信贷监管政策促进经济稳健发展等相关规定的颁布实施,辖内大型银行发生了较多变化,在业务快速发展的同时,也出现了一些新情况、新问题和新风险。如信贷投放阶段性增幅较大,一季度末,大型银行贷款余额比年初增加 3 079.79 亿元,是去年同期贷款增量的 3.14倍,比去年同期多增 2 419.74 亿元。贷款投向不均衡较为突出,实体贷款较低,贴现贷款较多。一季度末,贴现余额 2 179.28 亿元,占各项贷款余额的 12.11%,同比上升了 8.98 个百分点,比年初增加 1 078.03 亿元,占贷款增量的 35%。对出现的新情况,非现场监管处密切关注、冷静思考、科学监测、积极应对,不断加强风险提示,引导大型银行适应宏观经济形势的变化,适时调整经营管理策略,切实加强行业投向和准入管理,合理把握信贷投放节奏。

一是督促大型银行科学把握政策界限,优化信贷结构。要求各

行认真调整授信策略,以贷款结构的调整促进产业结构的优化和调整,优化存量贷款产品、客户和行业结构。增量贷款要严格按照国家产业政策要求,严把行业准入标准、淘汰和限制类产业目录、环境评价标准等政策界限,从严控制对"两高一剩"行业的贷款。多次召开会议、发出风险提示、举行审慎监管会谈,督促各行不得向不符合产业政策、环保政策要求的项目授信,已授信的不得发放贷款,已发放贷款的要采取措施实施保全。对落后产能停止授信支持,并逐步回收已发放贷款。适当集中对"两高一剩"行业、新兴产业的企业的授信审批权限。各行按照要求陆续增加了对实体经济的信贷投放,优化了信贷结构。中行江苏分行 8 月起大力调整信贷结构,在优先支持贸易融资、中小企业、重点客户与重大项目的融资需求的情况下,适当压缩公司贷款规模,增加个人贷款规模。建行江苏分行压缩贴现规模,加快客户退出力度,腾出信贷规模满足实体经济、优质客户和重点行业的资金需求。该分行 9 月末非贴现贷款新增 374.23 亿元,占比81.32%,比上季末提高 9.59%,绝大部分投向了实体经济。

二是督促大型银行合理把握贷款投放节奏,实现可持续发展。一季度辖内大型银行贷款规模扩张较快,月均贷款增加额 1 026.60 亿元。一季度和二季度出现了明显的贷款"冲时点"行为,3 月、6 月末贷款比上月分别增加810.84 亿元、683.9 亿元,而 4 月、7 月贷款仅比上月分别增加 46.87 亿元、134.34 亿元。针对上述情况,非现场监管处及时召开会议发出风险提示,督促把握好信贷投放节奏,实行平稳有序的信贷投放,避免信贷投放的大起大落。同时,做好典型案例分析,督促对因考核机制不完善诱发的东台市将农信社2.5亿元同业存款结转成企业单位存款、冲时点虚增对公存款的违规经营行为,严肃查处,并以此为契机指导各行改进绩效考核制度,完善激励约束机制。各行的信贷投放逐步平稳,二季度月均贷款增加额 335.14 亿元,比上季减少 691.46 亿元,下降 67.35%;三季度月均贷款增加额 201.99 亿元,比上季减少 133.15 亿元,下降 39.73%。

三是督促大型银行准确把握"保增长"与"防风险"关系,切实提升风险管控能力。与一季度信贷快速增长相对应的是,各行的业务管理水平、管理的手段和方法、管理信息系统并没有得到相应提升,贷款规模过快扩张与经营管理能力、风险管控水平不适应的矛盾相对比较突出。对此非现场监管处多次提示有关银行注意正确处理好"保增长"与"防风险"的关系,要求支持经济发展的同时,要强化全面风险管理,坚守风险管理底线,严格贷款"三查"制度,严防贷款发放过程中可能出现的道德风险,并适时调整信贷政策,严格贷款发放标准。在非现场监管处的督促指导下,中行江苏分行从 8 月起适度控制信贷投放的速度,按月分公司板块和个金板块监控各二级分行贷款新增情况,中行江苏分行主要负责人也向全辖基层网点负责人和员工发出公开信,明确要求任何时候都不能以违规甚至违法为代价换来所谓的"发展"。

二、紧紧围绕经济金融形势及银行业发展中的新情况、新问题,提高非现场监测分析效能

一是加强动态分析,提高分析频度。今年以来,针对不断变化的新情况,非现场监管处从监管实际出发,坚持按月组织对各行业务运营情况进行分析,包括存贷款增量和增速、地区分布、行业投向、结构、质量、风险等。定期加强综合分析,分季、按半年全面分析运营情况,在对业务及业务经营情况分析的基础上,着重对盈利水平、盈利能力和盈利结构等财务指标进行分析,并借鉴 SWOT(优势、劣势、机会、威胁)分析方法,通过比较方式分析各行的优势、劣势、面临的挑战、存在的突出问题,并通过审慎监管会议向各行通报情况;按月关注房地产市场变化趋势,撰写房地产贷款情况的有关材料,多次代表我局参加省政府组织的房地产市场宏观调控联席会议。

二是落实"双控"管理要求,加强资产质量监测。重视资产质量质态的变化分析,密切关注贷款质量的迁徙变化情况,重点做好不良贷款余额和比率、变化趋势分析。注重对存量资产质量的动态跟踪,关注关注类贷款,加强关注类贷款的质态分析,督促降低关注类贷款比例,防止关注类贷款向下迁徙。对新发生的 1 000 万元以上的不良贷款逐户逐笔进行监测,并深入分析不良形成的原因,提出相应的监管意见。督促各行落实不良贷款"双控"要求,认真做好风险管理工作,加大核销和现金清收力度,坚决控制不良贷款余额快速反弹,

并将不良贷款比例有效控制在 2008 年年底的水平内。

三是创新分析手段和方法,设计区域特色分析模块。在做好非现场监管信息系统数据分析和应用的基础上,试行了特色数据的初步补充,要求各行按季报送 16 张特色报表,增加比较分析、结构分析、趋势分析等功能,提高分析的持续性和科学性。如本外币存款的期限及结构变化、表内外资产的构成及质量、贷款行业分布、地区分布、产品分布及期限结构和资产质量变化等。

三、紧紧围绕风险监管主线,切实提升非现场监管质量

一是推动大型银行优化分类制度、提足拨备。落实银监会的要求,着力推进辖内大型银行实施贷款 7—12 级分类、提高拨备覆盖率到 150%。在对各行贷款风险分类调查摸底的基础上,督促各行对 5 级分类中正常和关注间区别度提出科学、合理的分类标准。指导工行江苏分行、建行江苏分行对信贷资产实行 12 级风险分类,交行江苏分行对信贷资产实行 15 级分类;督促农行江苏分行及时组织人员培训和制度准备,于今年二季度全面推行贷款 12 级分类;责成中行江苏分行向总行反映,尽快制定新的贷款分类办法,细化分类标准。目前中行江苏分行制定了贷款 13 级分类标准,已进行了两轮测试,准备于年内实施。督促加大拨备提取力度,目前,辖内大型银行的拨备覆盖率已达到166.02%,比年初提高了 47.77 个百分点。

二是推动提高贷款分类准确性。借助数据库技术,加强对辖内大型银行大额贷款在行际间分类差异的比较分析。按季监测大型银行系统内授信余额 1 000 万元以上客户授信和分类情况,落实专人对数据进行比对、筛选、分析,重点对千万元以上大额贷款客户在行际间贷款分类结果的差异比较、授信总额合理性、授信地区和行业的投向、授信产品的适当性、贷款质量迁徙情况进行分析。2009 年一季度末,各行存在分类差异的贷款 1 108 笔,计951.66 亿元,分别占千万元以上大额客户贷款总笔数和总金额的 6.56%、7.94%;二季度末,存在分类差异的贷款 995 笔,868.64 亿元,分别占千万元以上大额客户贷款总笔数和总金额的 5.78%、7.05%;三季度末,存在分

类差异的贷款有 1 093 笔 1 025.4 亿元,分别占千万元以上大额客户贷款总笔数和总金额的 5.97%、7.37%。针对分析出的差异结果,及时召开风险、信贷管理等相关部门负责人会议,要求按照差异清单尤其是对本行贷款分类高于他行的,要逐户逐笔认真核查,督促对分类不准确的贷款及时整改,调整分类形态。对整改不到位的,采取监管谈话、发出监管意见书等形式跟踪督促。

三是加强大额授信客户风险预警系统的应用。一方面加强与大型银行、统计部门、银监分局的沟通联系,实现重点监测客户的信息充分共享;另一方面对辖内确定的 32 户共 511 亿元的大额授信客户加强监测,督促主债权行及其他债权行切实履行职责,按时收集相关信息,指导各行加强大额及集团客户授信风险管理,加强该系统与千万元以上大额贷款客户监测系统的联动配合运用,及时预警大额授信风险。

四是突出重点,关注部分高风险业务领域的风险。密切关注政府收费二级公路贷款风险。2009 年 2 月起二级公路收费站点全面停收通行费,国家未能及时出台配套财政政策,收费中心短期内还款资金不能落实,涉及辖内大型银行政府收费二级公路贷款余额 49.5 亿元,不良贷款余额 6.75 亿元,不良贷款率 13.64%。及时了解了政府收费二级公路方面的政策变化情况,高度关注政府收费二级公路贷款出现的风险,督促指导各行密切关注积极反映,尽力维护银行债权。

密切关注信用卡直销业务的风险。针对部分银行信用卡营销过程中直销团队营销方式不当、信用卡申请资料审核不严、向不具备还款能力的客户大量发放信用卡等问题,召集部分银行信用卡部负责人就信用卡直销业务情况进行监管审慎会谈,了解银行卡直销情况、管理模式,深入分析可能存在的风险领域,并提出五条监管意见和要求,具体内容为:要坚持"制度先行",把内控措施考虑周全,建立完善的内控制度,提高制度的执行力;激励考核机制要科学合理,对直销人员的考核不能单纯考虑发卡和收单业务完成量,还要考虑所拓展业务的质量和风险管理能力;要管理好银行卡直销人员,严把进人关和用人关,将职业操守和行为品德作为重要的用人标准,对有不良从业记录的人员坚决不能聘用;银行卡部要切实负起条线管理职责,督促二级分行落实银行卡直销的制度规定,管理好直销人员,控制好风险;做好后评价工作,银行卡直销业务开展一段时间后要适时进行评价、总结经验教训、完善规章制度。

密切关注理财产品、表外业务和票据业务的风险。对个人理财、银证合作、银保合作、银信合作和资产回购、返售业务,要求在业务开展前规定时间内报告。针对年初理财产品投诉多,部分产品亏损严重等情况,要求每季度报送理财业务有关数据,并对2009年上半年前到期的理财产品情况进行全面调查分析。针对工行江苏分行个人理财业务报告中存在的报告时间滞后、未执行每只产品报告规定、报告相关材料不全和报告未抄送相关银监分局等问题,约见个金部负责人,通报情况督促整改。对票据保证金不实、虚假贸易背景、外部欺诈时有发生等问题,及时督促、密切关注。

密切关注项目贷款中资本金到位情况。督促大型银行在授信过程中严格遵循《国务院关于调整固定资产投资项目资本金比例的通知》规定,要求对资本金不到位的项目不得发放贷款,并指导各行业务条线开展信贷业务大检查,严格执行规定。

五是多方协调,着力做好单体风险化解工作。按局领导要求,积极跟踪、协调、参与多起风险化解工作。申达集团江苏省内57.19亿元存量贷款重组以来,申龙高科因连续3年亏损暂停上市,面临退市的风险。今年非现场监管处又多次参与组织银团协调会,协调地方政府,促成各债权银行支持,达成由江阴市政府财政补贴、江苏阳光集团出资7.33亿元、承贷6.73亿元的方式重组申达集团旗下的申龙高科上市公司的方案。常熟科弘系5家关联企业57.2亿元银行债权出现风险后,按照局领导要求,密切关注事态发展,及时向有关部门汇报情况,密切跟踪事件发展进程,指导银行维护债权。目前,科弘系5家企业破产重整成功,由已跻身世界500强的中国五矿和大型国有流通企业浙江物产组成的联合体作为科弘系企业重整投资人,出资总额高达36.89亿元人民币。投资人将为科弘系企业注入资金用于清偿债务及生产经营,预计2009年底恢复工厂的正常经营,2010年可以恢复到重整前的经营水平。此外,非现场监管处还关心指导有关银监分局处置好镇江利可、连可五金制品公司,苏州大方特种车公司等突发风险事件。

六是引领业务创新,加快中间业务发展。督促各行改善收入结构,逐步扩大中间业务品种和范围,增加中间业务收入占比。积极推进投行业务发展,进一步做大做强财务顾问和融资顾问业务,如工行江苏分行成功组建南京红花机场、苏州轨道交通,中行江苏分行组建沪宁城际铁路等大型银团项目;推动托管和年金业务加快发展,推广新开户结算产品套餐,积极发展国内信用证、电子回单箱、现金管理业务等新产品;大力发展信用卡分期付款业务、收单业务。1—9月份,大型银行中间业务收入130.82亿元,同比增加24.9亿元;中间业务收入率19.69%,同比增加3.44个百分点。

七是实施风险分散策略,推动大型银行大力发展银团贷款。针对近年来大额风险频发、异地贷款风险加大、贷款集中度较高的现状,积极督促指导大型银行切实落实银监会和银监局的监管意见和要求,提高政策的敏感性和制度执行力,采取措施大力推动银团贷款,实现同业信息共享,增加议价能力,消除过度授信和授信集中风险。据统计,2009年,辖内大型银行牵头组织银团37个,银团贷款金额240.45亿元。

八是实施风险缓释策略,督促大型银行多策并举化解不良资产。指导各行抓住有利时机,加大不良资产核销力度,增强可持续发展能力,严格按照账销、案存、权在的原则实施不良贷款核销。1—10月大型银行共核销不良贷款417户、本息10.01亿元,现金清收不良贷款86.28亿元。中行江苏分行在不良资产经营管理方式和处置手段上实现了创新突破,与东方资产管理公司合作,完成了不良资产结构性交易,涉及贷款项目17个、本金11.3亿元,实现了不良资产由“个案处置”向“批发处置”转变。

四、紧紧围绕现代金融企业管理要求,推动大型银行不断深化改革

一是督促加大改革措施在基层的贯彻和实施力度。推进业务流程改造和机构扁平化步伐,提升网点层次,减少管理层级,有效整合资源。支持工行江苏分行推进18家重点县域支行改革,增强了支行

的经营活力;加强财富中心的建设,设立贵宾理财中心236家、对公理财中心164家;工商银行私人银行部南京分部获准开业,提升运用差异化战略分层次向客户提供专业服务的能力。推动中行江苏分行优化授信流程,对重复的工作合并整合,撤销无效或不提供有效决策的环节,减少对同一客户不同环节的重复审查。指导建行江苏分行推进前后台分离,扩大整合后台业务范围和内容,实现后台工厂式、流水线操作。督促江苏交行按照管理要求开发资金用途监控系统,大幅提升监控质量。

二是继续关注和督促农行江苏分行推进分支机构改革。督促农行江苏分行按照总行统一部署,推进组织机构和人力资源综合改革,按照七大业务板块实施专业化管理,调整了职能部门设置,增设"三农"个人金融部和"三农"对公业务部,设立了会计核算、考核评价、信贷管理、风险管理和人力资源管理等五大支持管理中心,各二级分行相应成立了"三农"个人金融部和"三农"对公业务部。重新明确和调整各分支行内设机构和人员编制,对关键岗位的人员实施公开竞聘、竞争上岗。在全辖推行信贷审批体制改革,全面推进信贷业务网上作业,不断提高审批效率,减少操作风险。

五、紧紧围绕内控、合规文化建设,夯实案件防控基础

一是深入推进案防长效管理机制建设。明确提出大型银行案件防控的要求,采取多项有效手段和措施,深入推进案件防控工作向纵深发展。对近两年接到的98封信访举报信进行梳理、归类,对问题比较突出的基层行违规经营和领导干部违纪问题,重点督促关注。督促农行以张家港陆平案件的处理为契机,从制度、流程、管理系统、审批方式、内部监督等方面,对全辖个人贷款业务全面整改。多次召开各行内控合规、风险管理、纪检监察、审计稽核等部门负责人会议,在总结反思近年来发生案件的基础上,建立健全内控制度。支持和推进工行江苏分行建立网点远程授权制度,提升事中控制能力和效率;农行江苏分行建立独立审批人制度,辖内二级分行设立内控合规部;交行江苏分行运用审计支持系统开展审计检查,提高审计效能。

不断强化内控管理,完善压力传导机制、整改评价机制、责任追究机制。督促各行加大案件风险排查力度,提高"飞行"检查频度,实施突击检查和滚动检查,用内控手段夯实案件防范工作基础、落实案防责任。继续把基层行负责人和客户经理及柜面人员作为案防重点人员,存款柜台、按揭贷款、票据等业务作为案防重点业务,加大检查的力度。工行江苏分行加强重要风险点的防控,梳理出 21 个内控案防工作要点,将重要风险点治理责任实行双向分解;建行江苏分行突出强调会计管理的基础地位,组织开展了柜面会计操作技能集中培训 629 次,共计 1.8 万人次,进一步增强柜面识假反假能力,全年成功堵截诈骗案件 20 起,涉及金额 6 670 万元。

二是积极推动后续整改工作。对照日常监管发现和评级过程中梳理出的问题,督促各行有效建立整改落实机制,避免问题屡查屡犯。及时关注各行整改情况,定期召开由内控合规、风险管理、审计稽核等部门参加的会议,沟通监管信息,了解整改进展。督促各行对 2008 年度监管评级提出问题逐条对照整改并形成反馈意见。持续跟踪评估各行整改落实机制的建立情况,督促把检查发现问题的整改情况纳入绩效考核,充分运用激励约束机制,调动基层机构和一线人员整改的积极性和主动性,推动农行江苏分行对内外部检查发现的问题制定了整改考核办法,将问题整改率与各级行的年度综合业务发展考核指标挂钩;指导完善后续整改操作规程,建立后续整改信息系统,实现机控、制控和人控的有机结合,从根本上提高整改的针对性和有效性。

三是加大违规行为查处力度。对群众来信举报反映的问题都按领导要求认真组织核查,全年共处理各类举报信 67 封。针对反映中行徐州分行对中能硅业有关子公司发放授信中存在的问题组织核查,形成报告呈局领导,由于核查认真分析透彻,受到局领导表扬。对各类来信中反映出的违规行为明确要求严厉查处,及时督促有关银行启动责任追究机制,对重大违规问题"见钱、见人",不仅要扣发奖金、工资,更要处理责任人。督促建行江苏分行严肃查处连云港港口支行以假银票作质押,有章不循、违规操作形成 3 000 万元不良贷款,调整了连云港分行领导班子,处理了包括分支行高管在内的 7 名责任人。针对农行靖江支行因内部管理混乱致使抵押贷款被骗的问题,责成农行江苏分行通报全辖,并对责任人进行严肃问责。针对建行启东支行、农行海门支行群众聚集营业场所投诉投资连结险产品、要求退保的问题,督促采取有力措施迅速平息群体性事件。针对中行海安支行当年发放授信当年就形成不良的情况,及时查清问题,督促中行江苏分行暂停中行海安支行发起公司授信业务,相关客户经理下岗清收。

四是督促大型银行密切关注协解人员和内退人员的动态。面对银行业协解人员和内退人员进京上访数量有所加剧的趋势,召集各行相关部门负责人进行监管会谈,提出工作要求。及时了解建行盐城分行5名协解人员、中行徐州分行30多名内退人员进京上访等情况,督促相关分行和银监分局向有关部门汇报情况,争取工作支持,并部署各行对协解人员有关情况摸底排查,指导制订应急预案,要求平时要掌握协解人员和内退人员动态,做好协解人员和内退人员安抚工作,并对协解人员建立"两会"期间每日报告制度。

六、紧紧围绕大型银行监管实际,多管齐下提高监管效果

一是建立监管月志制度,增强分析的前瞻性和及时性。按月从存贷款规模与结构、资产质量与迁徙情况、盈利状况和构成等方面分析各行运营情况,了解各行当月出台的内控举措,总结归纳当期现场检查、日常监测等发现的问题,拟订下月监管计划,在此基础上形成综合材料,及时了解和掌握各行个体和整体出现的新情况、新问题,做好动态持续分析。

二是完善监管评级,实施差异化监管策略。在原有ROCA评级框架基础上,按局领导要求,调整、充实评级内容,增加了大额授信风险敞口、管理信息系统、人员构成及综合素质和案件发生情况等指标,并以上年度评级梳理问题的整改情况为切入点,充分获取全方位监管信息,对各行进行了较为准确客观的监管评级。局领导亲自带队通报评级结果,提出监管意见和要求。通过评级,梳理辖内各行不同的风险特点,采取差异化的监管策略。针对工行江苏分行不良贷款余额反弹、贷款分类不准确、内部经营管理体制存在缺陷等问题,

督促严把信贷资产质量关,加大对基层行和员工的管理力度。针对农行江苏分行深化股份制改革、案防形势严峻、经济发达地区机构管理水平不足等情况,督促稳步推进各项改革,正确处理改革、发展与稳定的关系,研究对经济发达地区机构的管理模式,强化控制力度。针对中行江苏分行贷款增幅最快、内控和合规存在薄弱环节等情况,督促正确处理好"保增长"与"防风险"的关系,高度关注新增贷款风险,加强对基层机构和基层负责人的管理。针对建行江苏分行理财业务和票据业务存在风险隐患以及贷款发放环节存在漏洞等情况,督促审慎开展个人理财业务,高度重视票据业务风险,加强贷款"三查",强化贷款发放环节风险管控。针对交行江苏分行贷款高速增长、票据业务的风险情况,督促科学把握信贷投放节奏,严格执行国家的产业政策和信贷政策。

三是及时发出风险提示,密切关注新问题、新风险。针对今年以来一些不法分子利用虚假票据诈骗银行资金的案件时有发生,银行票据业务操作风险日益突出的情况,向各银行业金融机构发出票据业务风险提示。针对辖内银行机构自助银行服务区接连发生多起歹徒夜间抢劫、伤害取款客户的恶性刑事案件,及时对自助银行服务区安全保卫工作进行风险提示。针对1—5月份我省连续发生475起不法分子利用银行卡、网银和电子信息欺骗客户盗取资金案件,及时发出加强银行卡、网银资金安全的通知。

四是不断总结经验,完善审慎监管会谈制度。继续通过审慎监管会谈方式,向各行通报监管评级结果,交换监管意见;就内部控制、风险管理等方面存在的问题,适时进行会谈、提示风险;及时了解银行重大经营政策的变化、出台的重要管理制度以及外部审计机构的审计评价结果;按季度通报各行综合运营情况,特别是盈利等财务分析情况,让其及时了解自身的优劣势、面临的挑战等状况,及时采取有针对性的措施。

五是加强监管联动,构建信息共享机制。(1)注重与现场检查部门的工作联动。加强现场检查成果的运用和深度分析,把现场检查发现的问题进行梳理分类,督促各行及时整改。(2)注重与银监分局的联动。改变以往大型银行分支机构各监管一块、信息分散的

377

现状,分片区召开风险分析会,结合实际探讨监管工作的难点和热点问题,充分沟通和交流监管工作信息和经验,促进上下之间监管成果共享。与部分银监分局联合调研,充分利用双方的优势,提升对突出问题的分析解决能力。推动辖内大型银行监管人员按月撰写监管月志,分析每月大型银行的运行状况、已采取的工作措施、下一步的工作打算。(3)加强条线协调、指导。针对中行、建行和交行苏州均为一级分行,监管难度较大的情况,定期与苏州银监分局会谈,共同组织实施对3家一级分行的监管。(4)注重与各行内控合规、风险管理、审计稽核等部门的工作联动,共享内外部监管成果,不断探索形成监管合力的方法和措施。

六是针对热点问题,加强调查研究。积极把调查研究作为监管的重要手段和抓手,从经济金融形势的变化出发,紧紧围绕辖内大型银行监管实际,针对银行运营中出现的突出问题进行深入调查分析,撰写了十几篇有参考价值的调研材料。对辖内1 279户台资企业授信风险状况进行了调查,摸清了台资企业授信情况,深入分析了台资企业银行授信存在的主要风险,提出了有针对性的政策建议,撰写的《商业银行对台资企业的授信管理亟待完善》的材料被银监会监管工作信息和新华社国内动态清样采用,受到了温总理的批示,并对省政府出台的《帮助和支持台资企业平稳发展的若干政策措施》提出了修改意见和建议。针对年初存贷款快速增长的情况,深入分析存贷增长变化的原因,指出存贷款快速增长过程中存在的主要问题,撰写的材料受到领导的批示。对辖内政府融资平台贷款情况做了五次调研,基本摸清了辖内省、市、县三级政府融资平台的数量、资产负债、利润、筹资、筹资担保、资金使用和偿债资金来源等情况,全面了解辖内大型银行政府融资平台贷款增长、投向、期限、担保等情况,深入分析政府融资平台贷款存在的问题和风险。落实温家宝总理批示要求,认真组织调查泰州商业银行财务顾问费收取情况,通过召开座谈会和深入企业了解财务顾问费的缴纳情况等方式,基本上了解和掌握了泰州市商业银行收取财务顾问费的情况,向银监会作了报告。对《固定资产贷款管理暂行办法》执行情况进行快速调查,了解了各行实施的基本情况、实施中存在的困难和问题,并就进一步贯彻落实办法提出监管意见和建议。对今年上半年辖内大型银行新增贷款投向、结构、风险状况进行了调查分析,对大额授信风险状况进行调查研究。

七、紧紧围绕薄弱领域金融服务,督促切实履行社会责任

督促辖内大型银行改进金融服务,提升社会责任意识,结合社会经济发展的实际,采取切实措施履行社会责任,将银行业的社会责任体现在服务的每一个环节。要求各行结合辖内实际,根据自身的发展规模、市场定位、资源优势和目标客户群,在合理评估风险、综合测算潜在成本和收益的基础上,加强产品创新,加大对薄弱领域的金融服务。

一是推动加大对中小企业的金融支持力度。指导各行相继设立中小企业贷款专营机构,二级分行和部分支行也设立中小企业贷款专营机构。督促各行不断创新小企业金融服务方式,在大型银行中继续推广建行"淡马锡"小企业贷款模式。不断完善小企业授信"六项机制",着重改进贷款授权制度,下放贷款审批权限,适当简化审批流程。指导中行江苏分行推行"淡马锡"中小企业业务新模式,实行专业化营销和标准化流程管理,精简了业务流程,客户在手续资料齐全的情况下,从审批到放款的平均时间为4.4天,比以前缩短了6天。督促各行建立多样化的产品创新机制,不断推出中小企业产品,完善"财智融通"、简式快速贷款、自助可循环贷款、"中银通达""成长之路""速贷通""展业通"等。推动各行认真落实《江苏省小企业金融服务推进工作意见》和《江苏省银行业金融机构小企业金融服务考核评价制度》的有关要求,加大对中小企业的金融支持力度。截至9月末,辖内大型银行中小企业贷款余额已达5 625.65亿元,比年初增加1 257.79亿元,增幅28.80%。

二是推动加大对"三农"的金融支持力度。要求各行稳定基层网点数量,多次否决撤销基层网点的申请,支持和指导交行江苏分行设立淮安分行,新批设4家县域支行。督促不断探索改进"三农"的服务方式,研究适合县域经济和"三农"的金融产品和业务。完善信贷管理政策和考核机制,按照商业可持续原则适度增加对县域经济和"三农"的金融服务和信贷支持力度。督促农行江苏分行贯彻落

大型银行非现场监管工作回顾与展望

实《农业银行"三农"金融事业部制改革与监管指引》,指导设立"三农"对公业务部和"三农"个人金融部,要求及时总结盐城、镇江"三农"事业部制改革试点的经验教训,在全辖推广服务"三农"的新政策、新制度、新产品。按照"面向三农,商业运作"的改革要求,督促增强"三农"金融服务力度。1—9月份,农行江苏分行累放涉农贷款1 921亿元,同比多放730亿元;余额1 709亿元,占全部贷款的39.2%;比年初增加392亿元,占贷款增量的42.8%;增幅29.7%,高于全部贷款增幅3.1个百分点。

三是推动加大对扩大消费的金融支持力度。在切实做好风险防范的基础上,大力推进有利于促进消费的金融创新,积极发展住房、汽车、家电等消费信贷业务。按照房地产的有关政策要求,加大对保障性住房建设的信贷支持,继续支持房地产行业的健康发展。截至9月末,辖内大型银行的个人贷款余额4 289.80亿元,比年初增加1 152.33亿元,增幅36.72%,高于全部贷款增幅5.28个百分点。其中住房按揭贷款3 308.61亿元,比年初增加976.79亿元,增幅41.88%,高于全部贷款增幅10.44个百分点。

八、紧紧围绕监管履职质效,注重提升内部管理水平

明确职责分工,狠抓工作落实,夯实内部管理基础。将岗位职责明晰化,梳理各个监管岗位的工作职责,细化工作范围和工作要求,形成了书面的岗位职责说明书,明确了每位监管人员的职责边界;将工作流程规范化,以参加对连云港、常州银监分局的监管履职评价为契机,对照在监管履职方面暴露出来的问题,举一反三,由他及我,自查自纠,全面梳理监管业务流程、制度规定、管理措施等,提出规范各项工作流程的具体措施;将内部管理有序化,规范内部管理,狠抓执行力建设,推动各项工作有序开展。对非现场监管处讨论决定的重大事项形成纪要,把工作明确到人,做到工作件件有落实、事事有回应;针对日常监管中发现的各行的缺陷和问题,及时举行监管会谈,并形成会谈纪要发送相关银行督促落实,做到监管措施有据可查。

(本文发表于《江苏大型银行监管信息》)

《固定资产贷款管理暂行办法》颁布后大型银行实施情况的调查报告

2009 年 7 月 23 日,银监会颁布《固定资产贷款管理暂行办法》(下简称《办法》)并规定 10 月 23 日起正式施行。该办法旨在以统一的标准规范银行业金融机构固定资产贷款业务经营行为,增强其风险管理意识,提高其风险管理水平,加强资金用途监控,保证银行信贷资金真正进入实体经济,支持国民经济又好又快的发展。

目前,该办法施行已有半个多月,我处对辖内五家大型银行固定资产贷款实施准备情况、实施进展情况和实施中面临的问题进行了专题调研。总体而言,各家银行总行及省分行领导层高度重视,已结合自身情况制定实施办法和操作规程,新制定或修订固定资产贷款合同文本;部分银行及时调整了信贷管理系统,从制度、系统层面保证业务按时合规开展;但在实施中也面临着一些困难,仍有一些行的系统调试、制度细化不到位,有待完善。

一、《办法》实施情况

(一) 组织体系建设方面

《办法》强化贷款的全流程管理,要求贷款人分解贷款过程管理中的各个环节,按有效制衡的原则将各环节职责落实到具体的部门和岗位,建立明确的问责机制。从辖内大型银行的情况看,均已建立较为完善的涵盖贷款受理与调查、风险评估、审查审批、合同签订、发放与支付、贷后管理全流程控制的组织架构,经营部门、授信管理部门、风险管理部门、法律合规部门、会计结算部门职责明晰,岗位合理分工、有效制约,信贷责任认定和追究机制也已建立,基本上满足固定资产贷款管理的有关要求,因而各行对组织架构没有进行大的调整。如工商银行江苏省分行规定公司业务部负责贷款业务受理与审查,授信审批部负责贷款业务风险评估和审批,公司业务部负责贷款合同的签订,信贷管理部下设的放款核准机构负责贷款发放审核,业务经办行负责贷款支付审核,会计部门负责支付及结算,公司业务部负责贷后管理,各部门职责明确、边界清晰;又如交通银行江苏省分行公司业务部负责客户营销和贷款调查,授信管理部负责贷款审批,风险管理部下设放款中心负责贷款发放和支付审核,会计结算部下设账务中心负责贷款支付与结算,符合《办法》"贷放分离"的要求。

（二）制度建设方面

根据《办法》的要求,五家大型银行总行在三个月的准备期内梳理了固定资产贷款受理与调查、风险评价与审批、合同签订、发放与支付、贷后管理等各项要求,制定或修订了相应的固定资产贷款实施办法和操作规程。工商银行总行印发了《项目融资和固定资产贷款管理办法》,制定了《公司客户贷款发放与支付流程》;农业银行总行修订了《中国农业银行固定资产贷款管理办法》,并在附件中明确了借款人自主支付和贷款人受托支付操作流程;中国银行总行制定了《中国银行固定资产贷款管理办法》,修订了《中国银行固定资产贷款(公司业务)操作规程(2009 年版)》《中国银行固定资产贷款提款审核操作指引(2009 年版)》和《中国银行固定资产贷款(国内结算)操作规程(2009 年版)》,形成固定资产贷款管理制度体系;建设银行总行印发了《中国建设银行固定资产贷款管理暂行办法》,建立了贷款发放与支付审核登记簿、支付通知书和支付清单等工具;交通银行总行制定了《交通银行固定资产贷款管理实施办法》《交通银行固定资产贷款发放与支付操作规程(暂行)》。值得一提的是,交通银行江苏省分行不仅转发其总行有关文件,还下发了《关于贯彻实施总行〈固定资产贷款管理实施办法〉和〈操作规程〉的通知》,就客户协调沟通、相关部门和岗位职责界定、业务操作流程等进一步细化,加大了《交通银行固定资产贷款管理实施办法》的可操作性。

（三）合同格式文本的制订和签署方面

配合《办法》及各行细则和操作规程的实施,各行总行均制订下发了固定资产贷款合同格式文本,合同文本中明确约定贷款支付方式选择标准。

各行均规定,10月23日起正式启用新的固定资产贷款合同文本。如交通银行在合同签署和执行方面的做法是10月23日后原则上应签订此合同,约定贷款发放与支付方式;10月23日前签订贷款合同的,与客户协调沟通,尽量签订补充协议,重新约定贷款发放支付方式,如客户拒绝签订补充协议,则在此次授信期内仍按原合同执行。

（四）业务流程方面

《办法》倡导"实贷实付"的贷款支付管理理念,贷款发放与支付方式发生变革,规定"单笔金额超过项目总投资5%或超过500万元人民币的贷款资金支付,应采用贷款人受托支付方式"。通过加强贷款发放和支付审核,增加贷款人受托支付等手段,健全贷款管理,减少贷款挪用风险。各行为此改造了业务流程,增加支付审核环节,原则上设立贷款发放专门账户。

支付审核方面,除工行规定由业务经办行负责此项工作外,其他四家银行的模式基本相同,均为经营部门对授信额度支用进行初审,由授信执行部门或风险管理部门下设的放款中心或放款审核岗对贷款支付进行审核。按照《办法》要求及合同约定,贷款支付分为借款人自主支付和贷款人受托支付两种方式,各行制作了两种支付方式的申请单、相关凭证和审查审批工具等。两种支付方式业务流程大体一致,区别在于客户提交申请材料不同、审核重点不同、贷款支付最终进入账户不同,如农行支付流程就是:开立或指定贷款资金发放账户→借款人申请发放自主支付额度(自主支付)或提出委托支付申请(受托支付)→客户经理落实信用发放条件和支用初审→放款审核岗审核→自主支付部分发放至借款人账户(自主支付)或资金发放至借款人账户并支付给借款人交易对手（受托支付）→客户经理登记贷款资金使用情况→柜员协助客户经理做好账户控制工作。

贷款发放专户设立方面，各行均按照《办法》要求，设定了专门发放贷款账户的条款。交行规定根据需要可以在合同中约定专门贷款发放账户，账户以固定资产投资项目为单位，严格对应，账户仅用于项目贷款资金的发放和对外支付，不得用于其他结算。设立贷款发放专户后，无论是自主支付还是受托支付，贷款资金均发放至此账户。区别在于受托支付模式下，会计结算部门应在当日，按照借款人支付委托，通过特定交易，即时将款项划付至交易对手账户；自主支付模式下，借款人可在限额以下自主支配使用。

贷后管理方面，资金监测要求提高。支付方式发生变更后，防止借款人化整为零，变受托支付为自主支付，是各行放款审查和贷后监控需解决的问题；因而各行出台了更为严格的贷后资金监控举措，针对不同的支付方式侧重关注不同的方面。自主支付情况下，通过账户分析、凭证查验、现场检查等方式确定贷款资金使用是否符合约定用途；受托支付情况下，主要检查贷款支付是否符合项目进度，防止借款人与交易对手通过关联交易套取银行信贷资金挪作他用。

（五）信息系统方面

目前，工行、交行已调整信贷管理系统。工行总行在 CM2002 系统业务品种字典表中新增项目融资和固定资产贷款两项业务品种，并将按照基本建设、技术改造、科技开发、购买设备等设置产品子项。系统中原有的技术改造贷款、基本建设贷款、技术开发贷款、商业网点贷款等 4 个品种不再使用。交行总行进行了 CMIS 系统固定资产贷款发放改造，对固定资产贷款、房地产开发贷款、银团贷款等多个凭证相关选项和字段进行调整，如增加贷款管理类型（专户管理、一般管理）、贷款支付方式（受托支付、自主支付、其他）等。

农行、中行和建行尚未对信贷管理系统进行调整。

二、《办法》实施中存在的困难与问题

（一）执行中面临的主要困难

1. 资金用途真实性监控上仍存在难点

一是借款人可能通过化整为零改变支付方式,逃避银行资金用途监管。尽管各行采取合同控制、频繁交易监控、加强贷后监测等方法,但实际操作中,银企信息不对称可能导致银行上述措施失效。二是贷款人受托支付可能遭遇虚假交易。此种支付方式很大程度上可以降低资金挪用风险,但如果借款人与关联方为套取银行资金而签订虚假购销合同或施工合同等,银行按合同放款给交易对手(即关联方),则资金仍可能被挪作他用。

2. 部分情形下受托支付操作困难

一是贷款置换,在以银行贷款置换他行同一项目贷款,或银行贷款置换前期自筹垫付款的情况下,提供交易对手资料,实施贷款人委托支付比较困难。类似的,个别贷款品种也存在这样的问题,如经营性物业贷款用途是置换他行项目贷款或股东借款,如果也按照固定资产贷款管理,则受托支付难以操作。二是资金统一调度使用的企业(集团)实施受托支付比较困难,主要涉及政府融资平台企业、部分实施"统借统还"、财务中心运营模式或现金池管理模式的集团企业,这类客户资金一般统一运用,资金流向监测不易,且比较强势,难以沟通,受托支付方式在实际操作中面临困境,还可能出现各行执行尺度不一、争抢客户的现象。

3. 贷款资金划转时限尚未统一

对于贷款人受托支付资金,《办法》明确了支付路径,即"将贷款资金通过借款人账户支付给借款人交易对手",但没有明确资金划转时限。除交行明确规定受托支付资金必须当日即时划转外,其他行出于增加派生存款规模和提高资金收益的考虑,对于贷款划转时限采取观望态度,未作明确规定。

（二）执行中存在的不足

1. 大部分银行由总行制定固定资产贷款管理实施办法和操作

流程,省分行并未结合区域经济特色、自身经营情况和管理能力对制度进行进一步细化。如《中国建设银行固定资产贷款管理暂行办法》中关于贷款风险评级就简单引用银监会《办法》中风险评价应"从借款人、项目发起人、项目合规性、项目技术和财务可行性、项目产品市场、项目融资方案、还款来源可靠性、担保、保险等角度进行"的表述,缺乏可操作性,江苏省分行并未对相关条款进行细化。

2. 部分银行信贷管理系统没有根据《办法》的要求进行相应调整,"机控"制约不足,可能对后续业务开展产生一定影响。

三、相关建议

1. 建议银监会对《办法》部分内容加以明确或补充。一是明确规定受托支付资金滞留时限,统一银行执行尺度;二是对操作存在难度的特定企业(集团)或业务品种贷款,调整相关要求,增强办法可操作性。

2. 督促辖内大型银行进一步细化相关办法和流程,调整信贷管理信息系统和其他相关系统,加强对支付审核环节的资源配备和管理。目前,《办法》仍在施行初期,应加大宣传力度,做好与政府、企事业单位的沟通和交流,争取客户的支持和理解,但在执行中坚持规范操作,加强固定资产贷款准入审核,通过发放、支付和贷后监控环节严控资金流向,依法合规开展此项业务,更好地发挥金融支持经济发展的作用。

3. 加大监管力度。督促辖内大型银行严格执行各项规定,特别是要求其执行"实贷实付"的统一标准,确保《办法》贯彻落实到位,维护银行业公平竞争。在具体措施上,待办法实施一段时间后,组织辖内大型银行开展固定资产贷款业务(重点是发放支付和贷后管理环节)自查自纠工作,并采取现场检查或调查的方式对此项业务运营情况进行评估,对存在的风险性和合规性问题提出监管意见。

着力构建长效管理机制
促进银担合作规范发展

针对近年常州辖内银行融资性担保业务风险较大、问题暴露较多、银行普遍收缩银担合作的情况,2013 年,常州银监分局积极探索,充分发挥银行主体作用,着力构建长效管理机制,促进辖内银担合作规范发展,目前已经取得阶段性成效。

一、主要做法

一是制度先行,全面构建规范蓝图。分局多次召开专题工作会议,广泛征求意见,年初专门出台《常州银监分局关于进一步促进银行业金融机构与融资性担保机构业务合作规范健康发展的指导意见》,从建立银担合作规范机制、完善银行相关管理制度、推动银行加强银担合作、加强银担合作业务监管等四个方面入手,明确 19 条措施,积极构建融资性担保全面规范管理新蓝图。

二是加强监测,形成数据共享机制。自 2013 年一季度开始,分局建立辖内银行融资性担保业务信息监测、共享机制,定期摸清各银行对担保机构的业务信息、风险状况、信用记录、保证金信息等,加强银行间信息共享,打破信息壁垒和障碍,增强银担业务合作透明度。

三是齐抓共管,建立牵头行管理制。根据注册资本金托管账户所在银行及在保金额等,为每家融资性担保机构确定一家牵头管理银行,其他合作银行为参与管理银行。牵头管理银行和参与管理银行间建立日常工作联系机制,针对单家担保机构加强信息交流和政策协商,联合确定支持、维持、限制、退出的分类综合评价。

四是创建载体,推出担保管理卡。为全面加强业务管理,分局创建融资性担保业务管理卡,于2013年8月起在辖内银行业正式实施。该卡由牵头管理银行发放,担保机构一户一卡。该卡实时登记确认银担合作签约、监管资本金额、在保余额、保证金金额、逐笔业务等信息。银行在业务开展前可以全面审核融资性担保机构资本金、风险敞口、合并杠杆率等,做到风险及时控制。

二、阶段性成效

一是强化责任,审慎把好科学准入关。辖内各银行业金融机构进一步强化主要负责人、分管行长责任,明确行内融资性担保业务归口管理部门,落实管理人员和职责。部分银行对担保机构准入管理制度重新进行梳理修订,嵌入动态风险管理内容,加强和完善审慎准入、退出条件及程序规定。

二是摸清底数,全面把好风险控制关。上半年,分局建立辖内融资性担保业务数据库,摸清5 255笔业务的授信种类、授信金额、担保金额、保证金金额、资产质量、违约情况等信息,较全面掌握风险状况,并加强银行间信息共享,促进辖内银行较充分识别担保机构风险状况,及时做好加强风险防范与控制工作。

三是全面管理,逐笔把好业务审查关。在融资性担保业务管理卡的帮助下,目前辖内银行在每办理1笔融资性担保业务前,及时全面审核融资性担保业务管理卡信息,并根据融资性担保机构合并杠杆率、资本金监管账户金额和保证金总额等,作出是否办理该笔业务判断。

四是分类施策,实时把好动态管理关。在分局的组织下,5—6月间,各牵头管理行牵头,参与管理行密切配合,完成对45家有存量业务的担保机构综合评价,其中支持类12家,维持类13家,限制类7家,退出类13家。综合评价工作对深化银行间风险共识,加强动态风险管理发挥了重要作用。如某担保公司虽然在年检合格名单之内,但主要负责人7月份遭刑拘,由于之前已被合作银行综合评价为限制,有效预警防范了风险。

五是良性发展,着力把好长效机制关。从定期监测、评价,到业务实时管理、风险及时报送,辖内银行业初步建立起融资性担保业务长效管理机制,对培育银担规范合作、加快银担合作良性发展开始发挥重要作用。辖内银行对综合评价较好、信用较高的担保公司准入更加积极、宽松,放大倍数进一步提升。上半年12家综合评价为支持类的融资性担保机构在保户数增长5.69%,在保贷款余额增长6.55%,这对于大幅下滑的融资担保业来说,无疑是沙漠中的一片绿洲。

三、相关启示

一是规范发展思路意在银监有为。当前,融资性担保机构的地方监管部门不是银监部门,但不代表银监部门不用作为、无可作为。近年融资性担保业务风险高发、频发,已对银行资产质量与稳健经营产生较大影响。因此,银监部门特别是基层银监分局应转变思想,积极有为,从银行角度着眼,从融资性担保业务入手,通过完善审慎机制,在促进银担合作规范发展中发挥重要作用。

二是规范发展目的利在合作共赢。规范银担合作发展的目的不是把融资性担保风险管无、业务管死,而是在于促进融资性担保业务健康发展,加大银行对小微企业、“三农”等金融服务薄弱领域的信贷支持,实现银行、担保机构、实体经济的多赢。对于综合评价较好、信用状况较佳的担保机构,要有相应的正向激励措施,如鼓励银行提高放大倍数、扩大合作范围等。只有目的明确,规范工作才能得到银行、担保机构、地方担保机构监管部门的理解和支持,规范措施才能真正落实到位。

三是规范发展主体重在银行为本。融资性担保机构与银行间存在着明显的合作交叉特点,即一家担保机构与多家银行合作,一家银行也与多家担保机构合作。再加上担保机构还广泛涉足小额贷款公司、民间借贷主体的融资担保,导致融资性担保业务风险十分复杂。因此规范银担合作必须发挥银行的主体作用,比如建立牵头行管理制,实施联合综合评价机制,由银行向担保机构发放融资性担保业务管理卡,建立重大风险信息报告、共享的动态风险管理机制等。

四是规范发展措施贵在长效机制。银担合作长效健康发展的基础在于银行对担保机构信用状况的全面了解,即认识合作的担保机构。因此,规范银担合作必须让银行实时准确掌握担保机构的资本金变动信息、保证金金额、在保的风险总敞口、合并杠杆率等情况。只有采取有效措施把这些业务指标、风险指标弄清、弄透,加强信息交流与共享,才能逐步建立银担合作的长效管理机制。(本文发表于常州银监分局《金融监管信息》)

第八篇

早期工作探索

对发展我国企业集团财务公司的政策思考

随着中国加入 WTO 步伐的日益加快,外资金融机构的进入将对我国的金融业产生积极而深远的影响,因此有必要对企业集团财务公司如何应对外资金融机构的挑战,如何准确进行功能定位,以及如何在规范中进一步发展等问题进行研究和思考。

一、我国企业集团财务公司产生与发展现状分析

财务公司的产生既是企业集团发展的客观要求,也是国家实施"大企业、大集团"战略的主要配套措施之一。随着我国企业财务制度的改革,改变了过去的专用基金制度,企业可自由支配的资金开始增多,但从集团内部看,企业在资金的使用时间及使用需求上存在差异,造成集团内部资金资源闲置、整体资金使用成本上升、经济效益出现下降趋势。在这种情况下,一些大型企业将提高这部分闲置资金的使用效益摆上了重要位置。从企业的外部金融环境看,计划经济体制下的银行体系难以满足企业发展对金融业的全方位、多层次、个性化的金融需求。在内外部因素的双重作用下,作为金融体制改革措施的一部分,我国企业集团财务公司也就应运而生。

自 1987 年我国第一家企业集团财务公司——东风汽车工业财务公司诞生以来,经过十多年的探索和发展,企业集团财务公司经历了从无到有、从小到大的阶段性演变过程。到 1999 年末,我国企业集团财务公司的机构数量已达到 71 家,几乎覆盖了石油、化工、电力、煤炭、钢铁、冶金、航空航天、汽车、机械、电子、军工等关系到国计

民生的基础产业和重要领域。据统计,我国企业集团财务公司的总资产已超过 2 000 亿元,占全国现有非银行金融机构资产总量的 1/3 左右;拥有企业集团财务公司的企业集团总资产已达 32 000 多亿元,约占全部国有资产总量的 1/3。企业集团财务公司的拥有率及资产占有量的不断增加趋势,表明了其在国有企业改革和发展中的分量日益提高。

从中央银行对企业集团财务公司的监管实践与财务公司发展运行的轨迹看,我国企业集团财务公司虽然在机构发展、内在质量、风险防范机制等方面取得了长足的进步,也逐渐摸索到了一套适合中国国情的发展路子。但放眼国际范围考察,可以说,与发达国家的同类金融机构相比,无论是经济总量、资产质量、机构规模、金融品种的创新,还是业务辐射量、经营机制等方面都存在着不少差距。据了解,美国目前有 1 250 家财务公司,其机构数量占美国全部金融机构的 12%,资产规模前 10 名的金融机构中,就有 5 家财务公司。值得注意的是,当前我国财务公司在发展过程中还存在着一些不容忽视的问题,如市场定位不准、金融理论和实践相对滞后,以及资金来源缺乏政策性渠道、个别机构经营状况不佳甚至隐藏着较大的金融风险等。这些都需要我们用发展的眼光,在发展过程中加以研究和解决。

2000 年 6 月 30 日,中国人民银行颁布实施了《企业集团财务公司管理办法》,进一步明确了企业集团财务公司在我国金融体系中的地位和作用,对企业集团财务公司的功能定位、市场准入标准、资产负债监管指标、内控制度建设等方面都作了比较明确的界定,加强了对财务公司的风险控制和监管,为我国企业集团财务公司向国际化靠拢、实现稳健经营创造了良好的条件。这是我国中央银行切实按照《巴塞尔协议》和世界贸易组织《服务贸易总协定》的要求,紧跟世界经济一体化和国际经济调整的步伐,并以此作为金融业支持国有企业特别是国有大中型企业改革和发展的重要举措。为今后国有大中型企业集团的兼并和重组、培育企业集团的竞争力和国际影响力、应对中国加入 WTO 后外资金融机构的挑战,提供了一个良好的契机。

二、企业集团财务公司的功能及功能定位

伴随着我国企业集团业务的迅猛发展以及国家对企业集团政策管理等方面的规范要求,企业集团成员之间都是相对独立的经济实体,其资金分属于各个单位,集团成员单位受利益驱动日益明显。这就决定了成员单位的资金不能无偿占有和无偿使用,必须按照经济规律的要求和市场经济的法则,将财务公司从集团总部分离出来,使之成为真正自负盈亏、自主经营、独立核算的法人金融实体。企业集团财务公司作为大企业集团附设的非银行金融机构,除具有一般金融机构的功能外,还有以下两项特定的功能:

1. 支持企业集团产品销售,促进企业技术创新和技术进步,推动集团产品结构乃至国家经济结构调整。国外财务公司大多为大企业集团和大银行的附设机构,从其业务范围看,多数为从事某种领域或某种产品的消费信贷、产品融资租赁等的金融服务。从近年来我国财务公司的发展实践看,由于财务公司所在集团产品的市场占有率都比较高,故而带来了其为集团产品销售提供配套金融服务的发展空间——财务公司通过有针对性地提供金融服务,刺激机构购买力和促进个人消费,也有利于集团根据市场导向进行产品结构调整。同时,我们也应该看到,由于我国国有企业的历史包袱比较重,产品工艺相对落后、缺乏竞争力,加强技术改造,加快产业升级已显得十分迫切。党的十五届五中全会提出,工业改组改造和结构优化升级,是经济结构战略性调整的一项十分紧迫的任务,对于经济持续增长至关重要。财务公司通过筹集中长期建设资金,为集团技术改造和技术创新服务,增强集团的综合实力和核心竞争力,对国有企业技术创新和经济结构调整将发挥很大的推动作用。

2. 以灵活高效的特定金融服务弥补了其他金融机构的不足,对企业集团增强金融意识、树立市场经济观念起了重要的促进作用,也有利于促进金融体系的健全和稳定,促进金融改革的进一步深化。允许符合条件的大型企业集团设立财务公司,在一定程度上可以将企业不规范的金融活动变成合规的金融活动,纳入中央银行统一的

监管渠道,有利于减少"金融三乱"等行为的发生,净化金融市场秩序。同时,财务公司为成员单位提供分散的一级清算,与商业银行形成有序的金融合作,有利于细分我国的金融市场,构建适应市场需求的多层次分工协作的金融组织体系。此外,财务公司还可以依据集团的经营战略,大力发展投资银行业务,通过发行财务公司债券等形式直接进入资本市场筹资。

当前,随着国有企业改革力度的进一步加大,大型企业集团已经进入结构调整、资产优化、重组兼并的关键时期。企业集团作为现代企业的主体,在其发展过程中,必须同时面对产品市场和资本市场。在此基础上,企业集团对于财务公司服务功能的要求,显得比任何时候更为迫切。我们认为,在财务公司功能定位上,应坚持以下六条原则:

(1) 必须明确财务公司应依托其所在的企业集团,为其所在的企业集团提供金融服务,不能游离于企业集团之外,等同于商业银行。

(2) 既要有利于集团发展,又要有利于金融稳定;既要兼顾财务公司为集团成员单位提供金融服务的内部性,又要兼顾其作为非银行金融机构的社会性。

(3) 必须明确财务公司的中长期融资功能以及金融中介服务功能。

(4) 财务公司作为我国金融体系的重要组成部分,必须重视金融风险防范和内部控制制度建设。

(5) 切实坚持财务公司的市场准入标准,既不能把财务公司办成"厂内银行"和"内部结算中心",也不能把其办成全功能的企业内部银行和信托投资公司的混合体。

(6) 财务公司的功能定位应与其业务范围同步。

其合理的功能定位应该是为企业集团成员单位技术改造、新产品开发及产品销售提供金融服务,是以中长期金融服务为主的非银行金融机构。

现阶段,考虑到企业集团财务公司的经营和业务状况,企业集团财务公司的业务应主要包括以下几方面:吸收成员单位一定期限以上的定期存款,发行财务公司债券,同业拆借,对成员单位办理贷款、融资租赁、产品的消费信贷、买方信贷、商业汇票的承兑及贴现、委托贷款及委托投资、金融机构股权及股权投资等业务。需要强调的是,企业集团财务公司提供的金融服务必须围绕集团内的成员单位进行,防止财务公司服务功能的社会化倾向。

三、对规范发展企业集团财务公司的政策建议

中国加入 WTO 后,在华外资金融机构的业务范围亦将发生重大变化:外资金融机构可以在中国境内经营债券业务、发行金融债券;也可以经营金融租赁、投资组合等新的金融衍生工具等。

面对机遇与挑战,有必要对财务公司今后的发展方向、政策把握度等作必要的调整。为此,我们建议:

1. 强化财务公司的监管体系,加强财务公司的风险监管。中央银行对财务公司监管的重点是其资本充足率、资产的流动性以及经营的合规性,并将监管重点由粗放型向纵深型发展。按照现场监管和非现场监管相结合,表内业务监管与表外业务监管相统一,本币业务监管与外币业务监管相结合,市场准入监管与业务监管相结合的原则,建立一套既符合我国国情又符合国际惯例的财务公司风险监管体系。对照《巴塞尔协议》,我国财务公司目前尚不存在系统性风险,在现有的非现场检查考核指标体系的基础上,有必要建立一套对财务公司的风险监测评估制度,综合评价财务公司运行的安全度和风险系数。要进一步健全财务公司风险监管的组织体系,强化包括中央银行监管、企业集团监督、财务公司内控、行业自律和社会中介及公众监督有机结合的大监管体系。

2. 适时调整现行政策,使财务公司适应金融业混业经营的挑战。中国即将加入 WTO,现在实行的金融业分业经营的模式,正面临着金融业混业经营的挑战。在金融创新服务品种上,外资金融机构几乎都是"金融百货公司",能办理各种业务,这些银行进入中国市场后,将会把国际市场的经营理念、金融工具引入中国金融市场,满足中国市场的需要。同时,外资金融机构还能针对中国市场开发

新的金融产品,利用其高超的营销手段,刺激和引导国内企业及居民的金融服务需求,推销自己的产品。在此情况下,我们应允许财务公司扬长避短,充分发挥其依托大集团的优势,进行两项金融创新与变革。

(1)批准发行金融债券筹集长期资金来源,使其壮大资金实力,更好地服务于集团管理、技术创新、产品销售、重点项目建设,以及调整负债结构,提高其金融服务能力和抗风险能力。

(2)结算问题上采取更加灵活的政策,即允许资金存量较大且存款比较稳定的财务公司与商业银行协作开办结算业务;允许财务公司开办内部转账业务和现金结算业务。在条件相对成熟时,经营状况好、实力雄厚、信誉度高的财务公司可破允许加入央行电子清算系统,以使其节约资金成本,提高资金使用效益。

3. 督促财务公司尽快建立符合市场经济要求、与国际惯例接轨的经营管理机制,按市场规律和谨慎会计原则反映其实际经营成果,不断提高风险管理和内控水平,切实消除竞争力不足和不良资产生成的制度性因素以及服务效率低下、非规范性管理体制造成的制度绩效和管理绩效低下的障碍,改善和加强内部管理,提高财务公司的整体素质。要进一步建立和健全符合财务公司特点的激励机制和约束机制,重视人力资源的开发和管理,造就一批高素质的经营管理人才。

4. 支持财务公司利用其依托大集团和产融结合最佳金融组织形式的优势,积极参加企业的兼并、重组、股份制改造以及为企业投、融资进行咨询、顾问等业务,为集团多元化经营,跨国、跨地区发展服务,迅速提高其在资本市场的信誉度和运作能力;积极开展投资银行业务,使其尽快成为财务公司的又一项主营业务,完成财务公司产品的升级,形成自己的特色和竞争力。(本文发表于《金融纵横》)

相关与回归分析法在成本活动
分析中的应用初探

　　正确认识和掌握有关经济指标之间的依存关系,是经济活动分析的主要目的之一,因为从数量上具体掌握指标之间的规律性关系,有助于人们预测经济活动的发展趋势,争取实现最大的经济效果。随着经济体制改革的深入、会计工作及管理体制的变革,传统的适应于集中单一的"以产定销"、指令性计划体制的经济活动分析方法,面对瞬息万变、激烈竞争的市场环境已很不适应。企业不仅要总结过去,更主要的是要预测未来,进行有关企业生存和发展的决策。因此,企业经济活动分析的内容也就从以往被动从事的、以评价过去为主体的分析,开始转向以决策为中心的、面向未来的经济活动分析。

　　这样,内容的变化,必然引起方法的变革。传统的会计方法、定性方法将被现代经济应用数学、计算技术及定量分析等方法所充实。本文拟就相关与回归分析法在成本活动分析中的应用作一些初步探讨。

　　所谓相关是指两个或两个以上变量之间的依存关系。在有依存关系的变量之间,将代表原因的变量作为自变量,代表结果的变量作为因变量,对因变量与自变量依存关系密切程度的研究,称为相关分析。运用一定的数学模型,将一个自变量或几个自变量作为依据,来分析和预测因变量发展变化趋势和水平的方法,称为回归分析法。相关与回归分析的作用主要表现在:

　　1. 研究变量之间的相关程度。在有关联的变量之间,通过相关分析,可以得到一个表明相关程度的指标,称作相关系数。相关系数的变动在 0 与 ±1 之间。它的大小,表明两个变量之间关系的密切程度。

2. 分析和预测变量发展变化的趋势和水平。利用回归法,能够配合一个表明变量之间依存关系的回归方程,根据自变量的变化,来分析和预测因变量的变化。

将相关与回归分析的原理具体运用到成本活动的分析中,就是通过对相关系数的计算,来分析成本费用和产品产量二者之间的依存关系,也就是对二者之间进行相关程度的分析和对成本费用的分解。那么怎样做到这一点呢?首先我们根据相关系数的值将成本费用划分为固定费用、变动费用和半变动费用。当相关系数等于 0 时,说明这部分费用总额与产量增减变动无关系,被称作固定费用;当相关系数等于 1 时,说明这部分费用总额完全依存于产量增减变动而变动,被称作变动费用;当相关系数介于 0 与 1 之间时,说明这部分费用总额与产量增减变动有一定关系但不保持严格的比例关系,被称作半变动费用。其次再通过回归分析法将半变动费用进一步分解为固定和变动费用两部分,进而为正确地进行管理决策提供有价值的资料。下面结合数字例解,来说明相关程度分析和半变动成本的分解。

以某企业全年 12 个月所耗动力费为例,产量以直接人工小时代表,有关资料如下表:(为了简化起见,将有关计算处理的数据列在一起)。

月份	直接人工小时(x)	动力费(y)	xy	x^2	y^2
1	9	300	2 700	81	90 000
2	8	250	2 000	64	62 500
3	9	290	2 610	81	84 100
4	10	310	3 100	100	96 100
5	12	340	4 080	144	115 600
6	14	400	5 600	196	160 000
7	11	320	3 520	121	102 400
8	11	330	3 630	121	108 900
9	13	350	4 550	169	122 500
10	8	260	2 080	64	67 600
11	6	200	1 200	36	40 000
12	7	220	1 540	49	48 400
n 值	$\sum x = 118$	$\sum y = 3\ 570$	$\sum xy = 36\ 610$	$\sum x^2 = 1\ 226$	$\sum y^2 = 1\ 098\ 100$

（1）相关程度分析。

上表中的动力费是固定费用、变动费用，还是半变动费用，只要通过相关系数的计算就可判断出。下面给出相关系数 r 的计算公式（公式的推导过程从略）：

$$r = \frac{n\sum xy - \sum x \cdot \sum y}{\sqrt{\left[n\sum x^2 - \left(\sum x\right)^2\right] \cdot \left[n\sum y^2 - \left(\sum y\right)^2\right]}}$$

将有关数据代入公式得：

$$r = \frac{(12 \times 36\,610) - (118 \times 3\,570)}{\sqrt{\left[12 \times 1\,226 - (118)^2\right]\left[(12 \times 1\,098\,100) - (3\,570)^2\right]}} = 0.978\,5$$

计算表明：$r = 0.9785$ 介于 0 与 1 之间，说明动力费属于半变动费用，且它对直接人工（产量）的相关程度为 97.85%。下面对它进行进一步分解。

（2）半变动费用的分解。

下面用回归直线法将动力费用分解为固定费用和变动费用两部分。

设以 x 表示直接人工小时（产量、自变量）、y 表示动力总额（因变量），它们之间关系用下列直线方程表示：

$$y = a + bx$$

上式中的 a 即为费用总额中的固定部分，而 b 则反映费用总额中依一定比率随产量变动的部分。根据这一方程及实际所采用的一组观测值（假定 n 个），即建立一组决定回归直线的联立方程：

先用 n 个观测值的和的形式表示，即得：

$$\sum y = na + b\sum x \tag{1}$$

再将上列方程式的左右两边用产量进行加权。即得：

$$\sum xy = a\sum x + bx^2 \tag{2}$$

联立（1）和（2）两方程，得出 a 与 b 值如下：

$$a = \frac{\sum y - b\sum x}{n}$$

$$b = \frac{n\sum xy - \sum x \cdot \sum y}{n\sum x^2 - \left(\sum x\right)^2}$$

以上表中有数字,代入上述公式,得,

$$b = \frac{12 \times 36\,610 - (118 \times 3\,570)}{(12 \times 1\,226) - (118)^2} = 22.92$$

$$a = \frac{3\,570 - (22.92 \times 118)}{12} = 72.13$$

得出 a 与 b 的值后,半变动费用动力费用总额的公式即为:

$$Y = a + bX = 72.13 + 22.92X$$

通过上述方法,可以把各项半变动费用正确地进行分解,从而使我们对全部生产费用的可变性的认识有可能建立在科学分析和精确计算的基础上,对企业加强经济核算,改善经营管理,提高经济效益无疑具有重大意义。(本文发表于《南京金专学刊》)

自筹基建要真正管起来

在当前治理、整顿的新形势下,管好用好自筹基建资金,对于控制基建规模、调整投资结构、抑制通货膨胀、提高投资效益,无疑具有重大意义。但是目前自筹基建资金在管理上存在着不少问题,严重影响了经济体制改革和经济的健康发展,成为阻碍治理整顿的一大障碍。

第一,一些建设单位不按规定将自筹基建资金存入建设银行,先存后批、先批后用,逃避建设银行监督。据建设银行江苏省分行调查,1988 年实际存入省建行系统的自筹基建资金为 28.8 亿元,仅占计划的 84%。某市工商银行办公楼工程批准总投资为 800 万元,已用款 400 万元,都没有通过建行存划;少量的全民自筹项目及大量的集体自筹和零翻项目,也没有在建行开户。在银根紧缩的情况下,一些专业银行为扩大信贷资金来源,擅自提高利率,挖走了大量自筹基建资金,这无疑削弱了对自筹基建资金的管理。

第二,片面强调地方、部门和企事业单位对自筹资金的自主权和支配权,脱离国家计划管理,不同程度地突破了国家下达的控制指标。有的单位认为资金是我的,我想怎么花就怎么花,想怎么干就怎么干。结果,弄虚作假成风,有的以大报小,搞钓鱼项目;有的化整为零,分次加批;有的地方计委、建行互不协调,层层批计划;有的建设单位不管指标多少,根据自己的需要签订合同、订购设备材料,导致了用自筹资金安排的基建规模越来越大、战线越来越长,在国家预算内投资有较大压缩的情况下,总投资规模仍然大幅度突破。

第三,用不合理的摊派,上自筹基建项目,屡禁不止。例如,我省某系统一项目,地方规定缴纳的集资款竟占总投资的11%。各种不合理的地方摊派,无疑加大了投资量,不利于加强自筹基建投资的管理。

第四,片面要求发挥地方和部门的经济优势,不顾客观的可能,造成大量重复建设。所谓地方和部门的经济优势,实际是一个地区、一个部门所观察的优势,往往具有局限性,这个项目上去以后,势必造成以小挤大、以落后挤先进的不正常状态,形成大量的损失浪费。

以上说明自筹基建资金仍没有切实管好。概括起来其原因主要有:

第一,缺乏专控手段。建设银行缺乏必要的手段和措施,想管也管不了,只好听任自流。

第二,监督不力。基层建设银行在执行"先存后批,先批后用,存足半年"的原则上表现出不应有的灵活性:对于突破控制指标的也不加制止,对于来源不正当的也给予照顾,对于乱拉施工队伍的也照样付款。这不仅违反了国家关于自筹基建资金的管理规定,而且也放弃了建设银行的监督职能。

第三,互不协调。由于缺乏一个权威性的基建管理机构,宏观调控手段不健全。有些地方计委、建行互不协调,层层批计划,在政策掌握上出现了很大的随机性。这就在客观上使基建规模难以控制,自筹基建资金的管理显得十分薄弱。

第四,法纪不严。为什么有的部门和单位至今仍不顾国家三令五申,多次闯红灯? 这是由于经济活动中无法可循、执法不严。从多年的实践看,对违反国家规定的单位和个人,常常是给点无关紧要的批评就不了了之,这种对党和人民不负责任的做法,不能不引起我们的深思,也不能不说是基建法规不健全的表现。

这些原因,造成经济过热现象,给改革带来很大的阻力。要完成今年全社会固定资产投资规模比上年压缩920亿元,减少21%的任务,形势是严峻的。在强化压缩预算内投资的同时,自筹基建资金管理显得愈发重要。必须深化投资体制改革,坚持自筹基建资金统一管理,继续坚决执行"先存后批,先批后用,存足半年"的原则,健全基建法规,真正做到有法可依、执法必严。

1. 坚持基建自筹资金统一管理

坚持集中统一管理,是控制自筹基建规模的重要措施之一。要做到这一点:(1)计委、人民银行、财政部门应根据当年的人力、物力和财力的可能,正确处理企业单位自筹基建资金的流向和国家的投资方向的关系,进行切实可行的论证,在综合平衡的基础上,核定用自筹资金安排的基建控制指标。同时在国家下达的指令性控制指标范围内,编好自筹基建资金年度计划。(2)原有的生产企业凡扩大厂房面积,增加或更换主体设备者,都应当纳入国家基本建设年度计划,不得借"技术改造""大修理"之名,搞计划外基本建设,不得把基建挤入技改,不得把全民投资挤入集体、乡镇投资中去,以有效地防止固定资产投资总规模的膨胀。

2. 重申自筹基建资金都必须在建设银行开户管理,继续实行"先存后批,先批后用,存足半年"的管理办法

这就有效地克服了一些单位为了争取项目,弄虚作假,待正式计划批准后又没有资金存入建设银行或存一点用一点的做法。建设银行应切实按有权机关批准的自筹资金基建计划监督拨款,对于擅自改变建设内容、扩大基建规模的应冻结资金、拒绝付款。发现盲目建设、重复建设和乱上计划外工程的应坚决制止。对违反财经纪律,除将突破自筹基建控制指标部分从国家预算内扣除外,还应根据情节轻重给予必要的经济制裁。

3. 加强基建法规建设,尽快制订基建法

(1)固定资产投资项目,凡未经有批准权的单位批准的,一律不准新开工;擅自开工的,对批准者和建设单位负责人要严惩不贷,对建设项目,建设银行不得拨给建设资金,物资部门不得供给建设物资,电力部门不得供给建设用电,施工队伍不能承建施工任务,并没收项目的自筹资金,上缴同级财政,冻结其他投资渠道的资金,进行严肃处理。

(2)明确今后凡是决定自筹基建项目,制订投资和建设计划,审定设计方案,确定厂址等重大问题,应由计委会同建设银行等部门参加,进行认真的符合国家宏观大局的论证,各负其责;各级财政部门要认真审查用于自筹基建资金的来源是否正当,凡是不正当的不予

签证;各级建设银行必须在收妥自筹资金,而且已经存足半年后,方可开具存款证明上报计委。资金来源不正当,或者没有存款证明的项目,有权机关一律不得审批;对于违反国家财经纪律和基建禁令以及给国家造成不应有损失的申报者和审批者,要绳之以法或给予经济制裁。

(3)杜绝对建设单位的各种摊派行为,以保证自筹基建资金的完整性以及基建法规的严肃性。(本文发表于《金融知识》《广东金融》)

对强化预算外资金管理的再思考

近年来,随着经济的发展和经济体制改革的深入,国家与企业的分配关系得到了调整,企业自主权进一步扩大,预算外资金的规模也相应呈逐年扩大的趋势,甚至已超过预算内资金的增长,所以它已不再是预算内资金的补充,而是成为组织综合平衡的一个砝码。因此,加强预算外资金的管理就显得更加重要。

一、预算外资金管理的现状与问题

预算外资金数量大,范围广,对调动地方、部门和单位的积极性,促进生产的发展和改善人民生活,解决欠账等起了重要作用,但也存在着不少问题,主要体现在:

(一)用预算外资金乱上基建,扩大了基本建设规模

一些单位片面强调地方、部门和企事业对预算外资金使用的自主权,乱上项目,脱离国家计划管理,突破国家下达的基本建设控制指标,造成大量的重复建设和盲目建设。特别是由各级地方财政用机动财力等预算外资金安排的自筹基建支出逐月上升,1989 年 5 月份支出高达 11.1 亿元,是近年少见的。前 5 个月累计支出已突破全年预算控制指标的一半以上,照此发展下去,必将扩大基建预算赤字,有碍经济全局的稳定。1982 年至 1987 年全社会投资的增长速度达 24.9%,不仅大大超过计划拟定的速度,而且超过国民收入平均每年增长 15.1% 的速度。1988 年全社会固定资产投资达到 4 314

亿元,比计划控制指标超 1 300 多亿元,比上年增长 18.5%;在建项目总规模约1.3万亿元,比上年扩大 12%。膨胀的重点是占全社会投资 60% 的自筹投资,其主体是企业。例如,1987 年全国预算外资金的投资额中,企业投资占 91.1%。据江苏省统计局等部门提供的资料,江苏省 1987 年固定资产投资总额为 150.71 亿元,1988 年为 362.76 亿元,增长 140.70%,预计 1989 年一至五月份又比上年同期有所增长,这主要是由于增加预算外资金支出造成的。这是目前亟待解决的问题。

(二)滥发奖金、实物和擅自扩大津贴、补贴的发放范围,使消费基金急剧膨胀

1986 年江苏省消费基金额为 357.31 亿元,1987 年为 402.76 亿元,1988 年为 492.58 亿元,1987 年比 1986 年增长 11.27%,1988 年比 1987 年增长 22.30%。据调查,有不少单位发放的奖金数额超过全部福利、奖励基金的提取数,在账面上出现了红字。企业的税后留利部分用于生产发展、福利、奖励的比例,完全由各单位自行确定支配,尤其在承包企业更为严重。

(三)自立名目乱收费,把预算内化为预算外

有些单位自行决定收费范围,擅自扩大收费标准:把预算内收入化为预算外收入,把预算外亏损挤进预算内;强行摊派和征收各种费用,不交国家预算,也不纳入预算外;自设"小钱柜",严重违反财经纪律;地方政府政策性集资日益增多,如教育集资、修路集资、体育集资、办电集资等;一些企业主管部门提取的管理费比例也过大。这些,无论是从企业专项基金中列支,还是进入产品成本,都将直接或间接地减少企业的预算外收入。对这部分预算外资金的转移所形成的社会效益和所产生的种种影响,财政部门对此缺乏必要的限制、监督和管理。

(四)改变预算外资金的指定用途

预算外资金的每一组成部分,都有其特定的用途和规定的使用

方向。如农业税附加,主要用于农村公益事业;养路费主要用于道路维护等。因此,必须坚持专款专用的原则,不能挪用,也不能不加区别地捆起来用。但有些单位挪用更新改造基金搞基本建设,挪用生产发展基金搞福利、发奖金等。目前真正用于设备更新和技术进步的资金仅占整个更新改造资金的30%左右,其余的70%则用于扩大生产能力的基建性开支。有些单位还挪用征收的预算外资金盖办公楼、宿舍和购买汽车等,如此势必影响国家的宏观控制,造成不良后果。

二、加强预算外资金的宏观控制管理

目前,预算外资金已成为国家的第二预算。在整个国民经济中起着"半边天"的作用,在消除经济过热、遏制通货膨胀、建立社会主义经济新秩序的新形势下,加强预算外资金的宏观控制管理势在必行。

根据以上问题,要做好以下工作:

(一)对预算外资金必须进行一次清理整顿

按照国家的有关方针、政策以及财政财务制度的规定,把应该纳入预算内的一律纳入预算内进行管理;对不符合国家规定、自立名目的各种收费,要坚决审核清理;对真正属于预算外资金的各项收入应给予明确,保留下来。经过清理整顿,使我们对预算外资金的收入项目、来源渠道、分布情况、数额多少等做到了如指掌,管理起来也就办法对头,措施得力,否则,就会使预算外资金的管理陷入盲目混乱状态。

(二)控制自筹基本建设支出和非生产性购置

以前各单位搞自筹基本建设,是由单位编报基本建设计划,经主管部门批准后,先报计划部门列入计划,再经财政部门同意,最后由建设银行监督拨款,开始基建。因此财政部门的同意,实际上只是一种形式。许多自筹基本建设的资金根本没有落实,因而出现了不少

"胡子"工程,"钓鱼"项目,加上单位从本身利益出发,未经过综合平衡,使整个基本建设规模失控,超过了财力、物力的可能。今后自筹基本建设计划经主管部门批准后,首先应报同级财政部门,由财政部门审查落实资金后,再报送计划部门,经综合平衡后纳入基本建设计划,然后将落实的资金转入中国人民建设银行,由建设银行根据"先存后批,先批后用,存足半年方可使用"的原则,负责监督拨款,单位开始基建。否则,财政部门不予审查批准,计划部门不批计划,建设银行不予拨款。

对于单位的非生产性购置,应该在该单位非生产性购置报告的基础上,先由财政部门根据掌握的情况及有关预算外资金报表资料,审查落实资金,确定其是否有购买能力,然后由社会集团购买力控制办公室根据有关规定进行审批,从而避免单位挪用生产资金或其他预算外资金非法购买小汽车等非生产性用品,促进生产和各项事业的健康发展,也会对整个社会消费基金增长过猛起到一定的控制作用。

(三) 对其他预算外收支,应区别情况,分别管理

应按照企业、事业和行政单位的不同性质,分别采取不同的控制办法。对企业单位要实行计划管理政策引导的管理办法。即企业单位要定期向财政部门报送预算外资金有关收支执行情况等报表,以便使财政部门掌握情况,及时对企业单位的预算外收支情况进行控制、监督和引导。对事业、行政单位应采取专户存储、集中代管的办法进行控制。由财政在银行设立"预算外资金专户",单位按月将收入存入专户,并定期向财政部门编报预算外资金收支计划,财政部门逐步审核、监督其收支情况。同时,事业、行政单位还要定期向财政部门报送预算外资金执行情况报表,接受其指导和控制。应该指出,采取上述一系列措施单靠财政部门实施,是不可能的,还必须与银行、计委等有关部门密切配合,共同管好、用好预算外资金。

(四) 加强预算外资金使用方向的计划控制

预算外资金如何使用,国家已有具体规定。但如前所述,问题仍

然不少。为了严格控制预算外支出总额,保证企业增加用于技术改造、补充企业流动资金和用于科学技术进步的支出的需要,特别是为了保证满足国家能源交通等重点建设的需要,提高预算外资金使用的经济效益,消除经济过热,加强预算外资金使用方向的计划控制十分必要。在严格执行国家规定前提下,要加强计划的制订、实施和监督,辅之以严格的惩处法规,使计划控制得到有效的保障。(本文发表于《金融知识》)

企业虚假盈利现象透视及建议

最近,我们在对部分企业所做的抽样调查中发现,一些企业搞虚假盈利的现象比较严重,主要表现在以下几个方面:

1. 各种基金(折旧基金、大修理基金等)在提留过程中被"截留"。有的企业置规章制度于不顾,对应提基金少提或不提,以达到虚假盈利。某厂1988年应实现提留的基金数万元分文未提。

2. 产品成本在结转中被"短路"。有的企业在产成品转销售、转发出商品时,采取多种手段少计成本,诸如少支供销费用、成本工资提不足等等。

3. 呆账越积越多。不少企业违反有关规定,不及时清理"待处理损失"科目,使之成为企业虚假盈利的"防空洞"。

4. 待摊费用长期待而不摊。某镇12家企业待摊费用逐年增加,1988年底比上年同期增长51.36%。

5. 库存产品升值部分列为收入。某缫丝厂因国家对某些商品价格进行调整,将库存产品升值的数万元全部列入当年收入。

6. 对同一产品重复开具销售发票。一些企业采用此办法使得结转一次产品成本而实现多次销售,从而制造虚假收入,以获得虚假盈利。不少企业对确已无法收回的账款不做呆账损失,仍滞留在应收销货款和其他应收款等科目中,有的挂账多年,不予清理。

7. 违反财经纪律,设置虚假账表,逃避管理。调查中发现,有的企业为达到虚假盈利的目的,搞"两套账表",即对税务机关等部门是一套账表,制造种种理由,以争取免税或减税;而对银行、主管部门等则又是一套账表,往往夸大经营成果,掩盖亏损真相。某玻璃厂八月底,账面利润 10 余万元,而实地审计检查结果,该厂明亏、暗亏总计达 150 余万元。

企业虚假盈利的原因多种多样,主要的有以下几点:

1. 承包人短期行为严重。目前,大部分企业实行承包,企业的利润与企业职工个人利益紧密相连,与承包人的利益更是密切相关。这虽然在一定程度上推动了企业改革的进程,调动了广大职工生产的积极性和主动性,但由于配套措施未能跟上,也造成了某些企业承包人只顾眼前利益、不顾长远利益,只顾个人利益、而不惜损害国家和集体利益的短期行为,突出表现在一些企业将留利部分实行"三光"政策,即吃光、分光、拿光,通过各种渠道流向个人腰包,出现了"大河干涸小塘满"的怪现象,这是企业虚假盈利的主要原因。

2. 求盈怕亏思想作祟。不少企业承包人顾虑亏损后"人前抬不起头,银行不给贷款""工资调不了,奖金拿不到,对职工不好交代"。部分盈利企业则希望利润能逐年增长,不能有一点点减少。在这种强烈的想盈怕亏和利润最大化思想的支配下,当出现客观现实与愿望不相符时,某些企业就采用"虚假盈利""虚盈实亏"等手法,来实现自己的愿望。

3. 固定资产折旧率过低。我国机器设备的折旧期一般在 15 年以上,厂房的折旧期限则更长。由于折旧率过低,实际上是把应提的折旧费用转化为企业的利润。这样,一方面造成企业虚假盈利,另一方面使机器设备超期服役、带病运行,严重阻碍了技术进步和经济效益的提高。

4. 执行财经纪律不严,以及现行会计核算制度本身存在的缺陷也是造成企业虚假盈利的一个重要原因。企业承包后,一切由承包人说了算,有的财务人员不能理直气壮地按财务制度办事,而财务主管部门和企业主管部门对企业财务缺乏强有力的管理和检查,造成企业应摊不摊、应提不提,随意挂账等违反财经纪律的现象屡见不鲜。另外,现行以初始成本核算的会计制度,在通货膨胀的条件下,容易使企业从中获取大量的涨价利润。

综上所述,企业虚假盈利,给诸多方面带来影响和危害。首先,影响企业的自身积累和发展,一些虚假盈利的企业该上交的交了、职工工资调了、奖金也分了,可企业却逐年地亏空了;其次,一些企业搞虚假盈利,加剧了企业之间的货款拖欠,造成流动资金呆滞、沉淀,影响资金使用效益的提高;再次,企业虚假盈利必然以占用大量的信贷资金为代价,一些企业甚至以贷款填亏抵债,这就使本已十分紧张的资金矛盾更加突出,直接影响了信贷资金结构和产业结构、产品结构的调整和优化;最后,由于企业搞虚假盈利,致使企业所交纳的财政"收入"成为虚假收入,财政分配也形成虚假分配,并进而影响到财政、信贷、物资和外汇的综合平衡,势必严重阻碍经济发展。

由此看来,企业虚假盈利现象亟待引起足够重视,我们建议除努力加强对有关单位部门和人员的思想教育,切实端正经营作风以外,应采取以下相应措施:

1. 完善承包合同。承包合同应由发包人与承包人双方认真协商签订,切忌"走过场"。合同内容应具体明确双方的责、权、利,并考虑涨价因素,对企业承包指标应按物价指数进行浮动;同时,对盈利分成要明确规定从中提取一定数额作为企业职工文化技术培训基金、亏损弥补基金和发展更新改造基金,以增加企业发展的后劲,从而减少消费基金投放。

2. 建立企业成本和利润审查制度。企业年终决算及企业平时的财务活动状况,财政、审计、税务、银行和主管部门等单位应共同审查,并做到经常化、制度化,以便及时发现问题、堵塞漏洞。

3. 充分发挥金融部门的杠杆作用。对搞虚假盈利的企业,金融部门可根据情节轻重,在信贷资金供应上采取停止新增贷款、限期收回已放贷款以及加收利息等措施,进行必要的信贷制裁。对情节特别严重、态度特别恶劣、严重威胁信贷资金安全,又没有弥补来源的企业,可根据《企业破产法》申请其破产,依法清偿债务,以维护正当权益。

4. 提高固定资产折旧率。应缩短机器设备的折旧年限,同时,建立健全有关规章制度。对固定资产折旧基金、大修理基金等,严格做到按规定提取、提足,开立专户,专款专用。

5. 加强财务会计管理,完善会计核算制度。一是改变初始成本核算会计制度,使企业利润的取得以原有资金保值为前提。可以先通过保值系数将初始成本换算为目前成本,然后再据以核算出企业实际应得利润,这样,从会计核算制度上保证企业必须将全部的涨价收入补充到流动资金中去,以保证企业再生产的进行。二是不断完善和强化企业内部核算,使企业"待处理""待核销"的商品资金和各种虚假数额不易挤摊到车间、班组。同时,改变现行财务人员的管理体制,实行由企业主管部门对财务人员进行直线管理,这将有助于支持、鼓励企业财务人员严格遵守会计制度、严肃财经纪律、如实反映企业的财务活动情况和经营效果。

6. 运用法律手段。对企业搞虚假盈利等违反财经纪律的行为,除在承包合同中明确处罚条款外,对有意造成国家和企业损失的承包人和其他有关责任人员,应给予必要的行政处分,直至追究法律责任。(本文发表于《上海金融》)

江苏省出口收汇核销实施情况分析

经国务院批准,从 1991 年 1 月 1 日起,在全国范围内实行出口收汇核销、跟踪结汇制度,这是深化外贸体制改革的一项重大配套措施。从全省一季度实施情况来看,效果是比较好的。一季度全省各级外汇管理部门共向出口单位发放出口收汇核销单30 036份,收回核销单存根 11 491 份,出口单位将核销单连同有关单据送银行交单议付 9 016 份,外汇管理部门共核销 3 646 份。从有关统计数据看:一季度全省已核销的出口收汇 12 254.98 万美元,其中结汇 10 054.13 万美元,已核销出口收汇率达到98.29%。以上有关数据,详见下表:

表一:1991 年 1 季度

月份 / 项目	一月份	二月份	三月份	累计
已发放核销单数	15 045	7 083	7 908	30 036
已收回核销单存根数	1 589	4 667	5 235	11 491
核销单连同单据送银行数	2 806	4 166	2 044	9 016
已核销数	76	531	3 039	3 646

表二:1991 年 1 季度　　　　　　（金额单位:万美元）

月份 / 项目	一月份	二月份	三月份	累计
出口收汇	41,09	1 704.89	10 509	12 254.98
清汇	41,09	1 161.33	8 851.71	10 054.13
已核销出口净收汇率	89.27%	97.32%	98.48%	98.29%

从一季度全省出口收汇核销情况看,有以下几个特征:

1. 存根回收率逐月上升。一月份回收率为 10.56%,二月份为

65.89%，三月份为 66.20%，基本达到正常周转水平。

2. 出口收汇按月份呈正增长，二月份比一月份增加 16 63.8 万美元，三月份比二月份又增加 8 804.11 万美元，而且增长速度较快。

3. 已核销的出口收汇率较高，一月份达到 89.27%，二月份达到 97.32%，三月份达到 98.48%，反映出出口收汇核销工作已初步纳入正常化和规范化的轨道。

一、实施情况

为贯彻好《出口收汇核销管理办法》及《出口收汇核销管理办法实施细则》，全省各级外汇管理部门紧密围绕出口收汇核销这个中心任务，做了大量工作，其主要做法：

1. 反复宣传，深入调查。出口收汇核销工作是一项全新的工作，涉及面广、情况复杂，办法和细则等规定一经实施，各方面由于缺乏对其重要性的认识和适应过程，在执行中往往出现一些思想顾虑和抵触情绪。为此，全省各级外汇管理部门在组织内部反复学习、提高认识的基础上，还召集外经、外贸、海关、银行等部门认真学习方法及其实施细则，领会精神，掌握实质，反复宣传、解释实施出口收汇核销、跟踪结汇办法的重要意义——它不仅是国家加强外汇管理、增强外汇收入、提高出口收汇率的一项重要措施，同时还可以促进外贸企业改善经营管理、提高出口商品质量、降低产品成本、堵塞各种漏洞，是一件于国于己都有利的好事。通过广泛宣传，打消了一些部门的顾虑和畏难情绪，为出口收汇核销工作在全省的顺利展开奠定了基础。同时，省局还由分管的负责同志分别带队，深入基层和海关等部门扎扎实实调查研究，掌握第一手资料，听取多方面意见，制定了《关于对"出口收汇核销"工作中若干问题的处理意见》等一系列办法，在全省范围内，按办法和细则的要求统一了各地的做法。

2. 强化管理，建立制度。全省各级外汇管理部门一方面从各部门抽调人员专职从事出口收汇核销工作，同时做好人员的上岗培训工作，努力提高其业务素质和政策水平；另一方面，要求工作人员严格按操作规程办事，设立了内部工作流程，初步设置发单——收单——核销——统计分析四个环节,并加强对每个环节的复核、严格把关,力求做到不错不乱。同时,还建立健全了各个环节的岗位责任制,实行"两分开一监督"制度,切实提高了工作人员的业务素质和责任心,让他们真正做到提高效率,减少差错。在全省专职核销人员较少的情况下,较好地完成了任务。

3. 做好协调工作。出口收汇核销工作是一个比较复杂的系统工程,涉及外管、外经、外贸、海关、银行等部门,无论哪一个环节发生故障,整个系统的运行机制就会受阻。为此,全省各级外汇管理部门牢固树立全局观念,从大局出发,遇到问题,及时与有关部门共同协商,提高政策的透明度,对实践中出现的问题,在不违反政策规定的前提下,实事求是地妥善解决。例如,针对前段时间外贸部门反映比较强烈的个别结汇银行没有按办法及细则的有关规定提供两联结汇水单的问题,省局分管的领导同志等多次主动出面与有关单位协调,要求结汇银行向出口单位提供两联结汇水单,基本解决了这一难题,受到有关单位的普遍好评。

4. 处理好管理和服务的关系。管理和服务是一个矛盾的统一体,全省各级外汇管理部门认真处理好管理和服务的辩证统一关系,既强调服务又不放松管理,把管理和服务有机融合在一起。另一方面,全省各级外汇管理部门在服务中强调管理,认真履行国家赋予的外汇管理职责,提高管理水平,对违反国家政策规定的坚决予以抵制;一方面,在服务上下工夫,通过自身良好的服务水平和工作质量,得到有关单位的理解和支持,对一些实际问题在政策、制度许可范围内,采取通融做法,同时,在日常工作中,积极向企业宣传外汇管理政策和外贸方面的知识,帮助企业出谋划策,支持和促进企业改善商品结构,提高出口商品质量,降低产品成本,减少风险,提高经济效益。通过这些做法,使出口收汇核销工作获得出口单位、主管部门、管汇部门三满意。

二、存在问题及建议

一季度全省出口收汇核销工作,在实践中还存在以下问题:

1. 个别部门对出口收汇核销工作的顾虑仍然较多、抵触情绪较大、缺乏全局观念,在具体工作中往往表现出不协调。

2. 一些海关的做法尚不尽统一。如有的海关在报关单上不加盖放行章、不填放行日期;致使外管部门难于考核收汇日期,还有的海关在货物因故退关时,不签注退关意见或在报关单上加盖"退关章"等。

3. 个别出口单位为逃避管汇部门的监督,在填制有关单据时,随机性较大,尚不符合规范化的要求。

4. 出口收汇核销中考核的有关口径不明确,有的考核指标缺乏应有的刚性。同时,手工化程度仍然较高,影响工作效率。

为此,我们建议:

1. 国家外汇管理局应商同有关部门,对出口收汇核销工作进一步以多种形式进行宣传解释工作,同时,对具体业务操作上存在的一些问题,在大量调查研究的基础上,尽快予以明确,统一各地做法,以便使出口收汇核销工作进入规范化的轨道。

2. 加快人员的配备和培训工作,努力提高其政策和业务水平。

3. 对出口逾期未收汇,应进一步加强管理,银行应积极配合有关部门做好催收工作,并建立专项考核制度。

4. 尽快推行计算机处理系统,努力提高工作质量和效率。(本文发表于《南京金融》)

外商投资企业发展中存在的问题及对策

一

改革开放十年来,我国外商投资企业发展迅速。到去年年底,已批准外商投资企业逾千万家,已开业投产的有 1.6 万多家。它为我国现代化建设注入了活力。但是,由于我国还处于社会主义初级阶段,经济基础还比较薄弱,创办外商投资企业的经验不足,因此,外商投资企业在发展过程中还存在着诸多问题,主要有:

1. 外资投向不合理。未能严格按照国家的产业政策和产业规划审批立项,一些地方出于部门利益考虑过多,存在着相互攀比、片面追求项目数量的倾向,甚至还有下达硬指标的情况。即使在已批准成立的外商投资企业中,真正引进先进技术和先进设备的项目所占比重也不大,大部分是一般性的加工项目。各地利用自身的优势,搞一些必要的项目是可以的,问题是在项目的选择上缺乏长远的统筹规划,硬要上一些从全局上不合理也没有必要的项目,势必会形成以小挤大、以落后挤先进的不正常现象,造成整个宏观经济运行机制的紊乱,加剧产业结构的不合理,达不到真正引进先进技术和先进设备的根本目的。

2. 少数外商投资企业,外方不按合同规定的时限投入资金,或是不完成双方约定的产品外销比例,给我方造成不应有的损失。据载,某县经济发展公司与境外一公司合资创建一个青饲料有限公司,双方约定由对方包销产品,公司统一核算盈亏。自投产后,由于对方的进口设备达不到设计要求、生产成本又高,包销的产品定价偏低,公司只好"带病经营",连年累计亏损人民币近 700 万元。还有的外商利用我国经济开放搞活初期经验不足,钻我们政策不够完善的空子,造成人为的企业亏损。为鼓励外商投资,我国目前对外商投资企业税收采取"从获利年度开始算起"的优惠政策,个别外商投资企业利用其原材料和产品销售"两头在外"的特点,借机提高原材料、零部件的进口价格,同时,压低外销产品的出口价格,致使企业销售越多亏损越多,而外商却可以通过转销产品到国外赚取高额利润,以达到逃避税收的目的,其结果必然造成税源大量流失,使国家蒙受了巨大的经济损失。

3. 外汇收支难以平衡。外汇收支平衡是审批机构确定能否批准设立外商投资企业的主要依据之一,也是境外(包括港、澳、台等地区)投资者能否来投资的焦点所在。根据我国现行法律、法规的要求,外商投资企业必须做到外汇收支平衡,而最根本的办法是出口本企业生产的产品。一些外商投资企业由于在项目前期对国际市场行情了解得不够充分、估计过于乐观,或因产品品种、质量、价格等问题,将产品大部分甚至全部转向内销,难于出口创汇。在我国实行外汇管制的情况下,国内外汇调剂市场目前尚处于各自为政的割据状态,尚未形成一个全国性跨地区的外汇调剂中心,外商投资企业自身外汇很难平衡,制约了企业的发展。

4. 以收抵支现象较为普遍,同时,在货款结算上依赖商业信用的收汇方式较多,造成大量的逾期未收汇。按规定出口贸易项下的外汇收支,应遵循先收后支、收支两条线的原则,未经我国管汇当局批准,严禁先支后收或以收抵支。但一些外商投资企业在业务经营过程中,由于其原材料、产品销售"两头在外",给外商提供了垄断经营的条件,使出口销售货款的回笼受到控制,有的货款被外商作为购买原材料款直接坐支,我方只能凭外商订单价格记账。因货款不能及时全额划回,使资金长期被外商占用,造成国家应得的外汇不能及时定额收回,产品成本不能及时得到补偿,影响了企业资金的周转。同时,由于目前来华投资的外商在国际市场上多数是小客商,实力较弱。外商投资企业在出口收汇结算上过多依赖商业信用的结算方式,在收汇中出现了很大的风险,造成大量的逾期未收汇。据我省某市调查,该市外商投资企业去年上半年自营出口净收汇449.4万美元,其中自寄单据出口的货款就占46.7%,逾期未收汇中有一半以上是自寄单据出口的货款造成的。这是值得引起重视的一个问题。

5. 外商投资企业对我外贸企业的出口,产生一定的不利影响。首先,我国为了进一步吸收外资,国家给外商投资企业许多优惠待遇,如税收优惠等。由此造成外商投资企业的产品出口和我外贸公司的产品出口竞争不平衡,影响外贸出口;其次,有的国内企业的产品原属外贸经营出口,该企业与外商合资或合作后,其产品由合资、合作企业出口,这就在一定程度上减少了外贸出口的货源;再次,有的外商投资企业超越经营范围经营,收购产品出口,与外贸争货源、争市场,从而影响了我外贸的出口;最后,外商投资企业出口的产品的出口国别或地区比较集中,据估计大约有70%—80%的纺织、轻工,电子产品最终出口国是美国,这也是造成国别间的贸易不平衡的一个不可忽视的因素。

二

上述情况反映出我国现行体制还不能完全适应外向型经济的发展要求,管理手段和法制建设还不尽完善;一些外商投资企业积极开拓国际市场的意识还不强,经营管理水平还不高;有关管理部门未能及时分析研究、协调解决外商投资企业发展过程中出现的新情况、新问题。为保证外商投资企业的健康发展,我们建议:

1. 加强对兴办外商投资企业的宏观管理,严格按照国家吸收外资的产业规划和产业政策立项审批。审批部门应严格掌握外资的投向,充分发挥经济杠杆的作用,促进投资结构的优化,利用引进外资、创办外商投资企业的机会,填补国内生产缺口,发展短线、热销产品等。为此,有关部门应从我国的国情出发,根据国家的经济政策,结合本地区经济发展规划和产业结构调整的要求,积极参与项目的对外谈判、考察、可行性论证等工作,协助企业选好合资对象和合作伙伴。坚决克服片面追求项目数量的现象,确保兴办一个,见效一个,以切实提高利用外资的水平。

2. 尽快解决原材料和产品销售"两头在外"的外商投资企业对外商的依赖性。在原材料的采购上,应在合同中与外商签订符合国际贸易惯例的、又有利于我方的条款,在同等条件下,优先选用国内可替代产品,凡国内能提供的、质量符合规定要求的原材料,应不再进口。同时,还要加强对国际市场行情的调查研究,注重信息反馈工作,监督外商的供、销价格,对企业的产品销售价格低于国际市场一般价格的,应坚决不予接受。

3. 外管、金融部门要采取积极措施,放开、搞活外汇调剂市场。为了方便企业外汇调剂,外管、金融部门应及早修订有关政策、规则,允许外商投资企业全部通过外汇调剂市场买卖外汇(包括外商作为入股资本的外汇资本金和营业外汇收入等),使它们基本上能按市场汇率来核算成本。这样不仅解决了外商投资企业的外汇平衡问题,而且还在一定程度上刺激了它们出口的积极性。同时,在外商认为调剂汇价基本上符合价值规律时,愿意在国内购买原辅材料和零部件,也会推动我国国产化程度和水平的提高。

4. 综合运用法律、行政和经济手段,将外商投资企业纳入社会主义有计划商品经济的发展轨道。尽快扭转外商投资企业亏损面较大的局面,克服当前多头管理而实际上无人管理的现象。要进一步做好对外商投资企业的服务工作,切实帮助解决目前外商投资企业存在的诸如原材料和一些生产所需物资供应渠道不畅、调整劳动工资和用人方面的自主权得不到保证以及一些优惠政策得不到落实等困难;同时,还要加强对外商投资企业的监督管理,尽快制订"外商投资企业所得税法"等法律、法规,对免税期进行调整,防止某些企业的偷、漏税行为和进行违法经营。此外,为解决我国国营外贸企业与外商投资企业在出口竞争中所面临的劣势,国家及有关部门应进一步落实、贯彻《企业法》,着重从改善国营外贸企业的内部管理机制入手,深化改革,将外商投资企业中一些好的、切实可行的经验用于国营外贸企业,改善国营外贸企业的竞争条件,以提高国营外贸企业的竞争能力。

5. 进一步加强对外商投资企业的出口收汇跟踪管理工作,防止国家外汇的流失。对外商投资企业的外销产品,在收汇方式上,应尽量采用我国银行信用的结算方式,以减少收汇风险,对确需采用自寄单据方式的,应加强对外商资信的调查,其货款必须在规定期限内及时、定额收回,对不能及时、定额收回的,应加紧催收,并建立专项登记制度,查明原因,限期划回;对外商来料加工在境外坐支的,有权部门应严格审批权限,违反相关规定的,按规定给予必要的处罚。(本文发表于《南京金融》)

后　记

　　光阴荏苒,岁月如梭。转眼间,我从学校毕业参加工作已有30年。30年,在历史长河中可能十分短暂,甚至可以说是一瞬间,但却是我国银行业和银行监管经历了沧海桑田一般巨大变化的一个时期。而于我个人,则是整个职业生涯的绝大部分,从一名阳光青年,到如今已是头发花白的半百之人,岁月沧桑的痕迹已十分明显。我的银行监管从业经历,可以说既简单又复杂。这期间,由于机构调整和变革,我历经了人民银行江苏省分行、人民银行南京分行、江苏银监局、常州银监分局多个单位。期间,按照组织安排,又辗转过基建财务管理、外汇管理、非银行金融机构监管、国有银行监管等多个岗位。将自己职业生涯的部分成果及时做一个回顾整理,有几个原因:一来作为历史资料,供后来的研究者借鉴、参考,希望对他们的学术研究有所帮助;二来作为经历了我国银行业和银行监管30年改革全过程的见证者,将自己的工作经验分享给从事银行业监管的同行们,以期对大家的实践工作有一定帮助;三来也作为个人的工作回顾,适时做一个阶段性的总结,不枉过人生、不虚度年华,是我近年来的较为迫切的愿望。

　　以一名亲历者、见证人的视角和思考,反映改革开放后特别是近年来我国银行业围绕改革管理体制、转换经营机制、完善内控管理、提高经营绩效等环节的改革、发展和建设,以及银行业在风险管理、内部控制、合规经营、审计稽核、纪检监察等方面的改革进程、存在的主要问题风险以及各阶段的政策、实践与建议等,用今天的部分政策变化、实际成果、现行做法,进行对照并进行总结及反思,为他人了解银行、研究银行提供一扇窗口,应该说,这既是一名银行业监管者的历史责任和崇高使命,也包含了我个人将历史原貌和知识经验传承下去的小小心愿。

本书主要选择了我近年来公开发表的部分文章,在内部刊物发表的部分调研报告,以及内部的讲话、交流材料等,力求从一名银行监管者的视角,较为全面地反映调研成果、工作思路以及并不成熟的思考建议。从今天的监管政策及要求看,有的可能或不全面,或不全部适宜,但保留历史原貌,留一份天真和浪漫,仍不失有一定的借鉴和参考意义。

本书编辑和文稿整理过程中,尽可能吸收了各方面的意见和建议,很多同志为此提供了热情支持和帮助。需要指出的是,部分调研报告,是本人所在部门的部分同事共同参与完成的,有的同志或参与写作,或参与调研,或提供资料,做了大量工作,碍于篇幅和记忆,不一一列出,对孙立新、邓益民、孙道俊、喻桂华、韩伟、蔡友才、刘红梅、王英红、戴永南、孙秀辉、陈婷、孟庆彬、刘文君、钟磊、苏艳霞、孟建树、金曦、梁红忠、顾晓光、顾锦、高红军、李健全、金伟诚、蒋维、高仁华、张力群、祁珊珊、沈洋、侯金鹏等同志表示衷心的感谢。特别感谢我的老领导、时任江苏银监局副局长、现任福建银监局局长赵杰先生,一些重要的研究课题、部分调研报告,都是他亲自组织或直接指导完成的。特别感谢东南大学博士生导师许苏明教授为本书作序,并提供了大量的学术指导和帮助;特别感谢出版社编辑为本书的出版做了大量的工作;特别感谢顾锦、李军、陆恺等为本书资料的收集、整理做出的无私奉献。还有很多同志为本书的出版提供了帮助,恕不一一列出,谨一并致以诚挚的谢意。

朱广德
2015 年 5 月